JN438927

벤처비즈니스& 대기업의 MOT 경영 혁신

임무생 지음

Venture Businesses & Innovation in Technology Management of Corporations

기전연구사

머리말

벤처기업은 개인 또는 소수의 창업자가 성공할 경우에 높은 기대수익이 예상되는 신기술아이디어를 독자적 기반에서 사업화하는 신생 기술집약적 중소기업이다. 벤처기업은 창업자가 위험성은 높으나 성공할 경우에 높은 기대수익이 예상되는 신기술을 사업화하는 신생 기술집약적 중소기업이다. 국가의 경제발전과 기존업체에게는 혁신의 동기부여를 제공한다. 고정관념을 탈피할 수 있을 때에 비로소 사물을 대하는 시야가 넓어질 수 있다. 혁신이란 평상시보다 수십~수백 배의 힘을 더 발휘함을 의미한다. 일을 멋지고 현명하게 하는 방법은 조직 내에서 창의력과 과학적 사고를 발휘해야 하는데 이를 위해서 고참사원과 신참사원이 적절히 배분되도록 구성해야 창의력을 발휘할 수가 있다. 기술이 경제력을 좌우하는 가장 결정적인 요소이다. 이러한 창업을 Timmons는 소리 없는 혁명(Silent revolution)이라고 부른다. 특히 선진국에 비해 절대적으로 열세에 있는 기술개발 투자로 선진국들의 앞선 기술을 따라잡고 나아가 그들을 능가하려 한다면 무엇인가 우리만이 내세울 수 있는 기술경영의 혁신이 있어야 한다. 인문사회, 의학 및 공학, 과학을 경영의 원리를 결합함으로써 조직의 목표를 달성하기 위한 기술적 능력을 기획, 개발 및 운용하는 활동이 활발해야 한다. 벤처기업의 조직은 성장단계별로 최고경영자 역할도 달리해야 한다. 지식과 경험의 접목이란 단지 최적화에 최대 목표를 둔 총합이라야 한다. 특허는 양적인 측면보다 질적인 측면을 더욱 중시해야 하고 기술적, 경제적으로 고품질을 지녀야 하며 기술의 역사성이 내재가 되어야 한다. 따라서 가장 기술적이고 경제적인 경영지식에 맞는 새로운 측정방법은 레이더 차트(Radar chart)를 적용하여 사업목표에 부합되고 이슈(Issue)화된 수익증대, 효과성증대, Cash flow 등을 측정하고 그 결과를 기술경영 혁신비율로 평가하는 것이 바람직하다. 기술경영은 첫째가 의학 및 과학기술 고도화, AI추천의학과 과학기술 고도화 품질의 부품소재 및 제품을 만드는 것이다. 이와 같은 상황을 감안해 볼 때에 프로젝트별 손익계획에 의한 결과를 난이도 채점표에 의하여 프로젝트의 수행과 동시에 자동 체크될 수 있도록 시스템화되어야 하고 연구개발의 효율을 높이기 위해서는 신제품의 종류 수를 늘리고 전 제품의 매출액을 올려야 한다. 그러므로 국영 및 법인병원업체, 중견(대학)병원 또는 일반기업체 및 기업연구소이든 간에 벤처기업의 개념적 전략으로 기업경영을 경영학적으로 재편성과 재평가가 관리되어야 한다.

아직도 단기적인 안목으로 제한된 기업(대학병원 등), 벤처기업 등이 지속성이 없고 비전이 짧은 프로젝트를 수행, 추진되고 있는 실정이다. MOT (Management of Technology)에 의해서 품질보증과 신뢰성, System의 보전성, 네트워크요소의 특성, 보상체계관련 특성, 전략요소의 특성, 기술경영의 성공요인, Venture business의 요건, 스톡옵션 등 종류의 요건을 갖추기 위해서는 일반계열, 금융계열, 의학계열, 인문 및 자연계열, 공학계열, 대학 · 기업 공동운영 '첨단인재양성 부트캠프'에서 반도체 · 이차전지 · 바이오 · 디스플레이 · 항공우주 분야에 종사하는 제위께서는 AI 방식(Artificial

Intelligence method)으로 추진하기 위해 자원관련 특성, 시설요소의 특성, 기술경영(MOT)의 발상전환, MOT에 의한 IT System화, 기술경영으로 국제 경쟁력을 배가시켜야 하고 환경관련 특성, 시장요소 특성, SWOT 분석의 의의, 손익분기점(BEP)분석, 조직관련 특성, 구조요소 특성, 인력요소 특성, 지식관련 특성, 기술적 지식특성, 경영지식요소 특성의 고도화 및 최적화의 활용이 절대적이다. 중소기업은 물론 중견기업, 대기업, 벤처기업의 기술경영은 절대적인 혁신이 필요하다고 사료 된다.

2025월 9월

저자

제1장

Introduction

제2장

환경관련 특성

제3장 조직관련 특성

제4장 지식관련 특성

제5장 자원관련 특성

제6장 보상체계 특성

제7장 기술경영의 발상전환

제8장 Venture business의 요건

제1장

Introduction

1-1 제어는 분산되어야 하고 모든 관리부문은 집중되어야 한다

국내 경기의 회복과 국제경쟁력을 높이기 위하여 제어는 분산되어야 하고 모든 관리부문은 집중되어야 한다. 따라서 CIM(Computer-Integrated Manufacturing, 컴퓨터에 의한 통합생산) 개념의 마케팅을 이루어야 한다. 국제적 라이벌과 동일 패턴의 경영 이념, 제품 전략이나 판매전략으로 대변신을 하기 어렵고 라이벌을 도와주는 꼴이다. 따라서 사전에 신뢰도를 계획적으로 각 부분으로 나누어 일정에 맞게 정해진 기한까지 요구되는 신뢰도에 도달하도록 계획하고 또한 시작에서 양산까지 해석, 평가를 반복하여 실시해야 한다. 설계에서 사전 신뢰성 예측이나 시험이 중시되는 것도 당연한 일로서 제품이 시장에 출하된 후에 손해를 보는 것보다 사전설계에 투자하는 쪽이 현명하다. 특히 급속한 기술적 변화가 일어나고 있으며 제품개발

기간이 정해져 있는 기술 분야에서 신뢰성 설계가 중요시 된다. 우리의 경제를 Global경제로 Lead하기 위하여 기술개발에 의한 경영혁신을 가져와야 되고, 차별화된 기술개발로 기업의 Management를 달리해야 하고, 경쟁력을 높이기 위한 자발적인 노력이 있어야 한다. 열심히 일하는 사회를 만들고 각자가 자기 자리를 지키고 세계의 우위권에 속하기 위해서는 건설적인 측면에서 무엇이든 지칠 줄 모르는 끈기로 이겨나가야 한다. 미국, 일본, 독일 등과의 기술제휴를 조속히 탈피하는 날이 한국은 강대국이 되는 날이다. 높아진 소비자의 의식을 충족시키기 위해서는 모방을 피해야 한다. 독창적인 상품개발을 위한 꾸준한 노력이 절실히 요구된다. 벤처기업은 창업자가 위험성은 높으나 성공할 경우에 높은 기대수익이 예상되는 신기술을 사업화하는 신생 기술집약적 중소기업이다. 국가의 경제발전과 기존업체에게는 혁신의 동기부여를 제공한다. 기존 관행을 타파하기 위해 의식개혁이 필수적이다. 이를 바로잡기 위해서는 의식의 혁명이 따르지 않으면 안된다. 윌리엄 브리지스(William Bridges)는 "변화의 첫째 요건, 익숙했던 과거 버리는 것" 변화의 첫째 요건은 익숙했던 방식을 버리는 과정이다. 나아가 자신의 예전 모습까지 버려야 한다. 포기하라고 요구하는 것이 개인적인 취향만이 아니다. 과거에 성공적으로 해왔던 업무방식까지도 버리라는 말이다. 경험한 전체 세상, 정체성, 심지어는 현실 자체를 몽땅 버리라고 요구하는 것이다.

1-2 소리 없는 혁명(Silent revolution)

특히 선진국에 비해 절대적으로 열세에 있는 기술개발 투자로 선진국들의 앞선 기술을 따라잡고 나아가 그들을 능가하려 한다면 무엇인가 우리만이 내세울 수 있는 독특함이 있어야 한다. 공학, 과학 및 경영의 원리를 결합함으로써 조직의 목표를 달성하기 위한 기술적 능력을 기획, 개발 및 운용하는 활동이 활발해야 한다. 벤처기업의 조직은 성장단계별로 최고경영자 역할도 달리해야 한다. 이러한 창업을 Timmons는 소리 없는 혁명(Silent revolution)이라고 부른다. 일을 멋지게 하는 방법은 조직 내에서 창의력과 과학적 사고를 발휘하여 지식과 경험의 접목으로 단지 최적화에 최대 목표를 둔 총합이라야 한다. 특허는 양적인 측면보다 질적인 측면을 더욱 중시해야 하고 기술적, 경제적으로 고품질을 지녀야 하며 기술의 역사성이 내재되어야 한다. 따라서 가장 기술적이고 경제적인 경영지식에 맞는 새로운 측정방법은 레이더 차트(Radar chart)를 적용하여 사업목표에 부합되고 이슈(Issue)화된 수익증대, 효과성 증대, 혁신비율, Cash flow 등을 측정하고 그 결과를 평가하는 것이 바람직하다. 기술경영은 첫째가 신뢰성 품질의 부품소재 및 제품을 만드는 것이다. 이와 같은 상황을 감안해 볼 때에 프로젝트별 손익계획에 의한 결과를 난이도 채점표에 의하여 프로젝트의 수행과 동시에 자동 체크(check)될 수 있도록 시스템화 되어야 하고 연구개발의 효율을 높이기 위해서는 신제품의 종류수를 늘리고 전제품의 매출액을 올려야 한다. 그러므로 정부출연연구소, 기업연구소이든 간에 벤처기업의 개념으로 경영학적으로 평가관리 되어야 한다.

1-3 기술개발과 경영전략이 경제에서 살아남는 힘이다

기술은 우위에 있으나 경영전략이 뒤지면 결코 성공할 수 없다. 기업이 더 많은 매출을 올리고 이익을 내기 위해서는 기술우위의 장점을 최대화할 수 있는 경영전략이 필요하다. 게다가 기술혁신과 격화하는 경쟁의 중압으로 각종 다양한 요구조건, 제한조건에 관한 Matching과 적극적인 창조력의 발휘 등이 요구된다. 이를 위하여 결과중시에서 과정중시로, 사후대책중심에서 사전예방중심으로, Layout의 Optimum화, Element의 표준화 등, 종래에 없는 통합적인 견해와 재료, 부품 및 금형과 성형의 통합된 기술 자료, 생산, 품질관리 운용, 관리적 자료, 기술적 Data 등을 분석하여 Simulation하는 새로운 방법의 Consulting과 Engineering이 필요하다. 새로운 컨설팅과 엔지니어링의 적극적인 수용으로 진취성을 발휘하여 개념화의 혁신과 High cycle에 의한 제품의 신뢰를 높여 나가야 한다. 따라서 기술이 경제력을 좌우하는 가장 결정적인 요소이다. 웰링턴은 "웨이터 법칙을 명심하라" 신사를 알아보는 방법은 많지만 절대로 실패하지 않는 방법이 한 가지 있다. 아랫사람들을 어떻게 대하는가? 아녀자들에게 어떤 행동을 보이는가? 고용주는 직원을, 스승은 제자를, 장교는 부하를, 즉 자기보다 약한 사람을 어떻게 대하는가? 하는 것이다.

제2장

환경관련 특성

2-1 극복해내야 할 과제

예전에 이데올로기가 차지했던 세계질서의 대원칙이 무너진 이후에 세계 각국은 경제력이야말로 미래의 세계질서를 형성할 유일하고도 절대적인 가치가 될 것임에 이견이 없는 듯하다. 산업화의 역사가 일천하고 부존자원이 없는 한국의 입장에서는 국제사회의 치열한 경쟁조류가 여간 부담스러운 것이 아니나, 이는 우리가 선택하고 말고 할 성질의 것이 아니며 맞닥뜨려 반드시 극복해내야 할 과제이다. 벤처기업은 개인 또는 소수의 창업자가 성공할 경우에 높은 기대수익이 예상되는 신기술아이디어를 독자적 기반에서 사업화하는 신생 기술집약적 중소기업이다. 제품혁신, 시장개척, 고용증대 등으로 국가의 경제발전과 기존업체에게는 혁신의 동기부여, 신진기업에게는 이상적 실현의 바탕이 작용된다. 기업가들의 위험감수를 강조한 것이 기업가 정신(Entrepreneurship)이라는 용어를 최초로 사용하였다. 이것 또한 기업가 정신, 기업가 능력, 기업가 활동을 의미하는 창조적 정신이다.

(1) 국가의 경제발전과 기존업체에게는 혁신

벤처기업은 창업자가 위험성은 높으나 성공할 경우에 높은 기대수익이 예상되는 신기술을 사업화하는 신생 기술집약적 중소기업이다. 나를 사랑하라! 남을 사랑할 수 있는 능력이 자신을 향한 사랑을 통해 비로소 생겨난다는 것을 아는 사람은 별로 없다. 마찬가지로 자신의 내면에 자리한 사랑을 감지할 수 있는 사람만이 조건 없는 진실한 사랑을 할 능력이 있다는 것을 아는 사람도 많지 않다. 하지만 자신을 사랑한다면, 이 사랑을 남에게 전하는 것 역시 매우 자랑스럽고 당연한 일이다.

(2) 조직 내에서 창의력과 과학적 사고를 발휘

조직 내에서 창의력과 과학적 사고를 발휘해야 하는데 이를 위해서 신참사원이 적절히 배분되도록 구성해야 창의력을 발휘할 수가 있다. 목표를 설정할 때 성공은 이미 시작 된다. 목표는 주의를 집중하는 것이다. 인간의 의식은 분명한 목적을 갖기 전에는 목표 달성을 향해 움직이지 않는다. 목표를 설정할 때 성공은 이미 시작되는 것이다. 목표를 설정하는 순간 스위치가 켜지고 물이 흐르기 시작하고 성취하려는 힘이 현실화 되는 것이다.

2-2 국제경쟁력의 요인 중에서 가격요인보다 기술요인이 더 중요

1970년대 환경특성 연구는 개념적 성장단계의 제시가 많았고, 기술이 국제무역의 발생, 국제경쟁력의 결정에 중요한 영향을 미친다. 국제경쟁력의 요인 중에서 가격요인보다 기술요인이 더 중요하다는 연구결과가 나타나고 기업의 성장과 성숙기를 강조하였으나, 1980년대 환경특성 연구에서 뱁슨 칼리지(Babson College)의 교수중심으로 학문의 대상으로 다양한 방식의 연구로써 기술이 경제력을 좌우하는 가장 결정적인 요소이다. 기술진보가 그 나라 모든 분야의 경쟁력을 제고시키고 강한 경쟁력은 경쟁에서의 승리를 의미하며 국가간 모든 경쟁이 경제전쟁으로 풀이되는 오늘의 상황에서 본다면 결국 기술의 진보가 경제력의 진보를 가져온다고 보아도 무방하기 때문이다. 벤처기업에서의 최고 경영자는 강한 성취동기와 위험을 감수할 수 있는 능력, 조직구성은 경력이 다양하고 높은 교육수준으로 구성하고 외부의 시설과 자금을 이용할 수 있는 창업자라야 한다.

Carnegie, Andrew는 한 분야에 집중하라. 자기 분야에서 최고로 성공하고 싶다면 먼저 한 분야의 최고 전문가가 되라. 자신의 능력을 여기저기 나눠 쓰는 일은 자제하라. 나는 여태까지 여러 가지 일에 손대는 사람이 돈을 많이 버는 것을 거의 보지 못했다.

2-3 기업가 정신(Entrepreneurship)

어떤 기업이 21세기를 이끌어 나갈 것인가. 우리나라에서만도 하루에 수백 개의 기업이 새로 생겨나고 도산한다. 전 세계적으로는 하루에도 수천수만 개의 기업들이 새로 문을 여는가 하면 이와 반대로 그만큼의 기업이 흔적 없이 사라져가는 일이 되풀이된다.

기업들은 또 하루에도 엄청난 숫자의 신제품을 쏟아내고 있다. 저마다 기업들이 온갖 아이디어를 짜내고 정성을 들인 것들이다. 그러나 이 중에서 소비자들이 이름을 기억할 만큼 히트하는 제품은 극히 소수에 불과하다. 소비자의 손에 미처 닿기도 전에 창고에서 폐기처분 되는가 하면 상품 진열대에 변변히 얼굴도 내보지 못한 채 몇몇 소비자의 손에서 불합격 판정을 받고 사라지는 제품이 대부분이다. 기업들은 제품 하나 잘못 만들어 도산하기도 하지만 히트상품 하나로 일약 세계적 기업으로 부상하기도 한다. 어쩌면 기업들이 신제품을 하나 내놓고 히트하기를 기대하는 것은 마치 슬롯머신에서 잭팟을 바라는 것과 같은 도박이나 다름없다. 생산된 제품이 성공할 확률을 따지자면 기업들은 분명 도박판에서 있다.

그러나 기업의 제품개발은 단지 요행으로 좌우되는 도박판과 같을 수는 없다. 신제품이 예기치 않게 성공하는 예가 종종 있기는 하지만 기술개발을 게을리하지 않는다면 언제든지 잭팟을 터트릴 수 있다는 비확률의 논리가 통하기 때문이다. 기업들은 확률게임을 하는 게 아니라 확률의 논리가 적용되지 않는 기술개발 게임을 하고 있는 것이다. 기술개발 게임에는 요행이란 없다. 열심히 연구하고 노력하는 자만이 살아남는 게임이다.

오늘날의 기업들은 치열한 생존경쟁의 대열에 서 있다. 20세기의 기업들은 단지 기업 간의 생존을 다투는 경쟁에만 국한돼 있지 않고 국가의 흥망을 책임지고 있다는 점에서 생존경쟁의 치열성은 더욱 심하다. 따라서 이제 기업의 생존을 위한 기술개발전쟁은 기업 간의 전쟁이 아닌 국가 간의 기술전쟁으로 치닫고 있는 것이다. 더욱이 냉전체제가 무너지면서 총칼을 들이댈 적이 사라진 오늘날 각국은 서로 부를 더 많이 축적하려는 경제전쟁의 포문을 더욱 활짝 열고 있는 것이다. 이념전쟁에는 그래도 우방이 있었으나 기술전쟁, 경제전쟁에는 우방도 없다. 냉전체제의 이원구조가 무너지면서 지역 및 국가단위의 다원구조로 바뀐 것이다. 이와 함께 국가 간의 생존을 위한 각축이 한층 격화되고 있다. 경제력의 약육강식 논리만이 지배하는 살벌한 시대가 온 것이다.

2010년 12월 미국 IBM의 발표에 의하면 2015년 내에 도래할 기술혁신 5가지는 ① Battery; 현재 Battery보다 10배나 오래 사용할 수 있고, 크기는 더 작아진 Battery. ② 3차원 Hologram; 3차원 Hologram의 Mobile, TV 등에 Screen에 영향. ③ Personal Computer 난방; Personal Computer Server에서 발생하는 Energy를 건물 냉난방에 이용. ④ 개인 Navigation; Android로 구동되는 Smartphone은 Navigation으로 사용, 주변주차장 정보 등, 성능이 크게 발전. ⑤ 시민 과학자시대 차량, Smartphone, Personal Computer, 지갑 등에 장착된 Sensor가 과학자에게 주변 환경과 관련한 각종 Data를 실시간으로 제공하게 될 것으로 보인다는 것이다.

미 CIA는 최근 과거 소련 등, 적대국가에 대한 첩보수집 기능을 크게 낮추고 과학기술정보 부서를 대폭 보강하고 있다. 미 CIA 국장 스스로가 CIA의 주요 임무는 미국의 첨단과학기업에 대한 외국기업들의 도청 수색 등, 첩보활동을 방지하고 외국의 과학기술 발전상황 및 무역상대국의 국제무역관련 협정의 준수 여부 등을 감시하는 것이라고 밝힐 만큼 기능이 크게 변하고 있는 것이다. 미국의 경제회생을 들고 나와 대통령에 당선된 클린턴은 신기술개발과 상품화를 미국 경제회복의 견인차로 삼을 것을 다짐한 바 있다. 기술이 곧 '경제성장의 엔진'이라고 표현하고 있는 클린턴은 미국 산업의 경쟁력 약화가 기초연구를 상업화하는 데 취약한 구조에서 비롯됐다고 보고 앞으로 민간 기업의 산업기술 연구지원을 대폭 강화하고 정부연구소들도 예산의 10~20%를 기업과의 합작투자에 사용토록 한다는 경제정책을 추진하고 있다. 미국은 21세기에는 소재, 정보통신, 유전 및 교통, 에너지, 환경에 중점을 두어 일본과 EC, 독립국가연합을 제압한다는 목표 아래 국방 관련 과학기술의 상업화와 첨단과학기술의 산업경쟁력제고 프로그램에 대한 정부의 지원을 강화하고 있다.

반도체, VCR, 자동차산업 등에서 세계시장을 석권하고 있는 일본도 재편된 세계질서 속에서 기술우위를 더욱 공고히 하려는 움직임을 보이고 있다. 일본정부는 다가오는 21세기에는 생산기술 분야에서 계속 선두를 유지, 첨단기술 분야에서는 선진국과의 협력강화, 기초과학을 중점적으로 육성해 자생적인 기술혁신 촉진, 후진국에 대한 기술과 산업의 영속적 하청관계 유지 등을 골자로 하는 과학기술 종합기본정책을 세워놓고 있다. 일본은 그동안 연구개발 투자규모가 미국보다 작았으나 제품중심의 기술개발 연구에 주력해 현재 카메라 등 세계 광전자 시장의 90%, 메커트로닉스 시장의 60%를 점유하고 있다.

경박단소(輕薄短小)한 상품생산기술로 세계기술의 맹주를 차지하고 있는 일본은 2000년까지 전국 24개 지역에 츠쿠바 규모의 과학기술 연구단지를 세워 각기 전자, 소재, 항공 등 분야별로 특성화시켜 세계적인 기술 메카로 만든다는 야심에 찬 계획도 세워놓고 있다.

EC는 미국과 일본에 대응하기 위한 유럽 공동 연구 프로그램을 추진하고 있는데 금세기 안에 유럽의 완전 통합이 이루어진다면 기술에 있어서 미국, 일본을 능가하는 연합체 국가로 부상할 전망이다. 프랑스, 이탈리아, 스페인 등 유럽 4개국이 공동으로 참여하고 있는 항공기 제작 회사인 에어버스사가 그동안 미국이 독주해 온 대형 민간항공기 시장에서 미국의 항공기 제작 회사인 보잉사를 바짝 뒤쫓고 있음은 장차 유럽 통합의 위력을 예견케 하는 것이라 하겠다. 사회주의 국가인 중국도 이념과 경제를 분리해 '과기흥국(科技興國)' 노선을 추구함으로써 괄목할 만한 경제성장을 이룩하고 있다. 과거 우리가 저렴한 노동력으로 세계시장에서 우위를 점하고 있던 부분에서 점차 중국에게 추월을 당하는 등 중국은 이제 우리의 경계하지 않으면 안 되는 경쟁국으로 급부상했다. 동구권에서 사회주의 체제가 붕괴됐는데도 중국의 사회주의 체제가 버티고 있는 것은 오로지 경제적으로 개방정책을 펴왔던 덕분이다. 지난해 대외 수출액이 우리나라를 앞선 중국은 후발개도국으로서 앞으로 세계시장에서 우리의 힘든 경쟁상대국이 될 것으로 보인다.

기술 선진국들은 자국의 기술개발을 가속화시키는 동시에 후발국들의 추격을 따돌리기 위한 견제에도 집요함을 보이고 있다. 우루과이라운드 둔켈 최종안에는 정부지원금이 기초연구의 50%, 응용연구의 25%를 넘어설 경우 상계관세 등 보복조치를 취할 수 있게 함으로써 연구개발에 대한 정부의 보조도 일정선까지 제한, 후발국들의 기술개발을 억제하려고 한다. 또 선진국들이 오존층을 파괴하는 프레온가스와 지구온난화를 가속화시키는 화석연료 사용을 점차 규제하려는 움직임은 지구의 환경보호를 명분으로 내세워 후발국의 산업발전을 견제하려는 의도로 볼 수 있다. 선진국들은 이미 환경오염을 줄이는 기술을 축적해 놓은 상태여서, 겨우 프레온가스나 화석연료를 사용해야 하는 단계에 있는 후발국들은 산업화에 제약을 받을 수밖에 없다. 또 선진국들의 환경보호 기준에 맞추려면 이들 나라의 기술에 의존하지 않으면 안 되기 때문이다. 이와 함께 선진국들이 지적 소유권이나 물질특허의 보호를 강력히 주장함으로써 후발국들에 대한 기술보호장벽을 높이고 있다.

또한 최고경영자는 성장에 따라 인력충원, 조직변경, 조직시스템을 구축하는 등이 경영에 대한 의사결정에 영향을 미친다. 벤처기업에서도 성장단계에 따라 핵심성공요인이 달라지는 환경이고 환경인식이 달라질 수 있기 때문에 특성이 상이한 최고 경영자가 요구된다. 기업가 정신으로 내적 보유자원이든, 외부자원이든, 통제 및 불통제에 무관하게 기회를 포착하여 효과적인 활용이 바람직하다. 산업성장은 새로운 산업이 발달되기도 하고 기술혁신을 통해 새로운 시장개척에 의해 활기를 되찾는 경우도 있고 기존산업이 새로운 기술개발에 의해 새로운 산업으로 대체되는 경우도 있다. 벤처기업의 성패요인의 성과변수는 규모, 유동성, 시장점유율, 수익성, 레버리지(leverage), 성장성, 효율성, 성패여부 등의 변수가 있다. 첨단기술벤처기업은 기술혁신이 뛰어난 경영자로서 주도적인 혁신활동으로 인하여 성공기업으로 발전시킨다. 이러한 기술혁신은 불확실성과 실패의 위험을 없애기 위해서 과감한 지원과 혁신력이 뒷받침이 되어야 한다.

William James는 마음을 고치면 인생도 고칠 수 있다. 사람은 슬퍼서 우는 것이 아니라 울어서 슬퍼지고, 즐거워서 웃는 것이 아니라 웃어서 즐거워진다. 우리 세대의 가장 위대한 발견은 사람은 자기 마음을 고치기만 하면 자신의 인생까지도 고칠 수 있다는 것이다.

2-4 성공만을 내세울 수 있는 혁신적인 차별화가 있어야 한다

성공의 요소 중의 하나가 창업자의 기업가 정신(Entrepreneurship)을 가진 창업자의 특성과 보유한 자산, 자원보다 활용에 무게를 두고 시장 기회 포착에 의한 사업화 능력을 배양하여야 한다. 또다른 성과요인으로는 창업자가 산업 및 환경, 제품, 조직특성 등이 분석단위가 상이하고 창업자의 개인중심에서 기업의 조직적 행위로써 현실적으로 다양성을 반영한다. 이러한 연구흐름에 의한 기술개발이 그 상황에서 당연히 최우선으로 추구해야 할 과제이지만 이것은 한국뿐만 아니라 세계 어느 나라도 똑같이 힘쓰고 있는 상황이므로 막연한 기술개발만으로는 부족하다. 특히 한국보다 다소 뒤떨어져 있는 후발국의 추격은 차치하고라도 선진국에 비해 절대적으로 열세에 있는 기술개발 투자로 선진국들의 앞선 기술을 따라잡고 나아가 그들을 능가하려 한다면 무엇인가 우리만이 내세울 수 있는 혁신적인 차별화가 있어야 한다.

2-5 기업 성장단계에 의한 환경특성

예전에 이데올로기가 차지했던 세계질서의 대원칙이 무너진 이후에 세계 각국은 경제력이야말로 미래의 세계질서를 형성할 유일하고도 절대적인 가치가 될 것임에 이견이 없는 듯하다. 산업화의 역사가 일천하고 부존자원이 없는 한국의 입장에서는 국제사회의 치열한 경쟁조류가 여간 부담스러운 것이 아니나, 이는 우리가 선택하고 말고 할 성질의 것이 아니며 맞닥뜨려 반드시 극복해내야 할 과제이다. 벤처기업은 개인 또는 소수의 창업자가 성공할 경우에 높은 기대수익이 예상되는 신기술아이디어를 독자적 기반에서 사업화하는 신생 기술집약적 중소기업이다. 제품혁신, 시장개척, 고용증대 등으로 국가의 경제발전과 기존업체에게는 혁신의 동기부여, 신진기업에게는 이상적 실현의 바탕이 작용된다. 첨단기술벤처기업은 기술혁신이 뛰어난 경영자로서 주도적인 혁신활동으로 인하여 성공기업으로 발전시킨다. 이러한 기술혁신은 불확실성과 실패의 위험을 없애기 위해서 과감한 지원과 혁신력이 뒷받침이 되어야 한다. 그러므로 성공의 요소 중의 하나가 창업자의 기업가 정신을 가진 창업자의 특성과 보유한 자산, 자원보다 활용에 무게를 두고 시장 기회포착에 의한 사업화 능력을 배양하여야 한다. 또다른 성과요인으로는 창업자가 산업 및 환경, 제품, 조직특성 등이 분석단위가 상이하고 창업자의 개인중심에서 기업의 조직적 행위로써 현실적으로 다양성을 반영한다. 이러한 연구흐름에 의한 기술개발이 그 상황에서 당연히 최우선으로 추구해야 할 과제이지만 이것은 한국뿐만 아니라 세계 어느 나라도 똑같이 힘쓰고 있는 상황이므로 막연한 기술개발만으로는 부족하다. 특히 한국보다 다소 뒤떨어져 있는 후발국의 추격은 차치하고라도 선진국에 비해 절대적으로 열세에 있는 기술개발 투자로 선진국들의 앞선 기술을 따라잡고 나아가 그들을 능가하려 한다면 무엇인가 우리만이 내세울 수 있는 독특함(혁신적인 차별화)이 있어야 한다. 시드로우 백스터는 장애물과 기회의 차이는 무엇인가? 그것에 대한 우리의 태도이다. 모든 기회에는 어려움이 있으며 모든 어려움에는 기회가 있다. 어려운 환경에 닥쳤을 때, 뛰어난 태도를 지닌 사람은 최악의 상황을 최대한으로 이용한다.

2-6 정보산업화의 환경특성

2-6-1 기술경영의 경제력

ISDN(종합정보통신망, Integrated Services Digital Network), EDI(전자데이터 교환, electronic data interchange), CIM(컴퓨터에 의한 통합생산, Computer-Integrated Manufacturing), 텔레비전회의(television conference) 등, 컴퓨터를 이용한 새로운 정보처리 · 통신기술에 일종의 중독증상을 보이는 사람도 적지 않게 나타나고 휴대폰을 손을 뗄 수 없어졌다든지, 매일 대량인 전자 메일광 등, 문제해결이 필요하고, 개선되어야 하지만, 기술진보가 그 나라 모든 분야의 경쟁력을 제고시키고, 강한 경쟁력은 경쟁에서의 승리를 의미하며, 국가간 모든 경쟁이 경제전쟁으로 풀이되는 상황에서 본다면 결국 기술경영행정의 진보가 경제력의 진보를 가져온다고 생각한다. 행정부처는 최고책임자가 성공할 경우에 높은 수익이 예상되는 기술집약적 기술경영 행정부서의 개념으로 탈바꿈해야 한다. 가슴 뛰는 일을 하라. 그것이 최고의 명상이다. 신이 당신 자신에게 주는 메시지는 가슴 뛰는 일을 통해서 온다. 가슴 뛰는 일을 할 때 당신은 최고의 능력을 펼칠 수 있고 가장 멋진 삶을 살 수 있다. 그것이 당신이 이 세상에 온 목적이다. 당신은 바로 가슴 뛰는 일을 하기 위해 이곳에 태어났다. 남의 삶을 베끼며 살려 하지 말고 지금 이 순간 당신을 가슴 뛰게 하는 일을 하라 그 때 우주는 전적으로 당신을 도와 줄 것이다.

▌2-6-2 IT(Information Technology)정보 System의 경영체계

부처의 최고책임자는 강한 성취동기와 위험을 감수할 수 있는 능력이 필요하고, 조직구성은 경력이 다양하고 높은 교육수준으로 구성하고 타 부처의 시설과 자금을 이용할 수 있는 최고책임자라야 한다. 또한 최고책임자는 성장에 따라 인력충원, 조직변경, 조직시스템을 구축하는 등, 행정경영에 대한 의사결정의 영향을 미친다. 정부행정의 성장단계에 따라 핵심성공요인이 달라지는 환경이고 환경인식이 달라질 수 있기 때문에 특성이 상이한 최고책임자가 요구된다. 예를 들면, 디지털 · 텔레비전(digital · television)은 화상 바로 그것이 아니고, 화상에 관한 정보를 보낸다.

모든 지능(Intelligence)은 개인경영 체계(Proprietary System)를 전제로 하는 정보가전(Consumer Electronics)으로 갈 것이기 때문에 정부가 일반

행정에서 기술경영행정으로 전환이 필요한 실정이다.

아이디어의 숙명에서 사람들은 새로운 무언가가 나타나면 좋은 것보다 나쁜 것을 찾는데 관심을 집중한다. 새로운 아이디어를 평가위원회에 제출하면 이런 사실이 금방 입증된다. 그렇게 해서 무언가를 발견하면 그들은 그 10%의 단점을 위해 나머지 90%의 장점을 무시해 버린다. 새로운 아이디어의 잠재 가능성을 이해하지 못하는 것이다. 왜냐하면 그 가능성을 내다볼 수 있는 상상력을 가진 사람이 1천명 가운데 1명도 안되기 때문이다.

– 찰스 케터링 –

제3장

조직관련 특성

3-1 문화요소의 특성

▮3-1-1 최고 경영자가 변화해야 한다

학문적 영역에서의 기술경영(Management of Technology, MOT)은 다양한 형태로 되고 있다. Betz는 'IT기업에 특화될 수 있는 기술 중심의 기업 평가요소를 도출한다'라고 정의하는 반면에 Edosomwan은 '조직의 각 분야에 존재하는 기술기능 간의 연계성을 최적화함으로써 경영자산을 극대화하는 운영의 방법이다'라고 하였으나 Kocaoglu는 기존기술과 신기술에서 선도적 경쟁력을 확보하기 위한 조직의 의사결정과 실행에 관한 전략적 측면과 관리적측면의 원리라고 하였다. 일반적으로 기술경영의 분류에서는 기술관리(Technology management)분야, 기술전략(Technology strategy)

분야, 기술정책(Technology policy)분야 등, 3가지로 분류하는 경우가 있고 벤처기업의 조직은 창업기, 초기성장기, 고도성장기, 성숙기 등의 성장단계별로 기술개발 역할, 기업비전 및 전략수립, 마케팅 및 영업, 자금조달 관리 등의 최고경영자 역할도 달리해야 한다는 주장도 있다. 기존 관행을 타파하기 위해서는 의식개혁이 필수적이다. 의식개혁은 쉽지 않다. 그것은 세 가지 요인 때문이다. 첫째는 인식의 벽이다. 이는 분석에 눈이 어둡고 과학적 감각이 부족하기 때문이다. 일을 대충대충 처리하는 성격도 문제가 된다. 둘째는 문화의 벽이다. 우리는 급한 성격 때문에 조급하게 흑백 판단을 한다. 이것은 우리의 식생활이나 놀이, 암기위주의 객관식 교육에 원인이 있다고 본다. 셋째는 감정의 벽이다. 상대편을 업신여기고 멸시하며 자신만이 최고라는 의식을 가진 사람들이 적지 않다. 이를 바로잡기 위해서는 의식의 혁명이 따르지 않으면 안 된다. 우리가 의지력을 기르기 위해서는 이러한 잘못된 인식의 벽, 문화의 벽, 감정의 벽을 과감하게 허물어야 한다. 고정관념을 탈피할 수 있을 때에 비로소 사물을 대하는 시야가 넓어질 수 있다. 숨은 인재를 발굴하여 재배치시켜 그래야만 새롭고 기발한 아이디어도 많이 창출될 수 있다.

개선의 반대말은 퇴보가 아닌 머무름이다.
개선의 반대 행동은 과거의 성공에 안주하거나 퇴보하고, 악화되어 불필요한 존재가 되는 것이다. 급변하는 세계에서는 의식적으로 개선하고자 노력하지 않으면 현상 유지는 고사하고 퇴보를 면치 못한다. 주변 사람이 빠르게 전진하기 때문에 점차 불필요한 존재로 전락하고 마는 것이다.

– 스티브 M.R. 코비 –

▌3-1-2 기술경영을 추진하라

학문적 영역에서의 기술경영(Management of Technology)은 'IT기업에 특화될 수 있는 기술 중심의 기업평가요소를 도출한다'라고 정의하는 반면에 조직의 각 분야에 존재하는 기술기능 간의 연계성을 최적화함으로써 경영자산을 극대화하는 운영의 방법이라고 하고 Greiner는 핵심경영문제의

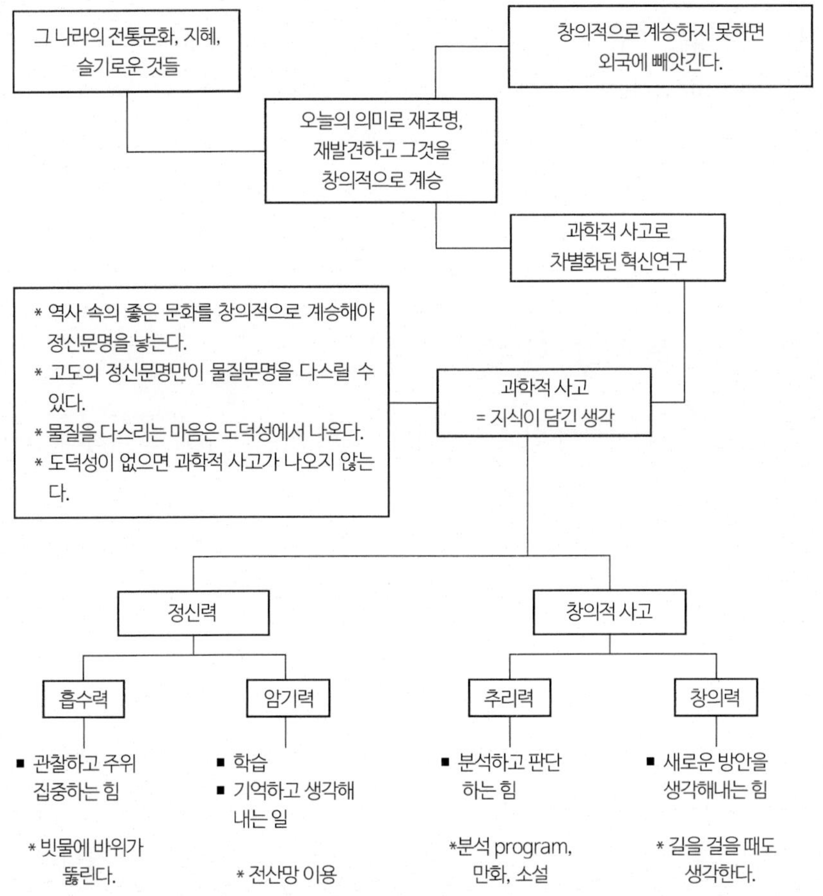

해결책이 핵심경영방식이 되어 진화적인 성장을 하며 이러한 핵심경영방식이 핵심경영문제로 변하게 되는데 이 핵심경영문제를 해결과정에서 조직이 혁명적인 성장(Revolution)을 경험하게 된다고 주장한다. 기술경영(MOT) 행정업무 전환은 공학, 과학 및 경영의 원리를 결합함으로써 조직의 목표를 달성하기 위한 기술적 능력을 행정기획, 행정개발 및 행정을 운용하는 활동이 활발해야 한다. 정부행정조직은 추진단계별로 부처의 최고책임자 역할도 달리해야 하고 조직 내에서 창의력과 과학적 사고를 발휘하여 남성사원/여성사원 또는 고참사원/신참사원이 적절히 배분되도록 구성해야 한다. 지식과 경험의 접목으로 단지 최적화에 최대 목표를 둔 총합이라야 한다. 양적인 측면보다 질적인 측면을 더욱 중시해야 하고 기술적 및 경제적으로 고품질을 지녀야 하며 일반적인 행정업무를 기술경영학적인 행정업무로 전환되어야 한다.

▮3-1-3 기존 관행을 타파하라

기존 관행을 타파하기 위해서는 의식개혁이 필수적이다. 그 나라의 전통문화, 지혜, 슬기로운 것들을 오늘의 의미로 재조명, 재발견하고 그것을 창의적으로 계승해야 하는데 창의적으로 계승하지 못하면 외국에 빼앗긴다. 도덕성이 없으면 과학적 사고, 즉 인식의 벽+문화의 벽+감정의 벽 때문에 과학적 사고가 나지 않는다. 그러면 과학적 사고로 차별화된 혁신연구가 되지 못한다. 따라서 역사 속의 좋은 문화를 창의적으로 계승해야 정신문명을 낳는다. 고도의 정신문명만이 물질문명을 다스릴 수 있다. 물질을 다스리는 마음은 도덕성에서 나온다. 과학적 사고(지식이 담긴 생각)는 정신력과 창의적 사고를 생성하는데 정신력은 흡수력과 암기력을 생성하고 창의적 사고는 추리력과 창의적 사고를 생성해야 하는데 과학적 사고가 없게 되면 과학적 사고가 인식의 벽+문화의 벽+감정의 벽에 파묻혀 활동을 못하고 옛날의 시대로 답습만을 지속하게 된다. 찰스 C. 콜튼은 위대한 사람들은 재난의 시기에 배출되었다. 위대한 사람들은 재난과 혼란의 시기에 배출되었다. 순수한 금속은 가장 뜨거운 용광로에서 만들어지고, 가장 밝은 번개는 캄캄한 밤의 폭풍 속에서 나온다.

▌3-1-4 지적재산의 위기관리

(1) 서론

지적재산, 더욱이 IT기술(Information technology)과 고도 공학기술 자체의 관리는 위기관리의 대상이 되는 위치에 있다고 보여 진다. 경제적 관점에서 뿐만 아니라 사이버넷(cyber net)이 중요한 사회의 인프라(Infra-structure)가 되고 있는 현재, 이 영역의 지적재산권은 매우 중요한 위치를 차지하고 있고, 그 위기관리는 범죄수사와 밀접한 관련을 맺고 있다. 기술은 지혜와 노력의 결정체이다. 이 결정을 만들어 내는 제작자, 즉 창조주의 이익을 물건자체의 시장교환가치와는 별도로 독립된 가치로서 보호를 하려고 노력하는 조직이 지적재산권보장제도이다. 그러나 지혜와 노력의 결정체인 기술과 제품을 창조주의 때문이라고 해서 자유롭게 사용하고, 처분하는 것이 가능할 정도로 사회는 성숙하지 아니하다. 이것은 일본뿐만 아니라 개발도상국에서도 깊은 관심을 가져야 하는 사항이라고 생각한다.

(2) 본론

정당한 권리자 이외의 사람에게 지혜와 기술과 제품 등을 그 내용으로 하는 지적재산이 유출되는 것을 막는 것이 당연한 권리인 것이다. 권리자에 해당하는 것을 권리의 종류에 따라서 다르기는 하나 대부분의 나라에서 그 지위와 재산상태를 보장하는 범위 내에서 효력이 발생한다. 국내법이 인정하는 법에 의하면 일본에서는 저작권을 별개로 하는 이른바 공업소유권을 포괄시키는 권리는 등록 등에 의한 공신력이 담보로 생기는 것이다. 등록이라는 요건이 권리의 발생 및 존속의 조건이 되고 있는 점을 보면 지적재산권이 권리장전규정에서 정해놓은 기본법과는 달리 상대적인 것이라는 것을 알 수 있고 권리자의 의무는 더욱 크다는 것을 알 수 있다.

하지만 절대적인 권리에도 의무는 따르기 마련이다. 절대불가침의 권리이기 때문에 헌법상 보호를 받는 영역 내에서도 부정행위와 불합리한 행위로 인해 외부가 의심을 하게끔 하는 행위 또는 그러한 사태가 일어났을 경우 권리자는 자기의 불안을 해소하기 위하여 외부자가 납득할 때까지 영역 내에서 일어난 사태에 대하여 설명하여 불안을 해소할 의무를 지는 것이다. 따라서 「책임설명」의 이름 하에 조직이 그 내부에서 생긴 설명만 하고 그것에 책임을 끝내는 것을 분명 잘못이 있는 것이다. 이 책임설명이라는 것은 목적은 만족시키지만 결과는 따르지 않기에 불충분한 것이 되는 것이다.

권리침해로 볼 수 있는 지적재산이 유출이 되었을 경우 가장 일차적 현상의 귀인자는 침해자이다.

하지만 지적재산의 부정유출에서 생긴 2차적, 3차적인 침해의 원인책임을 지적재산권리자는 당연히 면해야 한다는 이해는 도저히 지지되지 않을 것이다. 지식과 기술의 유출은 갑작스럽게 일어난 현상이라고는 생각하기 어렵다. 그렇지 않는다면 산업 스파이는 불필요한 것이다. 빼앗는 쪽에서도 충분하게 내용을 확인하지 아니하면 무엇이 핵심인 정보인가를 특정할 수 없게 된다. 하지만 지식과 기술의 유출이 확실해질 때에는 그 후의 피해확대를 막는 체제가 긴급하게 구축되지 않으면 안 된다. 적정하고 타당한「리스크 매니지먼트」가 설치된다면 여러 가지 상황에도 리스크 요인의 상황을 알 수 있기 때문에 유출경로를 알 수가 있게 된다. 이 뿐만 아니라 이차적인 피해도 막을 수가 있다. 당사자와 조사당국이 서로 연계를 하여 정보수집과 피해의 확대방지를 위하여 노력하지 않으면 안 된다.

「위기」라는 단어를 사용을 할 경우, 우리는 여러 가지 불이익현상이 절박해 있는 상황을 연상하게 된다. 하지만 여기에「관리」라는 단어가 붙으면 그 사정이 달라지는 것을 알 수 있다.「위기관리」라는 것을 ① 리스크 관리(risk management) ② 위기 관리(crisis control) ③ 비상 개입(emergency intervention)으로 이해 가능하다.

1) 리스크 관리(Risk management)

「리스크」를「위기」라고 해석하여도 좋지만「위험」이라고 해석하는 경우도 있다. 고속도로에서는 고속의 운전을 전제로 한다. 여기서 일단 사고가 생기면 형식적 형법이론에 의해 고의인가 과실인가는 별개의 논리로 하고 결과의 중요성만을 생각해 보면 여기서의 교통사고는 소극적인 쪽이 좋다고 생각한다. 그러나 고속도로에서 저속으로 운전을 한다면 고속도로의 의미는 없는 것이다. 이렇게 이율배반적인 조직들이 여기저기서 활동하고 있다. 위험까지는 허락을 한다. 그러나 그 위험이 현실화되면 별도의 법적 책임을 묻지 않으면 안된다라고 하는 사회적 인식이 지배적이다. 이것을「허락화된 위험」이라고 하는 법적이론으로 이해하고 있다. 여기서 알 수 있듯이「리스크」가 현실화되면 곤란하다. 따라서 현실화 하지 않도록 대응능력을 키우는 것이 중요하다. 하지만 현실화를 두려워하여「리스크」를 배제해 버리면 효과와 이익은 추구할 수 없는 것이다.

2) 위기 관리(Crisis control)

분쟁의 해결로 떠오르는 crisis control의 핵심은 신속, 정확, 성실이라는 것이 나의 생각이다. 분쟁해결을 재판으로 해결하는 것은 최악의 수단이다. 지적재산고등재판소의 설치에 관한 인식이 불충분하고 또한 신속한 대응이 필요하기 때문에 비법률적인 수준에서 분쟁을 해결하면 그것이 최선의 방책이라고 생각을 한다. 따라서 여기서 risk management와 crisis control의 차이점을 구분할 필요가 있다. 그것은 대응해야 하는 상대가 특정된 자인가 아닌가 하는 것이다. risk management의 경우에는 대응해야 하는 상대가 정해지지 않은 반면, crisis control의 경우는 대응해야 하는 상대가 정해져 있다. 즉 risk management에서는 가상위기, 추상성, 보편성, 다양한 준비, 신속성보다도 확실성이 우선시 된다. 하지만 crisis control에서는 대응은 즉시적으로 대처 가능한 구체성과 그때에 적합한 현실적 행동과 긴급성이 요구되어진다.

3) 비상 개입(Emergency intervention)

게임프로그램 등, 오락용 프로그램, 그 자체의 복사물이 돌기 시작하면 권리자의 재산적 손해는 물론이고 동시에 따라오는 위조 프로그램(이하 Target)을 침입하는 바이러스(Virus) 등, 부정프로그램의 다운로드(Download) 등이 폭발적으로 이루어져서 위험하게 된다. 이 사태에 대응하기 위한 대응책은 기업은 물론 국가적으로 역부족이다. 따라서 이러한 종류의 침해가 확인되었을 경우 조속하게 기관에 통보하는 것이 필요하다.

(3) 결론

「위기관리」의 핵심은 위기를 부르지 않는 것, 위기가 발생하지 않도록 하는 것 위기의 뿌리를 만들지 않는 것이다. 위기가 발생하였을 때를 상정하여 준비를 해 둔다면 우를 범하지 않게 될 것이다. 「지적소유권」이라고 하면 전통적인 동산이나 부동산으로 인정되는 소유권과 같이 생각해도 좋을 것이다. 한편, 지적재산권은 다른 이름으로는 「지적」인 재산권이고 「지적」이라고 한정을 하는 것만으로 전통적인 재산권의 대상과는 다른 것이라고 인식해야 할 것이다. 더욱이 「지적」 창조물 또는 「지적」에서 생기는 가치의 배타적 귀속성을 인식하여 인정하고 그것을 보호하기 위해서도 전통적인 재산권에서 독립한 「소유권」으로 지적소유권을 이해하는 것이 적당하다고 생각한다.

지적재산권을 인정하는 데에는 기한이 있다. 저작권의 존속기간은 별도의 규약조건이 있는 경우를 제외하고는 저작물의 제작이 시작되고 저작자의 사후 50년까지 저작권이 인정되고 있다.

privacy 권의 여러 상대적인 권리와 다르게 지적재산권에는 기한이 있다. 이 기한을 법적으로 어떻게 해결하는 가를 생각할 필요가 있다. 지적재산권을 주장하는 측으로부터는 비판을 받고 있지만 지적재산도 그것을 받아들이는 측, 다시 말해 소비자와 이용자가 없으면 의미는 없는 것이다. 비현실적인 가정이라고 묵살 당할지도 모르지만 원리적으로 생각을 해보면 소비자가 없다면 생산자는 설 수 없는 것이다. 즉 이 권리는 모두 상대적인 것이라 할 수 있다.

(4) 제언

「지적재산의 위기관리」라고 하는 표제에서 독자들은 음악저작권과 공업소유권들의 침해에 대하여 논할 것이라고 생각하고 있지만 여기에서는 그것과는 약간 다른 관점에서 지적재산의 위기관리에 대해서 논하여 보고자

한다. 현재 FBI는 미국 내, 단순작업종사로 흘러들어가 일정기간 후에 본국으로 돌아간 사람에게 나타나는 「사람의 이동에 따른 지적재산의 부정유출」에 중대한 관심을 보이고 있다. FBI는 지적재산유출의 위기를 호소하고 있으며 일본 경찰도 「지(Intellect)의 유출」에 관심을 보이고 있다. 리스크를 인식하는 능력은 뭐니 해도 지식과 센서의 배치일 것이다. 지식과 특수하게 훈련받은 특수능력이 센서가 되어 작동을 한다. 어느 부서에 어떤 지식과 능력을 지닌 사람이 몇 명 있는가 알고 있는가는 긴급사태가 생길 때에 좋다. 훈련을 받은 전문지식이 있는 사람을 적재적소에 배치하고 그 사무처리를 위임하는 것이 가능하다면 리스크 매니지먼트는 성공했다고 평가받을 수 있을 것이다. 지적재산의 위기관리로서는 사이버넷의 공간에서 지적재산권의 보호는 중대하고 emergency intervention의 관심이 높다. 물건에 관한 지적재산권의 침해에 대하여 긴급성을 요할 때에는 식별하는 방법을 관계기관에 공개하여 위조시장을 파괴하는 것으로 대응이 어느 정도 가능할 것 같다.

> 자신이 하는 일을 좋아하기에서 행복의 비밀은 자신이 좋아하는 일을 하는 것이 아니라, 자신이 하는 일을 좋아하는 것이다. 내가 변할 때 삶도 변한다. 내가 좋아질 때 삶도 좋아진다. 내가 변하기 전에는 아무것도 변하지 않는다. 우리가 삶에서 무엇을 갖는가는 자신이 어떤 사람인가에 달려있다.
>
> – 앤드류 매튜스 –

3-2 구조요소의 특성

▌3-2-1 팀(3+2, 60%+40%)이 창의력을 발휘한다

업무의 혁신을 기하기 위하여 우리는 부단히 노력했고 노력하고 있다. 언젠가 미국의 피터 드러거 교수는 한국인도 이제 일을 멋지고 현명하게 하는 방법을 배울 필요가 있다고 말한 바 있다. 일을 멋지고 현명하게 하는 방법은 조직 내에서 창의력과 과학적 사고를 발휘해야 하는데 이를 위해서 최소 단위의 인원을 고참사원과 신참사원이 적절히 배분되도록 구성해야 한다. 일례를 든다면 5명의 인원이 구성된 최소 단위의 팀이라면 2명은 고참사원으로 하고 3명은 신참사원으로 구성하여야 팀(3+2, 60%+40%)이 창의력을 발휘할 수가 있다. 만약 신참사원이 수년동안 하는 일마다 시행착오를 범한다면 나중에는 매사에 소신이 없어지고 수년 전에 배운 지식마저도 자신이 없어진다. 이를 위해서 고참사원은 신참사원이 범하기 쉬운 시행착오를 줄일 수 있도록 사전에 많은 조언을 해야 한다. 업무의 혁신을 기하기 위해서는 지식과 경험의 접목을 이룩할 수 있는 수평적 조직으로 하고 혁신의 분위기를 조성하는 주축은 대개가 대리급이 맞고 과장 및 대리급은 프로젝트 매니저가 되어야 한다. 그렇게 되므로 항상 자기가 하고 있는 일, 하려고 하는 일을 어떤 이론의 바탕에서 어떻게 풀 것이냐를 고민하게 된다. 과거의 스타 플레이라는 것은 그 사람이 아니면 안된다는 것이고 일에 대하여 과장급이 피라미드식 업무를 수행해 왔다. 지식과 경험을 접목시킨 수평적 조직은 일에 대한 수행이 스타 플레이에서 팀플레이 중심으로 바뀌어지는 것을 의미한다.

목표 없는 사람은 목표를 가진 사람을 위해 일한다.
성공적인 모든 사람들은 가슴 속에 큰 꿈을 품은 사람들이었다. 목표를 설정하지 않는 사람들은 목표를 뚜렷하게 설정한 사람들을 위해 일하도록 운명이 결정된다. 우리는 믿는 것을 보는 것이다. 생각을 먼저 지배하는 것은 우리들이지만, 그 다음에는 생각이 우리를 지배한다. 우리는 자신이 보는 것을 믿는 것이 아니라 믿는 것을 보는 것이다. 어떤 일을 하든 믿음만큼 성공한다. 생각이 우리의 태도와 행동을 결정하고 그것들은 다시 성공과 실패를 결정한다.

– 브라이언 트레이시 –

▌3-2-2 지식과 경험을 접목시켜라

지식과 경험의 접목이란 찬성하는 사람의 수와 관련된 것도 아니고 고참의 의견을 더 많이 반영하는 것을 말하는 것도 아니다. 단지 최적화에 최대 목표를 둔 총합이라야 한다. 그러므로 고참사원의 경험과 신참사원의 지식을 잘 조화시킬 필요가 있는 것이다. 신참사원이 경험을 습득하기 위해서는 오랜 기간 동안 시행착오를 겪고 수많은 투자를 해야 된다는 편견은 빨리 바뀌어야 한다. 만약 신참사원이 수년동안 하는 일마다 시행착오를 범한다면 나중에는 매사에 소신이 없어지고 수년 전에 배운 지식마저도 자신이 없어진다. 이를 위해서 고참사원은 신참사원이 범하기 쉬운 시행착오를 줄일 수 있도록 사전에 많은 조언을 해야 한다. 기술경영(MOT, Management of Technology) 조직문화의 정착화는 기술경영은 디지털·코드의 형태로 공유되는 지식에 입각한 글로벌 문명이 출현하게 될 것이고, 그중에서의 각국의 국제적 경쟁력은 디지털화한 데이터의 처리능력에 의존해서 결정되는 것이다. Data Freeway 혹은 정보 Super Highway라는 데이터의 고속 전송로를 구축하고, 컴퓨터끼리 서로 연결시키거나, 누구나가 슈퍼컴퓨터에 액세스할 수 있도록 하는 것이 필요하다. 또한 공학, 과학 및 경영의 원리를 결합함으로써 조직의 목표를 달성하기 위한 기술적 능력을 기획, 개발 및 운용하는 NRC(National Research Council) 활동이 Issue화 될 것이다. 일을 멋지고 현명하게 하는 방법은 조직 내에서 창의력과 과학적 사고를 발휘해야 하는데 이를 위해서 최소 단위의 인원을 고참사원과 신참사원이 적절히 배분되도록 구성해야 한다. 일례를 든다면 5명의 인원이 구성된 최소 단위의 팀이라면 2명은 고참사원으로 하고 3명은 신참사원으로 구성하여야 팀(3+2)이 창의력을 발휘할 수가 있다. 지식과 경험의 접목이란 찬성하는 사람의 수와 관련된 것도 아니고 고참의 의견을 더 많이 반영하는 것을 말하는 것도 아니다. 단지 최적화에 최대 목표를 둔 총합이라야 한다. 그러므로 고참사원의 경험과 신참사원의 지식을 잘 조화시킬 필요가 있는 것이다. 신참사원이 경험을 습득하기 위해서는 오랜 기간 동안 시행착오를 겪고 수많은 투자를 해야 된다는 편견은 빨리 바뀌어야 한다. 옛날의 때를 벗지 못하고 항상 과거의 경험만을 고집하는 보수성과 모든 것을 자기 위주로 해석하여 거기에 맞지 않으면 안된다는 배타적인 업무에서 새로운 아이디어를 적극적으로 수용하는 진취적인 업무로 전환된다. 투자를 적게 하면 책임을 적게 진다는 사고방식으로 몸을 사리는 업무에서 창의적으로 자체 업무개발의 리스크를 지는 업무로 나가게 된다. 대리급이 한 다발의 결재판을 들고 다니며 구두로 다시 보고해야 결재를 얻는 고정된 생산시스템(Fixed Product System)이 아니고 구두보고 없이 스스로 익히고 확실히 결재하는 방법 등, 유연성 생산시스템(Flexible Product System)의 도입이 적극 수용되어야 한다. 짐 콜린스는 내가 핵심인재인지 스스로 판단해 보는 법은 올바른 인재는 관리할 필요가 없다. 철저히 관리해야겠다 싶은 대상이 있는가? 그렇다면 그 사람은 잘못 뽑은 것이다. 올바른 인재는 일을 갖고 있다고 생각하지 않는다. 그들은 책임을 갖고 있다고 생각한다. 호황기엔 공을 자신에게 돌리고 불황기엔 외부 요인을 탓하는 사람은 지도자가 될 자격이 없다.

▌3-2-3 수평적 조직으로 하라

업무의 혁신을 기하기 위해서는 지식과 경험의 접목을 이룩할 수 있는 수평적 조직으로 하고 혁신의 분위기를 조성하는 주축은 대개가 대리급이 맞고 과장 및 대리급은 프로젝트 매니저가 되어야 한다. 그렇게 되므로 항상 자기가 하고 있는 일, 하려고 하는 일을 어떤 이론의 바탕에서 어떻게 풀 것이냐를 고민하게 된다. 과거의 스타 플레이라는 것은 그 사람이 아니면 안 된다는 것이고 일에 대하여 과장급이 피라미드식 업무를 수행해 왔다. 지식과 경험을 접목시킨 수평적 조직은 일에 대한 수행이 스타 플레이에서 팀플레이 중심으로 바뀌어지는 것을 의미한다. 옛날의 때를 벗지 못하고 항상 과거의 경험만을 고집하는 보수성과 모든 것을 자기 위주로 해석하여 거기에 맞지 않으면 안된다는 배타적인 업무에서 새로운 아이디어를 적극적으로 수용하는 진취적인 업무로 전환된다. 투자를 적게 하면 책임을 적게 진다는 사고방식으로 몸을 사리는 업무에서 창의적으로 자체 업무개발의 리스크를 지는 업무로 나가게 된다. 대리급이 한 다발의 결재판을 들고 다니며 구두로 다시 보고해야 결재를 얻는 고정된 생산시스템(Fixed Product System)이 아니고 구두보고 없이 스스로 익히고 확실히 결재하는 방법 등이 필요하고 요구되는 유연성 생산시스템(Flexible Product System)의 도입이 적극 수용되어야 한다.

사람들이 하기 싫어하는 일을 하는 습관
성공하는 사람은 성공하지 못하는 사람들이 하기 싫어하는 일을 하는 습관을 가지고 있다. 물론 그들도 그런 일을 하고 싶지 않기는 마찬가지이다. 그러나 그들은 목적의식이라는 힘으로 그것을 극복하고, 하기 싫은 일을 하고 싶은 일로 만든다.
– Albert Gray –

▮3-2-4 사전예방 중심으로 처리하라

모든 일을 처리할 때 주로 사후대책 중심에서 사전예방 중심으로 처리된다. 그래서 외국 방식을 모방한다든지 베끼는 버릇을 가진 사원을 나무라기보다는 그것을 과장급의 잘못이라 인식하는 것으로 바뀌게 된다. 노하우란 나만이 알고 있는 비법이라는 독선적인 자세를 버리게 되고 어떤 전문적인 작업을 수행할 때 자신의 전공 분야와 관련 있는 주변의 학문 분야에 대해서도 올바르게 이해하고 그것을 자신의 것으로 만드는 것을 의미한다. 기본적인 것, 기초과학에 가장 쉽게 접근하는 방법, 업무의 혁신을 기하기 위해서는 수평적 조직으로 신참 사원이 가지고 있는 새로운 지식과 고참 사원이 가지고 있는 경험을 접목시키는 데 있다고 생각한다. 이렇게 지식과 경험을 접목한다면 올바른 사고력으로 혁신적 업무를 도출할 수 있다. 이와 같은 올바른 사고력이 창의력을 더 높일 수 있는 것이다. 어떤 기업이 21세기를 이끌어 나갈 것인가. 우리나라에서만도 하루에 수백 개의 기업이 새로 생겨나고 도산한다. 전 세계적으로는 하루에도 수천수만 개의 기업들이 새로 문을 여는가 하면 이와 반대로 그만큼의 기업이 흔적 없이 사라져가는 일이 되풀이된다.

기업들은 또 하루에도 엄청난 숫자의 신제품을 쏟아내고 있다. 저마다 기업들이 온갖 아이디어를 짜내고 정성을 들인 것들이다. 그러나 이 중에서 소비자들이 이름을 기억할 만큼 히트하는 제품은 극히 소수에 불과하다. 소비자의 손에 미처 닿기도 전에 창고에서 폐기처분되는가 하면 상품 진열대에 변변히 얼굴도 내보지 못한 채 몇몇 소비자의 손에서 불합격 판정을 받고 사라지는 제품이 대부분이다. 기업들은 제품 하나 잘못 만들어 도산하기도 하지만 히트 상품 하나로 일약 세계적 기업으로 부상하기도 한다. 어쩌면 기업들이 신제품을 하나 내놓고 히트하기를 기대하는 것은 마치 슬롯머신에서 잭팟을 바라는 것과 같은 도박이나 다름없다. 생산된 제품이 성공할 확률을 따지자면 기업들은 분명 도박판에 서있다. 그러나 기업의 제품개발은 단지 요행으로 좌우되는 도박판과 같을 수는 없다.

신제품이 예기치 않게 성공하는 예가 종종 있기는 하지만 기술개발을 게을리 하지 않는다면 언제든지 잭팟을 터트릴 수 있다는 비확률의 논리가 통하기 때문이다. 기업들은 확률게임을 하는 게 아니라 확률의 논리가 적용되지 않는 기술개발 게임을 하고 있는 것이다. 기술개발 게임에는 요행이란 없다. 열심히 연구하고 노력하는 자만이 살아남는 게임이다.

오늘날의 기업들은 치열한 생존경쟁의 대열에 서있다. 20세기의 기업들은 단지 기업 간의 생존을 다투는 경쟁에만 국한돼 있지 않고 국가의 흥망을 책임지고 있다는 점에서 생존경쟁의 치열성은 더욱 심하다. 따라서 이제 기업의 생존을 위한 기술개발전쟁은 기업 간의 전쟁이 아닌 국가 간의 기술전쟁으로 치닫고 있는 것이다. 더욱이 냉전체제가 무너지면서 총칼을 들이댈 적이 사라진 오늘날 각국은 서로 부를 더 많이 축적하려는 경제전쟁의 포문을 더욱 활짝 열고 있는 것이다. 이념전쟁에는 그래도 우방이 있었으나 기술전쟁, 경제전쟁에는 우방도 없다. 냉전체제의 이원구조가 무너지면서 지역 및 국가단위의 다원구조로 바뀐 것이다. 이와 함께 국가 간의 생존을 위한 각축이 한층 격화되고 있다. 경제력의 약육강식 논리만이 지배하는 살벌한 시대가 온 것이다.

2010년 12월 미국 IBM의 발표에 의하면 2015년 내에 도래할 기술혁신 5가지(Next Five in Five) 예측은 ① Battery; 현재 Battery보다 10배나 오래 사용할 수 있고, 크기는 더 작아진 Battery. ② 3차원 Hologram; 3차원 Hologram의 Mobile, TV 등에 Screen에 영향. ③ Personal Computer 난방; Personal Computer Server에서 발생하는 Energy를 건물 냉난방에 이용. ④ 개인 Navigation; Android로 구동되는 Smartphone은 Navigation으로 사용, 주변주차장 정보 등, 성능이 크게 발전. ⑤ 시민 과학자시대 차량, Smartphone, Personal Computer, 지갑 등에 장착된 Sensor가 과학자에게 주변 환경과 관련한 각종 데이터를 실시간으로 제공하게 될 것으로 예측하였다.

표 3.1 2010년 전세계 기업들 중 브랜드 가치가 높은 100대 기업 (단위 : 백만 달러)

순위		기업명	2010년 브랜드 가치	2009년 브랜드 가치	증감률 (%)	소속국
'10	'09					
1	1	코카콜라	70,452	68,734	2	미국
2	2	IBM	64,727	60,211	7	미국
3	3	마이크로소프트	60,895	56,647	7	미국
4	7	구글	43,557	31,980	36	미국
5	4	GE	42,808	47,777	-10	미국
6	6	맥도날드	33,578	32,275	4	미국
7	9	인텔	32,015	30,636	4	미국
8	5	노키아	29,495	34,864	-15	핀란드
9	10	디즈니	28,731	28,447	1	미국
10	11	HP	26,867	24,096	12	미국
11	8	도요타	26,192,	31,330	-16	일본
12	12	메르세데스 벤츠	25,179	23,867	6	독일
13	13	질레트	23,298	22,841	2	미국
14	14	시스코	23,219	22,030	5	미국

순위		기업명	2010년 브랜드 가치	2009년 브랜드 가치	증감률 (%)	소속국
'10	'09					
15	15	BMW	22,322	21,671	3	독일
16	16	루이비통	21,860	21,120	4	프랑스
17	20	애플	21,143	15,443	37	미국
18	17	말보로	19,961	19,010	5	미국
19	19	삼성	19,491	17,518	11	한국
20	18	혼다	18,506	17,803	4	일본

동양에서는 Crisis를 위기(危機)라고 쓴다.
동양에서는 Crisis(위기)를 위기(危機)라고 쓴다. '위(危)'는 위험을 뜻하고 '기(機)'는 기회를 뜻한다. 다시 말해, 위기상황이 오면 위험을 예측하는 동시에 기회를 살펴야 한다는 뜻이다.

– 존 F. 케네디 –

3-3 인력요소의 특성

3-3-1 사업전략과의 적합성

Project의 계수화 및 계량화는 가장 기술적이고 경제적인 경영지식에 맞는 새로운 측정방법은 Radar Chart를 적용하여 기술행정의 사업목표에 부합되고 Issue화된 수익증대, 효과성증대, 혁신비율, Cash Flow 등을 측정하고, 그 결과를 평가하는 것이 바람직하다. 이와 같은 상황을 감안해 볼 때에 모든 업무를 계수화하고 계량화된 프로젝트를 수행토록 하고, 프로젝트별 수익계획에 의한 결과를 난이도 채점표에 의하여 프로젝트는 수행과 동시에 자동Check되어 업무의 진행 및 결과에 따라 곧바로 자기점수를 항상 확인할 수 있도록 분석Tool에 의해 자기점수를 볼 수 있도록 시스템화 되어야 하고, 정부행정 업무의 효율을 높이기 위해서는 혁신 Item의 종류수를 늘리고 Item 매출액 및 기여효과액을 올려야 한다. 그러므로 정부의 행정조직, 정부 출연연구소, 정부 출연기업이든 간에 모든 업무를 Project로 하여 계수화 또는 계량화로 Counter하는 System으로 전환되어야 한다.

세종대왕의 용인술은 착한 사람에게 일을 맡기면 처음엔 굼뜨고 실수도 하지만 갈수록 더욱 조심하여 책무를 완성한다. 하지만 유능하다고 알려진 자들은 처음에는 능숙하지만 결국 자기 개인적인 일을 구제하는데 급급하다.

▮3-3-2 현대적인 접근방법

그리고 Daft는 조직효과성 평가에 대한 접근방법은 전통적인 접근방법과 현대적인 접근방법으로 분류되고 다차원적인 효과성 지표를 기준으로 접근하는 방법이다. 기술경영 행정이 경제력의 결정적인 요소는 영상전화, 전자메일, ISDN(종합정보통신망, Integrated Services Digital Network, EDI(전자데이터 교환, electronic data interchange), CIM(컴퓨터에 의한 통합 생산, Computer-Integrated Manufacturing), 텔레비전회의 등, 컴퓨터를 이용한 새로운 정보처리 · 통신기술에 일종의 중독증상을 보이는 사람도 적지 않게 나타나고 휴대폰을 손을 뗄 수 없어졌다든지, 매일 대량인 전자 메일광 등, 문제해결이 필요하고, 개선되어야 하지만, 기술진보가 그 나라 모든 분야의 경쟁력을 제고시키고, 강한 경쟁력은 경쟁에서의 승리를 의미하며, 국가간 모든 경쟁이 경제전쟁으로 풀이되는 상황에서 본다면 결국 기술경영행정의 진보가 경제력의 진보를 가져온다고 생각한다. 행정부처는 최고

책임자가 성공할 경우에 높은 수익이 예상되는 기술집약적 기술경영 행정 부서의 개념으로 탈바꿈해야 한다.

> 솔선수범에는 충성심으로 보답한다.
> 부하를 단속하려면 먼저 자기 행실을 올바르게 가져야 한다. 자신이 올바르게 행동하면 엄명을 내리지 않아도 지시대로 들을 것이요. 자신이 부정한 행동을 하면 아무리 엄명을 내려도 듣지 않을 것이다.
>
> – 다산 정약용 –

▌3-3-3 Architecture와 Capability의 발전을 통한 혁신을 지향하는 방향

목표접근법에 대한 효과성측정의 문제제기는 조직구성원, 사회적 목표를 배제하고 조직의 공식적 혹은 관리적 목표에 초점을 맞추고 있고, 비공식적인 절차와 목표에 소홀이 다루고 있으며(Merton, 1957), 조직의 목표가 다차원적이고 상반된 특성을 무시하고 있는데 조직목표는 과거 지향적이고 조직실행을 확인하는 것이지, 상황적 요인과 조직행동의 변화에 따라 변화한다. R&D조직은 연구에 대한 Breakthrough지향에서 고위험도 과제수행과 저위험도 과제수행의 균형과 기술Roadmap을 통한 관리에서 Architecture(컴퓨터 시스템의 구성)와 Capability(기능)의 발전을 통한 혁신을 지향하는 방향으로 바뀌고 있다고 하였다.

> 가슴으로 느끼고 손으로 적어 발로 뛰는 게 꿈.
> 꿈을 이루는 가장 좋은 방법은 목표를 세우고, 모든 것을 집중하는 거야. 그렇게 하면 단지 희망사항이었던 것이 '꿈의 목록'으로 바뀌고, 다시 그것이 '해야만 하는 일의 목록'으로 바뀌고, 마침내 '이루어 낸 목록'으로 바뀐단다. 꿈을 가지고 있기만

해서는 안 돼. 꿈은 머리로 생각하는 것이 아니란다. 얘야, 가슴으로 느끼고 손으로 적어 발로 뛰는 게 꿈이지.

– 존 고다드 –

▮3-3-4 효과성 위주로 추진하라

과거에 Cameron과 같이 R&D조직의 효과성이 평가가 어려운 이유는 목표와 결과를 측정하여 구체화가 난이하고 비영리조직에만 평가되고 효과성보다 효율성을 강조하는 경향이며, 효과성 접근법위주로 평가되거나 조직특성과 환경적 요인에 따라 평가기준을 첨가하여 활용한다든지, Rohrbaugh & Tompson와 같이 R&D 조직은 확인할 수 있는 연구결과물과 그 결과물에 대한 평가기준의 정립이 모호하기 때문이라고 하였으나 R&D조직은 효율성 위주보다는 효과성위주로 해야 벤처기업의 특성을 극대화할 수 있다고 본다. 다차원적인 효과성 지표는 각 부처의 총괄지표로써 신 Item으로부터의 매출액비율 등의 결과중심지표로서 연구 활동이 성공적인 사업들은 성과지표가 사업목표와 미션을 반영하여 전략적 목표를 효과적으로 달성할 수 있고 성과지표는 사업전략과의 적합성이 지속적으로 검증되고 수정되어 전략과 연동되어야 한다. 인력이 통상적으로 구성된 Pattern은 조직에서 현상만족, 기득권층은 변화에 대항, 혁신자 등이 일반적인 인력구성이라고 한다. 현대적인 접근방법은 다차원적인 효과성 지표를 기준으로 접근하는 방법이다. 따라서 기술경영 행정은 다차원적인 효과성 지표를 기준으로 접근하는 방법을 적용해야 한다.

Everyone thinks of changing the world, but no one thinks of changing himself.
(모두들 세상을 바꾸려 들지만 스스로를 바꾸려는 생각은 하지 않는다.)

– LEO TOLSTOY –

문제를 즐겨라.
모든 것이 잘 풀릴 때가 이상하고, 오히려 나쁜 상황이 당연하다. '문제가 생긴다니, 좋아! 고민하고 풀어 가면 그만큼 성장하는 거지. 문제를 극복하면 새로운 세상이 열리기 때문이야.

– 하무구치 나오타 –

▌3-3-5 피라미드 조직을 다이아몬드 조직 또는 수평적 조직으로 하라

어느 일본 회사의 경우, 상무 이상의 중역들이 모여 경영 전략을 다루는 회의가 있었다. 그런데 바로 이 상무회가 비판의 대상이 되고 있다. 하는 일 없이 시간만 축낸다는 것이 비판의 요지이다. 그 회의는 침묵으로 일관되거나 사장의 훈시조 얘기만 되풀이되기 때문이다. 이런 비판의 소리를 받아들여 상무회를 폐지해 버렸다. 그 대신 개별 과제는 각 해당 부문에서 논의하도록 바꿨다. 다른 어떤 회사는 상무회의를 프리토킹형과 구체안건 심의형으로 2분화시켰다. 이것은 대기업병 예방을 위한 일본 기업들의 새로운 시도이다.

현실에 안주하려는 타성을 없애기 위해 소니사는 조직개편을 자주하여 인사이동이 빈번하게 이뤄지고 있다. 소니사는 조직에 활력을 불어넣기 위해 옐로우페이퍼 제도를 쓰기도 한다. 긴장을 하지 않으면 어느 날 각 부서장 앞으로 옐로우페이퍼를 보내 깜짝 놀라게 한다.

어떤 회사는 관료화 병을 차단하기 위해 상사나 부하를 막론하고 전 사원의 호칭에 씨자 붙이기 운동을 하고 있다. 또 다른 회사는 연공 서열제를 타파할 것을 주장한다. 그렇게 하면 책임의식의 강화, 스카우트 풍토 조성, 임금과 능력의 불균형 해소 등의 장점이 있다고 보기 때문이다. 와세다 대학의 한 교수는 기업이 잘 돌아가면 문제가 없지만 경기위축이나 수출이 안 되면 제일 먼저 연공 서열제부터 무너질 수밖에 없다고 진단하기도 한다.

이에 비해 우리 기업들은 주로 관리 혁명운동을 벌이고 있는데 이는 관리부문의 개선을 꾀하기 위한 것이 주된 취지이다. 그들은 의식개혁과 사무혁신을 통하여 활기찬 기업풍토를 조성하고, 모두가 주인의식을 가지고 아주 사소한 부분에서부터 낭비 요소들을 찾아내는 데 주력을 한다. 이것은 궁극적으로 보다 큰 개선으로 연결시키기 위해서 내부 체질을 개혁하려는 것으로서 기업의 생존 차원에서의 혁신 운동이라고 할 수 있다.

기업 경영에서 인사정책은 대단히 중요하다. 그럼에도 불구하고 우리 기업들은 인사부문을 상당히 소홀히 하는 것 같다. 업무의 실적을 면밀히 평가하지도 않고, 사람의 능력을 평가하는 것도 아니며, 그렇다고 사람의 태도를 평가하는 일도 드물다. 다만 일시적인 느낌을 가지고 재단하는 주먹구구식 평가가 주류를 이루는 듯하다. 그러나 이는 시정이 되어야 할 요인 중의 하나이다. 왜냐하면 기업의 성패와 장래는 결국 사람에 의해 결정되기 때문이다. 인사관리 가운데 패자 부활식이라는 것이 있다. 이것은 한번 실수했다 해서 호된 징계를 주는 대신 다시 만회할 기회를 주자는 제도이다. 패자 부활식 인사관리 제도에는 가점주의제가 전제되고 있다. 즉 승진 승급 시에 장점이나 특색이 있으면 우선 반영시키고 그 반면에 결점은 가점에서 제외시킨다. 이 방법은 한 조직인으로서 개별성을 최대한으로 존중하여 조직에 활력을 주려는 의도에서 고안된 것이다.

이와는 다른 방법으로서 캐치업 제도(Catch-Up System)라는 것이 있었다. 이 제도는 직급별로 의무 재임기간을 두는 것이 특징이다. 즉 주임은 2

년, 과장은 3년 동안 그 직급에 머물러 있어야 한다. 이것은 재임기간 동안 소신을 가지고 일을 추진할 수 있는 장점이 있는 반면에 임기가 보장됨으로써 자칫 안일한 근무 자세에 빠질 수도 있다는 단점이 있다.

또 어떤 회사는 실패가점주의(Failure score additional points)를 택하기도 한다. 이 방법의 특징은 만약 실적이 나쁠 경우에 그 원인을 분석한다는 점이다. 이를 통해서 목표량을 다른 사람보다 너무 많이 잡았는지, 어려운 과제에 도전했는지를 가린다. 이는 결과뿐 아니라 그 과정까지를 인사고과에 반영하기 위한 것이다. 실패를 두려워하는 기업 경영은 과정을 무시하고 결과만을 중시하는 인사정책으로 흐르기 때문에 무사안일 의식을 조장할 수가 있다. 이를 방지하기 위해서는 프로젝트팀을 구성하고 팀원에게 목표량을 주어 어려운 과제인가 그렇지 않은가를 따지고, 어떠한 과정에 의하여 창의성을 발휘했는지, 또 어떤 노력과 기술력을 발휘했는지, 그에 따른 효과는 어느 정도인지를 살펴서 결과뿐만 아니라 그 과정까지도 인사고과에 반영해야 한다.

우리의 기업들은 상당히 소극적 사고에 젖어 있다. 이러한 의식을 적극적인 사고로 전환하여야 창의성이 발휘될 수 있으며 그 바탕 위에서 과학기술의 발전도 가능하게 된다. 우리나라 사람들이 일을 멋지고 현명하게 하는 방법을 강구하기 위해서는 일본에 대한 매력을 버리고 연구개발 부문을 다이아몬드 조직으로 바꾸고 마케팅부문, 생산부문, 관리부문은 수평적인 조직으로 대체해야 한다. 다이아몬드 조직이란 허리부분이 가장 두꺼운 조직형태를 말한다. 즉 사원과 연구원 중심에서 대리와 주임 연구원이 주축이 되어 허리부문 역할을 하는 것을 의미한다. 따라서 허리부분에 인원도 가장 많아야 되고 튼튼해야 한다.

여기서 튼튼하다는 의미는 하드웨어식 방식이 아닌 소프트웨어식 방식의 지식을 갖추고 있는 사원이 많아야 한다는 것을 말한다. 실무의 일은 대개 여기서 이루어지는데 우리의 경우 이들은 항상 경험부족에서 시행착오, 의사결정을 못하고 우왕좌왕하는 사례가 허다하다. 이런 시행착오, 의사결정의 미비를 그 위의 사원인 과장, 선임 연구원이 풍부한 경험과 접목을 시켜 혁신적 사고에 의한 창의력을 발휘해야 한다.

조직은 우리가 생각하는 것보다 훨씬 더 많은 변화를 받아들일 수 있다고 보아 막연한 자리바꿈이나 빈번한 인사이동을 해도 상관이 없다고 생각하는 것은 상당히 위험한 발상이다. 우리의 경우에 해마다 연초나 연말이 되면 의례적으로 인사이동이 단행되는데, 이는 편의적인 스포트 평가에서 나온 것이 아닌가 하는 의구심이 든다.

거대 그룹 조직으론 경영혁신에 한계가 있기 때문에 민첩하고 창의성을 갖춘 기업으로 전환하는 것이 바람직하다고 미국의 톰 피터스 박사는 말한다. 그러나 소그룹이든 거대한 그룹이든 조직과는 무관해야 한다. 조직이란 지식과 경험을 접목하여 프로젝트를 수행하는 팀이 되어야 한다. 이런 조직은 곧 수평적 사고로 이루어지는 수평적 조직이다. 거대 그룹 조직으론 경영혁신에 한계가 있다고 하는 것은 군대식 피라미드 조직의 경우에 해당한다. 이러한 조직은 생산능률, 경영혁신에서 뒤떨어지기 때문이다. 경영혁신을 가져오기 위해서는 무엇보다 기업과 정부에서 조직보다는 과학기술과 인재양성에 좀 더 과감한 시책을 펼칠 필요가 있다. 과학기술자에게 있어서 가장 필요한 것은 창의력과 혁신적인 사고이다. 제품을 연구개발하는 과정에서는 당면하게 되는 문제들이 많기 때문이다.

그래서 조직 내에서 창의력과 혁신적 사고를 발휘해야 하는데, 이를 위해서 최소 단위의 인원을 고참사원보다는 신참사원이 적절히 배분되도록 구성해야 한다. 일례를 든다면 5명의 인원이 구성된 최소 단위의 팀이라면 2

명은 고참사원으로 하고 3명은 신참사원으로 구성하여야 팀이 창의력을 발휘할 수가 있다. 고참사원은 기술적 사항이든 일반적 사항이든 그 분야에 따른 지식과 경험을 총합하는 능력이 많다. 지식과 경험의 총합이란 찬성하는 사람의 수와 관련된 것도 아니고 고참의 의견을 더 많이 반영하는 것을 말하는 것도 아니다.

단지, 과학기술의 최적화에 최대 목표를 둔 총합이라야 한다. 그러므로 고참사원의 경험과 신참사원의 지식을 잘 조화시킬 필요가 있는 것이다. 신참사원이 경험을 습득하기 위해서는 오랜 기간 동안 시행착오를 겪고 수많은 투자를 해야 된다는 편견은 빨리 바뀌어야 한다. 만약 신참사원이 수년 동안 하는 일마다 시행착오를 범한다면 나중에는 매사에 소신이 없어지고 수년 전에 배운 지식마저도 자신이 없어진다. 젊음의 열정으로 시간 가는 줄 모르고 자신의 지식을 정열로 쏟아 부을 때에 신참의 값이 있는 법이다. 이를 위해서 고참사원은 신참사원이 범하기 쉬운 시행착오를 줄일 수 있도록 사전에 많은 조언을 해야 한다. 그래서 지식과 경험의 총합을 이룩할 수 있는 수평적 조직과 다이아몬드 조직으로 해야 한다.

어려운 일과 쉬운 일을 물었을 때 그리스 천문학자 탈레스는 이렇게 대답했다. "자신을 아는 일이 가장 어렵고 다른 사람에게 충고하는 일이 가장 쉽다."

– 디오게네스 –

사람의 가능성을 꺾는 여섯 가지 요인

사람의 가능성을 꺾는 여섯 가지 요인은 다음과 같다. 첫째, 무의미하게 안정을 추구하는 마음, 둘째, 괴로운 일을 피하려는 태도, 셋째, 현재 상태를 유지하려는 마음, 넷째, 용기부족, 다섯째, 본능적 욕구의 억제, 여섯째, 의욕부족이 그것이다.

– 에이브러햄 매슬로우 –

▌3-3-6 인재를 발굴하여 재배치시켜라

최근에는 실적에 따라 호봉을 몇 단계씩 뛰어넘는 제도가 늘어나고 있어 젊은 사원, 패기 있는 사원은 이 제도를 좋아한다. 각급별로 1년을 단축하는 특진과 1호봉을 더 주는 특진도 있다. 2년을 건너뛰는 점프제도(Jump system)가 있는 회사도 있다. 또한 앞으로는 프로젝트별로 연봉제를 도입하는 기업도 점차 늘어날 것으로 보인다. 이 모든 기업들이 벌이는 나름대로의 제도는 현실에서 만족이나 안주를 거부하기 때문에 가능하다. 세계가 빠르게 달라지고 있는데 기업이 변하지 않는다면 성장할 수가 없다. 무언가 새로운 일을 하지 않으면 불안한 처지가 되어야 한다. 모든 기업들이 다 그런 속성을 갖고 있어야 하고 또 갖기를 원해야 한다. 우리 사회는 지금 고생을 모르고 자란 젊은 세대들의 진출로 그 분위기가 크게 달라지고 있다. 산업계에서는 창업 세대들이 사라지고 창업주와 동년배의 경영진들도 사라지고 새로운 경영자들이 부상하고 있다. 내수 부진으로 재고는 쌓이고 국제무역수지의 적자폭은 날로 늘어나며 수출마저 점점 어려워지고 있다. 이런 때에 기업들이 구조 개선에 둔감하면 어려움에 봉착할 것은 불을 보듯 뻔하다.

업무량은 같은데 다른 프로젝트팀보다 인원이 많으면 실적 분석에서 저조한 결과가 나올 것은 자명하다. 실적이 좋은 프로젝트 팀에게는 메리트를 부여해야 한다. 프로젝트 팀별 실적을 분석, 팀장과 팀원 등 프로젝트팀원 개개인의 실적을 분석하되 프로젝트팀 분석의 실적을 최우선적으로 한다. 승진의 기준인 평가 점수를 본인이 판단할 수 있도록 하여 다음에 몇 점을 더 받아야만 승진할 수 있는가를 알게 한다. 이렇게 하면 처음에는 불만 계층도 있지만 전 사원을 활성화시키는 장점이 있는가 하면 프로젝트의 성공률도 대단히 높아진다.

주먹구구식으로 한다든지 혈연이나 학연, 지연 등 과거의 부조리한 사고방식에 의한 편애적인 실적 평가는 기업과 전 사원을 멸망하게 만드는 지름길이다. 컴퓨터 프로그램에 사원의 실적을 그때그때 입력하고 월별, 분기별, 프로젝트별 실적 평가를 하여 전 사원들에게 회람시킨다. 이를 통해서 개개인의 미진한 부문, 프로젝트팀이 보완할 부문을 사전에 예고하여 사후대책 업무에서 사전예방 중심업무로 전환할 수 있는 과감한 인사정책이 요구된다. 이렇게 되면 철저한 실적 분석으로 개개인의 능력이 분명히 드러나고 그에 따라 창의적 사고를 발휘할 수 있는 기회도 늘어나게 된다. 그러면 인재를 재발굴하고, 일을 수행하는 능력을 키워 재발굴된 인재들을 재배치시킴으로써 기술향상은 물론 작업능률도 높일 수 있다.

> 인생의 목적은 성장하고 나누는 것이다.
> 인생의 목적은 이기는 것이 아니다. 인생의 목적은 성장하고 나누는 것이다. 인생에서 해온 모든 일들을 되돌아볼 때, 당신은 다른 사람들보다 잘하고 그들을 이긴 순간보다 그들의 삶에 기쁨을 준 순간을 회상하며 더 큰 만족을 얻게 될 것이다.
> – 해롤드 쿠시너 –

▌3-3-7 분석의 혁명시대가 도래하였다

이제 분석의 혁명시대가 도래했다. 분석이라 하면 으레 남의 것을 분석하는 것으로 잘못 알고 있는 경우가 많은데 남의 것을 분석하는 것보다는 오히려 자기 것을 분석하는 게 백배 더 낫다. 분석에는 상황분석, 원인분석, 잠재분석, 결정분석 등 4종류가 있다.

상황분석이란 '중요 과제가 무엇이냐', '우선순위가 무엇이냐', '무슨 근거냐'에 따라 조사하거나 또는 실시한다는 것이다. 원인을 구명하는 원인분석이 있는가 하면, 잠재되어 있는 리스크가 무엇이냐, 리스크 제거 방법은 무엇이냐에 따라 리스크 대책을 세운다는 잠재분석이 있다. 그리고 최적안을 결정하는 결정분석이 있다. 창의적인 사고력 없이 분석하는 것은 의미가 없다. 대개의 한국인은 급한 성격 때문에 분석의 과정보다는 분석의 결과를 중요시하는데 이렇게 되면 국제경쟁력이 떨어지게 된다. 미국 통계 자료의 결과라든지, 일본 통계 자료의 결과, 또는 독일 통계 자료의 결과를 우리 실정하고는 상관없이 무리하게 결부시켜 우리도 그 나라의 결과대로 해야 되지 않겠느냐는 주장을 하는 사람이 적지 않다.

외국의 어떤 회사는 직원 채용 때 학교 성적보다는 패기 있고 도전적인 젊은이를 선호하는가 하면 창조(Creation), 도전(Challenge), 커뮤니케이션(Communication)의 영문 머리글자를 따 3C라는 슬로건을 내걸고 능력과 실적이 경력보다 우선하는 풍토를 조성하는 회사도 있다. 이런 취지에서 채용된 젊은이들은 술자리에서는 상사와 회사에 대한 비판을 마구 쏟아놓기도 한다. 상사들은 고개를 끄덕이며 이런 투정을 받아준다. 그러다가 끝날 무렵이면 서로 미안하다며 내일은 더 잘해보자고 손을 잡는다는 회사도 있다. '아침에 거울을 보고 오늘도 힘껏 뛰겠다고 다짐하는 사원이 많으면 좋은 회사'라고 하는 회사가 있는가 하면, '사원들이 속마음을 터놓고 얘기할 수 있게 돼 기쁘다', '맥주는 마음의 창을 열게 하는 도구다'라고 하는 회사도 있다. 또한 저성장 시대, 특히 경기 위축기일수록 개성파 사원이 필요하다는 의식으로 전환하는 회사도 있다고 한다. 불황기라 해서 무조건 인원 삭감부터 하는 피상적인 경비 절감책은 회사 전체의 사기를 떨어뜨리기 때문에 그보다는 개성 있는 사원을 길러 고객 만족뿐만 아니라 사원의 만족도를 높이는 경영 전략이 더 바람직스럽다는 말도 있다.

이처럼 여러 회사들은 각기 그 나름대로 경영혁신을 위해 문제를 분석하고 개선책을 마련하고 있다. 그러나 우리는 외국의 굴지 회사의 정책을 무분별하게 따라가는 것을 이제는 지양해야 한다. 그보다 자기의 위치를 분석하여 목표를 정하고 그 목표에 따라 일을 추진하며 매진해 나가야만 한다. 우리도 이런 자세로 전환할 때가 되었다. 그래서 분석의 혁명시대가 도래했다고 하는 것이다.

권위주의와 거리감
권위주의적인 조직일수록 구성원과 관리자와의 관계, 임원과의 관계, 그리고 최고 경영자와의 관계에서 직급이 한 단계씩 멀어질 때마다 심리적 거리감은 제곱으로 커져 직급 간에는 두꺼운 벽이 존재하게 된다. 구성원들은 탁월한 재능과 능력이 있음에도 불구하고 심리적 거리감 때문에 자신의 의견을 제대로 말할 수 없어 자연스럽게 위축된다.

– Kel's Law –

능력이라 함은 지식 · 기능 · 태도(Knowledge · skills · attitudes)를 의미한다. 지식이란 개념화의 혁신이라고도 한다. 사치와 허례허식을 모르고 수입품을 좋아하지 않으며 국가를 위한 애국심이 어느 누구보다도 큰 것을 의미하기도 한다. 또한 나빠 보인다고 무작정 싫어하지 않고 좋아 보인다고 무작정 좋아하지 않으며, 무엇이든 개선하려고 하는 의지를 담고 있는 것이 지식이다. 그렇게 되기 위해서는 남다른 생각을 해야 하고 항상 책을 가까이해야 한다. 익은 벼일수록 머리를 숙인다고 하듯이……. 기능 측면에서는 문제 해결력과 의사 결정력이 있다. 연구원, 사원급은 실무 능력이 큰 반면 개념화 능력은 적고 대인관계 능력은 중간이다. 주임 연구원, 선임 연구원, 대리, 과장급은 실무 능력은 중간, 개념화 능력도 중간, 대인 관계 능력도 중간이다. 그리고 책임 연구원, 수석 연구원, 차장, 부장급은 실무 능력은 적고 개념화 능력은 크며 대인관계 능력은 중간이다. 사전에 준비가 미비한 상태로 추진하는 자세, 졸부들의 행동과 비슷한 태도, 사전에 개념의 결정을 내리지 않고 사원이 결과를 보고하면, '잘했지?', '잘 되었지?'의 문답으로 결재하는 버릇, 결재판을 들고 다니면서 결재를 받는 버릇은 벌써 오래전에 버렸어야 할 태도이다.

기술혁신의 분위기를 조성하는 주축은 대개 대리가 맡고, 주임급은 프로젝트 매니저가 되는 것이 오늘날의 추세이다. 항상 자기가 하고 있는 일, 하려고 하는 일을 어떤 이론의 바탕에서 어떻게 풀 것이냐를 고민해야 한다. 이러한 추세는 일에 대한 수행이 스타 플레이에서 팀플레이 중심으로 바뀌어야 한다는 것을 의미한다. 스타 플레이라는 것은 그 사람이 아니면 안 된다는 것이고 간판스타, 일류학교 출신자, 낙하산 인사, 친인척, 막강한 힘을 가진 사람이 중요한 일에 대하여 통반장을 다 하는 것을 말한다. 그러나 이제는 편애적 · 편파적 · 왜곡적 스포트 평가에서 프로젝트 실적, 능력 평가로 바뀌어야 한다. 그리고 케케묵은 고정관념, 시대의 흐름에 역행하는 고정관념, 자기 위주의 고정관념에서 자기의 가슴속, 우리의 생명, 우리의 세계, 우리의 독창성이 담긴 창의를 더 사랑하는 의식으로 나가야 한다.

옛날의 때를 벗지 못하고 항상 과거의 경험만을 고집하는 보수성과 모든 것을 자기 위주로 해석하여 거기에 맞지 않으면 안 된다는 배타적인 의식에서 새로운 아이디어를 적극적으로 수용하는 진취적인 의식으로 전환되어야 한다. 책상 앞에 앉아 자료 · 문서 · 계산서 등을 손으로 정리하고 일반적인 컴퓨터로 입력하는 것만 출력이 되는 데스크 워크에서 사무 자동화 프로그램이 내장된 사무 자동화 프로그래밍 워크로 전환되어야 한다. 투자를 적게 하면 책임을 적게 진다는 사고방식으로 몸을 사리는 의식에서 창의적으로 자체 개발의 리스크를 지는 의식으로 나가야 한다.

사원이 더러 실패할 수도 있다는 것을 감안하여 실패한 사람에게도 창의적 노력도에 따라 상을 주는 풍토가 조성되게 하고, 기술개발을 하다가 비록 실패했다고 하더라도 그 투자는 다음 연구에 중요한 밑거름이 되므로 버리더라도 국내에 버리는 의식이 절실히 요구된다.

한 다발의 결재판을 들고 다니며 구두로 다시 보고해야 결재를 얻는 고정된 생산 시스템이 아니고 구두 보고 없이 스스로 익히고 확실히 결재하는 방법 등 유연성 있는 생산 시스템화를 위한 과감한 투자와 그러한 생산 시스템의 도입이 적극 수용되어야 한다. 또한 젊을 때는 힘 안 들이며 일하고 늙어서는 힘들이며 일하겠다는 지하도를 선호하는 의식에서, 젊을 때는 힘들이며 일하고 늙어서는 힘 안 들이겠다는 육교를 선호하는 의식으로 바뀌어야 한다.

다수인들 속에 묻혀 하루하루 일하고 생활하는 것에서 맨투맨식 산교육으로 의식이 전환되어야 하고 또 그렇게 해야 한다.

과거에는 모든 일을 처리할 때 주로 사후 대책 중심으로 했지만, 오늘날에는 모든 일을 처리할 때 주로 사전 예방 중심으로 처리해야 한다. 예컨대, 커닝하는 학생의 잘못을 처벌하는 식의 사후 대책 중심에서, 감독하는 선생의 잘못을 처벌하는 식인 사전 예방 중심으로 과감한 의식 전환이 절대적으로 요구된다 하겠다. 그래서 외국 제품을 모방한다든지 베끼는 버릇을 가진 사원을 나무라기보다는 그것을 책임자, 경영자의 잘못이라 인식하는 것으로 바뀌어야 한다.

과거 30년간 일본과의 기술제휴는 '밑 빠진 항아리에 물 붓기'식 기술제휴였다. 일본은 한국을 잘 알고 있지만 한국은 일본을 잘 모르고 있는 것이다. 왜 일본과의 기술제휴에 열중하는지 의문이 가지 않을 수 없다. 과거 식민지 시대에 한국에 대해 민족말살 정책을 썼듯이 그런 수법으로 일본이 한국과 기술제휴를 하고 있다는 것을 왜 모르는지 참으로 답답하다. 이제는 정말 일본에 대한 미련을 그만 떨쳐버려야 한다. 꼭 필요하다면 일본이 아닌 다른 국가와 해야 한다. 사실 따지고 보면 일본 자체의 과학기술이라고 할 만한 것이 뭐가 있는가. 아무것도 없다. 있다고 하더라도 한국보다 약간 낫다는 것에 지나지 않는다.

과학기술은 원조(원리)국과 제휴해야 제대로 받아들일 수 있다. '밑 빠진 항아리에 물 붓기'식의 기술제휴 의식을 탈피하고 나만이 알고 있는 비법이라는 독선적인 자세를 버려야 한다. 어떤 전문적인 작업을 수행할 때 자신의 전공 분야와 관련 있는 주변의 학문 분야에 대해서도 올바르게 이해하고 자신의 것으로 만들며, 연구개발에 의해 기술을 축적한다는 의식으로 바뀌어야 된다.

젖먹이 형태의 기술제휴 방법에서 창의적 사고에 의한 홀로서기의 기술개발 의식으로 전환되어야 우리 경제를 살리는 과학기술이 탄생할 수 있다. 하드웨어적인 제품의 개발이나 연구개발, 기술개발 형태에서 소프트웨어적인 상품을 만든다는 의식으로 바뀌어야 한다.

▮3-3-8 가슴 뛰는 일을 하라

기초과학을 바탕으로 첨단 제품을 개발하고, 이를 통해서 첨단기술은 언제나 기초과학에서 나온다는 사실을 새삼 깨달았다. 하지만 우리나라는 기초과학의 중요성을 너무나 망각하고 있는 듯하다. 기초과학마저 암기 위주, 입시 위주의 교육으로 이루어지고 있으니 교육한 만큼 제대로 능률이 오르지 않고 활용되지도 못하고 있다.

기초과학에 가장 쉽게 접근하는 방법은 신참사원이 가지고 있는 새로운 지식과 고참사원이 가지고 있는 경험을 접목시키는 데 있다고 생각한다. 신참사원은 사고의 폭이 좁을 수밖에 없기 때문이다. 이렇게 지식과 경험을 총합한다면 올바른 사고력을 도출할 수 있다. 이와 같은 올바른 사고력이 창의력을 더 높일 수 있는 것이다.

당신의 행동이 곧 당신의 운명이다.
우리가 느끼는 것, 아는 것, 잠재적 능력이나 재능은 하나도 중요치 않다. 오직 실천만이 그것들에 생명을 부여한다. 우리는 의무, 용기, 사랑의 의미를 이해하고 있다. 안다는 것은 행동하는 것이다. 행동은 이해를 동반하며, 지식을 지혜로 변모시킨다. 물을 바라보고 있는 것만으로는 바다를 건널 수 없다.

– 라빈드라나트 타고르 –

기업들은 최근 제품을 기획하고 생산하는 단계에서부터 고객의 의견을 반영하고 제품을 판매한 뒤에도 고객의 목소리에 계속 귀를 기울이는 제도를 도입하는 사례가 늘고 있다. 이는 세계 유명업체들이 철저한 소비자 조사를 통한 상품개발과 마케팅 전략으로 성공한 경우가 많기 때문이다. 세계적인 상품들은 대개 단지 품질만이 우수해서가 아니라 독특한 마케팅 전략으로 상승효과를 높이고 있는 것이다. 영국의 세계적인 낚싯대 전문업체인 파테크 센추리사는 고가품 위주의 소량 생산으로 잘 알려져 있다. 이 회사는 고급 소비재시장만을 겨냥해 고가정책을 써서 성공한 대표적인 중소기업이다. 파테크사는 할인판매점과 슈퍼마켓에는 제품을 내놓지 않고 전문점 또는 백화점의 경우에도 할인판매 기간 중에는 납품하지 않는 판매전략으로 최고급품이란 이미지를 유지하고 있다.

흔히 아이디어가 히트상품을 낳는다고 하지만 소비자의 취향에 동떨어진 아이디어는 아이디어로 끝나고 만다. 국내에서 히트한 상품들도 아이디어와 좋은 품질, 새로운 마케팅 전략이 소비자들의 취향과 욕구를 정확히 읽어낸 것임을 알 수 있다. 지난해 유통, 광고업계가 추천한 인기 상품은 대부분 이러한 소비자의 관점에서 만들어낸 제품들이다. 그리하여 이제 우리의 지혜와 선인들의 슬기가 모여 세계로 향하는 슬기의 전쟁이 시작된 것이다. 그러면 우리들은 선인들의 사고 속에 어떠한 것들을 오늘의 기술전쟁 시대를 이겨나가는 무기로 삼아야 하는가.

가슴 뛰는 일을 하라. 그것이 최고의 명상이다.
신이 당신 자신에게 주는 메시지는 가슴 뛰는 일을 통해서 온다. 가슴 뛰는 일을 할 때 당신은 최고의 능력을 펼칠 수 있고 가장 멋진 삶을 살 수 있다. 그것이 당신이 이 세상에 온 목적이다. 당신은 바로 가슴 뛰는 일을 하기 위해 이곳에 태어났다. 남의 삶을 베끼며 살려 하지 말고 지금 이 순간 당신을 가슴 뛰게 하는 일을 하라. 그때 우주는 전적으로 당신을 도와줄 것이다.

제4장

지식관련 특성

4-1 기술요소의 특성

4-1-1 기술적 지식을 생산방식으로 전환시켜라

기술은 현재까지 존재하지 않았던 새로운 지식이나 정보라고 정의하고 기술적 지식을 생산방식으로 전환하는 것(Dahlman & Westphal)이라고 정의하였다. 연구개발 활동, 즉 R&D 활동은 생산적인 기술력을 증대시키고 생산성을 측정하여 경쟁우위의 원천(Werner & Souder)으로 삼아야 한다. R&D 활동을 생산적으로 측정하여야 하는데 국가수준이든, 기업수준이든 간에 대동소이해야 한다. R&D 생산 측정에 관한 연구에서는 활동의 산출요소로서 특허만을 고려(Werner & Souder)해 왔다. 기술적 지식을 생산방식으로 전환은 기술은 현재까지 존재하지 않았던 새로운 지식이나 정보이며 기술적 지식을 생산방식으로 전환하는 것이다. 행정개발 활동은 생산적인 기술력을 증대시키고 생산성을 측정하여 경쟁우위의 원천으로 삼아야 한다. 그 활동을 생산적으로 측정하여야 하는데 정부행정수준이든, 기업수준이든 간에 대동소이해야 한다. 이와 같이 원래가 삐뚤어지면 결과도 삐뚤어져버리지 않을 수 없고, 텔레비전 화상은 기상의 영향을 받기 쉽고, 조작이나 저장에는 불편하다. 그러나 향후에는 정지궤도의 통신위성이나 저궤도를 이용한 전화시스템, Microwave Mobile System, PHP(Personal Handy Phone) 등이 등장할 것이다.

일은 목표가 확실한 사람은 아무리 거친 길이라도 앞으로 나갈 수 있습니다. 그러나 목표가 없는 사람은 아무리 좋은 길이라도 앞으로 나갈 수 없습니다.
－토머스 칼라－

▮4-1-2 발명특허등록 이후에 논문을 발표하라

특허는 양적인 측면보다 질적인 측면(Ernst)을 더욱 중시해야 하고 진행중인 것이라든지 아니면 미래에 예측되는 기술의 축적인 측면이라든지 간에 기술적, 경제적으로 고품질을 지녀야 하며(Hirschey & Richardson) 기술의 역사성이 내재되어야 한다. 특허는 실용신안보다는 발명특허에 비중을 많이 두어야 한다. 왜냐하면 발명특허가 R&D 활동에서 주축을 이루는 기술이기 때문이다. 따라서 특허 중에서 실용신안이냐, 발명특허이냐를 엄격히 구분하고 평가난이도를 달리 하여야 한다. 특허는 기준에 의하여 등록되지만 등록되었다고 경제적 가치를 발휘하는 것이 아니기 때문에 기술적 가치와 경제적 가치가 함께 상존되어야 한다. 발명특허된 이후에 발명특허를 기반으로 한 논문이 발표되어야 한다.

> 태양을 바라보고 살아라. 그대의 그림자를 못 보리라. 고개 숙이지 마라. 머리를 언제나 높이 두라. 세상을 똑바로 정면으로 바라보라. 나는 눈과 귀와 혀를 빼앗겼지만 내 영혼을 잃지 않았기에 그 모든 것을 가진 것이나 마찬가지다. 고통의 뒷맛이 없으면 진정한 쾌락은 거의 없다. 불구자라 할지라도 노력하면 된다. 아름다움은 내부의 생명으로부터 나오는 빛이다. 그대가 정말 불행할 때 세상에서 그대가 해야 할 일이 있다는 것을 믿어라. 그대가 다른 사람의 고통을 덜어줄 수 있는 한 삶은 헛되지 않으리라. 세상에는 가장 아름답고 소중한 것은 보여 지거나 만져지지 않는다. 단지 가슴으로만 느낄 수 있다.
>
> – 헬렌 켈러 –

▌4-1-3 MOT System 행정특성

(1) 기술경영(Management of Technology) 행정업무를 전환시켜라

공학, 과학 및 경영의 원리를 결합함으로써 조직의 목표를 달성하기 위한 기술적 능력을 행정기획, 행정개발 및 행정을 운용하는 활동이 활발해야 한다. 정부행정조직은 추진단계별로 부처의 최고책임자 역할도 달리해야 하고 조직 내에서 창의력과 과학적 사고를 발휘하여 남성사원/여성사원 또는 고참사원/신참사원이 적절히 배분되도록 구성해야 한다. 지식과 경험의 접목이란 단지 최적화에 최대 목표를 둔 총합이라야 한다. 양적인 측면보다 질적인 측면을 더욱 중시해야 하고 기술적 및 경제적으로 고품질을 지녀야 하며 일반적인 행정업무를 기술경영적인 행정업무로 전환되어야 한다.

(2) Project의 계수화 및 계량화

가장 기술적이고 경제적인 경영지식에 맞는 새로운 측정방법은 Radar Chart를 적용하여 기술행정의 사업목표에 부합되고 Issue화된 수익증대, 효과성증대, 혁신비율, Cash Flow 등을 측정하고, 그 결과를 평가하는 것이 바람직하다. 이와 같은 상황을 감안해 볼 때에 모든 업무를 계수화하고 계량화된 Project를 수행토록 하고, Project별 수익계획에 의한 결과를 난이도 채점표에 의하여 Project는 수행과 동시에 자동Check되어 업무의 진행 및 결과에 따라 곧바로 자기점수를 항상 확인할 수 있도록 분석Tool에 의해 자기점수를 볼 수 있도록 System화 되어야 하고, 벤처비즈니스업무, 기업혁신업무, 정부행정업무의 효율을 높이기 위해서는 혁신Item의 종류수를 늘리고 Item매출액 및 기여효과액을 올려야 한다. 그러므로 정부의 행정조직, 정부출연연구소, 벤처비즈니스 및 기업, 정부출연기업이든 간에 모든 업무를 Project로 하여 계수화 또는 계량화로 Counter하는 System으로 전환되어야 한다.

자긍심은 어디에서 나오는가?
조직에 대한 자긍심(pride)의 주요 원천에는 4가지가 있으며, 모두 탁월함이라는 공통된 특성을 반영하고 있다. 첫째, 수익의 탁월함이고 둘째, 업무 처리 효율성의 탁월함이다. 셋째, 유용성, 차별성, 품질 등, 제품의 탁월함, 그리고 마지막으로 도덕성의 탁월함이 자긍심의 원천이 된다. 사람들은 사업을 잘할 뿐만 아니라 선한 조직에서 일하고 싶어 한다.

– 데이비드 시로타 –

▌4-1-4 매트릭스 경영기법

(1) 거래업체 간의 기술협력을 제고하라

우리나라의 대기업이나 중소기업체는 경쟁을 우려한 선진국 기업들로부터 많은 어려움을 겪고 있다. 가령, 기술이전의 회피, 임금의 급상승으로 인한 저임금 비교 우위의 상실, 노사활동의 확대에 따른 노사분규와 제품 불량률의 증가, 미국 등 선진국의 압력으로 선진국 수준의 지적 소유권 제도로 인한 기술확보에 커다란 제약, 유통시장 개방으로 인한 경쟁의 치열, 오래된 외국 제품의 저가 공세, 기존제품의 보급률 포화로 인한 수요의 정체 분위기 등에서 그렇다. 그러므로 기업별 주력 제품을 개발하지 못하고 새로운 제품으로 수요를 창출하지 못하는 한 질과 양적인 면에서 판매의 부진을 면치 못할 전망이다. 또한 동남아 지역의 저가 공세도 국내 기업을 위축시키고 있으며 우리 제품에 대한 반덤핑 시비를 계속 일으키게 한다.

Don't compare yourself with anyone in the world. If you do so, you are insulting yourself. (당신 자신을 타인과 비교하지 마라. 그것은 당신 자신을 모욕하는 것이다.)

– ALEN STRIKE –

공장 자동화의 도입 목적은 노사활동의 확대에 따른 노사분규에 대처한다는 측면도 없지 않지만, 결과적으로는 효과 측면에서도 공장 자동화 이후 원가절감 50%, 제품의 규격화 23%, 불량률 감소 12%, 작업환경 개선 9%, 기타 6%라는 개선 효과를 거둔 것으로 평가된다. 공장 자동화의 도입 목적은 궁극적으로 품질향상을 최우선으로 하여 고품질화를 추구하는 데 있어야 되고 그 효과는 불량률을 제로화하는 것으로 나타나야 한다. 이러한 효과를 거두지 못하면 공장 자동화의 의미가 감소된다.

오늘날 어려운 상황 변화에 대처할 국내 산업의 기술자립 기반을 강화해야 할 필요성이 중요한 과제로 대두되었다. 특히 기업의 기술과 기술인력이 부족한 현실에서 기업 간의 공동 연구개발은 필연적으로 요구된다. 우리나라의 부품과 제품들이 임금의 상승으로 부가가치가 없다고 동남아 지역이나 동구권 지역에 현지 공장을 설립하는 경향이 차츰 늘어나고 있다. 해외 진출을 위하여 해외 현지 공장을 설립하는 것까지는 찬성할 만하다.

그러나 기술관계에 있어서는 잘못하는 점이 없지 않는 것 같다. 몇 가지 예를 들어 보면 아마 수긍이 갈 것이라고 생각한다. 어느 중소기업은 한국 내의 부품공장이 부가가치가 없다고 한국 내의 부품공장의 규모를 축소하고 향후로도 계속 축소한다고 한다. 해외의 현지 공장은 최신의 설비를 갖춘 깨끗한 공장이고 인건비도 상당히 싼 편이다.

이에 비해 국내의 부품공장은 해외의 현지 공장보다 10년 이상 뒤져 있는 실정이다. 이를 보완하기 위해서 국내의 부품공장에서는 해외의 현지 공장보다 부가가치를 높여야 한다. 다시 말해서 부품 중에서 핵심부품은 국내의 부품공장에서 생산함으로써 해외의 현지 공장을 컨트롤 할 수 있어야 한다. 즉 국내의 부품공장에서 부품을 공급해 주지 않으면 해외의 현지 공장이 가동되지 않게 하고 국내의 부품공장에서 영업기밀 보호정책을 펴서 핵심부품이나 그 부품이 가지고 있는 가장 중요한 핵심 기술을 내놓지 않고 계속 유지 보완해가야 한다.

핵심부품이나 그 부품이 가지고 있는 가장 중요한 핵심 기술을 내놓지 않았을 때도 동남아 지역이나 동구권 지역, 남미 지역의 국가들이 터득할 경우에는 자기의 핵심부품이나 중요한 핵심 기술을 전환시켜 나가면서 글로벌 기업체는 지속적으로 국내의 기업이 가져야 한다. 핵심부품이나 그 부품이 가지고 있는 가장 중요한 핵심 기술은 한국의 기술 기준이 아니고 동남아 지역, 동구권 지역, 남미 지역 국가의 기술 기준을 의미하기 때문에 국내의 기술자가 보면 보편적이고 일반적인 기술이라 할지라도 그 나라에서는 수준 높은 기술 수준인 것이 많다.

우리가 30년 이상 터득한 기술을 너무 쉽게 외국의 기업체에 무상으로 넘

겨주는 것은 큰 문제점이라고 생각된다. 비록 우리가 생각하기에 하찮은 기술이라 할지라도 외국에 무분별하게 이전하는 일은 없어야 된다. 옷을 한 가지씩 벗어가다 보면 나중에는 결국 벌거벗을 수밖에 없다. 벌거벗으면 알몸으로 나앉게 된다.

우리 스스로를 너무 과소평가할 필요는 없다. 그렇다고 해서 외국인이 알아주지는 않는다. 과거 30여 년간 허리띠를 졸라매고 배운 기술을 하루아침에 전부 다 이전해 주면 우리는 어떻게 되는가? 기술발전의 목적 이외에 투자를 하는 기업에 대해서는 은행에서 재정책 지원을 하지 말아야 한다.

과거 1960~1970년대에 경험한 시행착오는 쉽게 넘어갈 수 있었지만 1990년대 이후의 급변기에 있어서는 순간적인 실수를 회복하기가 몇 배 힘이 든다는 것을 명심해야 한다. 우리에게는 앞으로 1~2년 내에 Market share를 어떻게 빨리 올리느냐가 큰 과제이며, 그렇게 되기 위해서는 총력을 기울여야 할 때이다. 윗사람은 근시안적인 욕심에 얽매여 대세를 읽지 못한 채 방향 제시를 하지 못하고 아랫사람은 그들대로 무엇을 해야 할지 모르고 우왕좌왕하게 되면 우리의 모습은 우스운 꼴이 된다.

산업고도화니, LAN 구축이니 하는 제반 문제들이나 자동화, 정보화 또는 정보산업 등의 문제를 따지기 이전에 먼저 기초가 되어 있느냐 하는 문제가 절실하고, 현안문제를 단순화하고 신개념에 의거하여 맑은 눈으로 보는 자세가 필요하다. 공장에 자동화 설비가 들어왔다 해도 자동화 개념의 설계가 되어 있지 않으면 소용이 없다.

> Believing everyone is dangerous, believing nobody is very dangerous. (아무나 믿는 것은 위험한 짓이지만 아무도 못 믿는 것은 더욱 위험한 짓이다.)
>
> – ABRAHAM LINCOLN –

우리는 기초를 너무 소홀히 해왔기 때문에 기초과학, 원리로 돌아가 기초부터 다시 다져야 한다. Project Manager는 Feature(제품의 특징, 다른 제품과의 차이점)에 대한 Engineering Layout spec(기술보고서)를 작성하고 Engineering Layout spec에 의한 Engineering Mock up(기술적 모형)을 제작해야 한다. 간단하다고 제작하지 않으면 안 된다. 문제점이 돌출하지 않도록 하고 항상 1등 상품화에 목표를 맞추어야 한다. 쉽든 어렵든 모형을 제작하여 작업성, 생산성까지 분석해야 한다.

기업이 투자비에 대하여 겁을 내서는 안 된다. 투자를 적게 하면 책임을 적게 진다는 생각은 잘못된 것이다. 투자비에 대해서 걱정하기보다는 과감하고 자신 있게 승부하겠다는 의지를 가져야 하며, 또한 문제가 발생했다고 하더라도 그 이유를 따져서 최선을 다했다고 판단되면 책임을 묻지 말아야 한다.

Engineering Mock up을 분석하여 Layout spec을 보완하고, Industrial Design(산업 디자인)으로 연결해야 1등 상품화가 가능하다. 최근 가전기기의 부품업체와의 공동 부품개발 동향은 대용량화, 전자동화, 저소음화 등의 소비자의 사용편리성을 추구하고 있다. 제품개발과 성능 향상에는 전념하는 반면, 부품기술개발이나 안정성의 확보에 있어서는 선진국에 비하여 아직도 낙후되어 있는 실정으로 고성능이면서, 고안전성을 확보하기 위한 제품의 개발과 생산을 위해서는 각 부품도 충분한 신뢰성을 확보해야 한다.

부품업체와 공동 부품개발을 위해서는 우선적으로 업체 간의 규모에 권위 의식을 없애야 되고 동등한 위치에서 오로지 기술로만 풀어야 한다. 또한 부품업체와 부품업체 간에는 라이벌 의식을 없애고 공존의 의식으로 전환하면서 상부상조 내지는 선의의 경쟁을 해야 한다. 협력 전개방향으로는 대기업과 중소기업 간의 협력 및 공동 연구개발의 비중을 더욱 높여가야 한다. R&D 자원의 절약에서 시너지(synergy) 효과에 의한 기술적 잠재력을 강화해야 하는 것이다. 공동 연구개발의 필요성에서부터 R&D 자원의 절약을 통한 비용절감, 연구개발 기간 단축, 기술 취약부분 보완, 관련 기술의 강화 및 신규사업 개척, 제품의 강화, 그리고 사회적 공헌도도 고려해야 한다. 아울러 우리 기업들이 가장 취약한 기업의 기밀 유지에도 각별한 신경을 써야 한다.

문제점에 대하여 극히 민감해야 하고 여러 각도에서 Idea가 나오게 하며 분석력, 종합력을 우수하게 해야 한다. 또한 풍부한 경험, 지식을 간직하게 하고 이미 심중에 있는 Idea의 새로운 조합을 전개해 나간다. 그리고 독창적인 기술로 세계 1등 상품을 만들어 나가야 대기업과 중소기업 간, 중소기업과 중소기업 간의 부품 연구개발 협력에 의한 기술혁신을 통해 대내외 경쟁력을 확보할 수 있다.

대기업은 공장을 한 지역에 집결시키고 중소기업은 기능별 전문화 단지로 집결시켜야 국제경쟁력에서 유리한 고지를 차지할 수 있다. 주로 기업의 내부에 있는 각 기업의 연구소는 지역의 특성을 살려 전문화 연구단지로 조성되어야 한다.

> If someone feels that they had never made a mistake in their life, then it means they had never tried a new thing in their life. (인생에 있어 실패를 한 번도 안 해본 사람은 새로운 시도를 한 번도 해 보지 않은 사람이다.)
>
> – 아인슈타인 –

(2) 기술은 우위에 있으나 경영전략이 뒤지면 결코 성공할 수 없다

기업체가 경쟁에서 살아남으려면 기술우위를 확보해야 하지만 경영전략도 앞서야 한다. 기술은 우위에 있으나 경영전략이 뒤지면 결코 성공할 수 없다. 기업이 더 많은 매출을 올리고 이익을 내기 위해서는 기술우위의 장점을 최대화할 수 있는 경영전략이 필요하다.

1990년대 들어 수직적 상명하달식 경영방식은 비능률성으로 인해 구시대의 유물처럼 인식되고 있으나 낡은 경영방식을 고수해 오히려 매출액과 순이익이 급증한 기업도 있다는 것은 바로 혁신적인 새 경영기법이 모든 기업에 일률적으로 좋게 적용될 수 없음을 보여주고 있다. 근래 들어 미국을 비롯해 선진국의 주요 기업들은 최고경영자에서 현장감독에 이르는 10여 단계의 명령체계를 4~6단계 이하로 대폭 축소시켜 왔으며 우리나라의 기업들도 마찬가지로 수직적 경영에서 탈피, 수평적 경영 방식을 도입하고 있다. 이는 명령체계가 줄어들수록 근로자들의 자율성이 강화되는 반면 책임회피나 비능률성을 없앨 수 있는 장점이 있는 데다 변화 상황에 신속히 대처할 수 있기 때문이다.

미국의 다우케미컬사는 이와는 상반된 '매트릭스 경영전략'을 일관되게 추진해 톡톡히 재미를 본 기업의 하나이다. 매출액이 미국 화학업계에서 듀퐁사 다음으로 많은 다우케미컬사는 BASF, 훽스트, 바이엘, ICI 등 이 분야에서의 세계적인 기업들에 비해 매출액은 다소 뒤지지만 순이익과 기타 경영실적에서는 단연 세계 정상을 달리고 있다. 다우사의 이 같은 경영의 호조는 지난 1960년대 이후 30여 년 동안 일관되게 추진해온 매트릭스 경영전략이 큰 몫을 하고 있다.

매트릭스(Matrix)란 원래 수학에서 말하는 행렬이란 의미로 여기에서 개별 원소들은 종적 횡적으로 밀접한 연관을 맺고 있다. 매트릭스 경영은 이 개념에서 따온 말로 기업 전체 조직의 명령 및 보고체계가 종적 횡적으로 복잡하게 얽혀 있는 것을 가리킨다. 예컨대 다우사 캐나다 공장의 플라스틱

제품 판매책임자는 자기 업무를 추진하는 데 있어서 캐나다 현지 사장은 물론 미국 본사의 플라스틱 제품 책임자 및 판매담당자와도 상의해야 하는 종적 횡적 명령체계를 유지하고 있다. 다우사는 중간관리자들로 하여금 기능별, 제품별, 지역별 등 세 가지 기준으로 분류해 놓은 명령계통을 다 밟도록 하고 있다. 따라서 중간관리자들은 직속 상관은 물론 2~3명의 다른 책임자에게도 업무를 보고해야 한다.

이 같은 경영방식은 언뜻 보기에도 비합리적이고 비능률적인 것처럼 느껴진다. 특히 수직적 명령체계를 점차 줄여나가는 현대적 경영기법과는 상반된 것임에 틀림없다. 대부분의 기업들은 이 경영방식이 극단적인 업무의 분권화를 막고 업무의 신중을 기할 수 있다는 이점은 있으나 각 명령체계 간의 마찰과 갈등을 일으켜 조직이 해이해진다는 이유로 거의 채택하지 않고 있는 것이다. 그러나 다우사가 매트릭스 경영을 도입한 데는 나름대로의 이유가 있다. 석유화학 분야의 경우, 석유를 비롯한 원료의 공급원에 가까울수록 수송비가 그만큼 절감되고 제약업 역시 각국마다의 문화적 차이로 소비자들과 인접해서 그들의 선호도를 파악해 생산하는 것이 유리하다는 점 때문에 이 경영방식을 택했던 것이다. 30여 개국에서 1천 8백여 종의 제품을 생산하는 다우사는 이러한 상황에서 각 계열사의 자율성을 살피면서 전체를 효율적으로 통제하는 경영방식으로 가장 적합하다고 판단한 것이 바로 매트릭스 방식이었다. 물론 다우사도 매트릭스 경영방식으로 성공을 거두기까지는 많은 시행착오를 겪었다. 자사의 특수성에 맞도록 매트릭스 경영기법의 문제점들을 보완하고 다듬어 성공한 것이다.

웨이터 법칙을 명심하라.
신사를 알아보는 방법은 많지만 절대로 실패하지 않는 방법이 한 가지 있다. 아랫사람들을 어떻게 대하는가? 아녀자들에게 어떤 행동을 보이는가? 고용주는 직원을, 스승은 제자를, 장교는 부하를, 즉 자기보다 약한 사람을 어떻게 대하는가? 하는 것이다.

– 웰링턴 –

사람의 가능성을 꺾는 여섯 가지 요인
사람의 가능성을 꺾는 여섯 가지 요인은 다음과 같다. 첫째, 무의미하게 안정을 추구하는 마음, 둘째, 괴로운 일을 피하려는 태도, 셋째, 현재 상태를 유지하려는 마음, 넷째, 용기부족, 다섯째, 본능적 욕구의 억제, 여섯째, 의욕부족이 그것이다.

– 브러햄 매슬로우 –

(3) 제조의 용이성(Design for Manufacturability)

- 부품수 삭감
- 조립구조의 단순화
- 위에서 낙하하는 방식으로 조립
- 모듈화 설계
- 조정부위의 삭감, 최소화
- 방향설정, 반송하기 쉬운 설계
- 체결부위의 삭감

기술은 현재까지 존재하지 않았던 새로운 지식이나 정보(Mansfield, Freeman, Hall & Johnson)라고 정의하고 기술적 지식을 생산방식으로 전환하는 것(Dahlman & Westphal)이라고 정의하였다. 연구개발 활동, 즉 R&D 활동은 생산적인 기술력을 증대시키고 생산성을 측정(Karlsson et al.)하여 경쟁우위의 원천(Werner & Souder)으로 삼아야 한다. R&D 활동을 생산적으로 측정하여야 하는데 국가수준이든, 기업수준이든 간에 대동소이해야 한다. R&D 생산 측정에 관한 연구에서는 활동의 산출요소로서 특허만을 고려(Werner & Souder)하여 왔다. 특허는 양적인 측면보다 질적인 측면(Ernst)을 더욱 중시해야 하고 진행 중인 것이라든지 아니면 미래에 예측되는 기술의 축적인 측면이라든지 간에 기술적, 경제적으로 고품질을 지녀야 하며(Hirschey & Richardson), 기술의 역사성이 내재되어야 한다. 특허는 실용신안보다는 발명특허에 비중을 많이 두어야 한다. 왜냐하면 발명특허가 R&D 활동에서 주축을 이루는 기술이기 때문이다. 따라서 특허 중에서 실용신안이냐, 발명특허이냐를 엄격히 구분하고 평가난이도를 달리하여야 한다. 특허는 기준에 의하여 등록되지만 등록되었다고 경제적 가치를 발휘하는 것이 아니기 때문에 기술적 가치와 경제적 가치가 함께 상존되어야 한다.

> 인생의 목적은 성장하고 나누는 것이다.
> 인생의 목적은 이기는 것이 아니다. 인생의 목적은 성장하고 나누는 것이다. 인생에서 해온 모든 일들을 되돌아볼 때, 당신은 다른 사람들보다 잘하고 그들을 이긴 순간보다 그들의 삶에 기쁨을 준 순간을 회상하며 더 큰 만족을 얻게 될 것이다.
> – 해롤드 쿠시너 –

4-2 기술적 지식특성

▌4-2-1 생산방식을 기술적 지식으로 전환시켜라

기술은 현재까지 존재하지 않았던 새로운 지식이나 정보이며 기술적 지식을 생산방식으로 전환하는 것이다. 행정개발 활동은 생산적인 기술력을 증대시키고 생산성을 측정하여 경쟁우위의 원천으로 삼아야 한다. 그 활동을 생산적으로 측정하여야 하는데 정부행정수준이든, 기업수준이든 간에 대동소이해야 한다. 이와 같이 원래가 삐뚤어지면 결과도 삐뚤어져버리지 않을 수 없고, 텔레비전 화상은 기상의 영향을 받기 쉽고, 조작이나 저장에는 불편하다. 그러나 향후에는 정지궤도의 통신위성이나 저궤도를 이용한 전화시스템, Microwave Mobile System, PHP(Personal Handy Phone) 등이 등장할 것이다. 또한 경쟁 액세스 제공 업자(CAP)에 의한 유저와 장거리 통신 회사간의 우회도로(By-pass) 회선의 제공, CATV사업자에 의한 가정 대상 쌍방향통신의 제공 등이 있다. 따라서 기술적 지식을 생산방식으로 전환시켜라.

(1) 신뢰성 설계의 발상전환

신뢰성에서 설계가 중시되는 것은 품질보증을 진행할 때에 사고나 고장이 발생한 후에는 너무 늦기 때문에 시간적 품질로서의 신뢰성은 제품이나 시스템 기획, 개발, 설계와 같이 제조에 앞선 단계에서 확실한 평가, 해석해두지 않으면 때를 놓치게 된다. 따라서 사전에 신뢰도를 계획적으로 각 부분으로 나누어 일정에 맞게 정해진 기한까지 요구되는 신뢰도에 도달하도록 계획하고 또한 시작에서 양산까지 해석, 평가를 반복하여 실시해야 한다. 설계에서 사전 신뢰성 예측이나 시험이 중시되는 것도 당연한 일로서 제품이 시장에 출하된 후에 손해를 보는 것보다 사전설계에 투자하는 쪽이 현명하다. 특히 급속한 기술적 변화가 일어나고 있으며 제품개발 기간이 정해져 있는 기술 분야에서 신뢰성 설계가 중요시된다.

신뢰성 설계는 다음과 같은 제반적인 관점에 유의하여 실시할 필요가 있다. ① 설계자는 신뢰성, 보전성 뿐만 아니라 모든 품질특성을 고려한다. 예를 들면 중량, 용적, 요구 성능 등, 교환을 실시하여 비용의 유효성을 높인다. ② 제품이나 시스템 자체의 신뢰성 목표를 명확히 하고 이를 만족하기 위한 내환경성, 시간적 품질유지를 위한 설계가 중시된다. ③ 설계된 신뢰도는 고유 신뢰도 값이 된다. ④ 고유 신뢰도는 제조, 취급, 보관, 사용법 등에 의해서 저하되는 경향에 있으므로 설계 시에 이와 같은 점을 고려해 두지 않으면 안 된다. ⑤ 설계가 고유 신뢰도를 달성하는 능력이 부족한 경우는 사용 시에 불신뢰비용 증대를 고려해 두어야 한다. ⑥ 시간제약과 비용제약을 받는다. 특히 신뢰도 평가에 시간과 비용이 든다. ⑦ 간과하거나 미평가 등을 피하기 위해 설계의 각 단계에서 시험과 심사를 한다. ⑧ 신뢰성 설계에 필요한 기초데이터는 바로 쌓이는 것이 아니라 계획적으로 축적해야 하는 것이다.

<table>
<tr><th colspan="2">추진단계</th><th>제1단계</th><th>제2단계</th><th>제3단계</th></tr>
<tr><td colspan="2">보증목표</td><td>재질별 보증체계 확립</td><td>요소구조별 보증체계 확립</td><td>부품별 보증체계 확립</td></tr>
<tr><td rowspan="4">추진과제</td><td>체계 구축</td><td>• 국제구격 기본골격 구축
• 국내규격 기본골격 구축</td><td>• 설계해석 tool체계구축 확립
• 해석에 필요한 제원 구축 확립</td><td>• 신뢰성관리체계 확립
• 신뢰성 system체계</td></tr>
<tr><td>신뢰성시험법 확립</td><td>• 재질별 신뢰성시험법과 규격제정</td><td>• 요소구조별 신뢰성시험법과 규격제정</td><td>• 부품별 시험평가법 구축 확립</td></tr>
<tr><td>신뢰성설계 기술 확립</td><td>• 안전성설계 · 체계 구축</td><td>• 용장설계체계 확립</td><td>• Robust 설계체계 확립</td></tr>
<tr><td>신뢰성 DB</td><td>• 재질별 Database 체계 구축확립</td><td>• 요소별 Database 체계 확립</td><td>• 축적 Database 설계 응용 활용체계 확립</td></tr>
</table>

신뢰성에 관해서는 주로 전기 · 전자회로시스템 설계에서 의논되는 경우가 많은데 기계설계에서는 수명이나 안전계수(안전율)문제로서 검토되는 경우가 많다. 안전계수는 부하경감에 해당하는 것으로 다음과 같이 정의된다. 안전계수=강도/스트레스(응력) 안전계수의 구체적인 수치로서는 항공기에서 1.25~1.5, 자동차는 항복과 피로에 대해 1.3~1.6, 철골구조에서 2.5~3.0 정도로 선택되지만 타워와 같이 안전율이 100배라는 사례도 있다.

▌4-2-2 배태조직(Incubator organization)의 타성에 젖지 말라

최고경영자는 Cooper가 제창한 벤처기업을 창업하기 전에 창업자가 일하였던 장소인 배태조직(Incubator organization)의 타성에 젖어 모든 권한이 집중되어 기술혁신을 활성화하기 위해서 중추적 역할과 지원의 정도에 지대한 영향을 미친다. 경영자가 기술정보, 경쟁기업의 발전에 대한 정보, 혁신정보조직에 유입시키고 전파하는 역할을 해야 한다. Pavitt의 산업별 혁신의 유형은 과학 기반형(Science based), 전문공급자형(Specialized suppliers), 규모집약형(Scale intensive), 공급자지배형(Supplier dominated) 4가지 형태로 분류한다. 기업의 성장과정에서 조직구조나 기업형태 등이 상이한 핵심경영문제에 직면하고, 성장단계에서의 산업이 기술 등의 상황적 요소(Context)와 구체적 직면상태로 사업부가 가진 전략적 상황관점(Strategic contingency perspective)에 따라 개인특성이나 서로 상이한 역량을 갖는 최고경영자가 필요하다(Gupta). 이러한 경영지식을 갖추기가 어려움이 있는 경우는 개인 창업보다는 서로 보완적인 역량을 갖춘 사람들이 구성하여 창업을 하기도 한다(Timmons). Alavi는 지식은 효과적 활동을 위해 개체능력을 증대시키는 믿음으로 정의하고 Demarst는 업무지식, 기술,

장비 및 공정, 종업원이 체화된 행동을 가능하게 하는 정보의 집합으로 정의하였다. 경영지식은 지식이 담긴 생각을 말함이다. 즉 과학적 사고라고 정의되고 이 과학적 사고는 정신력과 창의적 사고의 총합이다. 따라서 경영지식이란 과학적 사고에 의한 정신력과 창의적 사고의 총합으로 정의된다(Lim). 경영지식을 측정하는 데는 내용을 측정하는 경우와 수준을 측정하는 경우가 있다. 따라서 여러 가지의 내용과 수준이 있지만 가장 기술적이고 경제적인 경영지식에 맞는 새로운 측정방법은 레이더 차트(Radar chart)를 적용하여 사업목표에 부합되고 이슈(Issue)화된 수익증대, 효율성증대, 혁신비율, Cash flow 등을 측정(Lim)하고 그 결과를 평가하는 것이 바람직하다.

> 목표는 어려울수록 투지가 샘솟게 한다.
> 목표는 어려우면 어려울수록 투지가 샘솟는다. 목표를 달성하기가 쉽지 않으니 여러 궁리를 하고 지혜를 짜내게 된다. 매우 어려운 일이기는 하지만, 목표를 달성하기까지의 과정을 즐겨라. 그렇게 하면 반드시 성과를 얻을 것이다.
> – 에드워드 데밍 –

▮4-2-3 기술관련 계약의 필요성과 그에 따른 기본지식 및 기술적 지식

(1) 서론

회사와 관공서에서 관리상 필요한 계약은 공동 개발계약과 비밀 유지계약과 특허 실시계약 등 많은 계약서를 관리할 필요가 있다.

계약서의 정확성은 해석상의 의의를 없애고 난해한 용어와 간결, 평이하고 명확, 정확히 판단할 수 있고 의사표시가 명료하여 서류와 전체문항의 절반은 상대측의 기대, 입장에서 서술계약서를 작성하는데 기본원칙으로 삼아야 한다.

(2) 계약관계

1) 관계서류 및 작성

① 계약서의 문제조항분석은 계약에 필요한 조항별 확신을 판단하여 정식계약서, 수입인지, 계약서초안, 손해배상, 계약대상특허의 무효심판, 불공정한 취인방법, 허약한 기술의 법적인 효력, 합의와 계약의 의미, 정부 등의 인가 필요가부, 계약서 조인요건 등을 면밀히 분석한다.

② 문제가 있는 조항의 지적은 계약서 중의 손해보증조항에서 조항마다 문구에 문제가 있는 개소를 지적하여 수정조치를 의뢰해야 한다. 수정조치의 처리기간은 쌍방간 협의에 의하여 기간을 정해야 한다.

③ 일본계약방식과 서양계약방식과의 차이는 일본계약방식이란 계약은 서양에 비하여 약속을 소홀히 하고 지키는 것을 등한시하는 것이다. 동양적인 소유관계의 전제가 존속하고 개인의 확립이 불완전하다. 합의(agreement)의 의미는 어떤 일을 토의하여 의견을 종합하는 일이다. 미국과 영국의 계약 방식이란 콘트랙트(contract)라는 개념으로 대등한 사람과 사람의 관계, 주장과 주장이 합하여 결과를 얻고 사법상의 일정한 법률적 효과의 발생을 목적으로 하고 두 사람 이상의 의사의 합의에 따라 성립하는 법률 행위인 계약을 의미하며 또한 의사표시는 문구가 상세하고 명확하다.

④ 계약의 서류내용에 대한 법률적 의미는 계약의 요건은 실제로 계약의 성립의 시기를 합의하는 시기로 양당사자가 기명날인하는 일로부터 하는 것이 일반적인 실무관행이다. 계약서 중에 기명날인한 날짜와 다

른 날짜가 명기되면 기명날인 한 날짜가 계약발효일이 아니고 계약서 상에 기록되어 있는 그 날짜가 계약발효일이다.

⑤ 계약서의 각 서류내용에 대한 역할은 기본적으로 계약서에 계약의 당사자와 내용 등을 서면으로 기록되어야 하고 계약내용의 확인과 기록과 보존이 필요하다. 계약의 성립을 구두로 하는 것이 약속에 대한 기록이 없기 때문에 분쟁의 여지가 있어 분쟁의 수단으로 계약서로 분쟁을 해결하는 것으로 해야 한다.

⑥ 계약서의 종류에는 계약서, 각서, 협정서, 차입서가 있고 그 외에 통지서, 회답서, 승낙서 등의 계약서가 있다.

⑦ 계약서 작성의 기본원칙에서 정확성은 해석상의 의의를 없애고 간결하고 평이하고 명료하며 난해한 용어와 복잡한 표현을 피한다. 표준계약서와 항목 확인표의 이용은 참고할 수 없는 상태에서 계약서를 작성할 때 조문누락과 좋은 계약서의 작성을 위해 표준계약서와 항목확인표를 사용한다.

(3) 계약실무지식

1) 실무지식 관계

① 수입인지의 필요여부는 특허권, 실용신안권, 의장권, 상표 상호권, 저작권 및 회로배치 이용권 등의 지적재산권의 양도에 관한 계약서는 인지가 필요하지만 지적재산권의 실시권과 사용권의 설정, 실시권의 양도에 관한 계약서는 수입인지가 필요 없다. 출원전, 출원중의 미등록의 권리도 수입인지가 필요 없다. 공동개발계약서는 수입인지가 필요하다.

② 문구의 사용방법에 따른 각 서류의 내용에서 문구의 사용방법에 따른

각 서류의 내용을 정정, 편집, 추가 등에서 경우, 때, 시간/ 또는, 그렇지 않으면/ 및, 와/ 이상, 이하, 이전, 이후/ 넘다, 미만/ 간주하다, 추정하다/ 적용하다, 준용하다/ 즉각, 시간내, 지체없이/ 행위자, 유체물, 무체물/ 해제, 해약 등의 용어와 문구를 사용할 때에는 서류의 내용에 대한 합당여부를 확인할 필요가 있다.

③ 업소유권과 저작권의 계약 경우에 공업 소유권과 저작권의 계약경우의 금전적 보상은 일괄지불방식과 실적을 기준으로 계속적으로 지불하고 이후에 정산하는 로열티방식과 일반적으로 혼재방식(일괄지불방식+실적을 기준으로 계속적으로 지불하고 이후에 정산하는 로열티방식)의 3종류가 통용된다.

④ 로열티(royalty)의 종류에서 로열티는 특허권 · 저작권 또는 공업소유권의 사용료이며 로열티의 종류에는 최초지불료(initial payment), 연동특허료(running royalty), 최소지불료(minimum payment), 점진적 감소료(gradual decrease), 최대지불료(maximum royalty), 총체적 지불료(overall) 등이 있으며 최초지불료는 계약체결 등 계약 당초에 정한 금액을 지불하는 실시료로서 특히 실시계약에는 실적에 근거하지 않고 일괄 지불한다. 과거분의 실시료를 산정하여 그 액수를 최초로 정하는 경우도 있고 권리금적인 실시료와 실시료에 충당되는 선지불 실시료, 실시료를 지불하지 않는데 대한 보증금의 성질이 있는 경우도 있다. 연동특허료는 계약체결 후에 계속해서 지불하는 것으로 계약제품의 매출액에 상응시켜 지불하는 실시료가 일반적으로 전형적인 특허료이다. 실시료율에서 특허실시계약에서 부품은 공장출하가격의 3%가 실시료가 되고 기계분야는 10% 전후, 저작권분야에는 판권료가 5~10% 전후가 일반적으로 적용되는 수준이다. 최소지불료는 실

시권자의 매출액과 판매대수로 이익에 관계없이 최저한의 대가를 확보하기 위해서 설정되는 것이다. 전용실시권과 배타적 실시권에 따라 설정된다. 권리자가 다른 소유자허가(licensee)를 부여할 수 없는데 대한 보상적 의미를 가지기 때문이다. 점진적 감소료는 점진적 삭감을 의미하며 판매액 또는 판매대수가 많게 되면 실시료율 또는 한 대당의 고정액을 낮게 하는 것이다. 최대지불료는 매년마다 일정기간의 매번 실시료의 최고액을 결정할 수 있다. 드문 경우이지만 존재하고 있다. 오버올은 특허의 실시 및 실시하지 않는 것을 확인하지 않고 소정의 제품 및 부품에 대한 실시료의 지불을 계약하는 오버올 라이센서라고 한다.

⑤ 기술계약에 관련한 특수용어에서 기술계약에 관련한 특수한 용어로서 역공허여(grant back), 선정허여(assign back), 불분쟁의무, 교차허가(cross licence), 특허공동관리(patent pool), 영업권(goodwill), 작업권리(shop right), 영업비밀(trade secret), 최고혜택대우(most favoured treatment)조항, 지급허여(supply cense), NDA(non disclosure agreement, 비밀유지조약) 등이 있다. 역공허여는 허가에 의한 개량특허를 허가에 역공 허여시킨 권리를 의무적으로 하기도 하며 자가에서 발명한 개량기술을 실시하는 것도 있다. 선정허여는 특허의 사용과정에서 발명하여 취득한 특허권을 양도하는 의무를 규정하는 것으로 소유자허가(licensee)를 사용할 수 없는 점에 독점적 역공허여와 유사하지만 허여에 유리하다. 불분쟁의무는 라이센서에 대하여 실시 허여된 특허권의 유효성에 분쟁이 없이 의무를 다하고 권리자로서 규정하고 싶지만 독과점금지법상의 문제가 되므로 규정하는 것을 삼가야 된다. 교차허가는 특허를 가지는 사람끼리가 서로 허가해주는 것이다.

같은 대체성이 있는 특허가 있어서 제3자의 참가장벽이 되는 것은 카르텔(cartel) 우려가 있다. 특허공동관리는 복수의 특허권자가 각각의 특허를 일개업체에서 관리운영하여 구성원의 라이센서를 행하는 것이 제3자의 참가장벽이 되는 것은 카르텔의 우려가 있다. 영업권에서 상표는 기업의 의무상 신용의 상징으로서 법적으로 보호됨과 동시에 소비자의 이익이 보호된다. 상표를 부정하게 사용하는 것은 상표권자의 영업권을 도용하는 것이다. 작업권리는 미국특허법에는 업무상으로 발명에 대한 명문규정은 없고 특허의 사용권은 기본적으로 발명자에게 있다. 작업권리는 일종의 비배타적 실시권이 무상으로 회사에 기여할 수 있다. 영업비밀은 영업비밀이 기술정보, 영업정보, 고객정보, 회계정보 등의 비밀로 하는 것이 사업활동에 유익한 기업정보를 의미한다. 최고혜택대우조항은 실시권자에 대한 유익하게 설정되었을 때에도 유익한 조건이지만 그대로 운영하는 것으로 한다. 지급허여에서 허가는 소유자 허가(licensee)가 독자적으로 판단하여 허가를 설정할 수 있는 것이며 재실시허여 등이 있다. 독점적허가(exclusive licence)의 경우는 지급허여가 많다. NDA는 non disclosure agreement로 칭하며 비밀유지조약이다.

(4) 계약교섭의 테크닉(technic)

계약교섭의 전문적인 방법은 기본방침을 심사숙고하여 계약체결교섭에 유리토록하고 제3자적 관점에서 평등을 고려하고 계약조항이 많은 문안을 제시하며 비밀유지 조항을 확인하고 수단과 방법 및 방안의 조항문에 대한 신중한 배려와 훈시적 규정과 정신론적 규정 및 실행이 어려운 규정과 위반에 대한 입증을 할 수 없는 규정과 조항문장은 전부가 공평하고 상대측의 실력과 성격을 사전에 파악 및 대응에 대한 반응을 예상한다.

(5) 계약서 작성시의 주의점

① 계약서작성의 작성순서로서 상호관계정보를 기준으로 필요한 조항을 선택하고 각 조항의 내용을 결정하고 각 조항의 합리성으로 추가 및 삭제조항을 분석 및 검토하여 정보를 재검토하여 수정한다.

② 계약서작성에 필요한 주의점으로 이쪽측 입장과 상대측 입장과 제3자측 입장의 관점에서 평등하게 고려하고 공동개발 계약경우에 각 조항의 문구가 일방적 내용과 허용에 주의를 요한다.

(6) 계약서 확인시의 주의점

확인 의뢰자의 대응으로 작성한 사람의 프로필 확인과 작성자와 확인 의뢰자의 지식과 경험의 정도를 파악하고 계약서의 서두에 취약점의 지적을 피하고 의도에 대한 규정의 설명을 수집하고 불리한 점의 지적은 중요도 순으로 열거한다. 확인에 따른 주의점으로 사전에 지적인 계약서를 제3자적 관점에서 읽고 계약의 배경과 상황을 파악하고 확인하여 우선적으로 요점을 정리하고 중요조항을 면밀히 파악하여 불리한 조항과 누락된 문항을 확인하는데 각별한주의가 필요하다.

(7) 결론

기술관련 계약의 필요성이 해마다 크게 대두되고 있는 실정이다. 특히 공동개발계약과 비밀유지계약과 특허실시계약 등 많은 계약서를 작성이나 분석 및 확인이 필요하지만 전담실무자가 없어 구두로 하는 것이 분쟁의 여지가 있어 계약서로 분쟁을 해결하는 것으로 해야 한다.

(8) 제언

일본계약방식의 계약은 합의방식의 의미로 어떤 일을 토의하여 의견을 종합하는 협의로서 단순히 약속하는 정도의 의미로 어그리먼트(agreement)라고 한다. 그러나 미국과 영국의 계약방식은 콘트랙트(contract)라는 개념으로 대등한 사람과 사람의 관계로 넓은 의미의 계약은 단독행위 및 합동행위와 대립되는 개념으로서 복수당사자의 반대방향의 의사표시의 합치에 의하여 성립하는 법률행위이며 법률효과가 대립적이고 교환적으로 나타난다.

사법상의 일정한 법률적 효과의 발생을 목적으로 하고 두 사람 이상의 의사의 합의에 따라 성립하는 법률 행위인 계약을 의미하며 의사표시는 문구가 상세하고 명확하다. 따라서 국제화시대에 세계화전략을 펴기 위해서 미국과 영국의 계약방식인 콘트랙트방식의 개념으로 발전되어야 한다.

계약서의 작성방법과 수입인지의 필요여부와 날인과 서명 및 문구의 사용방법에 따른 각 서류의 내용을 정정 또는 편집 및 추가하고 로열티의 종류에 따라 기술계약에 관련한 용어와 계약교섭시의 테크닉을 발휘하여 계약서작성의 순서에 맞고 계약서작성에 필요한 주의점과 문제가 있는 조항을 지적하여 계약에 의한 조항별 확신여부의 판단이 필요하다.

계약서 조인요건을 면밀히 분석하여 문제가 있는 조항을 없애고 계약서 작성의 기본원칙과 기술계약에 관련한 특수용어와 항목확인표의 이용 등 계약실무지식을 배양해야 한다. 비즈니스로 인하여 트러블이 증가하기 때문에 계약서의 필요성이 절실히 요구된다. 실무지식, 법률지식, 어학력과 기술지식의 밸런스를 유지하는 것이 이상적인 계약업무(contract business) 수행이라 할 수 있다.

4-3 시장요소의 특성

4-3-1 생산과 판매의 실천전략

소시지 왕국 독일에서 커다란 소시지 회사의 사장이 된 어떤 사람은 점원에서 출발했다고 한다. 그는 어떻게 소시지를 팔 것인가 궁리에 궁리를 했다. 그런 후 그는 매일 아침 출근 시간에 맞추어 샐러리맨들이 출근하는 길목에서 경쾌한 행진곡을 연주했다. 사람들이 그 행진곡을 들으며 발을 맞추기도 하고 콧노래를 부르기도 했다. 아침부터 기분이 좋아진 사람들은 일터로 가서 전보다 긍정적인 분위기에서 힘써 일할 수 있었다. 그래서 생산력을 올리고 더 나아가 진급까지 된 사람들은 그에게 고마움을 표시했다. 그런 후 그는 행진곡과 함께 소시지를 구웠다. 소시지 굽는 냄새가 경쾌한 행진곡의 리듬과 함께 사람들의 귀와 코를 자극했다. 사람들은 갑자기 식욕을 느꼈고 행진곡의 가락에 맞추어 소시지를 먹으러 왔다. 소시지는 날개 돋친 듯 팔렸고, 그가 나중에 소시지 회사의 사장이 되었음은 물론이다.

생산과 판매의 실천전략 또한 저 먼 곳에 있는 것은 아니다. 여기에도 발상의 전환이 필요하다. 외제에 외국인 과학기술 잡지에 의존할 때 아무리 잘 만들고, 아무리 많은 돈을 기술비로 투자한다 해도 2인자를 벗어날 수 없다. 우리가 아시아의 네 마리 용을 자부하면서도 웬만한 제품도 주문자 생산방식에 매달리고 막대한 자금을 로열티로 지불하고 있는 것은 바로 생산과 판매의 실천전략에 있어 아직 구태의연한 방법에 의존하고 있기 때문이다. 그럼 무엇이 하이테크놀로지의 상품개발을 보장하고, 이 상품을 히트상품으로 전환시키는가?

In a day, when you don't come across any problems you can be sure that you are traveling in a wrong way. (당신이 하루 종일 아무런 문제에 부닥치지 않는다면 당신은 잘못된 길을 걷고 있는 것이다.)

– SWAMI VIVEKANANDA –

▮4-3-2 국내 산업기술 수준의 근본적인 문제

국내 산업기술 수준이 낮은 원인은 무엇인가. 과거 우리나라는 자원과 기술의 부족으로 공업화 기반이 취약했다. 이러한 어려운 여건 속에서도 우리는 값싼 노동력을 바탕으로 본격적인 기술개발 없이도 고도 경제성장을 이룩할 수 있었다. 그러나 자체 기술개발보다는 기술도입에 의존하는 손쉬운 방법을 택함으로써 스스로 신기술을 배양할 수 있는 능력을 갖추지 못했던 것이다. 또 기술개발 투자를 위한 자본이 절대적으로 부족했던 점도 원인 중의 하나이다. 우리나라의 연구개발 투자규모는 90년 45억 달러 수준으로 일본의 791억 달러에 비해 17분의 1, 미국의 1천 5백억 달러에 비해 33분의 1에 불과하다. 이는 GM사(52억 달러), IBM사(59억 달러)와 같은 한 개 기업의 기술투자 수준에도 못 미치고 있다. GNP대비 연구개발 투자의 비중도 1.91%에 그쳐 일본의 2.69%, 미국의 2.74%, 독일의 2.89%에 비해 크게 떨어지고 있다.

국내 기업의 연구개발 투자는 그나마도 소수의 대기업에서만 본격화되고 있을 뿐 중소기업의 기술개발 투자규모는 대기업에 비해 형편없이 초라한 실정이다. 우리의 중소기업들은 기술개발 활동에 참여하고 있는 업체 수가 절대적으로 부족할 뿐 아니라 투자규모도 매우 영세하다. 90년 기준으로 기술개발에 참여하고 있는 중소기업체 수는 6천 7백 1개로 전체 중소기업의 10% 정도에 불과하며 해당 업체의 평균 투자액은 연간 3천만 원 수준에도 못 미치고 있다.

기술개발의 또 다른 주요 요소는 우수한 인력확보이나 우리의 연구 인력은 절대숫자에서 미흡해 90년 기준 우리의 연구개발 인력 7만 명은 미국의 13분의 1, 일본의 7분의 1 수준에 불과하다. 인구 1만 명당 연구원은 14.6명으로 일본, 미국의 40명 수준에 크게 떨어지며 노동인구 1만 명당 연구원은 선진국의 절반 수준에도 못 미치고 있다. 연구인력의 양적 부족뿐 아니라 연구개발 참여를 극대화할 수 있는 동기부여 제도의 미흡, 연구 분위기의 불안정과 현장을 경시하는 연구태도, 혁신 의지의 부족 등으로 연구인력 활용의 효율성이 매우 취약해 질적인 면에서의 문제점을 노출하고 있는 실정이다.

> 목표를 설정할 때 마술은 시작된다.
> 목표의 목적은 주의를 집중하는 것이다. 인간의 의식은 분명한 목적을 갖기 전에는 목표 달성을 향해 움직이지 않는다. 목표를 설정할 때 마술은 시작되는 것이다. 목표를 설정하는 바로 그 순간, 스위치가 켜지고 물이 흐르기 시작하고 성취하려는 힘이 현실화 되는 것이다.
>
> – 윈 데이비스 –

4-4 경영지식요소의 관련특성

▮4-4-1 과학적 사고에 의한 발상전환

콜럼버스가 아메리카 대륙을 발견하고 온 뒤 그를 시기하는 대신들은 신대륙 발견을 두고

'누구라도 할 수 있는 것을 우연히 한 것뿐'

이라고 했다. 그러자 콜럼버스는 그 대신들을 향해 외쳤다.

"자, 누가 이 계란을 세워 보시오."

대신들은 열심히 세우려 했지만 아무도 세울 수 없었다.

대신들은 몇 차례 더 시도하다가 실패한 후 콜럼버스에게 한번 해보라고 했다.

콜럼버스는 계란의 껍데기를 깬 후 테이블 위에 세웠다. 대신들은 그런 방법으로 누구는 못 세우느냐고 했다. 콜럼버스는 그들을 향해 말했다.

"자, 깬다는 것을 생각하기 전에는 누구도 계란을 세울 수 없었소. 어떻게 세우느냐가 중요한 것이 아니라 누가 먼저 상식에서 벗어나 세울 수 있는 방안을 생각하느냐가 가장 중요한 것이오."

그렇다. 중요한 것은 발상의 전환에 있다. 상식에, 일상에 얽매일 때 위대한 발명은 절대 나올 수 없다. 뉴턴이 만유인력의 법칙을 발견한 것은 뉴턴이 뛰어난 과학자 능력을 지녔기 때문만은 아니다. 만약 그것이 사실이라면 그전에 다른 이들이 발견했어야 한다. 사과가 사과나무에서 떨어지는 것은 어린아이에게도 보이는 자연현상이기 때문이다. 뉴턴은 사과가 사과나무에서 떨어지는 평범한 현상을 남들처럼 당연한 것으로 보지 않고 의문을 던졌기에 근대과학의 지평을 여는 위대한 발견을 할 수 있었던 것이다.

이처럼, 위대한 발견이란 주변의 가까운 곳, 일상생활 속에 있다. 남들이 당연히 여기는 주변의 것을 보고 발상을 전환하여 그것에 담긴 의미를 캐려 할 때, 사물은 그 속에 담긴 비밀을 우리에게 알려주는 것이다. 그렇다면 기술과 경영의 분야에선 어떻게 발상을 전환할 수 있는가?

기업의 성장과정에서 조직구조나 기업형태 등이 상이한 핵심경영문제에 직면하고, 성장단계에서의 산업이 기술 등의 상황적 요소(Context)와 구체적 직면상태로 사업부가 가진 전략적 상황관점(Strategic contingency perspective)에 따라 개인특성이나 서로 상이한 역량을 갖는 최고 경영자가 필요하다(Gupta). 이러한 경영지식을 갖추기가 어려움이 있는 경우는 개인 창업보다는 서로 보완적인 역량을 갖춘 사람들이 구성하여 창업을 하기도 한다(Timmons). Alavi는 지식은 효과적 활동을 위해 개체능력을 증대시키는 믿음으로 정의하고 Demarst는 업무지식, 기술, 장비 및 공정, 종업원이 체화된 행동을 가능하게 하는 정보의 집합으로 정의하였다. 경영지식은 지식이 담긴 생각을 말함이다. 즉 과학적 사고라고 정의되고 이 과학적 사고는 정신력과 창의적 사고의 총합이다. 따라서 경영지식이란 과학적 사고에 의한 정신력과 창의적 사고의 총합으로 정의된다.

아이디어의 숙명에서 사람들은 새로운 무언가가 나타나면 좋은 것보다 나쁜 것을 찾는데 관심을 집중한다. 새로운 아이디어를 평가위원회에 제출하면 이런 사실이 금방 입증된다. 그렇게 해서 무언가를 발견하면 그들은 그 10%의 단점을 위해 나머지 90%의 장점을 무시해 버린다. 새로운 아이디어의 잠재 가능성을 이해하지 못하는 것이다. 왜냐하면 그 가능성을 내다볼 수 있는 상상력을 가진 사람이 1천명 가운데 1명도 안되기 때문이다.

– 찰스 케터링 –

자신이 하는 일을 좋아하기에서 행복의 비밀은 자신이 좋아하는 일을 하는 것이 아니라, 자신이 하는 일을 좋아하는 것이다. 내가 변할 때 삶도 변한다. 내가 좋아질 때 삶도 좋아진다. 내가 변하기 전에는 아무것도 변하지 않는다. 우리가 삶에서 무엇을 갖는가는 자신이 어떤 사람인가에 달려 있다.

– 앤드류 매튜스 –

꿈을 이루는 아주 간단한 방법
나는 꿈이 없고 비전이 없는 남자는 쓸모없다고 생각해왔지만, 만일 자신의 꿈과 비전을 조금이라도 실현하기 위해 자기 행동을 바꾸는 실제적인 노력이 없다면 그 역시 쓸모없는 인물이다.

– 테오도어 루스벨트 –

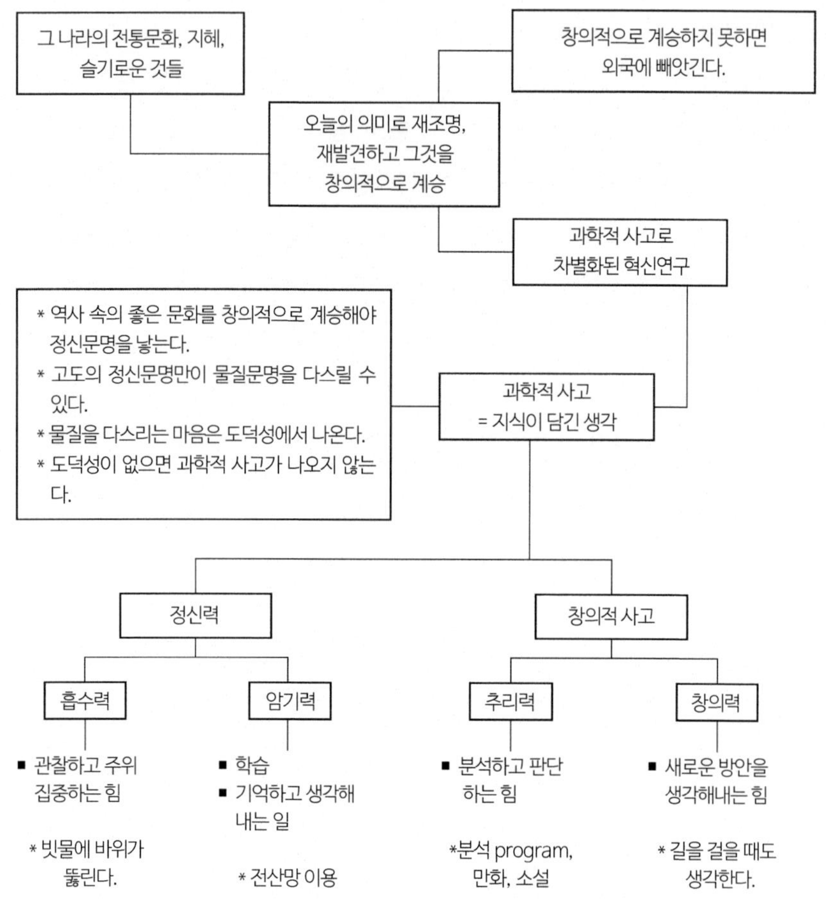

▮4-4-2 레이더 차트(Radar chart)를 적용하여 사업목표에 부합

경영지식을 측정하는 데는 내용을 측정하는 경우와 수준을 측정하는 경우가 있다. 내용을 측정하는 경우는 설문, 인터뷰를 통한 측정(Wiig, 1995)이 있고 주가총액과 자산의 차이를 가치로 측정한다. 또다른 방법은 수준을 측정하는 경우는 수익증대, 효율성 증대, 혁신비율 등을 지표로 측정하는 경우와 전문가에 의한 주관적으로 측정하는 경우가 있다. 높은 기대수익이 예상되는 신기술아이디어를 독자적 기반에서 사업화하는 신생 기술집약적으로 창조성이 있어야 한다. 따라서 여러 가지의 내용과 수준이 있지만 가장 기술적이고 경제적인 경영지식에 맞는 새로운 측정방법은 레이더 차트(Radar chart)를 적용하여 사업목표에 부합되고 이슈(Issue)화된 수익증대, 효율성증대, 혁신비율, Cash flow 등을 측정하고 그 결과를 평가하는 것이 바람직하다. 능력과 실적의 자동평가화로서 행정부처의 평가지표는 경제협력개발기구(OECD)가 개발한 기업평가시스템인 매뉴얼(Oslo Manual)을 토대로 행정에 맞도록 개발하고, 평가는 인적자원, 기술성, 사업성, 유망성 등의 4개 부문에 걸쳐 이루어지며, 평가지표는 업종에 따라 기술경영 행정으로 구분되고, 해외진출지원사업은 해외진출기회가 없었던 우수 벤처기업의 해외시장 개척 지원을 위해 현지전문가 및 네트워크로 구성된 해외지원센터에서 벤처기업의 해외진출활동에 대하여 종합 지원하는 정책으로 전환되어야 한다. 첨단신기술이나 참신한 아이디어를 사업화하여 정부의 전부처가 신규시장을 개척해야 한다.

멋지게 화내기
누구든지 분노할 수 있다. 그것은 매우 쉬운 일이다. 그러나 올바른 대상에게, 올바른 정도로, 올바른 시간 동안에, 올바른 목적으로, 올바른 방법으로 분노하는 것은 누구나 할 수 있는 일이 아니다. 또한 결코 쉬운 일이 아니다.

– 아리스토텔레스 –

▌4-4-3 상황분석, 원인분석, 잠재적 분석, 결정분석을 수행하라

세계적인 기업들의 성공 비결은 상황분석, 원인분석, 잠재적 분석, 결정분석을 철저히 수행 및 이행한다는 것이다.

(1) 상사, 고참의 질문과 여러분들의 과제수행

① 상황분석(situation appraisal)

중요과제? 우선순위? 무슨 근거?

대책 : ~를 조사한다, ~을 실시한다.

② 원인분석(problem appraisal)

원인구명이 필요한 것?

대책 : ~에 원인을 구명한다.

③ 결정분석(decision appraisal)

대책? 다른 대책?

대책 : ~을 잠정대책을 결정한다.

대책 : ~의 최종안을 결정한다.

④ 잠재적 분석(potential problem appraisal)

잠재되어 있는 risk? risk제거방법?

대책 : ~의 risk대책을 세운다.

(2) 문제가 없는 신제품

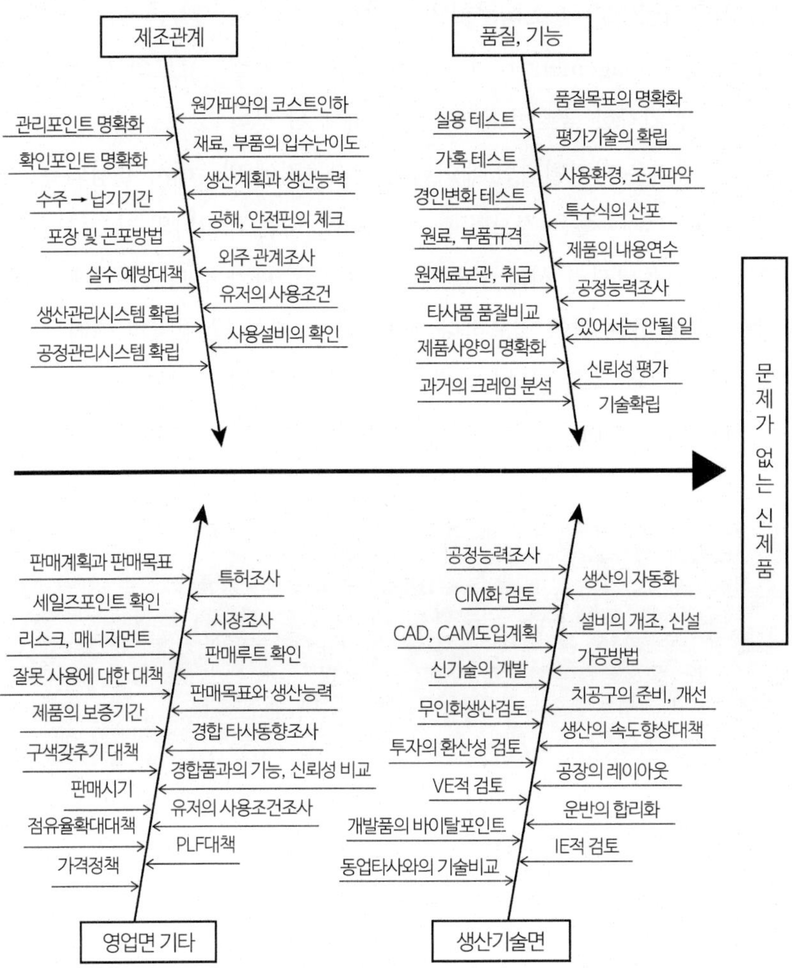
제조관계
관리포인트 명확화
확인포인트 명확화
수주 → 납기기간
포장 및 곤포방법
실수 예방대책
생산관리시스템 확립
공정관리시스템 확립
원가파악의 코스트인하
재료, 부품의 입수난이도
생산계획과 생산능력
공해, 안전핀의 체크
외주 관계조사
유저의 사용조건
사용설비의 확인
품질, 기능
실용 테스트
가혹 테스트
경인변화 테스트
원료, 부품규격
원재료보관, 취급
타사품 품질비교
제품사양의 명확화
과거의 크레임 분석
품질목표의 명확화
평가기술의 확립
사용환경, 조건파악
특수식의 산포
제품의 내용연수
공정능력조사
있어서는 안될 일
신뢰성 평가
기술확립
문제가 없는 신제품
판매계획과 판매목표
세일즈포인트 확인
리스크, 매니지먼트
잘못 사용에 대한 대책
제품의 보증기간
구색갖추기 대책
판매시기
점유율확대대책
가격정책
특허조사
시장조사
판매루트 확인
판매목표와 생산능력
경합 타사동향조사
경합품과의 기능, 신뢰성 비교
유저의 사용조건조사
PLF대책
영업면 기타
공정능력조사
CIM화 검토
CAD, CAM도입계획
신기술의 개발
무인화생산검토
투자의 환산성 검토
VE적 검토
개발품의 바이탈포인트
동업타사와의 기술비교
생산의 자동화
설비의 개조, 신설
가공방법
치공구의 준비, 개선
생산의 속도향상대책
공장의 레이아웃
운반의 합리화
IE적 검토
생산기술면

▮4-4-4 기술경영의 문화특성

(1) 기술경영(MOT) 조직문화의 정착화

기술경영(Management of Technology)은 디지털 · 코드의 형태로 공유되는 지식에 입각한 글로벌 문명이 출현하게 될 것이고, 그중에서의 각국의 국제적 경쟁력은 디지털화한 데이터의 처리능력에 의존해서 결정되는 것이다. Data Freeway 혹은 정보 Super Highway라는 데이터의 고속 전송로를 구축하고, 컴퓨터끼리 서로 연결시키거나, 누구나가 슈퍼컴퓨터에 액세스할 수 있도록 하는 것이 필요하다. 또한 공학, 과학 및 경영의 원리를 결합함으로써 조직의 목표를 달성하기 위한 기술적 능력을 기획, 개발 및 운용하는 NRC(National Research Council) 활동이 Issue화 될 것이다.

> 무릎 꿇고 절할 정도로 감사하는 마음을 가져야 한다.
> 직원이 적은 소규모 회사나 상점 경영자라면 직접 솔선수범하는 태도를 보이면서 직원들에게는 명령만 내려도 어느 정도 성과를 거둘 수 있다. 그러나 직원이 백 명, 천 명으로 증가하면 부탁을 하는 태도를 갖추어야 한다. 직원이 만 명 이상으로 증가한다면 두 손을 모아 절을 할 정도로, 나아가 5만 명, 10만 명 단위가 된다면 무릎을 꿇고 큰 절을 할 정도로 감사하는 마음을 가져야 한다.
>
> – Matsushita Konosuke –

(2) 다차원적인 효과성 지표

1) 국가의 경제발전과 기존업체에게는 혁신의 동기부여

벤처기업은 창업자가 위험성은 높으나 성공할 경우에 높은 기대수익이 예상되는 신기술을 사업화하는 신생 기술집약적 중소기업이다. 국가의 경제발전과 기존업체에게는 혁신의 동기부여를 제공한다. 기존 관행을 타파하기 위해 의식개혁이 필수적이다. 이를 바로잡기 위해서는 의식의 혁명이 따르지 않으면 안 된다. 이러한 잘못된 인식의 벽, 문화의 벽, 감정의 벽을 과감하게 허물어야 한다. 고정관념을 탈피할 수 있을 때에 비로소 사물을 대하는 시야가 넓어질 수 있다. 혁신이란 평상시보다 수십 배의 힘을 더 발휘함을 의미한다.

2) 일을 현명하게 하는 방법

일을 멋지고 현명하게 하는 방법은 조직 내에서 창의력과 과학적 사고를 발휘해야 하는데 이를 위해서 고참사원과 신참사원이 적절히 배분되도록 구성해야 창의력을 발휘할 수가 있다. 지식과 경험의 접목이란 신참의 수(3)와 고참의 수(2)의 비율로 구성된 조직이 사고력을 높일 수 있다. 이 사고력의 발휘가 창의적인 결론을 생성하게 된다. 각 부처의 총괄지표로써 신 Item으로부터의 매출액비율 등의 결과중심지표로서 연구 활동이 성공적인 사업들은 성과지표가 사업목표와 미션을 반영하여 전략적 목표를 효과적으로 달성할 수 있고 성과지표는 사업전략과의 적합성이 지속적으로 검증되고 수정되어 전략과 연동되어야 한다. 인력이 통상적으로 구성된 Pattern은 조직에서 현상만족, 기득권층은 변화에 대항, 혁신자 등이 일반적인 인력구성이라고 한다. 현대적인 접근방법은 다차원적인 효과성 지표를 기준으로 접근하는 방법이다. 따라서 기술경영행정은 다차원적인 효과성 지표를 기준으로 접근하는 방법을 적용해야 한다.

> 인간의 성격은 편안한 생활 속에서는 발전할 수 없다.
> 시련과 고생을 통해서 인간의 정신은 단련되고 또한 어떤 일을 똑똑히 판단할 수 있는 힘이 길러지며 더욱 큰 야망을 품고 그것을 성공시킬 수 있는 것이다.
> – 헬렌 켈러 –

도요타와 현대 · 기아차의 글로벌 판매대수 단위 : 대

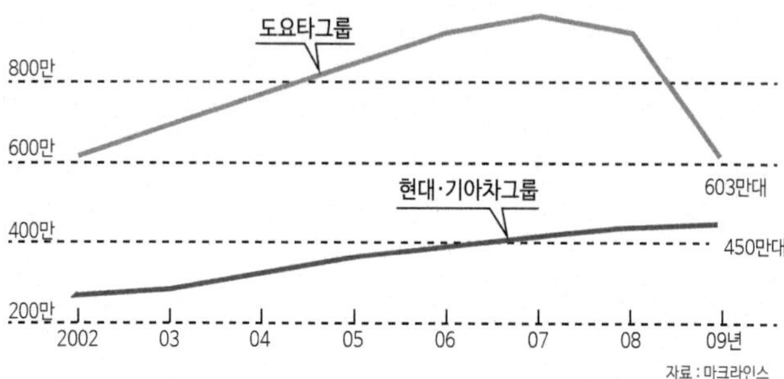

글로벌 부품업체의 연구개발 투자 현황 괄호는 매출액 대비 투자액 비율.

2008년 기준. 단위 : 파운드

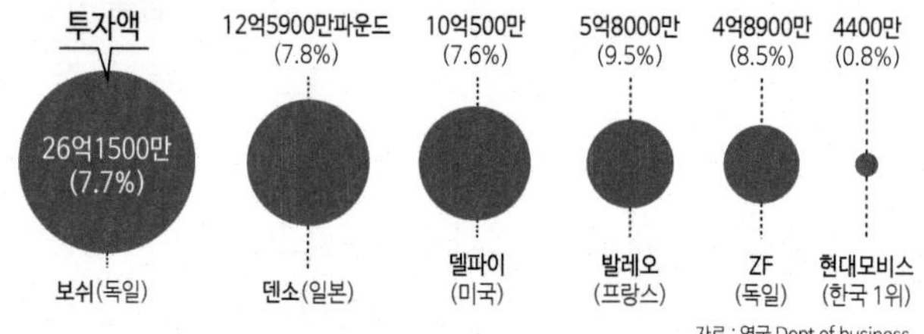

2008년 글로벌 완성차·부품업체 R&D 투자비 순위 단위 : 유로

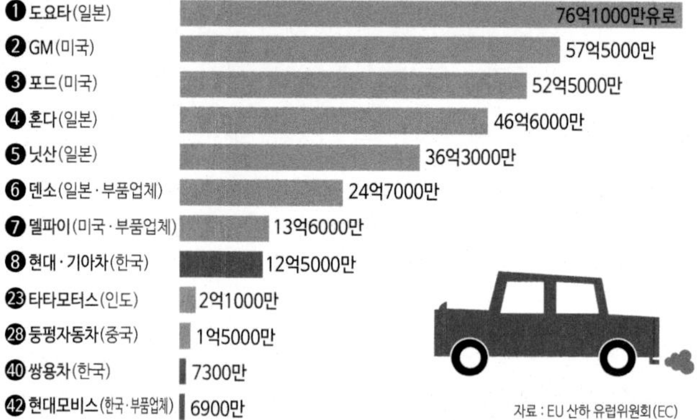

> 긍정은 무한한 힘을 가지고 있다.
> 긍정적인 마음가짐은 영혼을 살찌우는 보약이다. 이러한 마음가짐은 우리에게 부, 성공, 즐거움과 건강을 가져다준다. 반대로 부정적인 마음가짐은 영혼의 질병이며 쓰레기다. 이는 부, 성공, 즐거움과 건강을 밀어내고 심지어 인생의 모든 것을 앗아간다.
>
> – 나포레온 힐 –

제5장

자원관련 특성

5-1 자금요소의 특성

5-1-1 벤처기업 해외진출 지원사업

벤처기업확인은 벤처기업육성에 관한 특별조치법에 근거한 벤처기업 확인요령(중기청 고시)에 의하여 전국 11개 지방중소기업청(대전, 충남지역은 본청)을 통해 벤처기업 확인서를 발급하고 있다. 평가지표는 경제협력개발기구(OECD)가 개발(1992년 초판발행)한 기업평가시스템인 오슬로매뉴얼(Oslo manual)을 토대로 한국의 벤처현실에 맞도록 개발되었다. 평가는 인적자원, 기술성, 사업성, 유망성 등 4개 부문에 걸쳐 이루어지며, 평가지표는 업종에 따라 제조업과 비제조업으로 구분되어 있다. 벤처기업 해외진출 지원사업은 해외정보 및 전문인력 부족 등으로 해외진출기회가 없었던 우수 벤처기업의 해외시장 개척 지원을 위해 현지전문가 및 네트워크로 구성된 해외지원센터에서 벤처기업의 해외진출활동에 대하여 종합 지원하는 사업으로 업체당 2천만 원 한도 내에서 해외진출 소요경비를 지원하고 있다.

> 위대한 리더는 가슴에 불을 지른다.
> 보통 교사는 지껄인다. 좋은 교사는 잘 가르친다. 훌륭한 교사는 스스로 해 보인다. 위대한 교사는 가슴에 불을 지른다.
>
> – 앨프리드 화이트헤드 –

5-1-2 출연연구소 펀드 조성하라

벤처엔젤마트(venture angel mart)는 중소기업진흥공단이 벤처기업의 자금조달을 활성화하기 위해 정기적으로 개최하는 사업으로서 투자유치를 희망하는 우수벤처기업들과 개인투자가(엔젤)들을 신문지상과 투자설명회를 통하여 서로 연결시킴으로써 벤처기업에는 성장에 필요한 자금을 조달하고 개인투자가에게는 투자수익의 기회를 제공하는 사업이다. 벤처조합은 벤처기업에 투자하는 것을 주된 업무로 하여 결성된 조합으로서 중소기업창업지원법에 의한 중소기업창업투자조합, 여신전문금융업법에 의한 신기술사업투자조합, 벤처기업육성에 관한 특별조치법에 의한 개인투자조합 등을 모두 포함하는 개념이다. 벤처캐피탈(venture capital)은 위험성은 크나 높은 기대수익이 예상되는 사업에 투자되는 자금을 말한다. 미국벤처기업들은 창업기에 벤처캐피털의 투자(Block & MacMillan)를 받는다. 장래성은 있으나 자본과 경영기반이 취약하여 일반 금융기관에서 융자받기 어려운 기업에 대하여 창업 초기단계에 자본참여를 통해 위험을 기업가와 공동부담하고 자금, 경영관리, 기술지도 등 종합적인 지원을 제공함으로써 높은 이득을 추구하는 자본 또는 금융활동을 의미한다. 일반적으로 당해 기업이 성장하여 주식을 공개(IPO)함으로써 자본이득(capital gain)을 얻어 수익을 올린다.

Three sentences for getting success (성공을 위한 3가지 필수 조건)
a. know more than other (a. 남보다 많은 지식을 갖고 있을 것)
b. work more than other (b. 남보다 더 열심히 일할 것)
c. expect less than other (c. 남보다 큰 기대를 갖지 말 것)
– WILLIAM SHAKESPHERE –

5-1-3 CIM 개념의 하이 사이클로 생산하라

(1) 생산의 자동화는 '제어는 분산시키고, 관리를 집중시켜라'

생산의 자동화에 대하여 '제어는 분산, 관리는 집중'이라는 기능분담의 사고가 일반화되고 있다. CIM이란 공장의 주력으로 되고 있는 기기류의 제어는 각 기기가 갖춘 programmable Controller가 하고, 별도의 컴퓨터를 사용하여 이것을 Net화 하여 제어와 관리를 일원화하는 것을 말한다. 이 CIM은 생산의 관리 및 감시를 중심으로 한 정보처리를 하는 컴퓨터이다. 통신 기능을 갖춘 기기가 주역이 됨으로써 자동화의 중심적 존재가 된다. 즉 컴퓨터 통합생산, 제품의 설계, 생산계획, 생산관리 등 생산의 전체 과정을 컴퓨터로 통합하는 방식을 말한다.

최근 들어 산업현장에서 컴퓨터의 적용은 자동화와 더불어 날로 확대되고 있다. 이제는 필수적이라고 할 만큼 컴퓨터와 각종 소프트웨어가 많이 사용되고 있으며, CAD/CAM/CAE라는 용어도 낯설지 않을 정도가 되었다. 그만큼 컴퓨터가 일상업무에 깊이 자리하고 있는 것이다.

CAE 분야도 컴퓨터 자체의 발달과 더불어 많은 소프트웨어가 개발되어 사람이 생각할 수 없는 영역까지 해석을 수행하며 그 결과를 가시적으로 보여줄 수 있는 단계까지 이르렀다. 이제까지 많은 시행착오를 거쳐 경험적으로 설계가 이루어지던 기존의 방법에서 탈피하여 컴퓨터라는 발달된 도구를 사용하여 Simulation해 봄으로써 최적화된 결과를 얻고 품질이 우수한 제품을 제작함으로써 많은 시간과 경비를 절약할 수 있게 되었다.

이렇게 CAE는 설계자가 원하는 형태와 조건에서 어떤 결과가 나오는지를 빠른 시간에 정확하게 보여주는 설계자의 연구실이 되고 있는 셈이다. 이미 선진국에서 학문적 이론에서 발전하여 산업현장에서 응용이 보편화되어 널리 사용되고 있으며 학교나 전문 연구기관뿐만 아니라 일부 기업체에서도 자체에서 수년간 연구개발한 프로그램으로 해석을 수행하고 제품을 생산함으로써 이론과 실제의 차이를 극소화하면서 최적화된 제품을 생산하고 있으며 프로그램도 전문 해석 분야별로 눈부신 발전을 거듭하고 있다.

전문 소프트웨어는 사출성형 해석용과 기구구조 해석용, 전 · 자기장 해석용, 음장 · 음압 해석용 프로그램 등을 갖추고 있다. 또한 각 분야별로 담당자는 실무에의 보다 폭넓은 적용과 나아가 프로그램 자체 개발을 위해 노력하고 있다.

사출성형 분야는 최근까지만 해도 이론적인 바탕에서 그 결과를 이해하기보다는 경험적인 부분이 많이 적용되는 분야였으나 1950년대 구조해석을 위해 개발된 수치해석 기법인 FEM(Finite Element Method)을 이론적 기본으로 하여 이를 보다 공학적으로 응용 발전시켜 70년대부터는 사출성형 부분에도 해석이 가능하게 되었다. 뿐만 아니라 컴퓨터의 용량 증대와 더불어 그 정확도와 해석 시간도 훨씬 향상되었다.

사출성형 해석 프로그램은 실제 제품을 생산하는 산업체, 연구소에서 개발되었기 때문에 FEM을 보다 정확하게 사용하는 노하우를 많이 보유하고 있으며 실제 나타나는 현상과 아주 근접되게 Simulation되는 정확한 프로그램으로 소개되고 있다. 그리고 소개되는 사례는 Software Maker나 User가 해석한 사례로써, 현재 제품에 적용되어 생산되고 있거나 적용하기 위해 해석을 수행한 사례들이며 해석 결과를 토대로 금형을 제작, 생산하였으므로 보다 현실감 있게 피부에 와 닿으리라고 생각이 된다.

유동적인 생산체계(Flexible Productive System)가 바로 제품을 생산하는 현대적 추세이며 플라스틱은 그 기능을 충분히 발휘할 수 있다. 플라스틱을 사용하면 설비나 투자의 비율을 줄일 수가 있고 이는 무인 생산라인을 받아들일 수 있다는 신호가 된다. 자동차 산업에서도 볼 수 있듯이 진동, 소음을 줄이고 에너지를 절약하는 방법으로 일선에서는 자동차의 경량화, 디자인의 변화에 눈을 돌리는 등 그러한 변화의 일환으로 철보다 가벼운 재료를 도입하려 노력하고 있음을 볼 수 있다.

대리점의 자생력을 확보하기 위하여 대리점이 손익 악화로 어려움을 겪을 때 지원을 하며 이익을 보전하는 것은 사후대책의 방안에서도 할 수 있지만, 무엇보다 판촉 활동과 컴퓨터 프로그램에 의한 온라인 시스템의 점포수와 규모를 키워야 한다. 국내의 대리점은 5년 전부터 현시점까지 실적분석을 하여 재평가하고, 사후대책 방안에서 사전예방 정책으로 나가야 한다. 사후대책 방안은 보수적이고 소극적인 사고로, 시장을 확대한다는 것은 이론적으로도 맞지 않고 실제 판촉력을 높이는 데도 도움이 되지 못한다. 컴퓨터 프로그램을 운용하여 생산기업체의 목표와 대리점의 5년간 실적을 분석해야 한다. 생산기업체는 이 5년간 실적분석 결과를 통해서 실적이 좋은 대리점에 대하여 최상의 메리트를 주어야 한다. 그렇게 하면 실적이 저조한 대리점도 생산기업체가 실적이 좋은 대리점에 최상의 메리트를 가하는 정책에 적극적으로 따라오게 된다.

> If you win you need not explain. (승리하는 자는 설명이 필요 없다.)
> But if you lose you should not be there to explain. (그리고 패배하는 자는 변명 전에 스스로 사라져야 한다.)
>
> – ADOLPH HITLER –

열심히 일하여 실적이 좋은 대리점을 포스트로 세워 실적이 좋은 대리점은 실적이 저조한 대리점을 모아놓고 성공사례 발표를 자주 해야 한다. 1990년대 이후는 대리점의 능력평가 분석의 시대이다. 따라서 각 지역별, 각 대리점별 매출액만 분석하는 것은 별 의미가 없다고 생각한다. 규모의 차이가 극심한데도 불구하고 규모를 무시한 채 비교하게 되면 실적, 능력분석의 의미가 없다. 각 지역별, 대리점별 매출액 계산보다는 대리점 규모별 실적분석을 해야 한다. 왜냐하면 앞이 보이는 대리점인지 또는 앞이 안 보이는 대리점인지를 잘 모르기 때문이다.

어린이는 초등학교의 규모집단에서 성적을 분석하고, 대학생은 전국 대학교의 규모집단에서 성적을 분석하는 것과 같이 대리점의 규모별로 컴퓨터 프로그램을 개발하여 그 프로그램에 의한 실적분석을 해야 하고 그 실적분석에 따라 최상의 좋은 조건을 생산기업체는 대리점에 주어야 한다. 이것이 대리점을 키우기 위한 절대적인 방법이다.

해외 바이어도 마찬가지로 5년간의 거래실적과 바이어별 특성을 분석하여 10년 앞을 내다볼 수 있는 목표와 방향의 백서가 나와야 한다. 해외 바이어별, 제품군별 Metrix 기법의 컴퓨터 프로그램 소프트로 능력과 실적분석을 심도 있게 하여 어느 바이어를 어떻게 육성 발전시킬 것인가를 결정해야 한다. 실적이 저하되는 바이어는 물량을 줄여 나가고, 실적이 상승되는 바이어는 물량을 늘려주는 것과 함께 생산기업체에서 메리트를 과감히 부여해야 한다. 열심히 일하는 바이어나 보통으로 일하는 바이어 또는 불성실한 바이어 등을 대동소이한 운용 방법으로 전략을 펴면 5년 이후에는 상당한 곤경에 빠진다. 우리도 이제는 간판스타나 고학력을 따지고 우선순위, 서열을 정하는 일을 그만하고 프로젝트에 의한 능력과 실적평가 분석을 사심 없이 하여 능력과 실적이 좋은 사람들을 만인이 인정해 주는 기업 풍토가 조성되게 하는 것이 시급하다. 생산적인 사람들이나 비생산적인 사람들을 동일군으로 묶어 일반적 평가를 하기 때문에 국제경쟁력을 잃게 되고 3D 현상이 지속되고 있는 것이다. 그러므로 능력과 실적이 좋은 사람과 좋지 않은 사람들을 같이 취급하는 어리석음을 범하지 말아야 한다. 항상 우열을 분명히 가려서 그에 적절한 대가를 부여하는 것이 필요하다.

(2) 자동차의 전기 · 전자 응용 고분자소재

CIM(컴퓨터 통합 생산, Computer-Integrated Manufacturing)이란 생산 공정 전반에 컴퓨터와 정보기술을 통합해 자동화와 효율성을 극대화하는 시스템을 의미한다.

LFP를 사용하면 사출성형품 가운데 섬유장이 1mm 이상 남게 된다. 이 때문에 PP-LFP에서는 엔지니어링 플라스틱이나 스탬퍼블 시트 성형품에 필적하는 성능이 발휘되어 엔지니어링 플라스틱계 LFP에서는 금속부분의 일부 대체가 가능하다. 자동차에 현재 사용되고 있는 엔지니어링 플라스틱 부품이나 금속부품의 일부 치환이 개시되고 있다. 단, 채용에 있어서는 ①

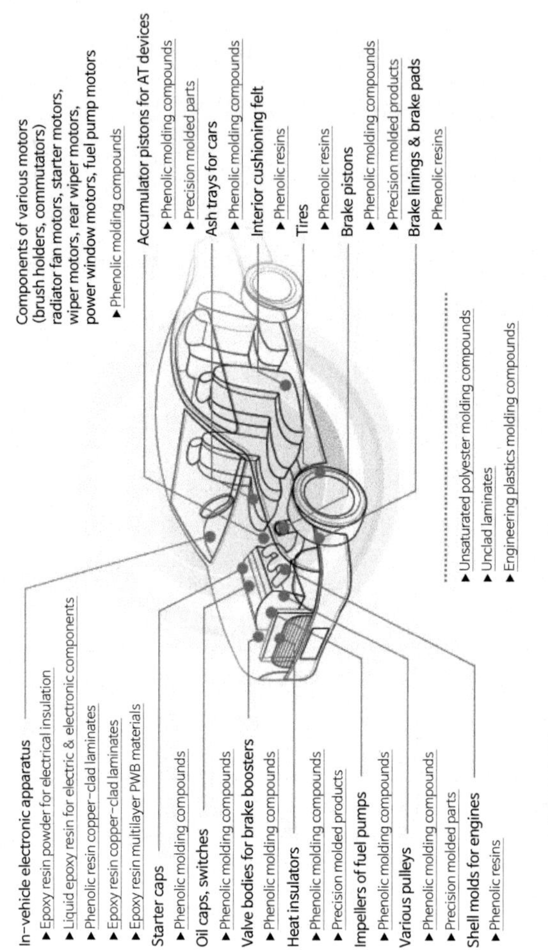

주기) 본문 중 약호의 설명
LFP : 장섬유펠릿, SEP : 단섬유펠릿, GF : 유리섬유, PP : 폴리프로필렌, PA(wet) : 폴리아미드(흡습), PC : 폴리카보네이트, AS : 아크릴로니트릴/스티렌 코폴리머,
ABS : 아크릴로니트릴/부타디엔/스티렌수지, PET : 폴리에틸렌 테레프탈레이트, PPS : 폴리페닐렌술파이드, POM : 폴리아세탈, FRTP : 섬유강화열가소성수지

섬유배합이나 섬유장 분포에 따른 물성의 변화와 휨이 발생한다. ② 성형품의 well부(수지 흐름의 합류지점)에서의 물성저하가 보이는 등, FRTP 특유의 특성을 성형품 설계 단계에서 고려해 둘 필요가 있다. 유동해석을 실시하여 섬유배향, 용접부, 게이트 위치 등을 배려한 틀의 설계가 중요하다. 장

섬유 재료인 BMC의 경우에 대하여 이미 해석의 기초기술이 있으며 이를 응용하여 설계에 유용하게 사용하고 있다. 유저(user)와 연계하여 종합적인 기술지원을 실시하고 LFP의 우수한 특징을 살려 자동차 부품의 성능향상에 기여하고 있다.

> Winning doesn't always mean being first, winning means you're doing better than you've done before. (승리하는 것은 언제나 1등을 뜻하는 것이 아니고, 승리하는 것이란 당신이 전보다 잘 했다는 뜻이다.)
>
> – BONNIE BLAIR –

(3) 난연성(Flammability) 규격

난연시험방법에는 산소지수 측정, 연소속도, 연소시간 및 연기발생 정도를 측정하는 방법이 있다. 각국은 자국의 규격을 가지고 있거나 전 세계적으로 통용되는 UL(Underwriters Laboratories) 방법을 사용하고 있다. UL은 독립적이고 비영리단체로서 안전에 대한 표준을 제정하거나 시험을 하는 기관이다. 여기서는 가장 많이 사용되는 수직시험과 5V 시험을 소개하고 기타 각국의 규격에 대해서는 간략히 기술한다.

특히 향후에는 모든 자동차에는 난연성 플라스틱을 적용할 필요가 크게 대두될 것으로 전망한다. 기술경영은 첫째가 신뢰성 품질의 부품소재 및 제품을 만드는 것이다. 따라서 설계자는 다음의 3가지 설계에 유념하고, 이것을 원칙으로 하는 설계가 수행되어야 한다. ① 부품이나 접속에 문제가 있어도 기기로써 필요한 기능을 안정적으로 확보할 수 있는 설계를 안전성 설계(safety design)라 한다. ② 일부 부품이나 부분에 이상이 있어도 병렬구조나 대기구조로 설계하여 기기 전체로써는 기능불량을 일으키지 않도록 하는 설계를 용장 설계(redundancy design)라 하며 신뢰성 향상이나 안전성 강화를 위해 실시한다. ③ 설계의 기본적인 방식은 제품의 목적인 기능에 착안, 우선 그 기능을 입력신호와 출력특성으로 표시한다. 즉, 입출력 관계가 부품편차나 경시변화, 환경열화, 오차인자 등이 있어도 편차가 나지 않는 듯한 설계조건으로 설계파라미터 및 제거인자를 실험적으로 구하여 설계하는 방식이다. 부품에 이상발생 상태가 일어날 때에 기능에 문제가 발생해도 인적, 물적 손해로 연결되어 안전사고로 확대되지 않도록 하는 설계를 강건 설계(robust design)이다. 상기의 3가지의 설계조건을 만족하기 위해서는 관계부품에 난연성 플라스틱 재료를 적용한 자동차부품이라야 하기 때문이다.

> 목표를 설정할 때 성공은 이미 시작된다.
> 목표는 주의를 집중하는 것이다. 인간의 의식은 분명한 목적을 갖기 전에는 목표 달성을 향해 움직이지 않는다. 목표를 설정할 때 성공은 이미 시작되는 것이다. 목표를 설정하는 순간 스위치가 켜지고 물이 흐르기 시작하고 성취하려는 힘이 현실화되는 것이다.
>
> – 린 데이비스 –

국가	전기 · 전자 부품		건축분야		자동차, 선박, 비행기	
미 국	UL 746 UL 1270 UL 1410 UL 94 UL 94t	플라스틱 재료, 음향기기, TV 플라스틱, 연소시험, 사무기기	ASTM E8484 ASTM E119 ASTM 2843	연소성 연기발생측정	FMVSS FAR SOLAS(1974) ASTM E162	자동차, 내장재, 항공기, 내장재, 선박, 방화구조, Transit vehicle용
캐나다	CSAC 22.2	Canadian electronic code part II	ULC-CAN4S-101-M82 ULC-S102-M83	건축재내화시험, 표면연소시험	SOLAS	선박 방화구조

<table>
<tr><th>국가</th><th colspan="2">전기 · 전자 부품</th><th colspan="2">건축분야</th><th colspan="2">자동차, 선박, 비행기</th></tr>
<tr><td>독 일</td><td>VDEO 304
VDEO 470
VDEO 471</td><td>Part 1
Part 2
Part 3</td><td>DIN 4102
DIN 18230
DIN 18231</td><td>비닐재료
내화성
공장건물
내화성
건축구조
내화성</td><td>DIN 53438
p3
SCH SV part
DIN 5510
FAR part 23</td><td>Lufthansa
항공기용
내장재
선박용 재료
차량 내화성
항공기용
재료</td></tr>
<tr><td>영 국</td><td>BS-738
IEC 707</td><td>연소시험 및
인화온도</td><td>BS 876 part 4
part 7
part 11
BS 2782</td><td>불연재료 시험
표면연소 시험
열 발생 시험
플라스틱 시험</td><td>BS 6583
SOLAS</td><td>차량
선박용</td></tr>
<tr><td>일 본</td><td>UL94,
UL746D,
UL44,
UL62, JIS
C3004
IEEE
std383,
UL1410,
UL1270</td><td>플라스틱
연소시험
Molded or
fabricated
parts 전선,
케이블 TV
음향기기</td><td>JIS A1321,
JIS A9511</td><td>건설성 고시
1231 호</td><td>JISD1201
FMVSS 302</td><td>자동차,
내장재</td></tr>
</table>

1) 플라스틱의 연소과정

과 정	결정인자
가 열	비열, 열전도도
용 융	용융 및 휘발잠열
노화, 분해	열에 불안정한 화합물의 함유율, 분해잠열, 열의 공급속도, 분해거동
기화, 확산	확산속도, 산소농도, 기화열
착 화	분해생성물의 분포 및 양, 발화점, 인화점
연소의 진행	연소열, 연소속도, 불 전달속도

아이디어의 숙명에서 사람들은 새로운 무언가가 나타나면 좋은 것보다 나쁜 것을 찾는데 관심을 집중한다. 새로운 아이디어를 평가위원회에 제출하면 이런 사실이 금방 입증된다. 그렇게 해서 무언가를 발견하면 그들은 그 10%의 단점을 위해 나머지 90%의 장점을 무시해 버린다. 새로운 아이디어의 잠재 가능성을 이해하지 못하는 것이다. 왜냐하면 그 가능성을 내다볼 수 있는 상상력을 가진 사람이 1천 명 가운데 1명도 안되기 때문이다.

– 찰스 케터링 –

2) 장비와 용융기기용 플라스틱 재질의 난연성 비교표(UL94 및 94A)

<table>
<tr><th></th><th>94HBF</th><th>94HF-1</th><th>94HF-2</th></tr>
<tr><td>시편</td><td colspan="3">밀도, 색에 범위가 있을 때는 범위의 한계를 대표하는 것을 준비한다.
연소특성이 기본적으로 같다면 범위의 대표로 생각되는 것을 준비한다.
재료의 외측이 고밀도라면, 시편은 편측의 외측부분이 고밀도의 것과 양측의 외측이 고밀도의 것을 준비한다.
외측의 밀도에 범위가 있다면 범위를 대표하는 것을 준비한다.
재료의 표면에 접착제가 발라져 있는 시편은 편측에 접착제가 있는 것을 준비한다.</td></tr>
<tr><td>전처리</td><td colspan="3">A. 5개 C-48 / 23±2 / 50±5
B. 5개 E-168 / 70±1+Des-4 / RT</td></tr>
<tr><td rowspan="2">시험</td><td colspan="3">강제순환통풍이 없는 곳에서 행하고 시편의 지대, 철망 및 버너의 관계는 아래 그림과 같이 한다. 그 외측이 하측을 향해서 시험한다. 편측에서 접착제가 있는 시편은 접착제를 위로 향하게 한다.
새 철망은 시험 전에 부착물을 태워버리고 차게 해서 둔다. 버너는 떨어져서 점화하며, 황색 Tip이 없는 황색 불꽃의 높이를 1 1/2″로 조절한다.
Wing Tip의 중심이 시편의 길이 축과 같은 모양으로 겹쳐지도록 한다. 불꽃은 60초 대고 뗀다.
불꽃을 뗀 후, 계속 탈 때는 표시선 1″부터 5″로 불꽃이 이동하는 시간을 재서 연소속도를 계산한다.
표시선 5″에 도달하기 전에 꺼지는 경우는 시험불꽃을 제거한 후의 연소시간과 단부터의 연소거리를 기록한다.
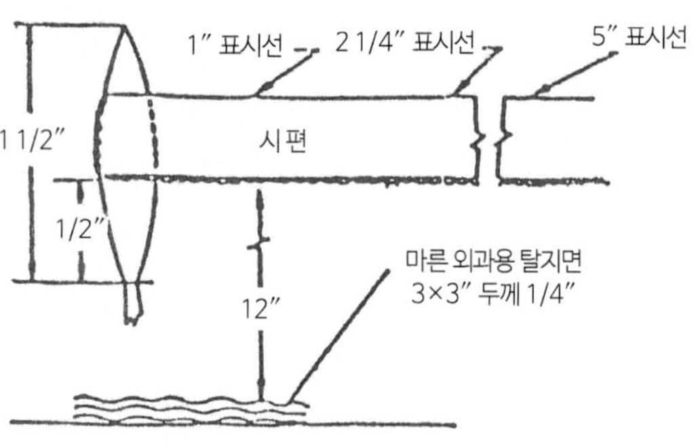
</td></tr>
<tr><td>시험불꽃을 제거한 후에도 계속 타는 시편은 다음을 관찰하여 연소속도를 구한다.
• 시험불꽃을 제거한 후의 연소시간
• 시편의 연소거리</td><td colspan="2">불꽃의 전단이 표시선 5″에 도달하기 전에 꺼지는 시편에는 다음 사항을 기록한다.
• 시험불꽃을 제거한 후의 Flaming과 Glowing의 시간
• 시편의 연소, 용해, 탄화 등 영향받은 거리
• 시편의 아래쪽 12″에 놓인 마른 외과용 탈지면이 Glowing 입자로 발화하였는지 여부</td></tr>
</table>

※ 원문에는 위 표에 기재된 것 외에 Radiant Panel을 사용하는 재해전담속도 시험과 발화온도시험 및 표시항이 있지만 여기에는 삭제하였다.

<table>
<tr><th></th><th>94HB</th><th>94V-0</th><th>94V-1</th><th>94V-2</th></tr>
<tr><td>시편</td><td colspan="4">색, Melt flow 및 강화재의 범위가 있는 경우는, 각각의 범위를 대표하는 시편을 준비한다. 시험결과가 본질적으로 동일하다면 자연색, 밝은 색 및 어두운 색의 범위를 대표하는 것 및 Melt flow와 강화재 함유량의 한계 및 범위를 대표하는 것도 준비한다.
연소특성이 다른 경우의 평가에는 색, Melt flow 및 강화재 함유량을 시험해서 재료를 한정하고 또는 중간의 색, Melt flow 및 강화재 함유량의 추가시편을 준비한다.</td></tr>
<tr><td>전처리</td><td>C-48 / 23±2 / 50±5</td><td colspan="3">A. 5개 C-48 / 23±2 / 50±5
B. 5개 E-168 / 70±1+Des-4 / RT</td></tr>
<tr><td>시험</td><td>강제순환통풍이 없는 곳에서 행한다. 실험용 hood를 택한다.
시편은 한쪽 끝으로부터 1″(25.4mm)와 4″(101.6mm)의 2개소에서 폭방향으로 표시한다.
시편의 지대, 철망, 버너의 관계는 그림과 같이 한다.
버너는 시편으로부터 떨어져서 점화하고 황색불꽃이 없는 황색불꽃의 높이를 4/3″로 조절한다.
시험불꽃을 30초 댄 후 뗀다.
시험불꽃을 30초 대고 있는 동안에 표시선 1″까지 타거나 표시선 1″까지 도달했을 때는 불꽃을 제거한다. 계속 탈 때는 표시선 1″부터 표시선 4″까지 타는 시간을 조정해서 연소속도를 구한다.</td><td colspan="3">강제순환통풍이 없는 곳에서 행한다. 실험용 hood를 추천한다.
시편과 버너의 관계는 그림과 같이 할 것.
버너는 시편으로부터 떨어져서 점화하고 황색 Tip이 없는 황색불꽃의 높이를 4/3″로 조절한다.
시험불꽃을 시편의 하단의 중앙에 10초간 대고 떼어 6″ 이상 떨어뜨리고 시편의 Glowing 시간을 기록한다.
시편이 불꽃을 대었을 때 녹아서 떨어지고 또는 불꽃이 있는 채로 떨어져 버너튜브에 들어가는 것을 방지하기 위해서 버너를 45도 기울이거나 또는 시편의 1/2″면부터 조금 어긋나게 한다. 시험 중에 녹은 것이나 불꽃이 있는 덩어리가 녹아 떨어지거나, 시편이 계속 연소하여 소모될 때에는 버너를 손으로 들고 버너의 선단과 시편의 하단을 3/8″(9.5mm)로 유지한다.
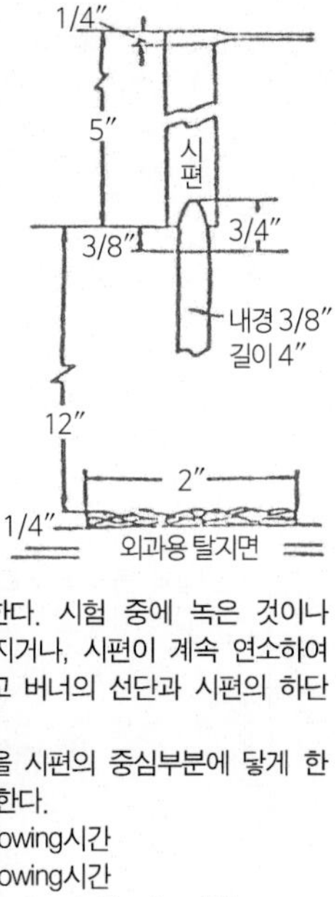

재료의 녹은 면은 무시하고 불꽃을 시편의 중심부분에 닿게 한다. 다음의 사항을 관찰하고 기록한다.
• 제1회의 시험불꽃을 댄 후의 Glowing시간
• 제2회의 시험불꽃을 댄 후의 Glowing시간
• 제2회의 시험불꽃을 댄 후의 Flaming과 Glowing시간
• 시편이 지대클램프까지 타는지를 확인
• 시편이 탈지면을 발화시키는 Glowing 입자가 떨어지는지를 확인</td></tr>
<tr><td></td><td colspan="3">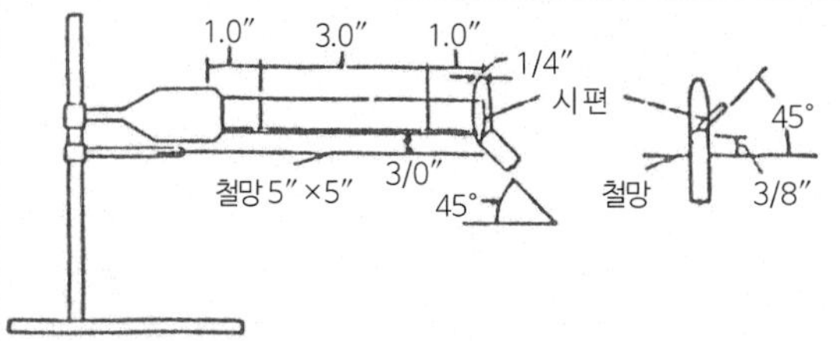
</td><td></td></tr>
</table>

※ 전 처리의 기호는 다음을 의미한다.

- C-48/23±2/50±5 : 23±2℃, 50±RH로 48시간 처리
- E-168/70±1+Des-4/RT : 70℃에서 168시간 처리 후 무수염화칼슘을 넣고 Desiccator(실온)에서 4시간 이상 냉각시킨다.

<table>
<tr><th></th><th colspan="2">94V-5V</th></tr>
<tr><td>시편</td><td colspan="2">색, Melt flow 및 강화재의 범위가 있는 경우는, 각각의 범위를 대표하는 시편 및 시험관을 준비한다. 시험결과가 기본적으로 같다면 자연색, 밝은 색 또는 어두운 색의 범위를 대표하는 것 및 Melt flow와 강화재 함유량의 한계 및 그의 범위를 대표하는 것도 준비한다. 연소특성이 다른 경우의 평가에는 색, Melt flow 강화재 함유량을 시험해서 재료를 선정하고 또는 중간의 색, Melt flow, 강화재 함유량의 추가시편 및 시험판을 준비한다.</td></tr>
<tr><td>전처리</td><td colspan="2">A. 각조, C-48 / 23±2 / 50±5
B. 각조, E-60일 / 121±1+Des-4 / RT
이 밖의 온도처리는 응용태도에 따라 택한다.</td></tr>
<tr><td>시험</td><td>〈A법〉
시편에 따른다.
강제통풍이 없는 곳에서 행한다.
실험용 hood를 추천한다. 시편과 버너의 관계는 그림과 같이 한다. 버너는 시험편으로부터 떨어져서 점화하고 불꽃의 높이 5″(127mm) 청색 불꽃의 높이 11 / 2″(38mm)로 조절한다. 불꽃을 시편의 하단의 한쪽 각에 5초간 대고 나서 5초 떼는 것을 5회 반복한다. 5회째에 시험불꽃을 제거한 후 다음을 기록한다.
A. Flaming과 Glowing의 시간
B. 시편의 연소한 거리
C. 시험 중에 시편으로부터 물질이 떨어지는지의 여부
D. 변형과 물리적 강도의 관찰은 연소 직후, 차갑게 해서 행한다. 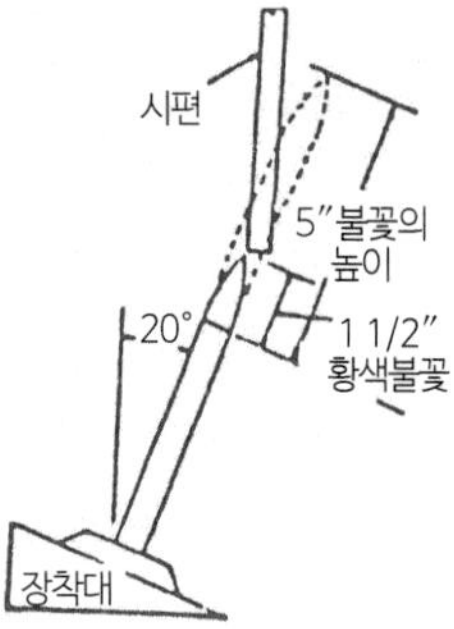
</td><td>〈B법〉
시험편에 따른다. 통풍이 없는 곳에서 행한다.
실험용 hood를 추천한다.
버너는 시편으로부터 떨어져서 점화하고 수직을 유지해서 불꽃의 전장 5″(127mm) 황색 불꽃의 높이 11/2″(38mm)로 조절한다. 버너를 수직에 대해서 20°의 각도로 하고 황색 불꽃의 선단을 시험판에 다음과 같이 댄다.
A. 시험편은 수직으로 해서 하단의 각에
B. 시험편은 수직으로 해서 하단의 테두리에
C. 시험편은 수직으로 해서 한쪽 면의 중앙에
D. 시험편은 수평으로 해서 시험판의 하면의 중앙에
E. 시험편은 수평으로 해서 시험판 표면에 불꽃이 밑을 향하게 한다. 불꽃을 5초간 대고 나서 5초간 떨어져 이것을 5회 반복한다. 5회째에 시험불꽃을 제거한 후 다음의 관찰을 기록한다.
A. Flaming과 Glowing 시간
B. 시험편이 타거나 영향을 받은 거리
C. 시험 중에 시험판으로부터 물질이 떨어지는지의 여부
D. 변형과 물리적 강도의 관찰은 연소 직후 차갑게 한다.</td></tr>
</table>

<table>
<tr><th></th><th>94HB</th><th>94V-0</th><th>94V-1</th><th>94V-2</th></tr>
<tr><td rowspan="2">요구사항</td><td>• 시편의 두께 0.12~0.5″(3.05~12.7mm)(공칭 1/8″)일 때 3″(76mm) 구간의 연소속도는 1.5″(38mm)/분 이하, 또는
• 시편의 두께 0.12″(3.05mm) 미만일 때 3″(76mm) 시험판에의 연소속도는 2.5″(63.5mm)/분 이하, 또는
• 94V-01, 94V-1, 94V-2의 각 요구에 적합하지 않은 것은 4″(101.6mm) 표시선에 불꽃이 도달하기 전에 꺼지는 것.</td><td>• 모든 시편은 불꽃을 댄 후 Flaming은 10초 이하
• 5개 1조의 시편에 10회 댄 후 Flaming은 합계 50초 이내 5초
• 클램프까지 Flaming 또는 glowing이 없어야 한다.
• 12″(305mm) 아래의 외과용 탈지면을 발화시키는 Flaming 입자를 떨어뜨리지 않을 것.
• 2번째의 불꽃을 제거하고 Glowing은 30초 이내</td><td>• 모든 시편은 불꽃을 제거한 후 Flaming 30초 이내 25초
• 5개 1조의 시편에 10회 댄 후 Flaming의 합계 250초 이내
• 클램프까지 Flaming 또는 Glowing이 없어야 한다.
• 12″(305mm) 아래의 외과용 탈지면을 발화시키는 Flaming 입자를 떨어뜨리지 않을 것.
• 2번째의 불꽃을 제거하고 Glowing은 60초 이내</td><td>• 30초 이내(94V-1과 같음)
• 250초 이내(94V-1과 같음)
• 클램프까지 Flaming 또는 Glowing이 없어야 한다.
• Flaming 또는 Glowing 입자를 떨어뜨리고 탈지면을 발화한다.
• HB의 수평시험에서 4″(101.6mm) 표시선까지 태우지 않는다.
• 2번째의 시험불꽃을 제거하여 Glowing은 60초 이내</td></tr>
<tr><td>3개 1조의 시편 중에서 1개가 적합지 않을 때는 별도의 3개 1조가 모두 적합해야 한다.</td><td colspan="3">5개 1조의 시편 중에 1개가 이 요구에 적합하지 않는 경우는, 별도의 5개 1조를 시험한다. 이 별도 5개에 대한 Flaming 시간의 합계는 94V-0는 51~55초, 94V-1은 251~255초, 94V-2는 251~255초. 이 제2조의 시편은 모든 요구에 부합되어야 한다.</td></tr>
<tr><td rowspan="2">기구</td><td colspan="4">① 통풍이 안 되는 시험조, Enclosure 및 시험용 hood
② 4″(102mm) 길이의 튜브, 내경 3/8″(9.5mm)인 Bunsen 또는 Tirrill 버너로서 안전장치와 같은 부속품을 사용치 않은 것
③ 클램프가 있는 링스탠드
④ 공업용 등급의 메탄가스(1,000Btu/ft(37MJ/m^2)로도 같은 결과가 얻어짐)와 조정기 및 유량계</td></tr>
<tr><td>• 철망, 2Mesh, 5″×5″
• Stop Watch 또는 적당한 시간측정장치
• 전처리실 또는 시험조-23±2℃, 50±5%RH로 유지할 수 있는 것.
• 시편은 최대 두께가 0.5″이다.</td><td colspan="3">• Stop Watch 또는 그의 Timer
• 건조한 외과용 탈지면, 크기 2″×2″, 프리스탠드의 두께 1/4″
• 무수염화칼슘(Anhydrous Calcium Chlorid)이 들어 있는 건조기
• 전처리실 또는 시험조-23+2℃, 50±5% RH를 유지할 수 있는 것.
• 처리용 오븐-공기통풍, 환식, 70℃±1℃로 유지할 수 있는 것.</td></tr>
<tr><td rowspan="2">시험</td><td>• 시편의 길이는 5″, 폭 0.5″로서 최소두께가 0.125±0.005 이내, 3개
• 단 최소두께가 0.125″ 이상일 때 또는 최대 두께가 0.125″ 이하일 때는 0.125″ 두께의 시편은 제출할 필요 없다.</td><td colspan="3">길이 5″(127mm), 폭 0.5″(12.7mm)이고
두께 : (1) 최소와 최대의 것 및 그 중간두께의 것.
(2) 최대두께는 0.5″(12.7mm)로 한다.
(3) 최소와 최대두께의 중간두께에 대한 증가분은 0.125″(3.18mm)을 넘지 않는다.</td></tr>
<tr><td colspan="4">• 최대 폭 : 0.52″(13.2mm)
• 가장자리는 매끈하게 하고 모서리의 반경은 0.05″(1.27mm)을 넘지 않는 것.</td></tr>
</table>

<table>
<tr><th></th><th>94HBF</th><th>94HF-1</th><th>94HF-2</th><th>94-5V</th></tr>
<tr><td rowspan="2">요구사항</td><td>• 모든 시편은 4.0″(101.6mm)시험관(span)에의 연소속도는 1.5″(38.1mm/시 이하)
• 5″표시선에 불꽃이 도달하기 전에 꺼지는 것. 단, 94HF-1 또는 94HF-2에 대하여 각각의 요구에 부합되지 않는 경우도 있다.</td><td>A. 5개의 시편의 각 조 중 4개의 시편의 어느 부분도 시험불꽃을 내서 2초 이상 계속 타지 않는 것.
B. 어느 시편의 어느 부분도 시편불꽃을 제거하고부터 불꽃을 내서 10초를 넘어 타지 않는 것.
C. 어느 시편은 시험불꽃에 대인 단말부터 2.25″(57.2mm)까지는 영향받지 않는다.
D. 어느 시편도 시편으로부터 12″(305mm) 밑에 놓인 마른 외과용 탈지면을 발화시키는 불꽃이 있는 녹아 떨어지는 덩어리가 없을 것.
E. 어느 시편도 불꽃을 제거한 후의 Growing은
① 30초 이하
② 2.25″(57.2mm)의 표시선을 넘지 않는 것.</td><td>A. 좌의 A항과 동일
B. 좌의 B항과 동일
C. 좌의 C항과 동일
D. 어느 시편도 시험편로로부터 12″(305mm) 밑에 놓인 마른 외과용 탈지면을 발화시켜 간신히 태우는 불꽃이 있는 녹아 떨어지는 덩어리가 있는 것.
E. 좌의 94HF-1의 E항과 동일</td><td>• 모든 시편은 시험불꽃을 5회 댄 후의 Flaming 또는 Glowing이 60초를 넘지 않을 것.
• 모든 시편이 녹아 떨어지는 덩어리가 없을 것.
• 상기 2개 항의 시험 중 1개의 시편이라도 수축, 늘어남 및 용해가 있을 경우 두께가 6″×6″의 시험판에 추가시험을 한다. 시험판의 시험도 상기 2개 항에 부합하여야 한다.
a-시험불꽃에 대인 부분에서의 현저한 손상은 마무리에 따라 르다.</td></tr>
<tr><td colspan="3">5개 1조의 시편 중 1개가 이 요구에 부합하지 않는 경우는 별도의 5개 1조를 시험한다. 2조의 시편 모두가 두께와 밀도에 따라 각각 94HF−1, 94HF−2의 요구에 부합하여야 한다.</td><td>5개 1조의 시편 중, 1개가 이 요구에 부합하지 않는 경우는 별도의 5개 1조를 시험하고 모든 시편이 본 요구에 부합하여야 한다.</td></tr>
<tr><td>기구</td><td colspan="3">• 통풍이 없는 시험조, Enclosure, 시험용 hood
• 튜브의 길이 4″(101.6mm), 내경 3/8(9.5mm)로서 Wing Tip(Slit의 치수 17/8″×0.05″)(47.6×1.27mm)을 준비한 Bunsen 또는 Tirrill버너
• 링스탠드 2개
• 공업용 등급의 메탄가스-94HB와 동일
• 철망-40Mesh(4개그물눈/25.4mm, 지름 1/32″(0.8mm)의 강선). 크기 81/2″×(216×76mm)의 한끝을 1/2″(12.7mm)의 직각으로 구부린 것.</td><td>• 통풍이 없는 시험조, Enclosure, 실험용 Hood
• 버너, 94HB의 ②항과 동일
• 링스탠드, 가스, 94HB의 ③, ④항과 동일
• 장착대 : 버너를 20도의 각도로 장착할 수 있는 대</td></tr>
</table>

<table>
<tr><th></th><th>94HBF</th><th>94HF-1</th><th>94HF-2</th><th>94-5V</th></tr>
<tr><td>기구</td><td colspan="3">• Stop Watch 또는 그 밖의 Timer
• 마른 외과용 탈지면
• 무수염화칼슘이 들어 있는 건조기
• 전처리실 또는 시험조-23°+2℃, 50±5%RH로 유지할 수 있는 것.
• 처리오븐-통풍, 환식, 70°±1℃로 유지할 수 있는 것.</td><td>• Stop Watch
• 무수염화칼슘이 들어 있는 건조기
• 전처리실 또는 시험조 : 23°±2℃, 50±5%로 유지할 수 있는 것.
• 처리오븐 : 통풍, 환식, 121°±1℃로 유지할 수 있는 것.</td></tr>
<tr><td>시험</td><td colspan="3">길이 6″(152mm), 폭 2″(50.8mm)로 하고
두께 : (1) 최소와 최대의 것, 및 그 중간 두께의 것.
(2) 최대의 두께는 0.5″(12.7mm)로 함.
(3) 최소와 최대 두께의 중간두께는 0.25″(6.4mm)를 넘지 않는다.</td><td>시편 : 길이 5″(127mm), 폭 0.5″(12.7mm), 시험판 6″(152mm)로 하고
두께 : (1) 최소와 최대의 것 및 그 중간의 두께의 것.
(2) 최대의 두께는 0.5″(12.7mm)로 함
(3) 최소와 최대의 두께중간의 증가분은 0.125″(3.18mm)을 넘지 않는다.</td></tr>
</table>

3) 열적 성질 : 각종 수지의 Tg 및 열변형온도를 비교

표 5.1 일반플라스틱의 Tg 및 열변형온도 비교

수지명	Tg(℃)	열변형온도(℃)	
		하중 4.6kgf/cm^2	하중 18.6kgf/cm^2
PC	153~156	145~148	134~138
Nylon 6	30~49	158	68
PBT	20~25	150~160	60
HDPE	(-)21~(-)24	60~82	43~52
PP	(-)10~(-)35	99~110	60~70
POM	10~20	158	120
변성 PPO	140~150	133	114
PS	80~100	69~97	66~91
PMMA	60~105	74~88	70~91
PVC	70~80	82	54~74
ABS	70~105	88~113	74~107

4) 내마모 특성 대표적인 플라스틱의 마모량

표 5.2 대표적인 플라스틱의 마모량

수 지 명	마모량(mg/1,000cycle)
PC	13
Nylon 6	7
PBT	8
HDPE	3
PP	14
변성 POM	14
PPO	20
PS	20
PMMA	15
PVC	14
ABS	19

(4) 비결정성, 결정성수지의 특징

수지(Resin)는 열가소성수지(Thermoplastic Resin)와 열경화성수지(Thermosetting Resin)로 나눌 수 있다. 열가소성수지는 비결정성수지(Amorphous Polymer)와 결정성수지(Crystalline Polymer)의 2가지로 크게 구별된다. 플라스틱은 길고 가는 고분자 화합물의 집합체이고 그 분자쇠사슬 얽힘 방법으로부터 배열의 방법 등으로 성격이 나누어진다. 그 중에서 고분자의 집합방식, 얽힘 방법으로 무정형 또는 비결정성이라고 불리는 구조에서의 분자배열을 갖은 것을 비정성수지, 일정량의 결정성, 결정조직을 갖고 있는 것을 결정성수지, 결정성수지라고 하더라도 모두가 결정화된 것은 아니고, 그 교차가 분명치 않은 점도 있다. 비결정수지는 PS, SAN, ABS, PMMA, PC, PPE, PVC, PET, PSU, PES, PAR, PEI, PAI 등이며, 결정성수지는 PE, PP, POM, PPS, PA, PBT, PEEK, LCP 등이다.

표 5.3 비결정성수지, 결정성수지의 특징

특징	비결성수지	결정성수지
성형수축률	적다(ABS : 5~7/1,000). 치수 정밀도를 내기 쉽다.	크다(POM : 5~20/1,000). 치수 정밀도를 내기 어렵다.
화학적 특성	영향을 받기 쉽다. 도금이나 도장을 할 수 있다. SCC를 일으킨다.	영향을 받지 않는다. 도금이나 도장이 어렵다. SCC를 일으키기 어렵다.
내열특성	Tg(유리 전이점) 이하로 사용해야 한다.	Tg에서 불안정하지만, 사용가능하다.

비결정성수지는 Tg를 넘으면 연화, 사용할 수 없게 되고 결정성수지는 Tg 이하, 불안정영역이 되지만, Tm(융점)가까이 까지 사용은 가능하다. 다만, 재료의 열변형 온도에는 주의가 필요하다. 엔지니어링 플라스틱은 일반적으로 내열성이 100℃ 이상이고, 강도가 49.0MPa(500kg/cm^2) 이상, 굽힘 탄성률 2.4GPa(24,000kg/cm^2) 이상인 플라스틱을 엔지니어링 플라스틱이라 정의하고 내열성이 낮은 것을 범용 플라스틱이라 부른다.

1) PPO(Polyphenylene-oxide)

최초로 실용화에 성공한 미GE사는「변성 폴리페닐렌 옥시드(변성PPO)」라고 부르고 있다. 폴리에테르 구조를 갖고 있는 엔지니어링 플라스틱이고, 성능으로는 우수한 기계적 특성으로 넓은 온도 범위에서도 사용가능하고, 전기적 특성에서도 우수하다. 다만, 약품성이 약간 열화하기 때문에 기름이나 그리스에 대해서는 스트레스 균열을 일으킬 가능성이 있기 때문에 발생응력이 확인이 필요하다. 용도로는 전기, 전자분야가 많고, 자동차용도에도 폭넓게 사용되고 있다. 내수성이 좋기 때문에 급수장치 등에도 많이 사용되고 있다. PPO는 대기 중에 수분 흡수가 거의 없으므로 건조가 거의 불필요하나 건조 시에는 트레이(Tray)에서 12.7mm이내, 두께로 8시간 이내 건조시킨다.

2) PPE(Denaturated polyphenylene ether)

변성 PPE는 2,6 디메틸 페닐렌 옥사이드를 중합한 폴리페닐렌 에테르(PPE)와 폴리스티렌(PS)의 폴리머 알로이이다. 일반적으로는 변성 PPE로 불린다. PPE 자신이 에테르 결합을 가지므로 내열성이 높고, 뛰어난 하중 굴곡 온도를 나타낸다. 그러나 성형성이 낮기 때문에 실용 플라스틱으로 할 수 없다. 이것을 해결한 것이 PS와의 폴리머 공중합이다. PPE와 PS의 배합 비율을 바꾸면, 하중 굴곡 온도를 어느 정도 조정할 수 있다. 변성 PPE는 범용엔지니어링 플라스틱은 기계적 성질의 밸런스가 좋고, 전기적 성질도 양호하다. 이 때문에 사무기기 등의 전기・전자기기나 자동차 등, 폭넓은 용도로 채용되고 있다. 제팅(Jetting) 방지를 위해 팬 게이트(Fan Gate)나 탭 게이트(Tab Gate)를 사용하는 것이 좋으며 게이트 랜드(Gate Land)가 0.51mm~1.02mm로 작아야 압력 손실과 미리 냉각하는 것을 방지 할 수 있다. 수지 온도를 조절하기 위해서 되도록이면 전단을 많이 걸지 않는 것이 좋다.

3) PPS(Polyphenylene Sulfide)

결정성 선상고분자로 가교 타입, 리니어 타입이 있고, 1973년 필립스(Phillips)사가 개발되었다. 그 우수한 내열성이 특징이고, 열변형 온도는 260℃를 넘는다. 성능으로는 내열성, 전기적 성능이 있고, 200℃ 이하로는 녹이는 용제는 없다고 전해지고, 내약품성이 우수하다. 성형성도 좋고, 안전성도 있고, 식품용도에도 많이 사용되고 있다. 용도로는 우수한 성능으로 금속 대체로의 용도가 많고, 자동차 관련의 내열, 강도부재나 보빈이나 커넥터 등의 전기, 전자부품, 전자레인지 부품이나 각종 벌크 부품, 펌프 주면의 임펠러, 케미컬 펌프 등에 사용되고 있다. PPS는 성형품 사용온도가 80℃ 이상일 경우는 금형온도를 135~150℃로 올려야 결정화도가 높아져 인장강도, 열변형 온도, 납땜온도가 높아진다. 금형온도가 95℃ 이하인 경우는 비정형을 이루며 충격강도가 증가한다. 페닐기와 유황이 교대로 반복해지는 분자 구조를 가진 고성능 엔지니어링 · 플라스틱이다. 결정성으로, 연속사용 온도는 200℃~220℃, 고하중(1.82MPa)으로의 하중굴곡 온도가 260℃이상으로 내열성이 뛰어나 게다가 항장력이나 굽힘력이 크다. 성형시의 수축률은 0.3%~0.5%로 작기 때문에 치수 안정성이 좋다. 난연성이나 내약품성의 점에서도 우수하다. 결점으로서는 인성이 작고, 내후성이 좋지 않고, 성형 시에 발리가 나오기 쉽다. PPS는 가교형, 직쇄형, 반가교형의 3종으로 크게 나눌 수 있다. 가교형은 저분자량 폴리머를 가교해 고분자량화한 것으로 무르고, 유리 섬유로 강화한 그레이드가 중심이다. 직쇄형은 중합 단계에서 가교 공정이 없이 고분자량화한 것으로 질긴 성질이 높다. 반가교형은 가교형과 직쇄형의 특성을 겸비하는 특징을 가지고 있다. 내열성을 살펴 표면 실장 부품이나 자동차 부품에 채용, 응용에서는 연결기, 스위치, 코일보빈 등, 표면 실장용의 전자 부품에 사용되고 있다. 한편, 내유성 · 내 가솔린성이 뛰어난 고분자 재료가 자동차 부품에의 채용도 많아졌다. 전장 부품이나 엔진 주위, 조명 관련 부품 등의 발열이 많은 부품에 보급해 왔다. 특히, 하이브리드차로 대표되는 카 일렉트로닉스화가 순풍이 되어 있다. 기름이나 고온, 약품에 대해서 내성이 높은 PPS 수지를 보관 유지기에 채용하는 것으로 종래대비 4배의 수명을 실현한 압축기 전용의 베어링시리즈를 발매하였다. 암모니아 분위기하에서도 사용할 수 있는 직쇄형 PPS수지의 신 그레이드를 개발, 융점은 280℃, 나일론 46과 비교해서 내열성이나 치수 안정성이 높다. 철과 비교해서 내구성이 높은 것도 특징의 하나이며, 오존층의 파괴나 지구 온난화 등의 문제가 있어, 자연 냉매로서 이산화탄소나 탄화수소 외, 암모니아를 이용하는 사례가 증가하고 있다. 윤활유에는 냉매가 혼입하지만, 종래의 나일론 수지제 보관 유지기는, 암모니아 분위기 하에서는 사용할 수 없다. 그 때문에 종래는, 암모니아 분위기 하에서 베어링을 사용하는 경우, 지금까지는 금속제의 보관 유지기를 사용하고 있었다.

4) PEEK(Polyethere Ether Ketone)

초 엔지니어링 플라스틱라고 불리는 새로운 엔지니어링 플라스틱의 하나이다. 내열성은 열가소성수지의 최고 레벨이고 연속 사용온도 220℃를 초과하고 성능으로는 내열성, 기계적 특성, 높은 난연성이 있고, 특히 내스팀성(열수성)이 뛰어나고 전지, 전자부품에 사용되고 있다. 통상, 용해 시에 액정 상태가 되는 열가소성 수지를 가리킨다. 광의에는, 용매에 녹았을 때에 액정 상태가 되는 아라미드 등도 포함된다. 전자를 사모 다랑어픽 LCP, 후자를 라이오트로픽크 LCP라고 부른다. LCP의 최대의 특징은 용해 시에 통상의 결정성 폴리머가 실장에 얽히고 있는데 반해, 규칙성을 가지고 있어 고체화시에도 기본적으로는 그 구조가 변하지 않는다. 이 때문에 수축 등의 성형변화 없이 분자가 규칙적인 성형품을 얻을 수 있다. 결과적으로, 고강도로 고강성, 저수축율, 고유동성 등의 물성을 얻을 수 있다. 이러한 용해 거동으로부터 물성에 이방성이 있는 것도 특징이다.

5) LCP(liquid crystal polymer)

LCP는 용융 시에 액정성을 갖고 있는 폴리머이고 그 배향방향에 따라 기계적 특성이 달라진다. 배향에 의해 우수한 기계적 특성을 가질 수 있다는 것이다. 성능으로는 우수한 치수 안정성, 내열성, 고강도이고 전기, 전자부품 등의 커넥터에 사용되고 있다. 구조재료로서 LCP의 대부분은 방향족 폴리에스텔이며, 에테르 결합이나 이미드 결합 등의 타입도 있다. 이러한 용해 거동으로부터 물성에 이방성이 있는 것도 큰 특징으로, 그러한 거동을 안 다음 잘 다룰 필요가 있다.

6) PSU(Polysulfone)

지크롤지페닐스루폰과 비스페놀A의 중축합에 의해 얻을 수 있다. 1966년에 Union Carbide회사에 의해 개발되어 내열성, 특히 내열수성에 뛰어난 비결정성 수지이다. 유리섬유에 의한 강화 그레이드를 내열수성에 뛰어난 특징에 의해 스팀용품이나 커피 메이커 등의 식품 용도에도 사용되고 있다. 치수안정성에도 뛰어나고 전기 · 전자부품이나 정밀부품에도 사용되고 있다. 안전성 면에서 식품공업부품(전자레인지 부품, 트레이, 열수벌크)에도 사용되고 있다.

7) PES(Polyether Sulfone)

지크로지페놀설폰을 중축합 반응시킴에 의해 얻을 수 있다. 1972년 ICI회사가 개발, 내열성에 뛰어나고 투명의 비결정성 수지이다. 내열수성도 뛰어나고 내가수분해성, 치수안정성에도 뛰어나다. 내스트레스 균열성은 비결정성수지 중에서 최고이다. 용도는 전기 · 전자 부품, 자동차 관련 정밀부품에도 사용되고 있다. 차나 색을 띤 투명의 비정성 고성능 엔지니어링 플라스틱으로 고온 크리프 특성이 뛰어나 180℃까지 탄성률의 저하가 적다. 선팽창 계수가 작고, 그 온도 의존성도 작기 때문에, 치수 안정성이 뛰어난다. 산이나 알칼리, 열수, 스팀 등에 견딘다. 연소 시의 발연량은 폴리에테르이미드에 이어 적다.

8) PAR(Polyarylate)

높은 내열성, 고강도, 고강성, 내약품성을 갖고 있다. 자동차 부품, 펌프, 수압부품의 축 지지, 벽면 부착형 보일러, 가정용 화로의 알루미늄이나 열경화성수지의 대체 재료로 사용되고, 복합 그레이드가 많이 사용되고 있다.

9) PEI(Polyether Imide)

투명한 비결정성 엔지니어링 플라스틱, 내열성, 기계적 특성이 우수한 이미드계 수지이다. 전기 · 전자부품, 커넥터 등에 사용되고 있다. 내열성이나, 높은 기계적 강도, 가공 성능을 갖춘 비결정성으로 차나 색을 띤 투명의 고성능 엔지니어링 플라스틱으로 150℃까지 탄성률이 저하하지 않고, 연소 시의 발연량이 적다. 발연 시에 나오는 가스의 독성은, 목재의 발연 시에 나오는 가스와 거의 같다. 비결정성 수지 중에서는 내약품성도 좋다. 단점은 성형성에 난이하다.

10) PAI(Polyamide Imide)

내열성, 기계적 강도를 갖고 이미드계 수지로 강인성 성능을 갖고 있던 이미드결합을 넣은 것으로 자동 변속 장치, 침식한 금속 부속 대체, 내열, 내피로, 마찰마모 특성이 뛰어난 수지로서 용도로는 전기, 전자부품 등이다.

11) PP(polypropylene)

프로필렌을 모노머로서 중합시킨 결정성 수지로서 비닐쇠사슬에 하나 간격으로 메틸모토이가 뒤따른 만큼 아이 구조를 하고 있다. 비교적 염가로, 경량(밀도 0.90~0.91), 고융점(160℃~170℃)에서 성형 가공성에도 뛰어난 것으로 가전제품, 자동차 부품, 식품 포장 필름, 잡화 등에 넓게 사용되고 있다. 프로필렌을 중합 하면, 하나 간격으로 있는 메틸기의 가지가 ① 입체적으로 한 방향으로만 나오는(이소택틱 폴리프로필렌), ② 엇갈림에 나온다(신지오타크틱크폴리프로필렌), ③ 완전히 무질서하게 나오는 경우(아타크틱크폴리프로필렌), 세 개의 종류의 폴리머가 완성된다. 현재, 공업 재료로서 사용되고 있는 것은 이소택틱 폴리프로필렌이다. 이소택틱 폴리프로필렌을 합성하는 반응을 이소택틱 중합이라고 불러, 치그라 · 낫타 촉매에 의해서 가능하게 되었다. 치그라 · 낫타 촉매는 초기의 $TiCl_3$로부터 $MgCl_2$ 담지형으로 진화해, 한층 더 개량이 진행되어 폴리프로필렌 재료의 성능 향상에 기여하고 있다. 또한 최근, 중합 활성점이 균일한 메탈로센 촉매가 등장해, 보다 고성능인 폴리프로필렌 재료를 개발하려고 하는 검토가 진행되고 있다. 분자의 조성에 의해, 호모폴리머(단독 집합체), 공중합체인 랜덤 코폴리머, 블록 코폴리머로 분류할 수 있다. 일반적으로 호모폴리머는 고강성, 광택성, 착색성이 뛰어난다. 랜덤 코폴리머는 투명성이 높고, 블록 코폴리머는 호모폴리머보다 내충격 강도가 우수하다고 하는 특징이 있다. 폴리머에 여러 가지 필러를 첨가하는 것에 의해서 각종 그레이드의 개발이 활발하다. 내열성 그레이드나 고강도 · 저휘어짐 그레이드, 고강성 · 고유동성 그레이드 등, 폭넓은 전개를 보이고 있다. 예를 들면, 고강도 · 저휘어짐 그레이드는 유리 섬유 · 무기 필러를 혼합하는 것으로 실현되었다. 장섬유의 유리 섬유를 첨가해 강성이나 내충격성을 큰 폭으로 높인 그레이드도 있다. 또, 폴리프로필렌에 고무 성분을 더하는 것에 의해서 탄성을 갖게 한 TPO(올레핀계 열가소성 일래스터머)도 개발되어 자동차 내장 부품 등, 전용으로 용도가 퍼지고 있다. 자동차 모듈에 폴리프로필렌을 채용한 최근의 예로서는 미츠비시자동차의 신형 경자동차 「i」의 프론트엔드 모듈(FEM)이 있다. FEM은 라지에이터와 에어컨용 콘덴서, 물탱크, 전동 팬, 모터, 덕트를 뼈대인 캐리어(구조체)와 일체화하였다. 일체화하고 있지 않는 종래 구조와 비교해서 체적이 약 30%, 중량이 약 20% 저감해, 코스트도 저감할 수 있었다.

12) PBT(polybutylene Terephthalate)

열가소성으로 결정성의 폴리에스텔계 플라스틱으로, 5대범용 엔지니어링 플라스틱의 하나이다. 제법은 테레프탈산(TPA) 또는 테레프탈산 디메틸(DMT)과 1,4부탄디올을 중축합 해 합성한 폴리머를 베이스로서 각종의 첨가제를 넣어서 얻을 수 있다. 비강화계와 강화계의 그레이드로 대별된다. 가장 일반적인 그레이드는 유리 섬유로 강화한 것. 내열성, 내약품성, 전기특성, 치수 안정성, 성형성이 뛰어나고 난소성도 갖게 하기 쉽다고 하는 특징이 있어 전기 · 전자, 자동차 분야를 중심으로 넓게 보급되어 있다. PBT는 결정성 수지이며, 대표적인 유리 섬유 강화 그레이드에서는 성형 시에 유리 섬유가 배향해 휘어짐이 발생하기 때문에 각사는 유리 섬유를 부분적으로 배향이 적은 무기 필러로 변경하거나 비정성 폴리머와 알로이화 등의 궁리를 더하고 있다. 환경면에서의 대책이 요구되고 있는 것도 최근의 특징이다. PBT 수지는 난연 그레이드를 많이 가지고 있어 그 대부분이 취소계의 난연제를 사용하고 있다. 리사이클성을 갖게 하는 것도 중요하고, 원료에서부터 리사이클 기술을 개발하는 움직임이 있다. PBT 수지의 용도로서 특별히 성장하고 있는 것이 자동차의 전장 부품이나 전기 · 전자 부품, OA 기기용의 정밀 부품이다. 향후는 자동차의 내 · 외장 부품이나 필름 등의 분야에 용도가 확대한다고 보여진다. 특히 자동차나 전기 · 전자 업계에서는 중국이나 ASEAN 지역에서의 생산이 증가하고 있다. PBT메이커와 공급하고 있는 Ticona, DuPont, BASF, Bayer, 윈텍 폴리머, 도레이, 미츠비시엔지니아링 플라스틱, 미츠비시 레이욘, 대일본 잉크화학공업, GE Plasitics, Ticona, DuPont, BASF, Bayer 등, 최근에는 중국 메이커도 참가하고 있어 경쟁이 격화하고 있다. 논 할로겐계의 난연PBT 수지를 개발은 윈텍 폴리머와 폴리플라스틱은 논 할로겐계 난연제를 사용하고, 난연성의 규격인 UL규격으로 최고 레벨의 「V-0」(시험편두께 0.8mm)을 실현한 난연PBT 수지의 개발에 성공하여 WEEE나, RoHS라고 하는 환경 규제를 클리어 할 수 있다. 트래킹 화재에의 내성을 나타내는 CTI는 600~400V, 종래의 표준적인 난연PBT가 250~225V이다. 이러한 내 트랙킹성의 향상은 부품의 전기 화재 안전성을 높이는 것만이 아니고, 최종 제품의 컴팩트 설계에도 공헌한다. 게다가 무착색품의 색조는 종래의 난연PBT 수지와 동등 레벨의 하얀색을 실현, 장시간 UV 빛을 쬐었을 때에 일어나는 황변도 큰 폭으로 억제하여 장기간 UV빛에 노출해지는 옥외뿐만 아니라 실내에서도 넓게 사용할 수 있다. 수분율이 최대한 0.05% 이하여야 하므로 제습건조기 사용시는 120℃에서 2~4시간, 열풍 건조기 사용시에는 트레이두께는 2.5m 이내로 2~4시간 건조하되 강화 그레이드는 65℃~95℃에서 비강화 그레이드는 100℃~120℃에서 행한다.

13) PET(Polyethylene Terephthalate)

수지온도가 280℃~310℃에서 가공하며 난연 그레이드 경우는 최대 300℃ 이내이어야 한다. 함수율은 0.02% 이하이어야 하므로 120℃에서 2~4시간 제습 건조기를 사용해야 하며 결정화도를 촉진키 위해 금형온도는 100

℃~110℃를 유지하는 것이 좋다. 재생률은 25% 정도이다. PET는 에틸렌 글리콜과 테레프탈산을 중축합반응으로 하는 것에 의해서 얻을 수 있는 결정성의 열가소성 폴리에스텔인 PET(폴리에틸렌 테레프탈레이트) 수지로부터 되는 고분자 필름이다. 통상은 PET 수지를 성막 후에 XY의 2축 방향으로 연신(2축 연신)해 분자를 배향시키는 것으로 결정화시켜, 강도와 내열성을 갖게 하고 있다. 또 치수 안정성, 내약품성, 광학 특성 등의 밸런스가 뛰어나는 것부터 공업용, 포장용, 자기테이프, 필름 콘덴서 등, 전용으로 폭넓게 사용되고 있다. PET 필름의 용도로서 최근 주목받고 있는 것이 액정 디스플레이나 플라스마 디스플레이 등의 FPD(플랫 패널 디스플레이)의 기능 필름이다. 예를 들면, 액정 디스플레이에서는 편광판의 표면을 지키기 위한 보호 필름, 위상차이 필름 등을 적층하기 위한 박리 필름, 디스플레이의 표면 반사나 비침을 억제하기 위한 반사 방지 필름, 광원의 빛을 효율적으로 도광판에 입사시키기 위한 백라이트용 고반사 필름, 측면에서 광원을 조사시키는 엣지라이트 빛을 확산시키는 필름, 전자파 방지 필름, 근적외 방지 필름 등, 여러 가지 목적으로 사용되고 있다. 또, 자동차 분야에서는 천장재 전용으로 채용이 활발해지고 있다. 천정재로서는 우레탄 수지나 펠트, 유리 섬유 강화 폴리프로필렌 등 다양한 재료가 사용되고 있지만, PET 필름은 일체 성형이 가능하고, 재료 모든 것을 PET로 통일할 수 있는 기술이 개발된 것으로부터 리사이클성이 뛰어난 면에서도 주목받고 있다. 2축 연신 PET 필름을 고기능화하는 움직임도 기계적 특성이 뛰어나기 때문에 공업용 필름으로서 넓게 보급되어 있지만, 강도와 성장이 이율배반의 관계에 있기 때문에 강도를 갖게 하기 위해서 성장이 희생되어야 하는 어려운 과제를 안고 있다. 이러한 PET수지에 공중합 성분을 도입하여 분자 구조의 규칙성을 무너뜨려 2축 연신 PET 필름이나 무연신 PET(A-PET)가 개발되고 있다. 다

만, 전자는 내열성이 낮게 될 우려가 있고, 후자는 강도 · 내열성 · 내약품성이 뒤뜰어지는 문제가 있다. 이러한 연유로 컴퓨터 시뮬레이션 등을 구사하고, 2축 연신 PET 필름의 고기능화를 위한 움직임이 있다. 예를 들면, PET 필름을 연신하기 전의 분자 구조를 제어해 두는 것으로 비정성의 수지 안에 구속부가 가교점과 같이 존재하는 그물코 구조를 할 수 있는 것이다. 이러한 그물코 구조에 의해 비정부를 강화해, 지금까지 2축 연신 PET에서는 불가능하다고 한, 강도와 성장을 양립한 필름을 개발했다. 확산 기능과 투과성능을 양립시켜 액정 패널의 구성 필름을 한 장에 액정 패널에는 각종의 필름이 복수 사용되고 있지만, PET 필름을 개량하고, 한 장에 집약화하려는 움직임이 활발해져 왔다.

14) PA(Polyamide, Nylon)

예비건조가 필요치 않으나 표면 문제시에는 80℃에서 4~12시간 건조하는 것이 좋으며, 특히 전단이나 가수분해에 민감치 않으므로 사출 속도를 올리는 것이 좋다. 열 안정성이 좋으므로 재생률은 비강화 그레이드는 50% 이하로 하고, 강화 그레이드는 25% 이하로 사용한다. PA(폴리아미드, 나일론)와의 알로이한 변성 PPE/PA알로이도 있고, 온라인 도장에 견딜 수 있는 내열성과 내충격성 등을 가지고 있다. 기계적 성질이 우수하지만, 가격이 약간 비싼 것으로 용도 확대는 비교적 완만히 확대되고 있다.

15) POM(Polyoxymethylene, Polyformaldehyde)

호모폴리머는 가공온도가 205℃~225℃, Copolymer는 175℃~210℃ 정도이며, 최대 250℃를 넘으면 안 된다. PVC와 POM은 서로 가공온도에서 분해시키므로 PVC와 가공기기를 같이 사용하지 말아야 하며, 스크루압축

비(Screw Compression Ratio, L/D)가 3~4 정도로 높은 것을 사용한다. POM은 결정화도가 높아 체적 변화가 크므로 12.7mm 이상의 두께 성형은 힘들다.

16) PSF(Polysulfone)

전단비율의 증가에 따른 점도 감소가 적어 흐름이 나쁘다(Newtonian Fluid와 유사). 금형온도는 두께가 0.95mm~2.54mm 경우에는 95℃ 정도이며 얇은 경우에는 150℃~165℃ 정도로 해야 잔류응력이 작고 내화학성 및 열적 특성이 좋다.

17) PC(Polycarbonate)

투명성, 내 충격성, 내열성, 치수 안정성, 난연성 등의 특성 밸런스가 뛰어난 비결정성 플라스틱이며, 분자 구조로서는 모노마가 페닐 프로판과 카보네이트로 구성되어 페닐 프로판이 높은 내열성과 기계적 성질을 주어 카보네이트가 성형성을 높이고 있다. 범용 고성능 플라스틱 중에서는 유일하게 투명하다. 결점은 알칼리나 유기용제 등에 대하는 내약품성이 뒤떨어지는 것, 유동성이 낮은 일, 외관 부품으로서 사용했을 경우에 표면이 다치기 쉽고, 내후성에 뒤떨어지는 것 등이다. 이러한 결점을 보충하는 신 재료나 코팅법등의 개발이 활발해지고 있다. 투명 필름이나 케이스 전용으로 용도 확대 등, 용도 면에서는 투명성인 것을 살리고, 폴리카보네이트(Polycarbonate)의 용도로서 향후 확대 가능한 분야는 자동차 분야이다. 헤드램프 렌즈, 선루프 등에는 넓게 사용되게 되었다. 비중이 유리의 반 정도로 가볍고, 자유 곡면을 만들기 쉽다고 하는 특징이 기대되고 있기 때문이다. 액정 디스플레이의 각종 필름, 도광판, 광 디스크 기판 등에 사용되고 있다.

또, 건재 등에서는 투명 시트 전용으로 다용되고 있는 염화비닐이 환경 문제로부터 문제시되고 있기 때문에 염화비닐을 대체하는 움직임이 있다. 구조 부재로서는 PC, 프린터, 액정 TV 등의 케이스 전용으로 용도가 확대하고 있다.

18) PTFE(Polytetratluoroethylene)

분자 중에 F(불소)를 포함한 폴리머의 총칭이며, 오래전부터 알려져 있는 것은 PTFE(폴리테트라플루오르에틸렌)로 탄소 원자의 주위 모든 것을 불소 원자로 치환한 것이다. 표면 에너지가 작기 때문에 비 점착성이나 저 마찰성을 가진다. 내열성에 대해서는 280℃가까운 사용온도를 자랑한다. 내약품성에도 뛰어나 불화수소산이나 황산에도 견딘다. 이러한 독특한 특징으로 화학공업, 자동차 부품, 전선 피복, 반도체, 의료 등, 폭넓은 용도에 이용되고 있다. 용해 성형 가능한 불소 수지도 PTFE는 용해 성형할 수 없기 때문에 유동성을 올리거나 융점을 내려 용해 성형 가능하게 한 불소 수지도 있다. CF_3나 에테르기를 도입한 FEP(테트라플루우오로에틸렌헤키사플루우오로프로필렌 공중합체)나 PFA(테트라플루우오로에틸렌파플루우오로아르키르비니르에이텔공중합체), 탄화수소계의 분자를 도입한 ETFE(테트라플루우오로에틸렌에틸렌 공중합체), PCTFE(폴리클로로트리플루우오로에틸렌)이다. Toto, 세라믹스와 수지를 복합화해 상처에 강한 코팅 기술을 개발한 Toto는 금속이나 수지의 표면을 상처로부터 지키는「하이브리드 코팅」기술을 개발하였다.

(5) 능력과 실적 위주의 기업 전략으로 과감히 전환시켜라

판매가에서 이윤을 제하면 원가가 된다는 소비자 주도형 전략으로 전환이 되어야 한다. 과거 수십 년간 원가에 이윤을 붙여 판매해온 생산자 주도형 전략은 돈키호테식 경영 전략이다. 원가에 이윤을 붙이면 판매가가 되는데 원가에 이윤을 붙이지 않으면 판매가가 안 된다는 전략은 시대의 흐름을 모르고 하는 전략이다. 소비자의 입장에서 항상 원가에 판다는 전략으로 전환되어야 한다. 기업 생명은 단기이윤이 아니라 평생고객에 의해 유지되는 것이다. 따라서 판매가에 팔지 말고 원가에 팔라.

첫째는 기술력 강화, 둘째는 이익의 극대화, 셋째는 매출확대 순으로 기업의 경영목표를 정하라. 매출액이 확대되면 이익이 난다는 개념은 버려야 된다. 이익이란 상황에 따라 날 수 있고 오히려 적자폭이 클 수도 있다. 두루뭉술하게 어느 부품이 남는지 적정 생산수량을 몇 개 해야 하는지 잘 모르고 월간 또는 연간의 합계를 가지고 경영을 하면 곤경에 처한다. 한국 기업들은 매출확대에 초점을 맞추고 있다.

기업의 경영 전략으로는 첫째는 연구개발력 강화, 둘째는 고부가가치화, 셋째는 생산 판매 규모의 확대, 넷째는 사업다각화로 전략을 펴야 한다. 한국의 기업들은 생산규모의 확대, 사업 다각화를 경영 전략으로 내세우는 기업들이 많다.

제품개발 전략에서는 한국의 기업들은 신제품을 개발할 때 시장성을 우선적으로 고려하고 있다. 고부가가치를 중요시하고 시장의 잠재 성장성을 판단 기준으로 삼고 있다. 하이 사이클을 하기 위한 제품개발 전략은 첫째로 제품개발 전략이라야 되고, 둘째로는 기존 제품과의 관련성이라야 하고, 셋째는 시장의 잠재적 성장성을 따져야 한다. 넷째는 고수익을 중시한 고부가가치화로 전략을 펴야 한다.

중점투자 분야에서는 한국 기업들은 해외 설비투자, 국내 설비투자, 연구개발 등에 고루 투자를 하고 있다. CIM 개념의 하이 사이클로 가기 위해서 중점적으로 투자를 할 분야는 첫째로 연구개발에 과감한 투자가 되어야 하고, 둘째로 자국의 생산설비가 CIM화되어야 하며, 셋째로 해외 설비투자를 현지의 여건을 고려하여 CIM화에 자국의 생산설비로 인한 침해를 받지 않도록 해야 한다.

생산전략 측면에서는 한국 기업들은 생산공정의 자동화, 생산능력 확대, 생산공정 시간단축 등을 중요시하고 있는 실정이다. CIM 개념의 생산전략은 첫째로 다품종 생산체제 확립, 둘째로 부품의 Unit 및 Module화, 셋째로 생산능력 확대를 해야 한다.

마케팅 전략에서는 한국 기업들의 마케팅 전략을 영업력 강화, 소비자수요 파악 기능 강화, 판매망 확대 등을 전략으로 삼고 있다. 하이 사이클로 하기 위한 마케팅 전략은 첫째는 고객만족을 위한 소비자 리드 기능 강화, 둘째는 LAN 구축에 의한 영업력 강화, 셋째는 고객의 Database에 의한 판매 Network 확대를 해야 한다.

경영자 분야에서는 한국 기업들의 경영 전문 분야는 영업 분야, 생산, 경리, 기획 등을 전략으로 하고 있다. 품질혁신을 기하기 위한 경영자 전문 분야는 첫째는 기술생산, 둘째는 기술영업, 셋째는 기술기획 순으로 중요시해야 한다. 그러므로 이러한 모든 분야에 대하여 CIM 개념의 하이 사이클로 구조를 개선해야 한다.

벤처기업확인은 벤처기업육성에 관한 특별조치법에 근거한 벤처기업 확인요령에 의하여 벤처기업 확인서를 발급하고 있다. 평가지표는 경제협력개발기구(OECD)가 개발(1992년 초판발행)한 기업평가시스템인 오슬로매뉴얼(Oslo manual)을 토대로 한국의 벤처현실에 맞도록 개발되었다. 평가는 인적자원, 기술성, 사업성, 유망성 등, 4개 부문에 걸쳐 이루어지며, 평가지표는 업종에 따라 제조업과 비제조업으로 구분되어 있다. 벤처기업 해외진출지원사업은 해외정보 및 전문인력 부족 등으로 해외진출기회가 없었던 우수 벤처기업의 해외시장 개척 지원을 위해 현지전문가 및 네트워크로 구성된 해외지원센터에서 벤처기업의 해외진출활동에 대하여 종합지원 하는 사업으로 업체당 2천만 원 한도 내에서 해외진출 소요경비를 지원하고 있다. 벤처엔젤마트(venture angel mart)는 중소기업진흥공단이 벤처기업의 자금조달을 활성화하기 위해 정기적으로 개최하는 사업으로서 투자유치를 희망하는 우수벤처기업들과 개인투자가(엔젤)들을 신문지상과 투자설명회를 통하여 서로 연결시킴으로써 벤처기업에는 성장에 필요한 자금을 조달하고 개인투자가에게는 투자수익의 기회를 제공하는 사업이다. 벤처조합은 벤처기업에 투자하는 것을 주된 업무로 하여 결성된 조합으로서 중소기업창업지원법에 의한 중소기업창업투자조합, 여신전문금융업법에 의한 신기술사업투자조합, 벤처기업육성에 관한 특별조치법에 의한 개인투자조합 등을 모두 포함하는 개념이다. 벤처캐피탈(venture capital)은 위험성은 크나 높은 기대수익이 예상되는 사업에 투자되는 자금을 말한다. 미국벤처기업들은 창업기에 벤처캐피털의 투자(Block & MacMillan, 1985)를 받는다. 장래성은 있으나 자본과 경영기반이 취약하여 일반 금융기관에서 융자받기 어려운 기업에 대하여 창업 초기단계에 자본참여를 통해 위험을 기업가와 공동 부담하고 자금, 경영관리, 기술지도 등, 종합적인 지원을 제공함으로써 높은 이득을 추구하는 자본 또는 금융활동을 의미한다. 일반적으로 당해 기업이 성장하여 주식을 공개(IPO, Initial Public Offering, 기업공개)함으로써 자본이득(capital gain)을 얻어 수익을 올린다.

> 비전은 남이 보지 못한 것을 보는 것이다.
> 비전은 다른 사람들이 보지 못하는 것을 보는 것이다. 지도자의 역할은 비전을 생생하게 묘사하여 그를 따르는 사람들이 그 비전을 받아들여 자신의 비전으로 만들게 하는 것이다. 그래야 조직의 모든 에너지가 같은 목표에 집중될 수 있다. 그때 비전이 실현된다.
>
> – Jonathan Swift –

5-2 시설요소의 특성

5-2-1 신기술사업

벤처기업(Venture business)은 첨단신기술(Cooper)이나 참신한 아이디어를 사업화(Bollinger et al.) 하여 신규시장을 개척함으로써 경영의 위험성은 크지만 성공할 경우 높은 수익이 기대되는 중소기업으로 통상적으로 벤처기업, 벤처비즈니스, 모험기업, 신기술사업, 기술집약적, 지식 집약적 중소기업, 연구개발형 기업, 하이테크 기업 등의 다양한 용어로 사용되고 있다. 한국에서는「벤처기업 육성에 관한 특별조치법」제 2조에서 벤처기업이라 함은「중소기업기본법」제 2조의 규정에 의한 중소기업으로서 벤처캐피탈투자기업, 연구개발투자기업, 신기술개발기업, 우수기술평가기업으로 규정하고 있다.

(1) 피로수명 예측 툴(Tool) 사례

유한요소 해석결과를 기반으로 해석적으로 피로수명 평가를 실시해, 피로강도 설계에 유용하게 쓰기 위한 소프트가 많이 나와 있다. 그렇지만 형상모델링(Modelling), 매시(Mesh)생성, 유한요소 해석, 피로수명 해석, 감도해석, 비주얼화를 동일 응용(Application)으로 게다가 Windows/PC를 기반으로 하게 되면 그 수가 적어지고 최근 제품화되기 시작하였다.

① LMS-FALANCS(Maker=LMS),
② I-DEAS-Duarability(Maker=SDRC),
③ FE-MFAT(Maker=Steyr-Daimler-Puch Antriebstechnik),
④ Pro-Mechanica Fatigue Advisor(Maker=PTC),
⑤ FE-FATIGUE(Maker=nCode),
⑥ MSCFATIGUE(Maker=MSC) 등이고
⑦ FE-MFAT(Maker=Steyr-Daimler-Puch Antriebstechnik),
⑧ Pro-Mechanica Fatigue Advisor(Maker=PTC), FE-FATIGUE(Maker=nCode), MSCFATIGUE(Maker=MSC)의 3 제품은 FATIMA(Maker=nCode)의 코어엔진을 각 모델러(CAE)로 부터 프리포스트로 처리할 수 있도록 한 것이고,
⑨ MSCFATIGUE는 MSCPATRAN에 특화한 것이고,
⑩ FE-FATIGUE는 PATRAN 이외의 범용 모델러(Modeler)를 목표로 한 것이다.
⑪ Fatique Advisor는 Pro-Mechanica의 염가Sub Modular로 한 것이다.
⑫ nCode Fatigue, FALANCS, FEMFAT의 3제품이 개척적이다.

I will not say I failed 1,000 times, I will say that I discovered there are 1,000 ways that can cause failure. (나는 1,000번 실패한 것이 아니다. 단지 실패할 수 있는 1,000가지 방법을 알아낸 것이다.)

– THOMAS EDISON –

▮5-2-2 도심의 벤처입지 공간 확대

벤처기업 집적시설은 교통, 정보통신, 연구, 금융 등의 기능이 집중되어 기업경영 여건이 우수한 도심에 벤처기업이 집단적으로 입주할 수 있는 공간을 사전에 확보하기 위하여 민간 빌딩을 벤처기업 집적시설로 지정, 각종 지원을 실시함으로써 도심의 벤처입지 공간 확대를 도모하는 사업이다. 벤처기업 집적시설로 지정되면 등록세 3배중과 면제, 취득세 3배중과 면제, 재산세 5배중과 면제 등 정책적으로 각종 지원혜택이 주어진다.

벤처기업(Venture business)은 첨단신기술이나 참신한 아이디어를 사업화하여 신규시장을 개척함으로써 경영의 위험성은 크지만 성공할 경우 높은 수익이 기대되는 중소기업으로 통상적으로 벤처기업, 벤처비즈니스, 모험기업, 신기술사업, 기술집약적, 지식 집약적 중소기업, 연구개발형 기업, 하이테크기업 등의 다양한 용어로 사용되고 있다. 한국에서는 「벤처기업 육성에 관한 특별조치법」 제 2조에서 벤처기업이라 함은 「중소기업기본법」 제 2조의 규정에 의한 중소기업으로서 벤처캐피탈투자기업, 연구개발투자기업, 신기술개발기업, 우수기술평가기업으로 규정하고 있다. 벤처기업 집적시설은 교통, 정보통신, 연구, 금융 등의 기능이 집중되어 기업경영 여건이 우수한 도심에 벤처기업이 집단적으로 입주할 수 있는 공간을 사전에 확보하기 위하여 민간 빌딩을 벤처기업 집적시설로 지정, 각종 지원을 실시함으로써 도심의 벤처입지 공간 확대를 도모하는 사업이다. 벤처기업 집적시설로 지정되면 등록세 3배중과 면제, 취득세 3배중과 면제, 재산세 5배중과 면제 등 정책적으로 각종 지원혜택이 주어진다.

작은 일도 소중히 하라.
작은 일을 소중하게 생각하는 사람만이 성공할 수 있다. 성공한 사람은 작은 일이 쌓이고 쌓여서 큰 일이 되는 체험을 해온 사람들이다. 또한 인생에서 작은 일에 엄청난 노력을 기울여온 사람이기도 하다. 큰일을 끊임없이 해낼 수 있는 것은 누군가가 작은 일을 성실하게 해주고 있다는 사실을 알고 끝없이 고마워하기 때문이 아닐까요?

– 빌 클린턴 –

5-3 네트워크요소의 특성

▮5-3-1 전략적 행동

Jarillo는 벤처기업의 네트워크를 외부자원의 활용을 통한 경쟁우위를 획득하기 위한 전략적 행동으로 정의하였다. 벤처기업육성촉진지구는 벤처기업 육성에 관한 특별조치법에 의하여, 벤처기업이 자연발생적으로 집적되어 있거나 대학, 연구소 등이 소재하고 벤처기업 증가세가 두드러지게 나타나는 등, 성장잠재력이 큰 지역을 촉진지구로 지정하여 기반시설 구축, 경영지원, 제도개선(조세감면, 규제완화 등), 자금, 입지, 인력 등, 중소기업청 지원사업 시, 우대 등, 체계적 지원을 실시하는 제도이다.

게임에 열중하듯 자신의 일을 즐겨라.
자신이 경기에 임하는 것처럼 열중하지 않는다면 일하는 의미가 없다.
자신이 열중하지 않는다면, 아무런 즐거움도 생길 수 없으며, 차라리 하지 않는 것이 좋다.

– D.H 로렌스 –

> 두 번 시작하면 일은 모두 마무리 된다.
> 거창한 일이라도 우선 시작해보라. 손이 일에 착수했다는 것만으로도 일의 반은 이룬 셈이다. 그러나 아직 반이 남아있다. 한 번 더 착수해 보라. 그러면 일은 모두 마무리되는 셈이다.
>
> – 마르쿠스 아우렐리우스 –

▌5-3-2 외부자원을 효과적 활용

벤처넷을 통한 벤처기업 DB관리, 벤처기업에 대한 신뢰기반 구축을 위한 벤처윤리위원회 설치, 운영 등이 있다. 벤처기업 활성화위원회는 벤처기업 육성에 관한 중요한 사항을 심의, 의결하기 위하여 설치된 위원회이다. 벤처기업 확인요령, 벤처기업 육성촉진지구, 벤처기업 대상 업종 조정 등, 벤처기업육성에 관한 주요 정책에 대해 심의한다. 따라서 벤처기업협회, 벤처넷, 벤처기업활성화위원회 등을 활용하여 외부자원을 효과적 활용이 성과에 영향을 크게 미친다(Brush).

> 오늘 무슨 생각을 하느냐에 내일이 달려 있다.
> 오늘은 어제 생각한 결과이다. 우리의 내일은 오늘 무슨 생각을 하느냐에 달려 있다. 실패한 사람들의 생각은 생존에, 평범한 사람들은 현상유지에, 성공한 사람들은 생각이 발전에 집중되어 있다.
>
> – 존 맥스웰 –

▌5-3-3 정보네트워크

벤처넷(Venture net)은 벤처기업을 대상으로 국내 · 외 벤처 비즈니스 정보를 종합적으로 제공하여 벤처기업의 성장을 효율적으로 지원하기 위해 운영하는 사이트를 말한다. 벤처기업이 창업에서 코스닥 등록까지 정보네트워크를 통해 성장할 수 있도록 벤처기업 정보, 엔젤투자시장, 엔젤 및 벤처캐피탈정보, 각종 정부지원시책정보, 실리콘밸리 정보 등을 제공되는 것을 활용을 극대화시켜야 한다. Database 구축에 의해 Paperless화로서 조직의 프로세스를 통제하는 어려움과 프로세스에 대한 자료수집의 부담, 그리고 대부분의 프로세스자료의 부정확성으로 인하여 프로젝트에 나쁜 영향을 미치는 경우가 많다. 이와 같은 상황을 감안해 볼 때에 지역별 손익계획에 의하여 기술경영 행정효과율, 지역별로 손익계산을 한 결과를 난이도채점표에 의하여 자동check될 수 있도록 시스템화 되어야 한다.

CALS(Computer-aided Acquisition and Logistic Support, 생산 · 조달 · 운용지원 통합정보 시스템)라고 하는 디지털 · 파일 교환 표준에 근거한 Database 구축에 의해 Paperless화 하는 것이다.

> 인생을 사랑한다면, 시간을 낭비하지 말라.
> 그대는 인생을 사랑하는가? 그렇다면 시간을 낭비하지 말라. 왜냐하면 시간은 인생을 구성한 재료니까. 똑같이 출발하였는데, 세월이 지난 뒤에 보면 어떤 사람은 뛰어나고 어떤 사람은 낙오자가 되어 있다. 이 두 사람의 거리는 좀처럼 접근할 수 없는 것이 되어 버렸다. 이것은 하루하루 주어진 시간을 잘 이용했느냐 이용하지 않고 허송세월을 보냈느냐에 달려 있다.
>
> – 벤자민 프랭클린 –

▌5-3-4 국제경쟁력

(1) 서론

일본기업은 몇 년 전부터 높은 연구개발비에 비하여 이익률이 낮다는 지적이 있었으며 이러한 문제의 배경은 미국의 동종기업에 비하여 매우 낮은 기업 수익률과 가치획득보다는 가치창조에 더 중점을 두었기 때문이다. 정보가전산업이나 반도체 등의 최첨단 산업에서 일본기업의 존재감이 유지되었던 이유는 탑재된 기술력과 기능을 축적해 온 결과이지만, 정보가전산업을 중심으로 중국, 대만, 한국기업이 추진하는 고도 생산시스템에 쫓기고 있는 것이 현실이다.

정보기기산업과 같이 경쟁이 치열하고 높은 생산성이 요구되는 산업에서 기업은 어떠한 제품개발전략의 입안능력을 구축해야 하는지, 또한 이를 위해서 경쟁우위의 원천이 되는 기술혁신을 어떻게 경영하면 좋을지에 대하여 생각해 볼 필요가 있다.

(2) 방법론의 Review

종래의 마이크로경제학에서의 소비자효용개념은 물건의 품질이 균일하다는 것이 전제이지만, 디지털 카메라나 액정 TV와 같이 특성항목이 많고 그 변화가 다양화하는 물건을 구입하는 소비자는 제품을 한 가지 기능으로써 생각할 수 없기 때문에 정보가전분야에서의 제품부가가치 이론은 마이크로경제학의 소비자효용개념으로는 설명하기 힘들다.

마이크로경제학 구조에서는 세세한 품질변화를 고려할 수 없기 때문에 특성항목이 많은 제품의 구매의사를 결정하는 경우에는 물건을 특성의 집합체로써 취급하는 것을 전제로 분석을 모아야 한다. 분석 구조를 구축한 다음에는 랭커스터모델(lancaster model)에 의거하는 소비자행동이론을 전제로 한다. 이 모델에서 제품가치는 품질에 의해 창출되며, 품질이란 어떤 물건이 제공하는 기능을 구성하는 객관적인 모든 특성수준과 어떤 물건의 객관적 모든 특성수준에 대한 종합적인 평가라는 두 가지 의미를 가진다.

가격이라는 지표를 이용하여 제품특성을 설명변수로 한 회귀분석을 하고, 각각의 특성이 가격에 미치는 계수를 계산함으로써 제품의 품질을 금액이라는 객관적 숫자로 치환하는 헤도닉 기법(hedonic approach)을 이용하면 기업의 제품개발활동에서 제품부가가치활동의 성공여부를 정량적으로 분석가능하다는 것을 전제조건으로 한다.

제품특성과 가격의 관계를 분석함으로써 산업마다 평균가격과 품질조정이 끝난 가격의 추이를 정확히 산출, 제품부가가치활동과 가격추이의 관계를 추정하는 것이 첫 번째 목표이며, 새로 추가된 특성은 제품품질향상에 어떻게 공헌하여 소비자에게 받아들여지는가에 대하여 가격변화를 품질의 대체지표로써 다루어 검증하는 것이 두 번째 목표이다.

부품의 조합으로 완성되는 세트제품의 기술혁신에 관한 연구의 경우, 표준화된 부품의 출현으로 산업구조가 수평분업으로 이행하는 것처럼 보일 수 있으나, 이는 부품레벨에서의 점진적 기술혁신(incremental innovation)이 밀접하게 관여하여 있고, 기업은 제품 차별화를 위해 다른 발상의 제품을 창조하는 급진적 기술혁신(radical innovation)을 행함으로 다시 수직통합을 향하는 사이클이 반복된다.

사람들이 하기 싫어하는 일을 하는 습관
성공하는 사람은 성공하지 못하는 사람들이 하기 싫어하는 일을 하는 습관을 가지고 있다. 물론 그들도 그런 일을 하고 싶지 않기는 마찬가지다. 그러나 그들은 목적의식이라는 힘으로 그것을 극복하고 하기 싫은 일을 하고 싶은 일로 만든다.

– Albert Gray –

(3) 평균가격추이와 제품부가가치

헤도닉 분석을 실행하기 위해서는 시장데이터의 입수와 더불어 그 신뢰성과 안정성이 중요한 요건이 되지만, 제품가격과 특성데이터를 일원적으로 조사하는 것은 쉽지 않다. ① 같은 환경조건 하에서 장기적 입수가 가능한 POS데이터는 가격정보로써, 헤도닉 분석의 기초데이터로 사용하기 위해서는 제품특성데이터와의 정확한 통합작업이 별도로 필요하다. ② 일본의 경우, JAN(Japanese Article Number)코드라는 제품식별코드를 이용하여 재고관리나 수주, 발주시스템을 위해 사용하고 있으며 POS데이터에 병기되어 있는 JAN코드를 바탕으로 해당제품의 카탈로그나 시방서를 검색하고 가격정보와 함께 데이터베이스화하여 분석하고 있다. POS데이터는 판매가격과 수량데이터를 일(日)단위 또는 주(週)단위로 집계하고 제품번호마다 가중 평균하여 기초데이터로 사용하고, 다시 월(月)단위로 가중 평균화함으로써 평균판매가격과 평균판매수량을 구한 후 제품특성데이터를 통합한다.

디지털기기의 기술혁신 속도는 매우 빠르고 제품수명 사이클도 매우 짧아 가격추이를 지배하는 파라미터인 제품특성의 영향력은 시간이 흐름에 따라 바뀌기 때문에 장, 중, 단기로 기간을 나눠 헤도닉 가격지수를 구하고 그 값의 신뢰성과 안전성을 확인해야 한다.

일본 디지털기기산업을 대표하는 6개 산업을 분석하기 위해 백색가전산업인 냉장고와 세탁기를 더하여 조사한 결과, 각 산업은 3가지 타입으로 분류할 수 있다. ① 세탁기, 냉장고 등이 해당되는 백색가전산업의 경우, 평균가격추이는 상승 또는 수평한 경향이며 품질조정이 끝난 물가지수는 완만한 하락경향을 보인다. ② 디지털카메라, 노트북, 프린터 등이 속해있는 정보기기산업의 경우, 평균가격추이가 연 비율 −5% 정도이며 품질조정이 끝난 물가지수는 −10% 전후의 큰 하락경향을 보인다. ③ 액정TV, DVD플레이어, DVD레코더가 속한 정보가전산업의 경우는 평균가격과 품질조정이 끝난 물가지수가 연 비율 −10% 이상 하락하는 경향을 보이며 그 차(差)가 작다.

산업전체에서 제품에의 기술혁신활동이 활발하지 않고 제품 특성치에 변화가 없으면 평균가격과 품질조정 후의 물가지수는 일치하지만, 기술혁신활동이 활발하고 제품특성항목의 증가와 더불어 각 특성치가 향상되면 제품부가가치가 생겨 가격을 상승시키거나 품질조정 후의 물가지수를 낮춘다. 헤도닉 분석결과, 제품부가가치를 가격에 잘 반영할 수 있는 산업과 그렇지 않은 산업을 정량적으로 분리할 수 있지만, 실제로 제품부가가치를 충분히 가격에 반영하여 수익을 발생시키기 위해서는 각 제품의 특성항목변화와 제품부가가치의 관계를 마이크로레벨로 분석해야 한다.

당신의 행동이 곧 당신의 운명이다.
우리가 느끼는 것, 아는 것, 잠재적 능력이나 재능은 하나도 중요치 않다. 오직 실천만이 그것들에 생명을 부여한다. 우리는 의무, 용기, 사랑의 의미를 이해하고 있다. 안다는 것은 행동하는 것이다. 행동은 이해를 동반하며, 지식을 지혜로 변모시킨다. 물을 바라보고 있는 것만으로는 바다를 건널 수 없다.

– 라빈드라나트 타고르(Rabindranath Tagore) –

(4) 제품특성변화와 가치획득

제품특성과 가격과의 관계에서 추정치란, 가격을 종속변수로 회귀분석할 때 특성항목에 해당하는 파라미터 값이며 절대치가 클수록 특성항목이 제품가격에 대하여 큰 영향력을 가진다. 제품부가가치가 제품에 유효하게 부여되면 가격프리미엄을 낳고, 보다 긴 기간 그 결과는 지속된다. 디지털카메라에서는 렌즈교환기능이나 화소수의 항목이, 노트북에서는 화면사이즈가, 프린트에서는 잉크의 색 수의 특성항목이 가격에 대한 큰 결정요인이 된다. 제품특성의 개량이 가격추이에 영향력을 갖는 점에 착안하여 새롭게 시장화된 제품의 최초 가격과 개량 후에 시장화된 가격의 비율, 어느 특성치를 갖는 제품의 개량 전후 가격 하락률을 지표로 제품특성변화에 따른 가격변화의 크기를 측정할 수 있다. 제품특성변화가 가격에 미치는 영향은 모델변경보다 제품 상하관계의 피라미드(계통) 확대가 가격에 미치는 영향력이 크다.

기업의 기술혁신활동이 가격에 미치는 영향은 4가지 모델로 분류할 수 있다. 첫째, 불연속적인 기술에 인한 모델변경에서는 새로운 특성이 생길 때마다 가격 사이클이 형성되고 그때마다 가격에의 영향력은 작아지지만, 그 지속성은 약간 향상된다. 둘째, 연속기술에 의한 모델변경에서는 새로운 특성으로 인한 가격에의 영향력은 거의 변하지 않지만, 새로운 특성이 도입될 때마다 가격의 지속성은 조금씩 떨어진다. 셋째, 제품 상하관계의 피라미드가 구축되는 경우, 가격에의 영향력은 연속기술과 불연속기술 어느 쪽이든 크게 향상된다. 넷째, 부품단계에서의 개선보다 제품전체에 걸친 기술혁신활동이 가격에의 영향력이 크다.

기존 제품에 새로운 특성을 부가하거나 기존특성의 개량으로 인하여 가격을 올리는 영향력이 발생하고 그 결과로 기업은 부가가치를 얻기 때문에 기업이 행하는 제품특성의 부가 및 개량활동은 하락하는 가격을 일시적으로 끌어올리는 역할을 하고 있다.

내가 여러 가지 책을 읽는 이유
나는 매일 밤 독서를 한다. 대중적 신문이나 잡지 외에 적어도 한 가지 이상의 주간지를 처음부터 끝까지 읽는 습관이 있다. 만일 내가 과학과 비즈니스 등 관심 분야의 책만 읽는다면, 책을 읽고 나서도 내게 아무런 변화가 일어나지 않을 것이다. 그래서 모든 분야의 책과 잡지를 읽는다.

－빌 게이츠－

(5) 제품개발 활동의 성공여부

제품개발 활동의 성공여부는 기업에 있어 최대의 관심사가 되어야 하지만 정량적인 분석은 그다지 실시되지 않았었다. 헤도닉기법을 이용하면 품질조정 후의 물가지수를 구하고 제품특성이 미치는 가격에의 영향도를 측정하여 제품의 부가가치를 정량화 할 수 있다. 기술혁신이 빠른 속도로 진행되는 정보기기, 정보가전산업에서는 제품특성이 단기간에 성숙하여 가격이 하락하기 때문에 현상 이상의 가치를 계속 부여해야만 가격을 유지할 수 있다. 점진적 기술혁신(incremental innovation)의 중요성은 그 효과가 크다는 점이며, 급진적 기술혁신(radical innovation)의 중요성은 가격에 미치는 영향력의 크기이지만 시장에서 빈번히 일어나지 않는다.

(6) 해외 POS데이터를 분석하여 응용

한국의 전자산업은 1972년 수출 1억 달러 달성 이후, 약 1천배 정도 성장하면서 한국경제의 견인차 역할을 하고 있지만, 고유가, 원자재 가격 상승 등, 여러 변화에 발 빠르게 대처하고 경쟁력 약화요인들을 극복하기 위해서는 시장전망을 정확히 파악하여 제품혁신기술과 사업 아이템을 발굴하고 경쟁국가보다 먼저 시장을 선점해야 한다.

디지털 정보가전산업의 흐름은 디지털TV의 자체성능이 향상되고 있고, IPTV로의 통합이 이루어지고 있으며, 모바일TV시장의 급성장이다. 다양화, 고도화되는 소비자의 요구사항을 충족하기 위해서는 여러 가지의 제품과 그에 따르는 기술, 서비스가 혼합된 신개념으로 고부가가치를 창출해야 할 것이다.

헤도닉기법(hedonic approach)은 기술혁신 속도가 빠르고 기초연구에 많은 비용이 들기 때문에 품질향상을 위해 투입된 비용을 정확하게 파악하는 것이며 곤란한 품목에 대하여 품질 변화의 가치를 객관적으로 파악할 수 있도록 한 새로운 품질조정기법이다.

POS데이터 그 자체는 가격정보가 주체이며, 각국이 정하는 제품코드는 조합되어 있기 때문에 제품코드에 있는 제품특성과의 정합성을 찾는 기술적인 면에서 실제로 해외 POS데이터를 분석하여 응용하기에는 상당한 시간이 필요하다.

Jarillo는 벤처기업의 네트워크를 외부자원의 활용을 통한 경쟁우위를 획득하기위한 전략적 행동으로 정의하였다. 벤처기업육성촉진지구는 벤처기업 육성에 관한 특별조치법에 의하여, 벤처기업이 자연발생적으로 집적되어 있거나 대학, 연구소 등이 소재하고 벤처기업 증가세가 두드러지게 나타나는 등, 성장잠재력이 큰 지역을 촉진지구로 지정하여 기반시설 구축, 경영지원, 제도개선(조세감면, 규제완화 등), 자금, 입지, 인력 등, 중소기업청 지원사업 시, 우대 등, 체계적 지원을 실시하는 제도이다. 벤처넷을 통한 벤처기업 DB관리, 벤처기업에 대한 신뢰기반 구축을 위한 벤처윤리위원회 설치, 운영 등이 있다. 벤처기업 활성화위원회는 벤처기업 육성에 관한 중요한 사항을 심의, 의결하기 위하여 설치된 위원회이다. 벤처기업 확인요령, 벤처기업 육성촉진지구, 벤처기업 대상 업종 조정 등 벤처기업육성에 관한 주요 정책에 대해 심의한다. 따라서 벤처기업협회, 벤처넷, 벤처기업활성화위원회 등을 활용하여 외부자원을 효과적 활용이 성과에 영향을 크게 미친다. 벤처넷(Venture net)은 벤처기업을 대상으로 국내 · 외 벤처 비즈니스 정보를 종합적으로 제공하여 벤처기업의 성장을 효율적으로 지원하기 위해 운영하는 사이트(venture.smba.go.kr)를 말한다. 벤처기업이 창업에서 코스닥 등록까지 정보네트워크를 통해 성장할 수 있도록 벤처기업 정보, 엔젤투자시장, 엔젤 및 벤처캐피탈정보, 각종 정부지원시책정보, 실리콘밸리 정보 등을 제공되는 것을 활용을 극대화시켜야 한다.

사람의 가능성을 꺾는 여섯 가지 요인
사람의 가능성을 꺾는 여섯 가지 요인은 다음과 같다. 첫째, 무의미하게 안정을 추구하는 마음, 둘째, 괴로운 일을 피하려는 태도, 셋째, 현재 상태를 유지하려는 마음, 넷째, 용기부족, 다섯째, 본능적 욕구의 억제, 여섯째, 의욕부족이 그것이다.

– 에이브러햄 매슬로우 –

제6장

보상체계 특성

6-1 프로젝트요소의 특성

6-1-1 R&D 투자지출 비율

조직의 프로세스를 통제하는 어려움(Dornbusch & Scott)과 프로세스에 대한 자료수집의 부담(Scott) 그리고 대부분의 프로세스자료의 부정확성으로 인하여 프로젝트에 나쁜 영향을 미치는 경우가 많다. 목표가 극대화되거나 만족되는지를 확인할 수 없을 경우에 Thompson은 조직효과평가를 사회적 준거집단활용이 필요가 있다고 제시한다. R&D 투자와 기업경영 성과와 정의 상관관계가 있는 사례분석(Minasian, Branch)이 있고 시장점유율이 높을수록 R&D 투자지출비율이 높다(Buzzell)는 논문도 있으며 R&D 투자가 기업이 평균이상의 수익률을 얻을 수 있게 한다(Grabowski & Mueller)

는 주장도 있다.

Winning doesn't always mean being first, winning means you're doing better than you've done before. (승리하는 것은 언제나 1등을 뜻하는 것이 아니고, 승리하는 것이란 당신이 전보다 잘 했다는 뜻이다.)

– BONNIE BLAIR –

▌6-1-2 경영학적 평가관리

이와 같은 상황을 감안해 볼 때 지역별 손익계획에 의하여 자산손실률(장부가 자산–실사 후 자산/장부가 자산), 자재손실률(장부가 자재구매액–제품화된 자재액/장부가 자재구매액), 공장Line별 효율(생산매출액–투입재료비/감가상각비+인건비) 등을 지역별로 손익계산을 한 결과를 난이도채점표에 의하여 자동check될 수 있도록 시스템화 되어야 하고 연구개발의 효율(신제품 비율/신제품 매출기여율)≥1을 높이기 위해서는 신제품의 종류수를 늘리고 전제품의 매출액을 올려야 한다. 그러므로 정부출연연구소이든, 기업연구소이든 간에 벤처기업의 개념으로 경영학적 평가관리 되어야 한다.

비전은 남이 보지 못한 것을 보는 것이다.
비전은 다른 사람들이 보지 못하는 것을 보는 것이다. 지도자의 역할은 비전을 생생하게 묘사하여 그를 따르는 사람들이 그 비전을 받아들여 자신의 비전으로 만들게 하는 것이다. 그래야 조직의 모든 에너지가 같은 목표에 집중될 수 있다. 그때 비전이 실현된다.

– Jonathan Swift –

▌6-1-3 부품소재 위주로 전환

또한 정부출연연구소가 기능위주에서 부품소재위주로 전환하기 위해서 연구소 통합이 불가피한 현실로 대두되고 있다. 스톡옵션(stock option) 제도에 주식매수 선택권이라고 하며 이는 회사가 임직원, 기술 및 경영능력을 갖춘자, 대학 및 연구기관 등에게 일정 기간 내에 자기회사의 주식을 일정한 간격으로 일정수량만큼 매입할 수 있는 권리를 부여하는 제도로서 주가가 상승하면 옵션(매수권)을 행사하여 주가상승 폭 만큼 이익을 얻을 수 있다. 이러한 제도의 목적은 단기적 경영성과와 중·장기적인 성장간의 균형을 도모하고 경영자의 이해와 주주의 이해를 연계하여 기존의 종업원을 유지하고 격려하며 능력 있는 종업원을 유인하기 위한 것이다.

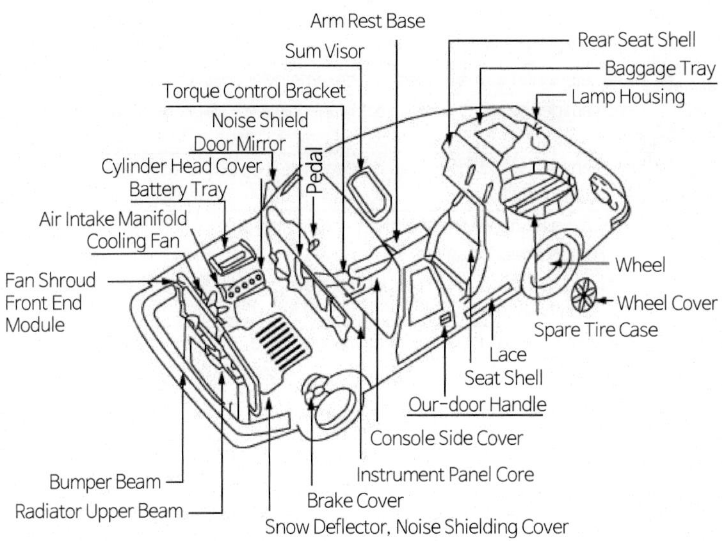

그림 6.1 적용검토부품의 예

표 6.1 ISO1043-1의 기본 고분자 약어

E/P	ethylene-propylene plastic
EVAC	ethylene-vinyl acetate plastic
MBS	methacrylate-butadiene-styrene plastic
ABS	acrylonitrile-butadiene-styrene plastic
ASA	acrylonitrile-styrene-acrylate plastic
C	cellulose polymers
COC	cycloolefin copolymer
EP	epoxide, epoxy resin or plastic Imod Impact modifier
LCP	liquid-crystal polymer
MABS	methacrylate-acrylonitrile-butadiene-styrene plastic
MF	melamine-formaldehyde resin
MPF	melamine-phenolics resin
PA11	homopolyamide based on 11-aminoundecanoic acid
PA12	homopolyamide based on ω-aminoundecanoic acid or on laurolactam
PA12/MACMI	copolyamide based on PA12, 3.3-Dimethy1-4, 4-diminodicyclohexylemethane and isophthalic acid
PA46	homopolyamide based on tertramethylenediamine and adipic acid
PA6	homopolyamide based on ε-caprolactam
PA6 10	homopolyamide based on hexamethylenedaimine and sebacic acid
PA6 12	homopolyamide based on hexamethylenedaimine and dodecanediacid (1. 10-Decandicarboxylic acid)
PA66	hexamethylenedaimine based on hexamethylenediamine and adipic acid
PA66/6T	copolyamide based on hexamethylenedaimine, adipic acid and terephthalic acid
PA666	copolyamide based on hexamethylenedaimine, adipic acid and ε-caprolactam
PA6I/6T	copolyamide based on isophthalic acid, adipic acid and terephthalic acid and hexamethylenediamine
PA6T/6I	copolyamide based on hexamethylenediamine, terephthalic acid adipic acid and isophthalic acid
PA6T/XT	copolyamide based on hexamethylenediamine, 2-methyl-pentamehylene diamine and terephthalic acid
PEAK	polyaryletherketon
PAIND/INDT	copolyamide based on 1, 6-diamino-2. 2, 4-trimethylhexane, 1, 6-diamino-2. 4, 4-trimethylhexane and terephthalic acid
PAMACM12	homopolyamide based on 3,3'-dimethyl -4,4'-diaminodicyclohexylmethane and dodecandioic acid
PAMXD6	homopolyamide based on m-xylylenediamine and adipic acid
PBT	polybutylene terephthalate

PC	polycarbonate
PCCE	polycycolhexylene dimethylene terephthalate
PCTA	polycycolhexylene dimethylene terephthalate, acid
PCTG	polycycolhexylene dimethyl terephthalate, glycol
PE	polyethylene
PEI	polytherimide
PEN	polyethylene naphthalene
PES	polyethersulfone
PET	polyethylene terephthalate
PETG	polyethylene terephthalate, glycol
PF	phenol-formaldehyde resin
PI	polyimide
PK	polyketone
PMMA	polymethyl methacrylate
PMMI	polymethylmethlacrylimide
POM	polyoxymethylene, polyacetale, polyformaldehyde
PP	polypropylene
PPE	polyphenylene ehter
PPS	polypropylene sulfide
PPSU	polypropylene sulfone
PS	polystyrene
PS-SY	polystyrene, syndiotactic
PSU	polysulfone
PTFE	polytetrafluoroethylene
PUR	polyurethane
PVC	polyvinyl chloride
PVDF	polyvinylidene fluoride
SAN	styrene-acrylonitrile plastic
SB	styrene-butadiene plastic
SMAH	styrene-maleic anhydride plastic
TEEE	thermoplastic ester-and ether-elastomers
TPA	polyamide thermoplastic elastomer
TPC	copolyester thermoplastic elastomer
TPO	olefinic thermoplastic elastomer
TPS	styrenic thermoplastic elastomer
TPU	urethane thermoplastic elastomer
TPV	thermoplastic rubber vulcanisate
TPZ	unclassified thermoplastic elastomer
UP	unsaturated polyester

(1) 난연성 규격과 고무 재료

1) 격막(Diaphragm) 재료

① PTFE(Polytetrafluoro Ethylene)는 폴리테트라플루오르에틸렌, 4F(PTFE)는 불소수지의 전수요 중 60%를 차지하는 가장 대표적인 불소수지로 내열성 · 내한성 · 내약품성 · 저마찰 특성 · 비점착성 · 전기적 성질 등이 뛰어나다. 여러 가지의 특성을 동시에 필요로 하는 경우(내열성+전기 특성, 내약품성+내열성, 비점착성+내열성)에 주로 사용되고, 구체적으로는 화학공업이나 반도체 산업의 내약품 · 내용제성을 필요로 하는 용도 등을 들 수 있다.

② PFA(Perfluoroalkoxy)는 Tetrafluoroethylene와 Perfluoroalkyl 비닐에테르의 공중합체이다. 합성되는 중합체는 사출성형 방법을 통해 가공성이 좋은 유동(Flow) 특성, 용매저항 특성이 있다. 반 정질형 용융가공 불소수지로 우수한 내열성, 화학성, 가공성을 지니고 있다. FEP보다 우수한 스트레스 크래킹, 저변형성 및 내 투습성이 장점이다. FEP는 융점 250~295℃, 연속 사용온도 200℃이며 사출성형, 압출성형도 된다. 내열성 이외의 특성은 PTFE에 가깝고 광투과성과 내후성이 우수하다.

③ ETFE(Ethylene-Tetra Fluoroethylene)는 에틸렌과 테트라클로로에틸렌의 공중합체이다. 다른 불소중합체(Fluoropolymer) 수지에 비교해, Tefzel® ETFE는 상대적으로 고가로 우량한 기계적인 강인성, 걸출한 화학성 및 쉬운 공정이 특색이다. 이러한 ETFE는 용융점도가 낮기 때문에 가공성이 우수하고 수지의 기계적강도도 불소수지 중에서는 우수한 것 중에 하나이며 내식라이닝에서도 많이 사용된다. 이러한 가공성이 좋은 복잡한 형상물에도 안정적인 가공이 가능하며 기계적 강도

가 우수하다.

④ NBR(Acrylonitrile-Butadiene Rubber)은 아크릴로니트릴부타디엔 고무는 부타디엔과 아크릴로니트릴의 혼성중합에 의해서 생기는 합성고무로서, 부타디엔아크릴로니트릴고무 · 니트릴고무 · NBR · GR-N · 부나 N이라고도 한다. 부타디엔과 아크릴로니트릴의 몰 비율(Mol Rate)이 4 : 1, 3 : 1, 2 : 1, 1 : 1 등의 것이 만들어지고, 1969년에는 교대로 혼성중합된 것도 합성되었다. 내유성이 뛰어나며, 아크릴로니트릴의 함유량이 증가할수록 성질이 향상된다.

⑤ SBR(Styrene-Butadiene Rubber)은 스티렌부타디엔 고무는 스티렌과 부타디엔을 혼성 · 중합하여 만든 고무로 부나에스(Buna-S), 지아르에스(GR-S)라고도 하며, 줄여서 SBR이라고 한다. 스티렌과 부타디엔의 질량비를 25 : 75로 하여 만들며, 전체 합성고무의 80%를 차지한다. 물을 분산제로 하고, 비누로 스티렌과 부타디엔을 유화하여 공중합하는 유화중합법으로 만든다. 중합법에는 높은 온도에서 중합하는 핫 러버(Hot Rubber 50℃)방식과 낮은 온도에서 하는 콜드 러버(Cold Rubber 5℃) 방식이 있는데, 주로 콜드 러버 방식이 쓰인다.

⑥ SiR(Q, Silicone Rubber)은 상온에서도 약간의 유동성을 띠는 무색 또는 희미한 황색의 탄성고체로 규소고무라고도 한다. 실리콘오일보다 분자량이 큰 것으로, 분자량은 수십만 정도이고, 메틸기 $-CH_3$의 일부가 페닐기 $-C_6H_5$나 비닐기 $-CH_2=CH$로 치환되어 있는 것도 있다. 내열성이 좋아 고무탄성을 잘 잃지 않는다. 가황고무는 강도(인장강도 $70kg/cm^2 \sim 90kg/cm^2$, 신장률 150%~300%)에서 생고무에서와는 달리 cm^2당 수백kg의 인장강도나 800%의 신장률에는 미치지 못한다. 그러나 독자적인 성질을 보이는 것은 내열성으로 250℃에서 3일간 방

치하여도 강도나 신장률의 변화를 10% 이내로 유지할 수가 있다. 또 −45℃에서도 고무탄성을 잃지 않는다. 따라서 항공기의 창문을 봉하는 데나 발수성(물을 튀기는 성질)을 필요로 하는 곳, 또는 발열하는 곳에 특수재료로 사용되며, 고무롤러의 속 부분, 패킹 재료, 전기 절연 재료 등으로 널리 쓰인다.

⑦ 고무는 열(내열, 내한), 오존, 연료, 용제 등의 약품, 오일 등의 첨가물, 증기 · 열수, 기계적 입력 등, 다양한 스트레스로부터 영향을 받는다. 예를 들면, 열이 추가되면 산화하고 고무는 경화하거나 연화한다. 오존이 추가되면 균열이 발생하고 거기에 기계적 입력이 가해지면 그 제품 · 부품은 파손에까지 이르게 된다. 또한, 반복입력을 가하면 시간에 따라 늘러져 피로파괴에 이르게 된다.

⑧ 제조공정에서 고무의 품질저하의 주된 원인은 계량시의 계량 실수, 혼연 시의 첨가 실수, 보관 시의 배합제의 실효, 가류성형 시의 가류부족이나 흐름 불량과 전 공정에 있어서 이물질의 흡입이 쉽게 되지 않도록 공정을 개선토록 하였다.

⑨ 유체 흐름의 개 · 폐를 직접적으로 관여하며 누수에 의한 고장의 주요 고장 원인이 될 뿐만 아니라, 사이드홀(Side Hole)의 존재로 개-폐시에 유체압에 의해 발생하는 수격현상을 방지하는 역할을 겸한다.

⑩ 격막을 이루는 고무 재질이 필드환경(온수, 염소 등) 하에서 열화가 진행되어 고무 재질의 화학적 구조가 변하여 그 특성이 저하된다.

표 6.2 실리콘 고무의 내유성

종 류	침적조건 (℃/시간)	물성변화(%)			
		강도(POINT)	인장강도	신율	용적변화
ASTM NO.1	150/168	-10	-10	-10	+10
ASTM NO.3	150/168	-25	-20	-20	+40
지엠 하이드래메틱 오일	94/70	-35	-40	-5	+35
포드 브레이크오일	150/72	-20	-60	-40	+15
디젤오일	50/168	-30	-	-	+105
가솔린	23/168	-20	-	-	+165
스카이드롤500A 오일	20/168	-5	-10	+5	+10
모터오일(SAE#30)	175/168	-8	-70	+65	-8

인장강도(kgf/mm^2)	NR > NBR > CR > CPE > CSP > EVA > SR > SBR > EPDM
신율(%)	NR > EPDM > SR > CSP > CPE > EVA > SBR > CR > NBR
내열성 특성	SR > EPDM > CSP > CPE > EVA > CR > NBR > SBR > NR
내한성 특성	SR > EPDM > CR > EVA > CSP > CPE > NBR > SBR > NR
내오존성(ppm)	EPDM > EVA > SR > CSP > CPE > CR > SBR > NBR > NR
내유성 특성	NBR > CR > EVA > CSP > CPE > SR > SBR > EPDM > NR
전기적 특성(Ω)	EPDM > EVA > SR > CSP > SBR > NR > CPE > CR > NBR

2) 오존의 작용

대기 중에는 pphm정도의 미량의 오존이 포함=성층권에서 생성하여 지표까지 도달한 것. 자동차의 배기가스에 의해 Nox의 광화학 반응에 의해 생성한 것. 전기 기기 등 고전압이 발생하는 곳에서 생성한 것. 오존은 고무표면에 국부적인 균열을 발생시키고, 고무가 변형된 상태에 있어서만 문제발생, 오존균열방지=고무표면에 보호피막을 만드는 왁스의 사용. 오존 열화제의 사용 또는 내오존성이 있는 폴리머 혼합(Polymer Blend) 등이다.

3) 고무의 피로

피로수명 향상을 위한 방법으로 고무제품이 사용되고 있는 분위기의 영향을 배제하기 위해서 고무재료를 이들의 분위기에 견디도록 설계할 필요가 있음. 제작과정에서 표면에 흠이 생기지 않도록 금형표면의 정밀도향상, 고무혼합물의 분산의 균일화, 기포가 생기지 않도록 유의하고, 제품 형상설계에서 접착부 등에서의 응력 집중을 피하도록 한다. 압축이나 전단에 사용되는 제품은 최소 변형률이 0% 내외가 되는 것을 피하기 위하여 예비부하를 주는 것이 바람직하다. 시험조건은 상태물성 : 1차 경화 : 10분/170℃ 2차 경화 : 4시간/220℃ 경화제는 LS-4, 1phr, 압축영구 줄음률 : 22시간/177℃, 내열성 : 14일/210℃, 내유성 : 70시간/150℃, ASTM #3 OIL, 내유성 : 24시간/23℃, FUEL C 등이다.

표 6.3 영문조항에 의한 약어 표기

약어(Abbreviation)	조항(Term)
Flame Class	ANSI/UL 94 Flammability Classification
Material Dsg	Material Designation
Col	Color
Min Thk	Minimum Thickness
Thk Rg	Thickness Range
Den Range g/cc	Density Range, g/cc
Elec	Electrical
RP	Radiant Ranel
RTI	Relative Temperature Index
HWI	Hot Wire Ignition
HAI	High Amp Arc Ignition
HVTR	High Voltage Arc Tracking Rate
D495	ASTM D495 Arc Resistance
CTI	Comparative Tracking Index
Mech	Mechanical

약어(Abbreviation)	조항(Term)
Tnsi	Tensile
Elong	Elongation
Str	Strength
Imp	Impact

집중하면 강철도 뚫을 수 있는 힘이 생긴다.
초점을 맞추는 것의 힘은 빛을 통해서 알 수 있다. 넓게 흩어진 빛은 힘이나 영향력이 거의 없다. 하지만 빛의 초점을 맞추면 에너지를 모을 수 있다. 돋보기를 통해서 태양빛을 모아 잔디나 종이를 태울 수 있다. 레이저 광선처럼 빛이 더 강하게 한 초점으로 모아지면 강철도 뚫을 수 있다.

－릭 워렌－

▮6-1-4 소비자의 심리를 알아야 살아남을 수 있다

기업들의 신기술개발은 항상 소비자를 염두에 두고 이루어진다. 이익을 내야 하는 것이 기업의 속성인 만큼 실용화될 수 없는 기술을 위한 기술개발을 하는 기업은 없다. 기업들은 신제품을 생산할 때나 신기술을 개발할 때 소비자의 구매력을 얼마만큼 자극할 수 있을 것인가를 먼저 생각한다. 따라서 기업의 기술개발은 소비자의 요구에 의해 이루어진다 해도 과언이 아니다.

아무리 뛰어난 기술로 만들어졌다 해도 고객이 외면한다면 의미가 없는 것이다. 그래서 기업들은 고객의 목소리에 항상 귀를 기울여야 한다. 이탈리아의 세계적인 의류회사인 베네통은 새로운 기획상품이 완성되면 제품 모두를 한꺼번에 시장에 내놓지 않는다. 새 상품의 20% 정도만 시장에 선보여 소비자의 취향을 살핀 다음 부족한 점을 재빨리 보강해 완전한 제품을 판매한다. 소비자가 원하는 제품을 내놓기 위한 것이다. 베네통은 이러한 판매전략, 즉 소비자의 목소리에 충실히 귀를 기울임으로써 소비자에게 만족을 주고 높은 수익도 얻고 있다.

> 타인으로부터 진심어린 존경을 받는 방법
> 평균적인 사람은 자신의 일에 자신이 가진 에너지와 능력의 25%를 투자한다. 세상은 능력의 50%를 쏟아 붓는 사람들에게 경의를 표하고, 100%를 투여하는 극히 드문 사람들에게 머리를 조아린다.
> — 앤드류 카네기 —

6-1-5 한국의 기술개발 수준

각국의 기술개발 경쟁이 치열하게 전개되고 있고 기술 선진국들의 기술보호주의 경향이 갈수록 심화되고 있는 지금, 과연 우리의 기술수준은 어느 정도에 와 있는가. 우리나라는 지난 1970년대 이후 급속한 경제성장을 이룩했으나 아직 선진국에 비해 기술수준이 크게 뒤지고 있는 실정이다.

최근 한국과학기술연구원이 OECD 등에서 발표한 각종 기술 관련 데이터를 동원해 지표화한 우리나라의 기술개발력 및 기술수준 등을 보면 1976년~1988년 기간 동안 우리나라는 미국, 일본, 영국, 독일, 프랑스, 이탈리아, 캐나다 등 선진공업 7개국에 비해 기술개발력 상승률은 월등히 빨랐던 것으로 나타났다. 그러나 1988년을 기준으로 할 때 기술개발 능력은 미국과 일본에 비해 각각 36%와 56% 수준에 머물고 있다.

우리 기업들은 절대적인 기술개발 투자부족으로 여전히 기술빈곤 속에서 허덕이고 있으며, 그나마 축적된 기술도 핵심기술이 아닌 주변기술에 그치고 있어 국제경쟁력이 떨어지고 있다. 첨단기술, 기초기술은 물론 산업기술 분야에서조차 일부 조립기술, 생산기술을 제외하고는 설계 가공기술, 부품 및 소재기술, 시험평가기술 등 거의 모든 분야에서 선진국과 상당한 격차를 보이고 있다.

우리나라의 기술수준은 91년도를 기준으로 할 때 국제적인 기술규모 수지가 미국의 9.8%, 일본의 12.1%, 독일의 18.9%에 불과하며 해외기술 의존도는 22.3%로 미국의 1.6%, 일본의 6.6%, 독일의 6.2%와 비교할 때 초라하기 그지없다. 전체 제조업 생산 중 첨단기술 제품이 차지하는 비중도 8.3%에 불과해 미국, 일본의 17~19%에 비해 절반도 안 되는 형편이고 제조업 수출 중 첨단기술 제품의 수출도 미국, 일본의 33~37%보다 훨씬 낮은 16% 수준에 그치고 있어 향후 후발개도국의 세계시장 잠식을 감안할 때 지속적인 수출시장 확대에 큰 장애요인으로 작용할 전망이다.

한국산업기술진흥협회가 발표한 '1992년판 산업기술백서'에 따르면 선진국의 기술수준을 1백으로 볼 때 노동집약적인 우리의 조립기술은 76%로 어느 정도 선진국과의 경쟁력을 갖추고 있다. 그러나 설계, 시험, 정밀도, 측정기술 등 원천기술은 선진국에 크게 뒤떨어진 것으로 나타났다. 특히 창조적 기술의 원천인 기초과학은 국제학술지 게제 논문 편수를 기준으로 할 때 세계 32위에 불과한 실정이다.

> 목표를 설정할 때 성공은 이미 시작된다.
> 목표는 주의를 집중하는 것이다. 인간의 의식은 분명한 목적을 갖기 전에는 목표 달성을 향해 움직이지 않는다. 목표를 설정할 때 성공은 이미 시작되는 것이다. 목표를 설정하는 순간 스위치가 켜지고 물이 흐르기 시작하고 성취하려는 힘이 현실화되는 것이다.
>
> – 린 데이비스 –

이 백서를 보면 우리가 선진국 수준에 도달했다고 자평하는 반도체 기술의 경우 기억소자부분은 선진국 대비 80% 이상의 기술력을 보유, 미국과 일본에 이어 세계 3위를 마크하고 있으나 핵심기술은 설계 40%, 재료 10%, 장비제조 10% 수준에 머물고 있다. 컴퓨터산업은 선진국의 37% 수준으로 경쟁상대국인 대만의 56%에 비해서도 열세를 보이고 있다. 특히 컴퓨터의 핵심기술인 마이크로프로세서 설계기술은 선진국의 3%, PC용 칩세트 설계기술은 5%에 불과하다.

또 입출력시스템(BIOS)기술은 10%, 최근 보급이 확대되고 있는 노트북 컴퓨터 설계기술은 20%로 그 격차가 매우 크다. 가전산업도 조립기술은 일본의 80% 수준에 이르고 있지만 설계기술은 50~60% 수준으로 기초 핵심기술이 취약함을 보여주고 있다.

자동차산업은 가공 조립기술이 미국, 일본의 90%에 육박하고 있으나 기본설계 및 해석기술은 40%선에 머물고 있다. 세계 제2위의 조선 수주실적을 올리고 있는 조선산업의 설계 전산화, 생산관리 최적화 및 자동화, 컴퓨터통합시스템 등 주요 기술수준도 선진국의 28~44%에 불과해 이들 기술은 선진국에 의존할 수밖에 없는 실정이다. 우리나라의 섬유류 수출은 세계 4위이지만 기술수준은 전반적으로 선진국의 70% 수준에 머물러 있다. 특히 21세기의 주축 산업인 정보, 메커트로닉스, 신소재, 생명과학 분야의 주요 세부기술개발에서 미국, 일본 등 선진국에 비해 기술수준이 3~4년 뒤져 있는 것으로 관련업계는 평가하고 있다.

이 때문에 우리나라의 주요 산업인 자동차, 전자, 발전설비, 컴퓨터, 반도체, 통신기기, 철강, 조선 분야에서 외국으로부터 기술을 도입한 뒤 지불하는 로열티가 계속 큰 폭으로 증가, 제품 판매이윤의 상당 부분을 기술보유국에 고스란히 바치는 실속 없는 장사를 하고 있다.

따라서 관리자의 능력을 배가시킬 필요가 있다.

> 오늘 무슨 생각을 하느냐에 내일이 달려있다.
> 오늘은 어제 생각한 결과이다. 우리의 내일은 오늘 무슨 생각을 하느냐에 달려있다. 실패한 사람들의 생각은 생존에, 평범한 사람들은 현상유지에, 성공한 사람들은 생각이 발전에 집중되어 있다.
>
> – 존 맥스웰 –

(1) 품질관리(QC)에서 신뢰성관리(RM)로 전이과정

1) 신뢰성보증 활동

설정된 신뢰성 목표를 신뢰도 배분하고 명확하게 시스템과 부품단위로 구분한다. 각 시스템 및 부품설계에서는 주어진 신뢰성 목표를 달성하기 위한 대책을 검토함과 동시에 신뢰성 시험을 실시해서 신뢰도 예측을 한다. 또한 신뢰성 심사를 통해서 신뢰성의 추이를 파악하고 계획과의 차이를 밝힌다. 또한 생산에 관해서 개발종료 후에 이것의 정보를 입수하는 것이 아니라 개발 초기부터 생산기술부문과 연계해서 공차 면에서 생산하기 쉬운 설계가 가능하도록 협력적인 활동이 필요하다.

그리고 불량신고의 해석결과로부터, 개발 당초에 설정한 신뢰성 목표의 타당성을 검증하고, 러닝 체인지 또는 차기제품의 신뢰성 목표에 반영해가야 한다. 중요한 것은 이러한 불량신고 처리 활동을 통해서 그 고장 또는 불만에 대한 고객의 의견, 요구 값을 잘 듣는 것과 고객이 사용하던 방법을 파악하는 것이다. 이것의 신뢰성 보증활동에서 고객요구를 충족시킨 신뢰성 목표의 설정가능 여부와 설계단계에서 반영할 수 있는 것이다. 그 결과로부터 신뢰성 목표의 달성도 확인의 필요성과 요건이 정해지는 것이 미흡하다.

표 6.4 신뢰성과 품질과의 차이

항 목	신뢰성	품 질
평가 결과	수명, 고장률	합격, 불합격
발생의 근원	고 장	산 포
거동중심	설계중심	공정중심
품질요소	미래품질보증	완성시점의 품질
환경조건	공정, 운반, 저장, 사용 환경	공정환경
시험방법	고장이 발생할 때까지 시험	규격 적합여부 시험
software, hardware	soft와 hard가 유기적인 결합이 요구	software
중점예측	미 래	현 재
사고방식	통합적 시스템	해석적
개선방법	한계를 파악하여 조치	산포를 좁힌다.
가치기준	미래 품질에 대한 평가	현재 품질에 대한 평가
조 직	엔지니어, 고장분석, 신뢰성 시험	품질관리, 독립적
시간적 개념	동 적	정 적
평가대상	수명, 고장률 추가	품질, 성능

표 6.5 협의의 품질과 신뢰성의 비교

구 분	품질(Quality)	신뢰성(Reliability)
개 념	공정(현재) 품질	시장(미래) 품질
평가요소	품질(기능, 성능)	종합성능+사용조건+시간
평가결과	양/불량	정상/고장
평가지표	불량률	고장률 및 수명, SCR
시간영역	정적/출하 이전(사내)	동적/출하 이후(시장)
주요원인	설계결함, 공정산표	실제/제조결함, 스트레스, 시간
개선방법	설계품질확보/공정관리	좌동, 고장원인 분석 및 설계변경

* SCR : Service Call Rate

2) 신뢰성 설계

신뢰성 설계에 있어서 중요한 것은 신뢰성 목표가 고객의 요구를 확실하게 파악하는가의 여부이다. 고객의 요구는 경제, 문화 등의 발전에 따라 시장동향에 의해 좌우된다. 그 때문에 지역에 따라 부품에 대한 요구, 사용목적과 사용법이 다른 케이스가 많다. 따라서 고객의 사용법과 요구레벨을 정확하게 파악할 수 있는가의 여부로 고객의 요구를 만족시킬 수 있는 여부가 걸려있다. 고무·수지 등의 고분자재료 사용; 신뢰성 설계를 하는 경우에 재료의 특성을 정확하게 파악하고 적용하는 것이다. 두 번째가 설계적으로 응력집중을 일으키지 않는 구조, 형상을 취하는 것, 세 번째가 구조조건을 완전히 파악되지 않고 있다.

① 재료특성의 고려 : 어떤 수지에서는 응력을 받은 채 오일류에 닿으면 환경응력의 깨짐이 일어나거나 간단하게 수지가 깨지는 경우가 있다. 또한 수지재료는 산소에서 보다 산화열화를 일으키고, 온도가 높을수록 반응속도가 빨라져 가속도적으로 열화가 진행된다. 따라서 수지재료가 어떤 재료의 부품과 닿는가, 또는 어떤 환경조건(Stress)에 접촉하는가를 파악하는 것이 결여되어 있다.

② 설계면(구조, 형상)에서의 고려 : 기본적인 것은 구조상, 형상에서부터 생각해서 응력집중을 일으키지 않는 구조의 형상을 취하는 것이 중요하다. 다음으로 중요한 것은 응력집중 된 부위의 응력에 대해서 허용가능 한 내력-허용응력을 갖은 재료를 선택하는 것이다. 국부에 집중된 응력은 FEM 해석이 요구된다.

③ 구조면에서의 고려 : 구조면에서 성형 시에 발생하는 응력과 Weld line의 문제이다. 성형 시에 발생하는 응력은 금속에 대해서 선팽창률이 10배 정도로 높기 때문에 금속과 일체성형하면 반드시 불필요한 응력이 발생한다. 이러한 응력을 얼마만큼 완화시키는 능력이 부족하다.

3) 신뢰성시험체계

신뢰성평가를 하기 위한 신뢰성시험에는 두 가지의 역할이 있고 자동차의 경우에 기본적으로 신뢰성 시험은 Full big ground로 실시된다. Rubber, Resin부품의 경우에 주행·회전의 기계적 입력을 가해, Splash, 염수, 일사, 열(고운, 저온), 먼지 등을 시장에서의 사용빈도를 고려해서 시험조건으로 맞춤이 이루어져야 한다.

자동차 신뢰성시험의 체계

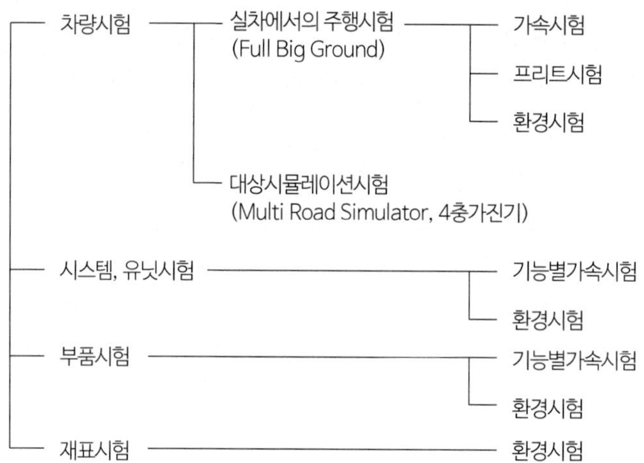

고분자 재료의 열화와 수명

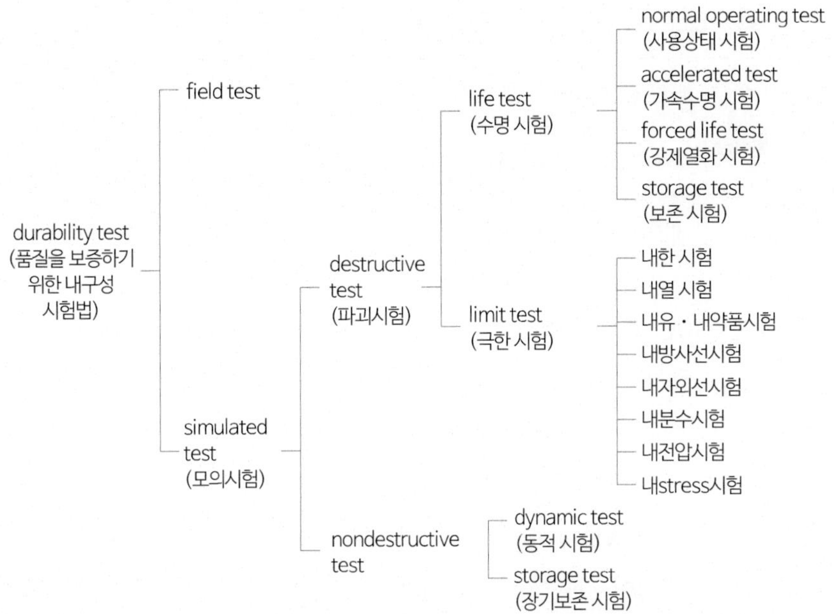

표 6.7 규격한계의 변화에 따른 불량률 변화

규격 관계	양품률 (%)	불량률 (PPM)	불량률	불량률×(1/2)	표준정규분포의 우측 퍼센트점 (SigmaPro-21 패키지 계산 값)
$\pm\sigma$	68.27	317300	0.3173	0.15865	0.158655256032944
$\pm 2\sigma$	95.4	45500	0.0455	0.02275	0.0227500610053539
$\pm 3\sigma$	99.73	2700	0.0027	0.00135	0.00134996720589697
$\pm 4\sigma$	99.9937	63	0.000063	0.0000315	0.0000316860350721981
$\pm 5\sigma$	99.999943	0.57	0.00000057	0.000000285	0.000000287104995777554
$\pm 6\sigma$	99.9999998	0.002	0.000000002	0.000000001	0.000000000990121873378769

표 6.8 6 Sigma 품질수준

구 분	3시그마	4시그마	5시그마	6시그마
면 적	소규모 상점 넓이	평균 거실의 넓이	전화기가 놓인 면적	다이아몬드 알 크기
오자 수	책 한 장당 1.5개	책 30장당 1개	백과사전 한 질당 1개	소규모 도서관의 소장 도서들 중 1개
10억 달러당 부채	2백 70만 달러	6만 7천 달러	5백 70달러	2달러
거 리	미주대륙 횡단	5분 드라이브 거리	주변 주유소까지 거리	4발작 거리

4) 5년~10년 후의 예측

① 전기자동차 · Hybrid 자동차용 고압 Harness와 42V화

Wire harness의 열 문제를 피하기 위해 Wire harness의 설계 시에 상정되는 문제에 대한 충분한 검토가 보다 빠르고 정확하게 실시될 수 있도록 3차원 CAD에 의한 Wire harness의 위치검토와 전압강하, 온도상승 등, 설계 시의 고려 아이템이 시뮬레이션에 의해 검토되고 있다. 가상평가가 시스템과 Wire harness의 설계를 지원하는 것으로 Wire harness의 설계신뢰성이 향상될 것이다.

에너지와 환경문제에 대한 관심이 높아짐에 따라 전기자동차와 Hybrid 자동차가 급증할 것으로 예상된다. 이들에는 모터구동에 필요한 에너지를 고전압 대전류로 보내기 위한 특별 사양의 고압 Harness를 사용하고 있다. 또한 미국 MIT(매사추세츠 공과대학)를 중심으로 컨소시엄을 설립하여 검토하고 있는 42V전압의 이용은 부하증가에 대해 전압을 올려 전류를 억제하는 것으로 전선의 소형사이즈 효과가 기대된다. 그러나 고전압화는 아크와 리크 등 열 발생 기회가 증가하는 측면도 있어 이에 적합한 커넥터구조의 검토가 이뤄지고 있다.

자동차에 전기전자기술 도입이 가속화됨에 따라 현대의 자동차에 사용되는 전선의 총 연장은 평균적으로 약 1.5km에 이르며 향후 더욱 커져갈 것으로 예측되고 있다. 현재 고급형 차량에는 약 3,000개의 개별단자와 400개 이상의 커넥터가 존재하고 있다. 자동차의 환경은 큰 온도변화, 높은 습도, 부식성대기, 진동등과 같이 커넥터 부품에 매우 가혹한 환경이기 때문에 자동차 전기 고장의 약 30~60%가 커넥터 문제로 나타나고 있다. 아래 표는 GM과 Delphi delco electronic systems에서 제시한 자동차의 환경 요인을 나타낸다.

최근에는 차량의 고기능화에 따른 탑재기기의 증가와 전자제어화가 진전, 엔진룸 내에 탑재된 제어기기, 보조부품, 센서부품 등의 밀집도가 높아지고 있다. 이 밀집화는 Wire harness에 회로수 · 부하용량 증가와 탑재 경로의 제약이라는 영향을 미친다. 그 결과 엔진과 차량기기 등에서 복사열과 통전에 의해 Wire harness의 자기발열에 대한 Wire harness의 회로와 경로를 설계하기 위한 배려가 요구된다.

Wire harness는 회로를 형성하는 전선, 기기와 Wire harness를 접속하는 커넥터, 전선을 묶고 보호하는 외장재, 회로의 분배 · 집약하는 박스, Wire harness를 차체에 고정하는 부품으로 구성된다. 이들 구성부품의 대부분은 수지재료와 금속재료로 각각 기능과 성능을 구비하고 있지만 차량엔진에서 받는 열에 의해 변형, 열화, 피로를 일으켜 기능저화, 성능저하의 열 문제로 이어질 수 있다. 아래 그림은 Delphi delco electronic systems에서 제시된 엔진부 온도 환경을 나타낸다.

저온 환경에서의 열 문제는 겨울철 −40℃에 달하는 캐나다와 같이 외기 온도가 현저히 저하하는 조건에서 사용하는 차량에서 발생한다. 이 경우 열 문제 내용은 Wire harness의 수지재료가 저온 취화를 일으키고 다시 충격과 굴곡에 의해 전선절연체와 외장재, 한지 구조를 갖는 플라스틱 부품의 균열현상으로 이어진다.

② 자동차 엔진부위의 온도환경

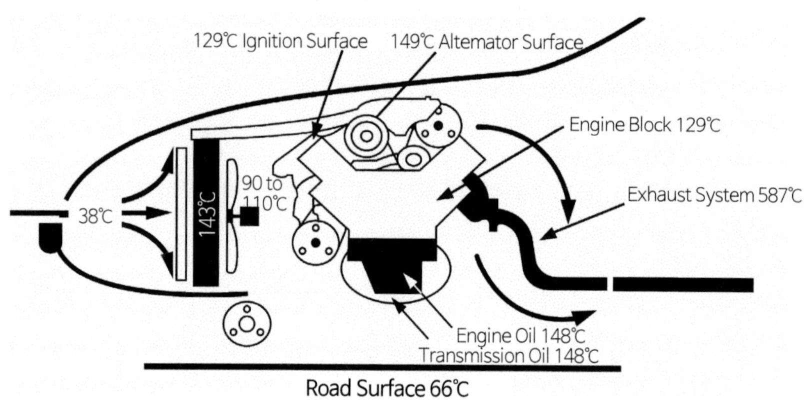

자료 : Delphi delco electronic systems(2006)

고온 환경은 엔진, 배기관, 모터의 발열체에 의해 주위온도의 상승으로 인한 복사열에 따른 열 요인, 그리고 배선, 커넥터 등의 접속부가 통전에 의해 자기발열 하는 열 요인에 의한 것이 있다. 단, 각각 단독 요인으로 문제가 되는 것은 열원에 매우 가까운 Wire harness 경로를 설정한 경우에 한정되며 많은 경우 각각이 열 간섭에 의해 발생한다. 이 경우 열 문제의 내용은 외장재, 전선용융, 경화, 파손에 이르는 열 열화 · 변형과 접촉스프링에 사용되는 금속재료의 열 열화에 의한 커넥터 접속부의 접촉저항상승 현상이 예상된다.

고온과 저온 사이클의 반복은 엔진과 차량탑재기기의 On과 Off 시와 같이 차량의 일상사용에 의한 온도변동, 밤낮의 일조와 계절변화를 통하여 최저기온에서 최고온도까지의 온도변동에 의해 발생하는 환경이다. 이 환경에서의 열 문제는 온도변화로 인하여 수지재료가 팽창·수축을 반복, 열 피로를 일으키는 것이다. 이 때문에 재료고유의 물성치가 달라져 재료계면에 응력이 집중, 수지부에 균열현상이 발생하기도 한다.

5) 결론

① 신뢰성기술이 향상된 자동차 부품개발의 필요성

고장원인의 구명은 고장 메커니즘은 고장을 일으키는 물리, 화학적 또는 기계적 과정을 말한다. 즉, 외부에서부터의 스트레스에 의한, 물리적, 화학적으로 변화하고 고장에 이르기까지의 구조를 말한다. 예를 들면 피로파괴, 마찰, 마모, 크리프, 충격파괴, 부식, 산화 등이 대표적인 것이다. 그러나 실제 시장에서는 여러 가지 고장 메커니즘에 의해 제품이 고장 나기 때문에 몇 개의 고장 메커니즘이 상호작용해서 최종적인 고장을 일으키는 경우도 적지 않다. 따라서 실제 고장 해석에 있어서는 하나의 고장 메커니즘으로 결정지을게 아니라, 다방면에서의 고찰이 필요하다. 제품개발에 있어서는 이 스트레스를 얼마나 정확하게 파악하는가, 또는 시시각각 변화하는 이것들의 스트레스를 시간적으로 파악하는 것이 신뢰성 설계 시에서 중요하다.

고장해석을 함에 있어서는 대상으로 삼는 유닛, 제품이 일으킬 가능성이 있는 요인을 하나씩 밝혀낼 수밖에 없다. 그러나 실제로 고객에게 신속한 대응과 피해의 확대방지의 관점에서 빨리 원인을 조사하고 대책을 세워야만 한다. 이를 위해서는 과거의 시장에서 고장해석결과나 회사 내에서의 재현시험결과를 축적해서 데이터베이스화하는 것이 필요하다.

② 신뢰성기술이 향상된 자동차 유닛개발의 필요성

자동차는 거대한 전자기기로 불릴 만큼 수많은 전기/전자 부품으로 구성되어 있다. 자동차 내부의 전자/전기 부품의 모든 데이터신호와 전력은 Wire harness를 통해 전달된다. Wire harness가 고장이 나면 자동차는 움직일 수도 멈출 수도 없게 된다. 따라서 Wire harness의 신뢰성이 보장되지 않는다면 자동차의 성능뿐만 아니라 탑승자의 생명까지 위협을 받게 된다. 자동차업계에서는 케이블과 커넥터의 중요성이 높게 인식되어 이의 신뢰성 향상을 위한 연구가 활발하게 진행되고 있다. 자동차의 경우 전자/통신기기보다 훨씬 가혹한 환경에 놓이기 때문에 더 높은 신뢰성이 요구된다.

자동차 및 자동차에 탑재되는 부품의 품질, 신뢰성에 대한 요구는 계속적으로 높아지고 있다. Wire harness에 열 문제가 발생하면 그 영향은 심각해질 수 있다. 따라서 이 같은 사태를 피할 수 있는 신뢰성의 확보를 위해 설계, 평가, 제조, 검사 등 다양한 방면에서 유의해야 하며 특히 동력계 전체에 관련하여 시스템, 부품, 재료측면에서의 종합적인 기술개발이 이뤄져야 한다.

6-1-6 관리자의 능력

(1) 직급능력배분

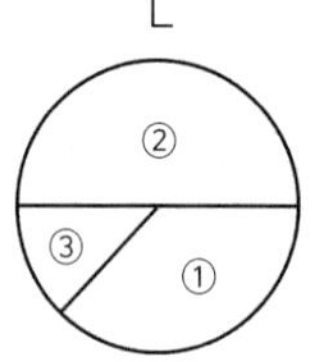

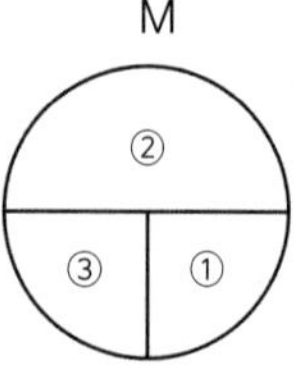

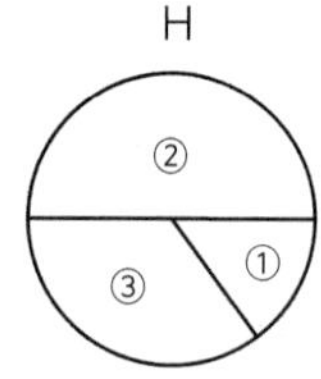

①: 실무 능력(Technical Skill)
②: 대인관계 능력(Human Skill)
③: 개념화 능력(Conceptual Skill)

(2) 능력

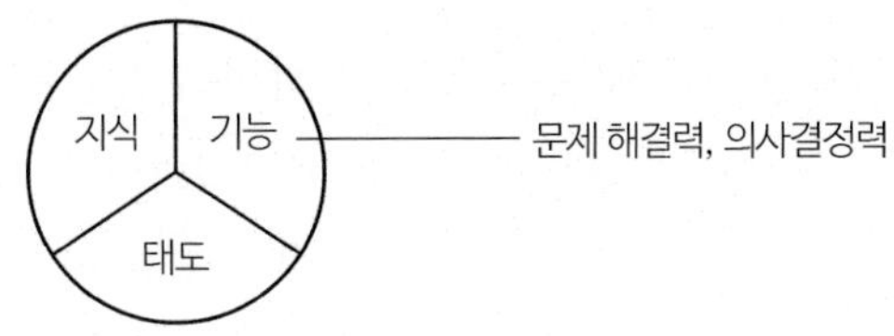

조직의 프로세스를 통제하는 어려움과 프로세스에 대한 자료수집의 부담, 그리고 대부분의 프로세스자료의 부정확성으로 인하여 프로젝트에 나쁜 영향을 미치는 경우가 많다. 목표가 극대화되거나 만족되는지를 확인할 수 없을 경우에 Thompson은 효과평가를 사회적 준거집단활용이 필요가 있다고 제시한다. R&D투자와 기업경영 성과와 정의 상관관계가 있는 사례분석이 있고 시장점유율이 높을수록 R&D투자지출비율이 높다는 논문도 있으며 R&D투자가 기업이 평균이상의 수익률을 얻을 수 있게 한다는 주장도 있다. 이와 같은 상황을 감안해 볼 때에 지역별 손익계획에 의하여 자산손실률(장부가 자산−실사 후 자산/장부가 자산), 자재손실률(장부가 자재구매액−제품화된 자재액/장부가 자재구매액), 공장Line별 효율(생산매출액−투입재료비/감가상각비+인건비)등을 지역별로 손익계산을 한 결과를 난이도채점표에 의하여 자동check될 수 있도록 시스템화 되어야 하고 연구개발의 효율(신제품 비율/신제품 매출기여율)≥1을 높이기 위해서는 신제품의 종류수를 늘리고 전제품의 매출액을 올려야 한다. 그러므로 정부출연연구소이든, 기업연구소이든 간에 벤처기업의 개념으로 경영학적 평가관리

되어야 한다. 또한 정부출연연구소가 기능위주에서 부품소재위주로 전환하기 위해서 연구소 통합이 불가피한 현실로 대두되고 있다. 스톡옵션(stock option) 제도에 주식매수 선택권이라고 하며 이는 회사가 임직원, 기술 및 경영능력을 갖춘자, 대학 및 연구기관 등에게 일정 기간 내에 자기회사의 주식을 일정한 간격으로 일정수량만큼 매입할 수 있는 권리를 부여하는 제도로서 주가가 상승하면 옵션(매수권)을 행사하여 주가상승 폭 만큼 이익을 얻을 수 있다. 이러한 제도의 목적은 단기적 경영성과와 중·장기적인 성장간의 균형을 도모하고 경영자의 이해와 주주의 이해를 연계하여 기존의 종업원을 유지하고 격려하며 능력 있는 종업원을 유인하기 위한 것이다.

> 개인의 차이를 중시할 때 팀워크가 살아난다.
> 개인의 특성이 무시되는 획일화된 조직보다 개인의 차이를 중시할 때 팀워크를 기대할 수 있다. 팀의 성공을 위해서는 조직 구성원들이 지닌 성향과 능력의 차이를 인정하는 것만으로는 부족하다. 그러한 차이를 강조하고 상호 교류로 시너지를 내도록 함으로써 팀 성과를 높이는 힘을 얻을 수 있다.
>
> -그레고리 후츠소-

6-2 전략요소의 특성

6-2-1 창조적으로 계승, 두 가지 이상의 원리를 접목시켜라

우리가 현재 선진국에 수십억 달러의 로열티를 지불하고 기술을 도입할 수밖에 없는 것은 우리들의 슬기가 모자라기보다 우리 주변에 숨어있는 슬기를 오늘의 의미로 재발견하고 그것을 창조적으로 계승하지 못했기 때문이다. 창의적 사고의 도출로 우리 문화자산을 현대 의미로 재발견해 기초과학, 기본기능을 창조적으로 계승시켜야 한다. 따라서 한국의 전통적인 생활상을 과학적 감성으로 계승시킬 경우 우리의 국제경쟁력은 우위를 확보할 수 있을 것이다. 한 나라의 전통문화, 슬기로운 지혜를 현재의 의미로 재조명, 재발견하고 그것을 창의적으로 계승해야 된다. 두 가지 이상의 원리를 접목으로 관계가 없는 기기나 자연현상의 원리를 제품에 새롭게 적용할 수 있는 아이디어로 전환시킬 수 있다. 한마디로 두 가지 이상의 원리를 접목시켜야 한다. 상당히 큰 개선이 아니면, 소비자는 신기술에는 관심을 갖지 않는다. 관련 분야에서의 발전을 고려하지 않고, 기술동향과 시장예측을 혼동한 것이며, 혁신 기술의 보급에는 오랜 시간이 걸리는 것이다. 아날로그 장치나 기계적 장치의 경우는 부분적 고장이 많아도 모두가 다운해버리는 것은 거의 없고 디지털 전자장치의 컴퓨터 · 시스템은 전면적이고 파국적인 사고를 일으키는 경향이 있다. 즉, 다운되면 완전히 다운해버리는 케이스는 전화의 요금계산이나 교환 소프트, 은행통장, 현금출납기, 전자적 자금이전 시스템 등이 있다. 그리고 경영혁신과 함께 다운사이징을 하여 직원들이 창의적인 형태로 전력할 수 있도록 해야 한다.

도전과 응전을 통한 발전

인간은 누구든 현실에 안주하려는 속성을 지니고 있다. 어느 정도의 단계에 이르면 거기에 만족하고 그만 멈추려고 한다. 그런데 인간이 처한 운명은 자꾸만 변하기 때문에 그럴 수가 없다. 운명은 인간에게 다음 단계로 올라가라고 도전장을 던진다. 그 단계에 이르면 다른 도전이 와서 또 다음 단계로 올라가게 한다. 그렇게 죽는 순간까지 인간은 도전을 받고 살아간다.

– 아놀드 토인비 –

▌6-2-2 과학적 사고에서 차별화된 기술개발

과학적 사고에서 차별화된 기술개발이 나오듯 과학적 사고로 차별화된 사회생활을 통해 발상전환을 해야 한다. 과학적 사고란 지식이 담긴 생각을 의미한다. 역사속의 좋은 문화를 창의적으로 계승해야 정신문명을 낳는다. 이런 정신문명만이 물질문명을 다스릴 수 있다. 물질을 다스리는 마음은 도덕성에서 나온다. 도덕성이 없으면 과학적 사고, 즉 지식이 담긴 생각이 나오지 않는다.

지식이 담긴 생각을 하기위해서는 다음과 같은 일을 중시해야 한다. 우선 매트릭스기법의 소프트웨어 분석을 중시해야 한다. 현대는 분석의 혁명시대다. 분석에는 상황분석, 원인분석, 잠재분석, 결정분석 등 4가지가 있다. 상황분석이란 중요과제가 무엇이냐, 우선순위가 무엇이냐, 무슨 근거냐에 따라 조사, 또는 실시하는 것이다. 이밖에 원인을 규명하는 원인분석이 있는가 하면 잠재되어 있는 리스크와 리스크에 따라 대책을 세우는 잠재분석, 최적안을 결정하는 결정분석이 있다.

비범한 인물들의 특성
모차르트나 프로이트처럼 한 분야에서 탁월한 성취를 이룬 비범한 인물들은 남과 다른 점을 알아차리고 그 점을 활용한다. 그들은 자신의 취약 분야는 무시하고, 대신에 '내가 추구하려는 영역에서 경쟁력을 갖기 위해 나의 장점을 어떻게 활용해야 할 것인가'라는 질문을 스스로 제기하고 효과적인 답을 찾아 대응한다.

– 하워드 가드너 –

▌6-2-3 매트릭스기법의 소프트웨어 분석

따라서 난이도에 의한 요인별 심층적 매트릭스기법의 소프트웨어 분석이 이루어져야 한다. 다음으로 정신력과 창의적 사고를 접목시켜야 한다. 우리는 흔히 상상과 창의를 혼돈하는 예가 많다. 새로운 방안을 내세우거나 생각해내는 의견을 창의라고 하며 단지 추측하는 것을 상상이라고 한다. 상상에는 공상, 재생적 상상, 창의적 상상이 있다. 공상은 생각하는 과정이며 재생적 상상은 단순한 상기에 가깝고 창의적 상상은 예술작품, 발명, 발견, 기술상의 산물, 구체적 방법 수단을 헤아리는 것을 말한다. 인간이 지닌 정신력, 즉 관찰하고 주위를 집중하는 힘인 흡수력과 기억하고 생각해내는 힘인 기억력은 학습에서 나온다. 분석하고 판단하는 힘인 추리력과 아이디어를 떠오르게 하는 힘인 창의력은 사고에서 나온다. 따라서 학습과 사고를 통해 인간이 지닌 정신력이 생성된다. 창의적인 사고는 이미 알고 있는 경험, 지식을 해체하는 분해와 새로운 아이디어를 다시 짜는 결합으로 이루어진다. 과학적 사고방식을 갖기 위해 우리는 인간이 지닌 정신력과 창의적 사고를 접목시켜야 한다. 그런 만큼 매트릭스기법으로 분석하고 정신력과 창의적 사고를 접목시키는데 치중해야 한다. 이를 통해 전혀 관계가 없는 기기나 자연현상의 원리를 제품에 새롭게 적용할 수 있는 아이디어로 전환시킬 수 있다. 한마디로 두 가지 이상의 원리를 접목시켜야 한다. 기업의 경영전략은 연구개발력 강화, 고부가가치화, 생산 · 판매 규모의 확대, 사업다각화 등으로 이루어진다. LAN 형태의 링구조로 전환으로 전화산업이 살아남는 길은 전화선의 광섬유화에 의한 화상통신에의 진출 이외에 없다. 기존의 시스템의 합리성을 잃어버렸다. 합리적인 시스템의 구조는 집중형에서 분산형으로 스타형의 구조로부터 LAN 형태의 링구조로 전환한 것이다. 방송 사양과 ISDN 사양은 다르기 때문에 케이블은 2개가 된다고 주장한 것이다. 소프트의 위법 카피, 해킹, 바이러스의 살포, 컴퓨터를 이용한 사기, 프라이버시 침해 등의 사례는 헤아릴 수 없다. 최근 해커나 데이터 도둑은 진행한 금융이나 군사 시스템에도 침입할 수 있다. 탑승권 예약의 속임수나 휴대폰의 팁의 재 프로그래밍과 같은 범죄에도 있으며 의료, 금융, 범죄기록이 어느 사이에 제3자에게 입수되어 있었다는 케이스도 있다. 이것들의 시스템은 화재, 홍수, 지진, 정전 등에도 약할 뿐만 아니라 해커의 침입이나 내부의 태업(Sabotage)공격에도 약하다.

모든 장애는 방해가 아닌 위대한 가르침이다.
당신이 모든 형태의 역경을 피해갈 수 있어서 그렇게 한다면, 당신의 성품을 어떻게 계발할 것인가? 역경이란 피해갈 것도, 두려워해야 할 것도 아니다. 품에 안고 극복해야 하는 것이다. 사람의 성품에서 인내심이란 마치 쇠에 탄소를 집어넣는 것과 같다. 탄소는 쇠를 굳게 만들고, 인내는 당신을 강하게 만든다.
– 컬린 터너(Colin Turner) –

▌6-2-4 외제에 의존하지 말고 소프트웨어를 팔아라

고품질 다품종 소량생산 시대의 90년대 이후에는 Layout Design, Plant Engineering 능력이 요구되며 제품의 신뢰성, 안전성 등 제품에 대한 책임이 더욱 커지고 설계 단계에서부터 품질 수준 향상이 크게 요구되고 있다. 제품의 unit, 부품의 표준화, 공용화를 고려하여 부품의 종류 수를 줄여야 한다. 따라서 Total cost 개념의 기술혁신을 이루어 연구개발 체재를 혁신하고 제조공정의 혁신, 판매망의 혁신에 힘써야 한다.

생산 System을 저해하는 부문, 설계자가 많은 부문, 신제품의 개발과 개량이 많은 부문, 설계 변경이 많은 부문은 더욱더 CAD, CAM System이 완성된 제품을 제조해야 한다. 특히, CAE, CAD, CAM System은 Symbol의 추진에 의한 Block, Insert 설계, 설계의 고품질을 위한 Simulation, 생산성 향상을 위한 CAD와 CAM 간의 도형정보 Connecting, 기존 도면의 효과적인 이용을 위한 도면관리, User의 도면 요구에 견적의 신속, 정확화, 다양한 Simulation을 통한 Optimal Design 등이 효과가 있다.

목적에 따른 소프트웨어 종류는 대단히 많은데 그중에서 몇 가지만 언급하면 기술계산, 도형, 화상처리 Simulation Software에서는 회화형 광학 CAD System, 도로교각 계산, 철교 자동설계 System, PWR 원자로 Plant 열유동 과도해석, 자동차 소음 예측 및 배기 Gas 예측, 형상, 최적설계 Soft 등이 있다.

Neural Network Software에서는 Expert System 구축 Sol., Neural 컴퓨터 Software, Neural Network 추구 Sol. 등이 있다. CAD, CAM Software에서는 PCB의 Artwork 프로그램, 3차원 Modeling 및 가공프로그램, 자재 Format, Property의 User Design 등이 있다.

CAE는 종합적인 CAD/CAM/CAT System의 Flow에서 Engineering Database와 Product Management Database를 구축하며 컴퓨터에 의한 종합적인 설계, 생산 시스템이다. CAT는 검사공정에서 컴퓨터의 관리하에 검사용 기계를 작동시키는 검사의 자동화다. CAD/CAM/CAT를 실현할 때 가장 중요한 역할을 하는 것이 컴퓨터 Graphics라고 하는 도형처리 기술이다. 이런 소프트웨어를 연구하여 한국은 Engineering을 팔아야 한다.

우리는 또한 2년여에 걸쳐서 컴퓨터 Simulation Software를 개발하기도 했다. 실험 Data와 Simulation Output data의 오차를 5% 이내로 정밀화한 Package는 전기제품에 폭넓게 응용됨으로써 첨단기술 응용에 발판이 되기도 했다.

우리는 너무 하드웨어적인 의식구조에서 벗어날 생각을 하지 않고 있다. 하루빨리 소프트웨어적인 사고방식을 가지고 기업의 중기 Project 계획이 입안이 되어 있어야 한다. 외국을 좋게만 하는 기업전략의 시대는 이제 지나갔다. 연구만 하면 CAD, CAE, CAT, CAM의 Software 등 개발할 수 있는 것은 무수히 많다. 이렇게 무수히 많은 소프트웨어에 대해 우리는 개발을 포기하고 있는 것은 아닌지 매우 의심스러워진다. 은근과 끈기를 가지고 우리의 합리적인 생활 속에서 기술화될 수 있는 것을 찾아내서 개발하는 데 힘을 쏟아야 한다. 무비판적으로 외제를 선호할 것이 아니라 우리 생활문화의 기반에서 Software Package를 연구개발하여 해외의 전 지역에 판매하여야 한다. 이것만이 우리 산업이 발전할 수 있는 길이다.

> 세상을 위해 나를 버릴 줄 아는 아름다운 비누는 쓸수록 물에 녹아 없어지는 하찮은 물건이지만 때를 씻어준다. 물에 녹지 않는 비누는 결코 좋은 비누가 아니다. 사회를 위하여 자신을 희생하려는 마음이 없고 몸만 사리는 사람은 녹지 않는 비누와 마찬가지로 나쁘다.
>
> – 존 워너메이커 –

▮6-2-5 하이사이클(High cycle)을 하기 위한 제품개발 전략

우리나라는 생산규모의 확대, 사업다각화를 경영전략으로 내세우는 기업들이 많다. 제품개발 전략 측면에서는 대부분 시장성을 우선적으로 고려한다. 고부가가치를 중요시하고 시장의 잠재 성장성을 판단기준으로 삼는 것이다. 하이사이클(High cycle)을 하기 위한 제품개발 전략은 개발할 제품이 전략적이면서 기존 제품과 관련성이 있고 시장의 잠재적 성장성이 높으며 고부가가치화 전략으로 짜야 한다. 우리나라 기업들이 주로 투자하는 분야는 국내외 설비투자와 연구개발 투자다. CIM개념의 하이사이클로 가기 위해 중점 투자할 분야가 연구개발분야이다. 다음으로 자국 내 생산설비의 CIM화, 해외설비의 현지여건을 고려한 CIM화 순이다. 생산전략 측면에서 우리나라 기업들은 생산공정의 자동화, 생산능력 확대, 생산공정 시간단축을 중요시하고 있다. CIM개념의 생산전략은 다품종 생산체제 확립, 부품의 유닛 및 모듈화, 생산능력 확대 등이다. 마케팅 전략에서는 영업력 강화, 소비자 수요 파악기능 강화, 판매망 확대 등을 전략으로 삼는다.

> 비전을 가진 사람과 몽상가의 차이
> 비전이 있는 사람은 말은 적으며 행동은 많이 한다. 몽상가는 말은 많으나 행동은 적다. 비전이 있는 사람은 자기내면의 확신에서 힘을 얻는다. 몽상가는 외부 환경에서 힘을 찾는다. 비전이 있는 사람은 문제가 생겨도 계속 전진한다. 몽상가는 가는 길이 힘들면 그만둔다.
>
> – 존 맥스웰 –

6-2-6 신뢰성 품질의 부품소재 및 제품

하이사이클로 하기 위한 마케팅 전략은 우선 고객만족을 위한 소비자 리드기능 강화, 둘째는 LAN구축에 의한 영업력 강화, 셋째는 고객의 데이터베이스에 의한 판매 네트워크를 확대해야 한다. 우리는 매우 슬기로웠음에도 잘못된 관념으로 우리의 것을 부끄러이 여기거나 하찮은 것으로 간주해 계승하지 못했기에 선진국의 자리를 미국이나 유럽인에게 내준 것이다. 이제라도 우리는 「가장 기본적(민족적)인 것이 세계적인 것이다」라는 말을 상기해야 한다. 우리는 이 같은 원리를 오늘의 기술경쟁에서 세계로 향하는 가장 핵심적인 슬로건으로 삼아야 한다. 기술경영은 첫째가 신뢰성 품질의 부품소재 및 제품을 만드는 것이다. 그리고 경영혁신과 함께 다운사이징을 하여 종업원들이 창의적인 형태로 전력할 수 있도록 해야 한다. 이와 함께 부품소재의 원가경쟁력을 갖추기 위한 기술의 내재화도 중요하다.

표 6.9 신뢰성과 품질과의 차이

항 목	신뢰성	품 질
평가 결과	수명, 고장률	합격, 불합격
발생의 근원	고장	산포
거동중심	설계중심	공정중심
품질요소	미래품질보증	완성시점의 품질
환경조건	공정, 운반, 저장, 사용환경	공정환경
시험방법	고장이 발생할 때까지 시험	규격 적합여부시험
software, hardware	soft와 hard가 유기적인 결합이 요구	software
중점예측	**미래**	**현재**
사고방식	통합적 시스템	해석적
개선방법	한계를 파악하여 조치	산포를 좁힌다.
가치기준	미래품질에 대한 평가	현재 품질에 대한 평가
조직	엔지니어, 고장분석, 신뢰성 시험	품질관리, 독립적
시간적 개념	동적	정적
평가대상	수명, 고장률 추가	품질, 성능

표 6.10 협의의 품질과 신뢰성의 비교

구분	품질(Quality)	신뢰성(Reliability)
개념	공정(현재) 품질	시장(미래) 품질
평가요소	품질(기능, 성능)	종합성능+사용조건+시간
평가결과	양/불량	정상/고장
평가지표	불량률	고장률 및 수명, SCR
시간영역	정적/출하 이전(사내)	동적/출하 이후(시장)
주요원인	설계결함, 공정산표	실제/제조결함, 스트레스, 시간
개선방법	설계품질확보/공정관리	좌동. 고장원인 분석 및 설계변경

※ SCR : Service Call Rate

▮6-2-7 품질을 생산하라

품질의 종류에는 설계품질, 공정품질, 필드품질 등이 있다. 품질 생산이란 '설계품질+공정품질+필드품질'을 삼위 일체화하는 품질을 말한다. 대부분의 사람들은 설계품질과 공정품질에서 원인 규명이 불명확한 부분에 노하우가 있다는 사실을 잘 모르는 상태에서 실시한 분석으로 대책을 세우다가 안 되니까, 우리의 기술은 이 정도밖에 안 된다고 쉽게 판단을 내리고 도중하차 하는 예가 허다하다.

대개 공정작업자까지 기술이전이 잘못되었기 때문에 공정 이상 품질이 발생하게 되는 것이다. 이것은 설계자가 공정작업자인 데 비해 기술이전 방법은 일반적인 전달 방법으로 했기 때문이다. 이런 문제점을 해결하기 위해서는 공정작업자가 알 때까지 하든지, 쉽게 하든지, 체계적이고 과학적으로 하든지 여러 가지 측면에서 고려해 볼 수 있다. 가령, 설계자를 선생에 비유하고 공정작업자를 학생이라 했을 때 학생의 성적이 떨어지고 바른 생활이 안 될 때에는 선생에게 책임이 있는 것이기 때문에 선생 위주의 기술이전이 아니고 학생 위주의 기술전파가 이루어져야 하는 것과 같은 것이다.

어려운 기술을 쉽게 설명하고 이전한다는 것은 그리 쉽지 않은 것이 사실이나 그렇다고 너무 추상적으로 이전하게 되면 오히려 선생인 설계자가 애를 먹게 된다. 따라서 이전할 때 확실히 해야 된다는 막연한 말만으로는 되지 않고 항상 흐르는 시냇물과 같이 기술이전도 쉼 없이 꾸준히 전파시키는 것이 가장 바람직스럽다. 설계자는 기술을 이전할 때에 어느 날 갑자기 기술 보따리를 풀지 말고, 또한 유식한 체하면서 공정작업자에게 겁을 주지 말아야 한다. 설계자는 선생답게 친절한 태도로 기술이전을 해줄 줄 알아야 한다.

새는 물을 막을 때 안에서 막아야지 밖에서 막으려 하면 2배 이상의 힘이 필요한 것이다. 이처럼 문제의 원인을 개선하는 데 힘을 써야지 결과만을 놓고 문제를 해결하려고 급급해서는 어떤 문제도 근본적으로 해결되기는 어려운 것이다. 오늘날 우리 산업계에도 이러한 문제의식을 갖고 접근해야 할 것들이 적지 않다.

특히 최근에는 시장개방으로 수입이 격증 추세에 있고 국내 산업들은 생산활동 위축과 수익성 악화 등의 어려움을 겪고 있으며 무역수지도 다시 적자로 반전되고 있는 실정이다. 이 같은 상황 악화에도 불구하고 우리나라는 이미 지난 88년의 IMF 8개국 가입, 89년의 GATT 11개국 이행 등으로 농산물을 비롯하여, 상품 시장과 서비스 시장을 계속 확대해 나가야 할 입장에 처해 있다. 또 UR을 중심으로 진행된 다자간(多者間) 협상의 결과는 국내 조달시장과 유통시장의 개방을 계속 확대해야 하고 각종 비관세 장벽 철폐와 같은 실질적인 시장개방 조치가 불가피해지고 있다. 여기에 선진국과의 기술격차 심화와 선진 기술국의 첨단기술 공여 기피, 후발 개도국의 추격 등 국내 산업의 여건은 날로 악화되고 있는 것이 오늘의 현실이다.

이러한 시점에서 이제 우리나라 통상정책도 국내유치산업 보호가 아닌 산업구조 조정에 초점을 두고 대대적인 수술을 가해야 할 때가 되었다. 정부의 시장개입을 최소화하고 민간경제 주체 간의 경쟁을 저해하는 요소를 과감히 제거함으로써 기술개발을 통한 품질 향상과 국제경쟁력 강화를 적극 유도해 나가야 할 필요성이 절실하다. 우리 언론들도 이 문제에 대해서 여러 차례 강조하고 있듯이 모두가 관심을 가지고 지혜를 짜내야 한다고 생각된다.

목표는 어려울수록 투지가 샘솟게 한다.
목표는 어려우면 어려울수록 투지가 샘솟는다. 목표를 달성하기가 쉽지 않으니 여러 궁리를 하고 지혜를 짜내게 된다. 매우 어려운 일이기는 하지만, 목표를 달성하기까지의 과정을 즐겨라. 그렇게 하면 반드시 성과를 얻을 것이다.

– 에드워드 데밍 –

▌6-2-8 오늘의 의미로 재발견하고 그것을 창조적으로 계승시키자

우리가 현재 선진국에 수십억 달러의 로열티를 지불하고 기술을 도입할 수밖에 없는 것은 우리들의 슬기가 모자라서라기보다 우리 주변에 숨어 있는 슬기를 오늘의 의미로 재발견하고 그것을 창조적으로 계승하지 못했기 때문이다. 창의적 사고의 도출로 우리 문화자산을 현대 의미로 재발견해 기초과학, 기본기능을 창조적으로 계승시켜야 한다. 따라서 한국의 전통적인 생활상을 과학적 감성으로 계승시킬 경우 우리의 국제경쟁력은 우위를 확보할 수 있을 것이다. 한 나라의 전통문화, 슬기로운 지혜를 현재의 의미로 재조명, 재발견하고 그것을 창의적으로 계승해야 된다. 과학적 사고에서 차별화된 기술개발이 나오듯 과학적 사고로 차별화된 사회생활을 통해 발상전환을 해야 한다. 과학적 사고란 지식이 담긴 생각을 의미한다. 역사속의 좋은 문화를 창의적으로 계승해야 정신문명을 낳는다. 이런 정신문명만이 물질문명을 다스릴 수 있다. 물질을 다스리는 마음은 도덕성에서 나온다. 도덕성이 없으면 과학적 사고, 즉 지식이 담긴 생각이 나오지 않는다. 지식이 담긴 생각을 하기위해서는 다음과 같은 일을 중시해야 한다. 우선 매트릭스기법의 소프트웨어 분석을 중시해야 한다. 현대는 분석의 혁명시대다. 분석에는 상황분석, 원인분석, 잠재분석, 결정분석 등 4가지가 있다. 상황분석이란 중요과제가 무엇이냐, 우선순위가 무엇이냐, 무슨 근거냐에 따라 조사, 또는 실시하는 것이다. 이밖에 원인을 규명하는 원인분석이 있는가 하면 잠재되어 있는 리스크와 리스크에 따라 대책을 세우는 잠재분석, 최적안을 결정하는 결정분석이 있다. 따라서 난이도에 의한 요인별 심층적 매트릭스기법의 소프트웨어 분석이 이루어져야 한다. 다음으로 정신력과 창의적 사고를 접목시켜야 한다. 우리는 흔히 상상과 창의를 혼돈하는 예가 많다.

새로운 방안을 내세우거나 생각해내는 의견을 창의라고 하며 단지 추측하는 것을 상상이라고 한다. 상상에는 공상, 재생적 상상, 창의적 상상이 있다. 공상은 생각하는 과정이며 재생적 상상은 단순한 상기에 가깝고 창의적 상상은 예술작품, 발명, 발견, 기술상의 산물, 구체적 방법 수단을 헤아리는 것을 말한다. 인간이 지닌 정신력, 즉 관찰하고 주위를 집중하는 힘인 흡수력과 기억하고 생각해내는 힘인 기억력은 학습에서 나온다. 분석하고 판단하는 힘인 추리력과 아이디어를 떠오르게 하는 힘인 창의력은 사고에서 나온다.

> In a day, when you don't come across any problems you can be sure that you are traveling in a wrong way. (당신이 하루 종일 아무런 문제에 부닥치지 않는다면 당신은 잘못된 길을 걷고 있는 것이다.)
>
> – SWAMI VIVEKANANDA –

따라서 학습과 사고를 통해 인간이 지닌 정신력이 생성된다. 창의적인 사고는 이미 알고 있는 경험, 지식을 해체하는 분해와 새로운 아이디어를 다시 짜는 결합으로 이루어진다. 과학적 사고방식을 갖기 위해 우리는 인간이 지닌 정신력과 창의적 사고를 접목시켜야 한다. 그런 만큼 매트릭스기법으로 분석하고 정신력과 창의적 사고를 접목시키는데 치중해야 한다. 이를 통해 전혀 관계가 없는 기기나 자연현상의 원리를 제품에 새롭게 적용할 수 있는 아이디어로 전환시킬 수 있다. 한마디로 두 가지 이상의 원리를 접목시켜야 한다. 기업의 경영전략은 연구개발력 강화, 고부가가치화, 생산·판매 규모의 확대, 사업다각화 등으로 이루어진다. 우리나라는 생산규모의 확대, 사업다각화를 경영전략으로 내세우는 기업들이 많다. 제품개발 전략 측면에서는 대부분 시장성을 우선적으로 고려한다. 고부가가치를 중요시하고 시장의 잠재 성장성을 판단기준으로 삼는 것이다. 하이사이클(High cycle)을 하기 위한 제품개발 전략은 개발할 제품이 전략적이면서 기존 제품과 관련성이 있고 시장의 잠재적 성장성이 높으며 고부가가치화 전략으로 짜여져야 한다. 우리나라 기업들이 주로 투자하는 분야는 국내외 설비투자와 연구개발 투자다. CIM개념의 하이사이클로 가기 위해 중점 투자할 분야가 연구개발분야이다. 다음으로 자국내 생산설비의 CIM화, 해외설비의 현지여건을 고려한 CIM화순이다. 생산전략 측면에서 우리나라 기업들은 생산공정의 자동화, 생산능력 확대, 생산공정 시간단축을 중요시하고 있다. CIM(Computer integrated manufacturing, 컴퓨터 통합 생산)개념의 생산전략은 다품종 생산체제 확립, 부품의 유닛 및 모듈화, 생산능력 확대 등이다. 마케팅 전략에서는 영업력 강화, 소비자 수요 파악기능 강화, 판매망 확대 등을 전략으로 삼는다. 하이사이클로 하기 위한 마케팅 전략은 우선 고객만족을 위한 소비자 리드기능 강화, 둘째는 LAN구축에 의한 영업력 강화, 셋째는 고객의 데이터베이스에 의한 판매 네트워크를 확대해야 한다. 우리는 매우 슬기로웠음에도 잘못된 관념으로 우리의 것을 부끄러이 여기거나 하찮은 것으로 간주해 계승하지 못했기에 선진국의 자리를 미국이나 유럽인에게 내준 것이다. 이제라도 우리는「가장 기본적(민족적)인 것이 세계적인 것이다」라는 말을 상기해야 한다. 우리는 이 같은 원리를 오늘의 기술경쟁에서 세계로 향하는 가장 핵심적인 슬로건으로 삼아야 한다. 기술경영은 첫째가 신뢰성 품질의 부품소재 및 제품을 만드는 것이다. 그리고 경영혁신과 함께 다운사이징을 하여 종업원들이 창의적인 형태로 전력할 수 있도록 해야 한다. 이와 함께 부품소재의 원가경쟁력을 갖추기 위한 기술의 내재화도 중요하다.

특허권 사용료 지출수입액 추이(단위 : 만 달러)

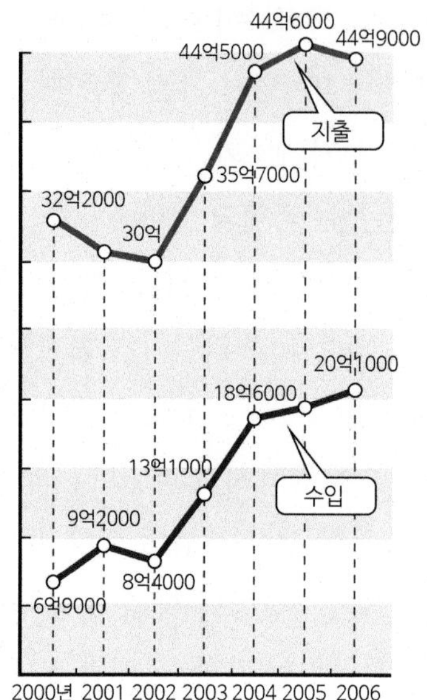

특허권 등 사용료 수지(단위 : 십억 달러)

*수입액-지급액
자료 출처 : 한국은행, Bank of Japan

로열티 지급액 추이(단위 : 달러)

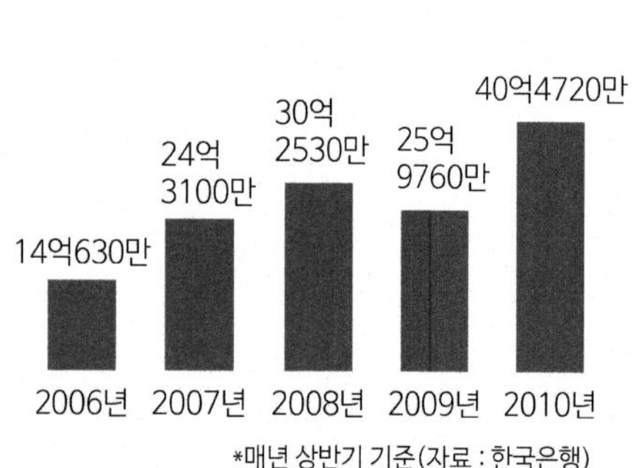

*매년 상반기 기준(자료 : 한국은행)

> 비관론이 팽배할 때 투자하라.
> 강세장은 비관 속에서 태어나 회의 속에서 자라며 낙관 속에서 성숙해 행복 속에서 죽는다. 최고로 비관적일 때가 가장 좋은 매수 시점이고 최고로 낙관적일 때가 가장 좋은 매도 시점이다.
>
> – 존 템플턴 –

6-2-9 기술경영 혁신사례

(1) 가열 · 초음파 가습기의 원리를 말한다

사람이 생활하기 위해선 온도, 습도, 풍토 등 여러 가지 환경조건이 알맞아야 한다. 우리나라 환경은 여름에 습도가 높고 후텁지근하며 겨울에는 춥고 습도가 낮다. 따라서 추울 때 난방하는 것과 마찬가지로 습기가 모자라 건조할 때엔 가습하여 적당한 습도를 유지시켜 주어야 쾌적한 생활을 할 수 있다. 일반적으로 상대습도가 60% 정도일 때 가장 생활하기 좋다. 여름 장마철의 경우 상대습도가 70~90%까지 올라가 실내가 덥고 누기가 차서 불편함을 느끼고 불쾌지수가 올라간다. 반대로 겨울철에는 대기온도가 떨어지고 습기도 내려가 감기의 원인이 되는 등, 생활에 불편함을 느끼게 된다. 이때 생활공간에 습기를 보충하여 주는 것이 가습기이다.

1970년대 이전 가습기는 주로 히터 가열방식이었다. 히터 가열방식은 물을 주전자에 넣어 끓이면 수증기가 발생해 습기가 배출되는 것과 같이 전기히터를 설치, 물을 끓여 실내의 습기를 보충해 주는 것이다. 히터 가열방식에서 분무되는 습기는 눈에 보이지 않을 정도이고 습기가 뜨겁기 때문에 습기 분출구에 인체가 닿으면 화상의 우려가 있다. 뿐만 아니라 가습기는 주로 습도가 낮은 겨울철에는 하루 종일 동작시키기 때문에 물을 전기적 히터로 완전히 끓여서 분무하는 히터 가열방식은 운영비가 매우 높다. 초음파식이 보급되면서 요즘 가정용으로 판매되고 있는 가습기가 초음파 가습기다. 최근 유통되고 있는 가습기의 대부분은 초음파식과 히터 가열방식이 주류를 이루고 있다. 음파는 크게 가청음파, 초음파, 초저주파 등 세 가지로 구분된다. 가청 음파는 사람이 들을 수 있는 음으로 주파수 20~2만 사이의 음이다. 2만보다 높아 사람의 귀에 들리지 않는 음을 초음파(Ultrasonic)라고 부른다. 최근 산업의 다방면에서 초음파 기술이 활용되고 있는데 초음파 가습기는 초음파를 이용해 물을 진동시켜 발생한 작은 습기 알갱이를 송풍기로 불어 배출하는 장치이다.

초음파 가습방식은 약 45W로 동작되기 때문에 운영비가 낮고 여러 가지 장점이 있으나 가장 큰 단점은 살균력이 없어 감기 등을 유발하는 미생물이 습기 알갱이와 함께 실내로 분무되어 병실이나 노약자의 생활공간에는 적합하지 않다. 특히 수중의 불순물, 성분이 침전되지 않고 배출되어 가구나 오디오 등 전자제품, 벽 등을 더럽히는 백화현상을 일으키기도 한다. 또 습기가 배출되어 실내에서 기화되기 때문에 기화열에 의한 주변 온도 강화현상이 나타난다. 최근 초음파 가습기의 장점을 살리면서 히터를 이용하여 살균력을 보강한 초음파 히터 가습방식이 채용한 가습기가 등장했다. 초음파 히터 가습방식은 히터 가열방식의 장점인 살균기능과 초음파식의 여러 장점을 골고루 수용한 방식이다. 무엇보다 수온이 증가함에 따라 가습량이 증가하는 원리를 이용해 기존의 가습기보다 최소 50%에서 최대 1백% 이상의 가습량 향상을 얻을 수 있어 단시간 내 실내를 희망하는 습도로 유지할 수 있는 게 특징이다. 또 분사되는 습기 온도가 섭씨 35도 정도로 체온과 비슷하기 때문에 화상의 위험이 없을 뿐 아니라 실내의 온도를 따뜻하게 유지시켜 준다. 이와 함께 물을 섭씨 75~80도로 데운 후 초음파로 가습하도록 설계되어 미생물 및 중저온성 세균을 없애주며 가습기 내부의 불순물 침전이 적다.

가습기는 습기를 만들어 내는 방식에 따라 여러 가지로 분류된다. 우리가 일상생활에서 가장 쉽게 생각할 수 있는 것이 히터 가열 가습방식이다. 이것은 물을 끓어서 기화시키는 방식이다. 또 물을 흡입한 후 원심력으로 날려 스크린에 부딪히게 하여 안개 크기 정도로 세분시켜 내보내는 원심 분리 방식이 있다. 요사이 가정에 크게 보급된 것은 초음파식은 압전 현상을 이용한 것이다. 압전 현상이란 어떤 물질에 전압을 가하면 그것에 뒤틀리는 현상을 말한다. 따라서 교류전압을 가하면 그 주파수만큼 반복 뒤틀림 현상이 생긴다. 초음파 발생 진동자는 1.63로 진동한다. 즉 1초 동안에 1백 63만 번 상하 진동하기 때문에 물이 조그마한 미립자로 분해되고 분해된 물 미립자가 서로 부딪히면서 뽀얀 안개 모양이 되어 공중으로 뿜어 나오게 된다. 초음파 히터 가습기는 초음파 가습기와 히터 가습기의 장점만을 결합시킨 형태로 이 가습기의 핵심기술은 물의 표면 장력이 물의 온도가 상승함에 따라 낮아지는 원리를 이용한 것이다. 다시 말해 데워진 물은 표면장력 감소로 물입자들이 분리될 때 상온의 물이 분해되는 것보다 훨씬 쉽게 쪼개질 수 있다. 따라서 기존 초음파 가습기보다 더 많은 습기를 외부로 배출시킬 수 있으므로 빠른 시간 내에 실내의 습도를 희망하고자 하는 습도로 유지가 가능할 뿐 아니라 부수적으로 물을 가열함으로써 살균효과를 동시에 얻을 수 있는 가습기이다. 초음파 히터 가습기의 동작 원리를 보면 물통의 물이 열려진 밸브와 물 유입구를 통과하여 유로를 지나 살균조로 유입된다. 살균조에 유입된 물은 히터에 의해 섭씨 75도 정도로 가열되어 살균과정을 거친다. 물에 함유되어 있는 세균은 호냉성균, 저온성균, 중온성균, 고온성균 등 4가지로 구분된다. 이들 미생물은 최적 증식 온도를 벗어남에 따라 증식 속도는 저하되고 특히 고온도측에서는 그 저하가 급격히 일어나는 경향이 있다. 중온성 세균과 저온성 세균은 각각 30도와 50도 이상에서는 증식 시간이 거의 무한대에 가깝기 때문에 증식이 불가능하다. 따라서 초음파 히터 방식에서 물이 살균조 내로 유입되면서 호냉성균, 저온성균, 중온성균은 모두 살균된다.

- 제품소개 : https://www.ir52.com/award/weekly.asp?smenu=award&stitle=weekly&yy=1998&wk=08&jscd=008
- 용도 및 기능 : 실내의 습도를 최적으로 유지하며, 호흡기 질환을 야기하는 세균을 살균하는 가정용 가습장치
- 차별적 특징 : 가열살균기술에 의한 기존 초음파 가습방식의 호흡기계통 살균 감염문제 해결
  https://www.etnews.com/199612240068
  https://www.ir52.com/award/weekly.asp?smenu=award&stitle=weekly&yy=1998&wk=08&jscd=008

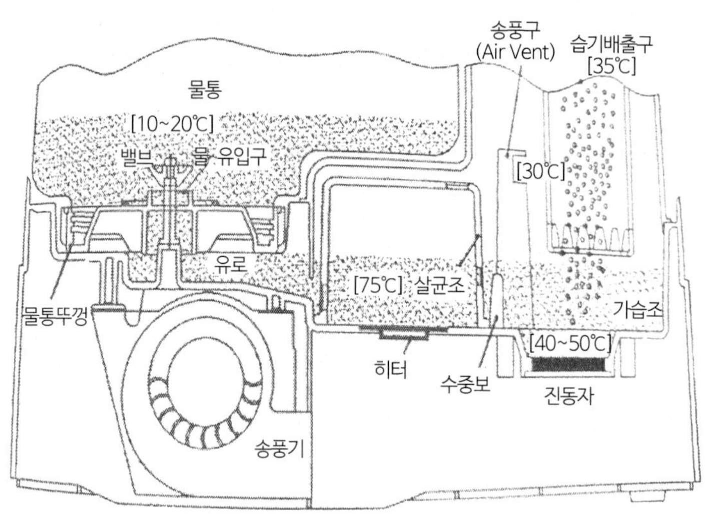

가열 초음파 가습기의 가습방식

살균조에 의해 살균된 물은 초음파 가습조로 공급되어 초음파 진동자에 의해 분무된다. 이때 송풍기를 통해 송풍구에서 나오는 30도의 바람과 분무되는 40~50도의 물입자가 혼합되는 35도 정도의 습기 알갱이들이 바람에 의해 강제적으로 습기 배출구로 빠져나간다. 초음파 히터 가습기는 가습조의 물의 온도가 초음파 가습기의 가습조의 물의 온도보다 20도 이상 높기 때문에 물의 표면장력 감소에 의해 가습량이 초음파 가습기에 비해 50% 이상 증가하여 시간당 6백의 습기를 실내로 배출할 수 있다.

초음파 히터 가습기에서 높은 가습량은 실내의 습도를 빠른 시간 내에 조절할 수 있을 뿐 아니라 여러 단계의 가습 조절모드(Mode)를 채용할 수 있어 사용자들이 매우 편리하게 생활공간을 원하는 습도로 맞추어 쾌적한 생활을 할 수 있다. 가습기의 가장 핵심이 되는 부분은 가습부로 콜피츠 발진회로를 구성하여 진동자를 1.63 진동시켜 가습한다. 따라서 여기에 부과되는 요소들은 대부분 부수 장치이다. 살균 목적인 히터 구동부와 자동 제어수단의 기능을 갖추도록 하는 습도 센서부와 가습부에서 무화되어진 작은 물방울을 공기 중으로 배출하도록 하는 모터 구동부로 구성되고, 모든 현상을 볼 수 있도록 하는 표시부로 구성되어 진다.

AC 전원 2백 20V/60를 인가하게 되면 제어부는 이때부터 활동(Active) 상태로 존재하게 된다. 이때 전원 켜면 제어부는 갈수 상태, 즉 가습시킬 물이 존재하는지 파악하여 가습을 할 것인지를 결정하게 된다. 갈수 상태 확인 후 제어부는 현재 습도와 희망습도(설정 습도)를 비교하여 현재습도<희망습도인 상태를 인식, 다시 말해 주변의 습도가 낮은 상태가 되면 비로소 가습을 실시하게 된다. 현재 시중에 판매되고 있는 가습기들이 대부분 퍼지형이라고 하지만 기본 원리는 현재 습도와 희망 습도를 단순히 비교하여 가습하는 방식을 취하는 것이 대부분이다. 따라서 엄밀히 말해 퍼지 방식이라

기보다는 자동 제어쪽이 가까울 것이다.

일반적으로 퍼지라 함은 주변환경에 스스로 반응하여 가습 방식을 선택하여야 진정한 퍼지라고 할 수 있다. 즉 가습하는 장소의 크기(평수)와 주변 습도상태 등에 따라 스스로 반응하여 가습의 강, 약을 조절하는 것이 돼야 퍼지 가습이라 할 수 있다. 최근 초음파 히터 가습기는 실내의 주거 평수를 2~6평까지 가습 공간을 설정하고 그 면적에 따라 습도를 고정밀 IC회로가 자동으로 감지하여 최적의 습도를 유지시켜 주는 퍼지형 가습방식이다. 또한 취침시 과다한 가습량과 실내의 온도 저하를 방지해주는 취침 가습기능과 가습량이 크기 때문에 최대로 6단계 가습량 제어기능(약, 중, 강, 터보, 퍼지, 취침)이 있다. 현재의 가습기는 송풍기의 소음뿐 아니라 히터 가습기에서는 물이 끓는 소리, 초음파 가습기에서는 초음파 진동자에 의해 물 알갱이들이 튀는 소리와 무거운 물 입자가 다시 떨어지는 낙수음 때문에 거의 25~30 정도의 소음이 발생해 신경이 예민한 사람은 숙면에 방해가 될 수 있다. 소리 없는 가습기를 만들기 위해서는 소음 방지 대책을 더 연구하여 적용해야 할 것이다.

무엇보다도 가습기는 습기를 실내에 보충시켜 주는 기기이므로 위생적이어야 한다. 이를 위해서는 정수기 물이나 증류수로 가습하는 것이 가장 이상적이지만 정수된 물이나 증류수를 사용하기 위해서는 매우 번거롭고 불편하여 대부분 사용자들은 수돗물을 이용하거나 지하수를 이용한다.

Busyness 때문에, Business를 못하는 관리자
관리자의 90%가 조직이 선택한 주요 목표에 집중하지 못한다. 그들은 비 생산적인 Busyness(바쁨) 때문에 중요한 Business(기업) 활동을 못하고 있다.

– 하버드 비즈니스 리뷰 –

한국 벤처기업이 기술경영 혁신을 가져오기 위해서 우선적으로 스톡옵션 개념을 도입하는 제도적 장치가 우선되어야 한다. 스톡옵션개념이란 소수명이 돈내기 형식의 프로젝트를 추진토록 하여 그 성과에 대한 보상을 해주는 것을 말함이다. 또다른 방법의 할증스톡옵션은 부여시점 현재의 주가를 기준으로 일정비율 또는 일정금액 이상 주가가 상승해야 가치가 발생하는 옵션을 의미한다. 즉, 행사가격이 부여시점의 주가보다 높게 결정되니 스톡옵션을 의미한다. MOT에 의한 IT System화로서 디지털 · 코드의 형태로 공유되는 지식에 입각한 글로벌 문명이 출현하게 될 것이고, 그중에서의 각국의 국제적 경쟁력은 디지털화한 데이터의 처리능력에 의존해서 결정되는 것이다. 지금 1대가 몇 억 달러도 하고 있는 슈퍼컴퓨터 같은 정도의 기능이 한 개의 칩의 위에 응축되게 될 것이다. 그 어느 날에는 몇 억의 오피스 또는 몇 십 억의 가정 슈퍼컴퓨터가 들어가고, 그것에 의해서 화상의 고속처리가 가능하게 될 것이다. 방송이나 CD-ROM 등에 의해 데이터베이스의 전체를 암호화하고 우선 제공(개정은 방송이나 온라인)하고, 유저는 디코더(Decoder, 부호해독기)를 구입하고, 특정한 데이터를 해독했을 때만 그 사용료를 지불한다고 하는 시스템에 박자를 맞추는 기술경영행정 조직이라야 한다.

(2) 공기방울 세탁기의 원리를 말한다

1) 빗물로 바위를 뚫는다는 심정으로 하다

불경기든 호경기든 간에 기술개발에 대한 투자는 게을리 해서는 안 된다. 그리고 연구도 빗물로 바위를 뚫는다는 신념을 가지고 적극적으로 해야 한다. 그러한 결과가 공기방울 세탁기를 만들어내게 했던 것이다. 공기방울 세탁기는 종전의 세탁기의 개념을 완전히 바꾸어 놓았다. 이 신제품은 탁월한 세척력으로 하여 세계 일류상품으로 손색이 없는 우수한 제품으로 평가받고 있다. 다른 가전제품과 마찬가지로 세탁기도 그 성능과 품질 면에 있어 눈부신 발전을 거듭하였다. 요즘에는 한 번만 버튼을 누름으로써 세탁기가 세탁 조건을 스스로 찾아내어 동작하는 퍼지(fuzzy) 제어 기능을 가지게 되었는가 하면, 더 나아가서 거기에 학습제어 기능을 부가한 뉴로 퍼지(neuro fuzzy) 제어 기능을 갖춘 세탁기까지 등장하고 있다. 이렇게 기술이 날로 발전하고 있지만, 결국 세탁기의 회전수류판이 일으키는 복잡한 수류에 의하여 세탁물에 물리력을 가한다는 과정 자체에는 변화가 없다. 의류 오염의 경우에 인체에서 나오는 기름때가 75%, 단백질 오염 10%, 무기질 오염이 15% 정도 차지한다. 옷에 묻은 얼룩이나 더러움을 제거하여 새 옷이나 다름없는 깨끗함을 유지하고 섬유의 피로와 변형을 막아 옷의 아름다움과 내구성을 유지해야 한다. 옷과 피부 사이의 온도가 35도 내외이고 습도가 50% 내외일 때에 춥지도 덥지도 않은 알맞은 상태가 된다. 가장 좋은 세탁기는 항상 이러한 상태로 옷을 유지시키게 할 수 있어야 한다. 세탁의 기본적인 목적은 세탁물에 붙어있는 오염물을 분리하여 의류 본연의 기능을 회복하는 데 있으나, 오염을 분리하는 과정은 매우 복잡하고 그 과정에 영향을 줄 수 있는 요인들이 너무 많기 때문에 한마디로 설명하기는 쉽지 않다. 그럼에도 불구하고 한 가지 분명한 사실은 세탁이 되는 원리는 다 같다는 점이다. 즉 세탁물과 세제를 물속에 넣었을 때 세탁물에 붙어 있는 큰 덩어리의 때는 점점 작게 분리되어 세제 용액으로 흡수되는 것이다.

그러나 물과 세제만으로는 언제나 기름때가 완전히 빠지지 않으므로 세탁이 반복될수록 의류가 누렇거나 검게 변하고 쉽게 낡아지는 원인이 되는 것이다. 이때에 손으로 비비거나 주무르면 세제가 다시 작용하여 세제의 거품이 일면서 때가 쉽게 빠지는 것이다. 이 작용은 세제의 친유기가 때의 표면에 모여 세제 분자가 때를 감싸서 섬유에 다시는 달라붙지 않게 하며, 세제 분자의 작용으로 큰 때를 적게 만드는 것이다. 따라서 비비거나 주무르거나 문지르는 등의 물리적 조작을 연속적으로 가해야 하는 것이다. 세탁기를 개발하는 동안 내내 풀리지 않는 궁금증이 있었다. 그것은 어머니가 빨래를 할 때 방망이질을 하던 어린 시절의 기억과, 그때 보았던 빨래터는 호수나 물웅덩이 근처가 아니라 항상 흐르는 시냇물 가였다는 점이 그것이다. 또 하나는 어느 날 공기방울 발생 장치가 있는 어항을 바라보다가 공기방울이 닿는 곳에는 이끼가 끼지 않는다는 점을 발견하고 그 공기방울이 물속에서 어떤 힘을 작용하는 것이 아닐까 생각하였던 것이다. 그리고 공기방울 발생 장치가 있는 어항 속의 물은 그렇지 않은 물보다 훨씬 깨끗하다는 것을 발견하고는 일말의 의문이 머릿속에 자리하기 시작했던 것이다. 공기방울이 세탁에 어떤 좋은 영향을 미칠 수도 있겠다는 아이디어는 바로 여기서 얻은 것이다. 수년의 실험을 통해서 알게 된 사실이지만, 확실한 사실은 방망이로 물에 흠뻑 젖은 빨래를 두드릴 때는 섬유에 직각 방향으로 속도가 큰 물의 흐름이 발생되므로 옷감의 손상이 크다는 점만을 제외하고는 가장 효과적인 세탁방법이라 할 수 있고, 공기방울이 세탁물 사이에서 터질 때 발생하는 압력파, 또는 초음파가 공기방울과 함께 세탁물 사이에서 골고루 분포하여 세탁 효과를 향상시키며 균일한 세탁을 해주는 것이었다. 또한 일반 세탁기에서는 세탁 후에 세탁물 사이에서 세제의 가루가 녹지 않고 옷 사이에 하얗게 남아 있는 것을 볼 수 있는데 이것은 세제가 물속에서 완전히 녹지 않기 때문이었다.

표준 사용량이라고 정해진 세제를 넣고 세탁을 하면 세제가 완전히 녹지 않아 깨끗한 세탁을 할 수 없었고 따라서 소비자는 더 많은 세제를 사용하게 되었다. 이것은 우리의 하천을 오염시키는 데 있어서도 큰 원인의 하나

였던 것이다. 공기방울 발생 장치가 있는 어항 속의 물이 깨끗한 것처럼 공기방울의 각종 에너지는 세제의 용해도에 영향을 미쳐 세제를 물속에서 빨리, 완전하게 용해시킴으로써 환경오염을 줄여줄 뿐 아니라, 옷감의 손상도를 줄이고, 피부의 건강에도 바람직한 결과를 가져오는 것이었다. 1984년부터 1990년 7월까지 나는 직책이 TV 개발부장이었기에 공기방울이 어항에 미치는 효과를 분석하고 세탁기에 적용할 수 있는 아이디어를 도출하기 위하여 주로 집에서 실험했다. 2조식 구형 세탁기에 어항의 기포 발생기를 장착하여 모형으로 실제의 세탁실험을 했던 것이다. 그러다가 1990년 8월에 가전개발부로 이동하게 되어 세탁기 개발을 직접 담당하면서 체계적인 실험에 들어갈 수 있었다.

2) 치밀한 계획부터 짜다

새로운 세탁기를 개발하는 작업에 본격적으로 돌입하게 되면서 우리는 공기방울 세탁기를 성수기에 알맞게 생산하여 소비자에게 신제품을 홍보하고 판매하기 위한 런칭 플랜(Launching Plan)을 수립하였다. 제품개발에 관련되는 상품 기획부, 광고부, 광고회사, 개발부 관련 요원이 합심하여 공기방울 세탁기를 적기에 출시하기 위한 사전 준비를 철저하게 한 것이 공기방울 세탁기가 소비자에게 크게 호응을 받게 된 요인으로 판단되는데, 세계 최초의 공기방울 세탁기를 양산 개발하기 위한 사전 준비로 우리는 3단계 전략을 구성하여 시행하였다. 제1단계는 기존 세탁기의 문제점 중 찌든 때가 묻은 세탁물을 빨 때는 세탁이 잘되지 않아 애벌빨래를 하던 것을 개선하는 것이었다. 수류에 의하여 빨래가 이동할 때 발생되는 압력변동이 세척력을 극대화할 수 있도록 공기방울의 발생량을 적절히 설정하였다. 세탁과 탈수를 할 때 옷감이 쉽게 상하며 수축이 심하고 올이 쉽게 풀어지는 것은 빨래판과 직접적인 마찰로 발생되는 손상이었으므로 공기방울이 옷감에 완충작용을 일으켜 옷감의 손상 및 수축을 방지할 수 있는 공기방울의 크기 설정을 하였다. 또한 세제를 많이 사용하여 세탁 후 옷감에 세제가 묻어나오는 것을 막기 위하여 공기방울을 공급하여 공기 속에 있는 산소를 물속에 용해시켜 세제를 빨리 녹아들도록 최적의 용존산소량을 설정하였다. 빨래판에 의한 수류만으로는 빨래의 구석구석까지 세탁이 되지 않는 것에 대해서는 공기방울이 부상할 때 옷감을 감싸는 형태의 부력을 주어 구겨진 곳을 펴주고 오염된 부위를 밖으로 뒤집도록 하였다. 이상과 같은 효과를 위해 최적 시간의 설정을 비롯해서 세탁기 구조에서 공기방울의 효과를 극대화할 수 있는 분사장치, 분사각도 등을 실용화하는 방안을 정립하였다. 제2단계는 공기방울 세탁기의 방향 정립을 구체화한 것으로, 구조설계와 공기방울 제어 방법 및 투입 위치, 공기방울 발생량 결정과 확인 실험을 통한 이론적 근거의 도출과 함께 실용화에 적용할 수 있도록 개선하는 것이었다. 공기방울 크기에 따라 세척력 효과에 차이가 있었으며 공기방울이 커지면 수류의 압력변동이 적어 세탁 효과는 반감되었다. 그래서 공기방울의 크기를 작게 하기 위하여 빨래판(교반익)과 세탁조의 틈새를 줄여 크기를 작게 하였다. 공기방울이 세탁 중 옷감에 부딪히는 것을 최대로 하기 위하여 분사장치(Nozzle)의 위치를 세탁조 바닥에 설치하고 분사장치 출구 형상을 30도 기울여 빨래판 속으로 공기를 집결시키며 빨래판이 회전할 때 원심력에 의하여 공기방울을 분산시키는 구조설계로 공기방울의 손실을 최소화 하였다. 옷감의 양에 따라 수위를 저 · 중 · 고로 사용하고 물속의 용존산소량 설정에 의한 산소 발생량을 2,250~2,700cc로 구분하여 적용하였다. 공기방울이 빨래를 부상 및 회전시켜 충격을 주는 효과를 발생할 수 있도록 1분간 통전과 단전을 반복하는 제어회로를 설정하였다.

제3단계는 공기방울 세탁기의 소비자 광고를 위한 판매 전략의 설정으로서, 이는 크게 소비자 입장에서 본 욕구충족 및 사회적으로 필요한 동기부여를 위하여 주 기능 및 부가기능으로 나누었다. 주 기능은 깨끗하고 강력한 세탁이라는 슬로건 아래 시험의 결과 데이터에 의거한 세탁 세정도 55% 상승, 포 손상도를 40% 개선하였으며, 부가기능으로서 사회적 분위기에 호응하여 환경보호에 기여하는 공기방울 세탁기의 이미지 상승효과를 부여하도록 세제 절약 25% 감소, 옷감의 세제 잔류량 50% 감소라는 제품개념을 도입하였다. 그리고 세탁기의 닉네임(Nick Name)은 기존에 사용하던 '예예'를 공기방울 세탁기에 사용하기에는 소비자 인지도가 낮고, 강력한 세탁효과를 가진 세탁기를 표현하는 데에는 한계가 있다는 판단에 따라 바꾸기로 하였다. 이를 위해 소비자 설문조사 결과를 토대로 하여, 그동안 제안된 11건의 닉네임 중에서 공기방울 세탁기의 기능 연계성과 발음의 용이성, 세탁기 이미지의 잔존성 등을 잘 나타낼 수 있다고 판정된 '파워(power)'로 결정하였다. 그리하여 '파워'를 대우 공기방울 세탁기를 대표하는 닉네임으로 제작사용하고 본격적인 출시를 준비하였다. 또한 공기방울 세탁기 '파워'를 출시 후 공기방울 세탁에 대한 홍보를 위하여 실제 세탁조 안에서 공기방울이 생성되는 것을 직접 볼 수 있도록 투명하게 교육용 세탁기를 제작하여 전국 대리점에 진열 전시하고 소비자가 직접 작동 및 체험을 해보도록 했다. 이를 통해서 공기방울 세탁에 대한 인식을 확산시키는 데 성공하게 되었다. 이와 함께 초기에 공기방울 세탁기의 판매 저변 확대를 위하여 시제품을 생산한 후, 모니터링을 실시하여 실제 소비자가 세탁기를 사용하고 비교 평가하여 공기방울 세탁기의 우수성을 직접 체험하는 기회를 부여한 것이 공기방울 세탁기의 우수성을 소비자의 입과 입을 통하여 널리 알리게 하는 결정적인 계기가 되었다. 공기방울 세탁기를 91년 8월 말에 본격적으로 출시하여 판매함과 동시에 대대적인 광고를 TV 및 신문지상에 실시하기 위하여 제품 판매 전략 설정과 동시에 광고의 인물로서는 공기방울 세탁기와 같이 파워플한 인물을 선정한 결과, 소비자가 매사에 자신 있고 추진력 있는 파워풀 맨으로 인지하고 있는 탤런트 유인촌 씨로 결정하여 광고 제작 단계에서 코래드(KORAD) 제작진과 여러 차례의 협의를 거친 후 투명 세탁기의 내부에서 공기방울이 생성되어 세탁이 되는 과정을 TV 및 신문지상에 발표하였다. 이것은 앞서 모니터링 단계에서 소비자의 입에서 입으로 전파되고 있던 관심을 더욱 집중시키도록 하는 효과를 얻음으로써 소비자를 비롯한 학계의 관심이 집중되게 하였다. 그리하여 시장개방에 대처하는 제품 개발이라는 평가가 연일 신문지상에 대서특필되고 제품 자체에 대한 각계의 조언과 격려가 수없이 쇄도하였다. 학계 및 소비자의 격려와 조언에 따라서 공기방울 세탁기의 개연성을 체계화하고자 기술원을 비롯해서 기타 연구기관 및 산학연과 협동 연구를 실시하여 공기방울이 세탁에 미치는 작용에 대하여 연구와 시험을 하였다. 이를 통하여 첫째, 공기방울에 의한 압력변동이 증대되어 세탁물을 수직으로 진동시켜 세척력을 55% 증가시키는 원동력이 되었고, 둘째, 공기방울에 의하여 세제의 용해도 향상을 통하여 기존 세탁기의 문제점이었던 세제가 옷감에 남아 있어서 생기던 냄새와 위생적인 문제들을 해결하고, 셋째 세제 사용량을 25%나 줄임으로써 저공해 세탁기의 표본이 되었으며, 공기방울의 지속적 공급을 통하여 용존산소량이 증가되어, 세탁시간 동안 계속 신선한 세탁수를 유지하여 상쾌한 세탁으로 오염을 방지하게 되었고, 넷째, 공기방울과 기존 세탁수류의 조합을 통하여 옷감 손상도를 40%나 감소한다는 이론적 토대를 구축하여 국내 기계학회지에 제출하여 큰 반응을 일으키게 하였다.

3) 공기방울의 원리

연구원들과 함께 실험에 실험을 거듭한 끝에 우리는 공기방울이 세탁에 놀라운 효과를 준다는 것을 데이터로써 확인할 수 있었다. 그리하여 1990년 12월부터는 본격적으로 상품화 개발에 착수하게 되었다. 이때의 목표는 단순히 공기방울을 발생시켜 빨래에 주입시키는 것이 아니라, 세탁물의 양에 따라 공기방울 크기 인자, 공기량, 공급시간 등을 최적으로 설정하여 공급하는 공기방울 이용 세탁방법을 개발하여 세계 제일의 상품을 만들자는 것이었다. 이것은 세탁기의 본질적인 기능이라고 할 수 있는 세탁력을 55%나 향상시키기 위한 노력이기도 했다. 개발이 어느 정도 완료되는 단계에서 제품의 신뢰성을 확보하기 위한 제품의 Test에서는, 시중에서 유통되고 있는 전체 세제에 대한 공기방울 세탁기에서의 세탁 효과를 분석하여 세제별로 올바른 세제 사용량에 대한 설명 및 세제 사용 계량컵을 삽입하여 소비자들에게 올바른 세제량의 사용을 유도하여 세제 절감 효과를 갖도록 했다. 또한 한국화학시험 검사소와 91년 5월에 실시한 환경에 미치는 영향을 고려하기 위한 세탁세제의 생분해도 시험, 음이온 계면활성제 순도시험에서 음이온 계면활성제(세제 잔류량)는 기존 세탁기 대비 50%나 감소된다는 사실을 입증했다. 세탁물의 손상도를 파악하기 위하여 한국과학기술원과 세탁 오염포 조직을 전자현미경으로 300배 확대한 세탁 전후의 전자현미경 촬영의 결과는 옷감 손상도가 적어지는 효과를 눈으로 직접 확인할 수 있었다. 공기방울 세탁기 수류의 압력 변화 및 초음파 세탁 세제 점도 변화, 용존 산소량 측정을 위한 한국기계연구소 부설 해사기술연구소 등과 시험하여 공기방울 세탁의 물리적 작용에 의한 초음파 발생, 압력변동, 세탁물의 상승과 하강, 충격량의 작용에 대해서, 그리고 화학적 작용에 의한 세탁수 점도의 변화, 용존 산소량의 변화를 시험했다. 이 시험의 결과는 이미 《대한기계학회지》(1992. 1월호)에 발표되었다. 이 시험을 통하여 세탁력 55% 향상, 옷감손상도 40% 감소, 세제 잔류량 50% 감소, 세제 사용량 25% 감소라는 효과에 대한 이론적 토대를 구축한 것이다. 공기방울 세탁기는 종전의 세탁기의 개념을 바꾸어놓으면서 탁월한 세척력을 발휘하여 세계 일류상품으로 손색이 없는 우수한 제품으로 평가받고 있다. 다른 가전제품과 마찬가지로 세탁기도 그 성능과 품질에 있어 눈부신 발전을 거듭하여 요즈음에는 세탁조건을 스스로 찾아내어 동작하는 소위 '인공지능 세탁기'까지 등장하고 있으나 결국은 펄세이터(Pulsator)가 일으키는 복잡한 수류에 의하여 세탁물에 물리력을 가한다는 과정 자체에는 변화가 없었다.

세탁의 기본적인 목적은 세탁물에 붙어있는 오염물을 분리하여 의복 본연의 기능을 회복하는 데 있으나, 오염물을 세탁물에서 분리하는 과정은 매우 복잡하고 그 과정에 영향을 줄 수 있는 요인들이 너무 많기 때문에 한마디로 설명하기는 쉽지 않다. 오염이 세탁물에 부착하고자 하는 힘을 '계면장력'이라고 하는데 계면장력은 반데르발스 결합, 섬유내로의 확산 등과 같은 여러 가지의 원인으로 인하여 발생하는 '인력(引力)'이라고 할 수 있다. 결국 세탁이란 그림 6.2와 같이 외부로부터 이 계면장력을 능가하는 에너지를 주어 오염물을 세탁물로부터 떼어내는 과정인데 세제를 투입하여 계면장력의 크기를 감소시킨다든가, 주무르고, 비비고, 두드리고 하여 직접적인 힘을 가하는 것 등과 같은 행위는 바로 외부로부터 주어지는 에너지의 종류라고 할 수 있다. 사람이나 환경에 따라 섬유에 부착하는 오염의 종류와 정도가 크게 다르고 같은 종류의 오염이라도 경과한 시간에 따라 다른 성질을 갖게 되므로 가장 효과적인 세탁방법은 경우에 따라 달라질 수밖에 없다. 일반적으로 세탁에 있어서 세제에 의한 작용을 제외한다면 기계적인 힘의 작용은 그림 6.3과 같이 대부분 수류의 형식으로 오염에 작용하게 되는데

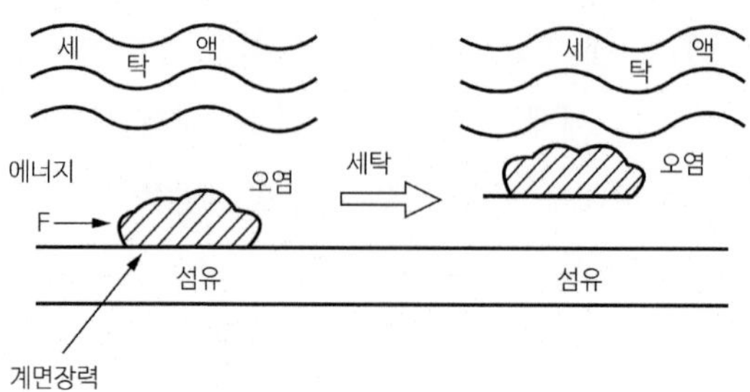

그림 6.2 세탁의 원리

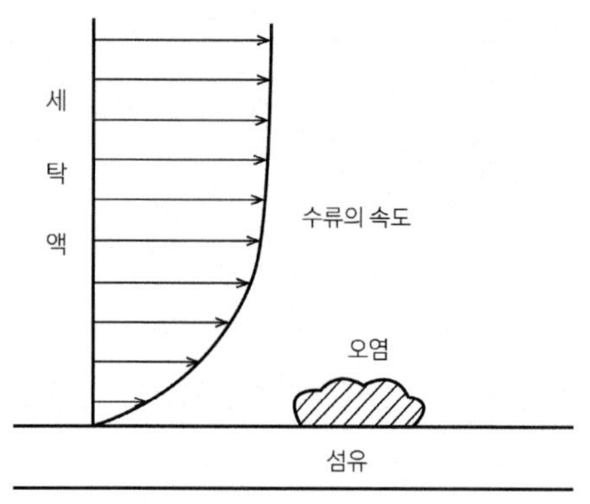

그림 6.3 섬유 근처의 수류

이 수류는 오염에 대한 상대속도가 크고 섬유에 직각 방향으로 작용할 때 세탁 효과가 커진다. 이것은 수류가 섬유에 평행할 때에는 물이 갖는 점성으로 인해 섬유 표면에 가까울수록 속도가 떨어지는 구배(勾配)가 생겨 섬유 표면에 부착되어 있는 오염에 효과적으로 작용할 수 없기 때문이다. 방망이로 물에 흠뻑 젖은 세탁물을 두드릴 때에는 섬유에 직각 방향으로 속도가 큰 물의 흐름이 발생되므로 옷감의 손상이 크다는 점만 빼고는 가장 효과적인 세탁방법이라고 하겠다. 이러한 세탁의 원리에 비추어볼 때, 기존 세탁기의 방식으로는 세척력에 한계가 있기 마련이고 세탁물의 꼬임과 같은 바람직하지 못한 현상으로 옷감의 손상도가 크고, 위치에 따라 세탁 정도에도 차이가 나는 등으로 인해 대부분의 주부들이 부분적인 손빨래를 한 다음에야 세탁기를 사용하고 있는 실정이다. 이러한 상황에서 볼 때 공기방울 세탁기는 물속에 존재하는 공기방울의 오묘한 작용을 이용하여 기존 세탁기의 결정적인 단점을 보완한 혁신적인 제품이라고 할 것이다. 공기방울의 세탁에 대한 작용을 보다 과학적이고 체계적으로 설명하기 위하여 공기방울의 세탁현상에서 나타나는 특징들을 분석하고 정밀측정을 통하여 공기방울 세탁방식의 우수성을 증명하고자 한다. 이러한 자료들을 바탕으로 향후 개발될 공기방울 세탁기의 성능을 한층 더 향상시키는 데 기여하고자 한다.

먼저, 펄세이터에 의한 수류와 잘게 쪼개진 공기방울이 혼합된 상태에서 세탁이 될 때와 공기방울이 없는 상태에서 세탁이 될 때를 비교해보면 다음과 같이 몇 가지 특징에서 차이점이 있다. 첫째, 섬유의 빛 반사율로서 세탁의 정도를 측정하는 세정도가 최대 55% 향상된다. 특히 공기방울 세탁 때는 40℃ 이상의 수온에서보다 일반 수돗물의 수온인 10℃~30℃의 수온에서 세정도의 향상이 두드러진다. 둘째, 세탁기 어느 부분이나 골고루 된다. 세탁성능 시험에는 15개의 오염된 시험포를 세탁물의 각 부분에 골고루 부착하여 시험하게 되는데 시험 결과 각 시험포의 세정도 편차가 공기방울 세탁에서 2배 정도 작다. 셋째, 펄세이터와의 마찰, 격렬한 수류 등에 의해 세탁물에 발생하는 옷감 손상도가 40% 정도 향상된다. 넷째, 세탁 후 세탁물에 잔존하는 세제 잔류량이 50% 감소한다. 위와 같은 특징에서 관찰할 수 있는 것은 펄세이터에 의한 수류는 많은 세탁물 사이를 원만하게 흐르지 못하므로 세탁이 골고루 될 수 없으나 공기방울에 의한 세탁은 수류에 의한 세탁과 공기방울에 의한 압력파 혹은 음파 등에 의해 공기방울과 함께 세탁물 사이에 골고루 분포하여 세탁 효과를 향상시키며 균일한 세탁이 될 수 있게 해줌을 알 수 있다. 골고루 세탁이 되는 것은 세탁 후의 얼룩 현상이 없어지므로 육안 식별로 훨씬 깨끗해졌음을 알 수 있다. 또한 펄세이터의 가장자리에서 집중적으로 발생하는 공기방울은 가장 회전속도가 빠른 펄세이터 가장자리로부터 부력에 의해 세탁물을 상승시키므로 세탁물의 손상을 줄이는 효과도 같이 나타난다. 최근 개발된 공기방울 세탁기의 공기방울 입자는 지름이 평균 2.1mm로서 세탁 중 총 500여만 개가 발생하며 이 작은 공기방울이 수중에 고루 분포했을 때는 세탁물을 전체적으로 상승시키지 못하며 오히려 수류에 의해 세탁물과 같이 움직인다. 그러나 공기방울이 집중적으로 발생하는 펄세이터의 가장자리에서는 큰 부력으로 세탁물을 상승시키므로 옷감의 손상을 줄인다. 이와 같이 공기방울은 세탁에 많은 영향을 미치고 있는데, 이제 그 효과에 대하여 한 가지씩 분석하기로 하겠다.

소리 즉, 음의 전달이란 공기, 물(액체), 고체를 통해서 전달되는 종파인 소밀파의 일종이라고 할 수 있다. 즉 음은 파동으로 전달되는 음파이다. 음의 높낮이는 1초 동안에 진동하는 횟수 즉, 주파수의 고 · 저에 따라 다르며 음의 강약은 진동과 진폭의 대소에 따라 다르다. 초음파는 이러한 음파의 일종으로 예전에는 단순히 인간의 귀로 들을 수 없는 높은 주파수의 음을 초음파라고 정의하였었다. 인간이 들을 수 있는 한계라고 하는 것은 사람에 따라 또는 연령에 따라 달라질 수 있으나 보통 16Hz에서 20KHz 정도라고 한다. 그러므로 20KHz 이상의 주파수를 갖는 음을 초음파라고 부르고 있다. 들을 수 있는 음의 강약에도 한계가 있어 0.0002ubar에서 약 200ubar 정도이며 200ubar에서는 귀에 통증을 느끼며 그 이상에서는 고막이 파열된다. 음파를 단순히 듣는 기능에만 사용한다면, 그 측정 기준을 사람의 귀로 해도 문제가 없겠으나 사람이 듣는 소리는 그 매질이 보통 공기로 한정되어 있다. 특히 근래 들어서처럼 음파를 동력적, 통신적 목적으로 사용하기 위해서는 보다 일반적인 측정 기준을 필요로 한다. 소리는 결국 우리 귀가 감지하는 공기의 압력 변화이므로 이 압력의 크기로 정의하면 될 것이다. 그러나 사람이 들을 수 있는 소리의 크기는 최저 $2\times10^{-5}N/m^2$에서 $200N/m^2$에 이를 만큼 광범위하여 압력 자체로 소리의 크기를 나타내기는 불편하므로 그 양의 Log 값을 이용한다. 이 단위를 dB(decibel)이라고 하는데 아래와 같이 정의한다.

$$dB = 20 \cdot Log10\frac{\text{측정 값}}{\text{기준 lever 값}}$$

이 기준 lever 값은 최저 가청 값인 $2\times10^{-5}N/m^2$를 사용한다. 따라서 $2\times10^{-5}N/m^2$ 이하의 작은 압력 값을 가지는 음파는 우리가 들을 수 없다. 초음파의 가장 대표적인 동력적인 이용 분야는 '세척' 분야이다. 액체 내에 강력한 초음파를 발사하면 초음파는 소밀파이므로 액체 내에 순간적인 압력의 증감 현상이 일어난다. 순간적인 감압에 의하여 액체 내에 공동이 생기는 현상을 캐비테이션(Cavitation) 현상이라고 하는데 이 공기방울이 부서질 때 액체 중에 커다란 힘을 주게 된다. 또 온도도 국부적으로 상승한다고 알려져 있다. 초음파의 주파수가 지나치게 높으면 이러한 캐비테이션 현상이 오히려 일어나기 어려운데 이것은 공기방울이 팽창, 수축하는 데는 일정한 시간이 소요되고 주파수가 높으면 그만큼 팽창, 수축의 폭이 작아지기 때문이다.

공기방울 세탁기에서 발생하는 공기방울은 캐비테이션 현상에서처럼 국부적인 감압에 의한 것이 아니고 별도의 공기방울 발생 장치에서 공급되는 것이기 때문에 엄밀한 의미에서는 캐비테이션이 아니지만, 공기방울이 옷감에 부딪혀 터지거나 분리되는 과정은 캐비테이션의 현상과 유사하다. 공기방울이 발생, 소멸되는 과정에서 발생하는 초음파는 그 강도가 어느 정도이며, 그 강도를 압력 값으로 계산해 봄으로써 세탁물에 대해 어느 정도의 세척 효과를 가지는지를 알 수 있다. 세탁기에는 모터의 회전이나 기타 부속물의 작동, 수류에서 일어나는 소리 등, 많은 소음원이 존재한다. 우리가 듣는 '세탁기의 소리'라는 것은 물론 우리가 들을 수 있는 가청 범위 내에 들어오는 주파수를 갖는 소리이며 그 범위 밖의 소리, 즉 우리가 귀로 들을 수 없는 초음파도 발생할 것이다. 그러므로 공기방울 세탁기와 기존의 일반 세탁기에 대해 초음파 측정 실험을 행하여 그 차이를 비교, 공기방울의 효과를 알아보는 것이 바람직할 것이다. 그림 6.4는 초음파 발생 측정 실험을 위한 실험 장치의 개요이다. 하이드로폰(Hydrophone)은 물속에서 음파를 측정하는 장치이며 여기서 포착한 전기적 신호를 증폭하고 디지털 신호로 전환하여 컴퓨터로 보내서 우리가 알기 쉬운 형상으로 처리하게 된다. 펄세이터 아래에 위치하고 있는 공기 발생 장치로부터 나온 공기는 펄세이터 아래의 공간에 일시적으로 고였다가 펄세이터의 회전에 따라 작은 공기방울로 부서지면서 펄세이터와 세탁조의 틈새로 분출된다. 발생된 공기는 자체의 부력과 수류에 의하여 세탁조 내의 전 영역에 공기방울이 발생할 때가 발생하지 않을 때보다 골고루 분포되고 옷감에 부딪히거나 갑자기 압력이 낮은 곳으로 이동하는 등의 원인으로 터지거나 더 작은 것으로 분리된다. 그림 6.4에 나타난 바와 같이 공기방울이 발생하는 틈새로부터 5mm 떨어진 곳에 Hydrophone을 설치하여 공기방울이 발생할 때와 같은 위치에서 발생하지 않을 때로 나누어 측정하였다. 그림 6.5에 나타난 바와 같이 20 KHz를 기준으로 가청 영역과 초음파 영역으로 나누어보면 더 많은 초음파가 발생하고 있음을 알 수 있다. 초음파 영역에서 두 그래프 간의 차는 바로 공기방울에 의한 초음파 발생 효과인데 이를 압력 단위로 환산해 보면 표 6.11과 같다.

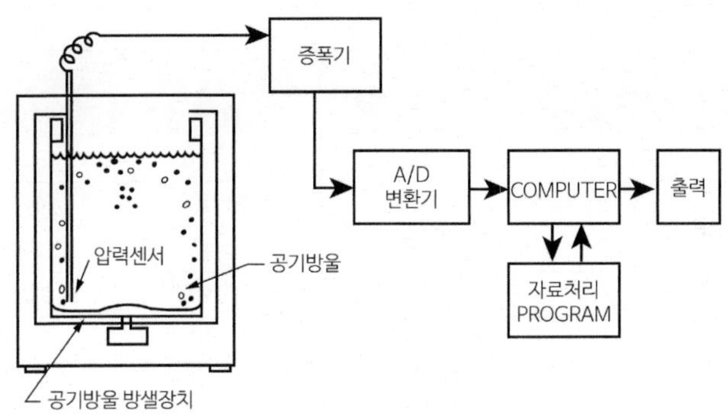

그림 6.4 초음파 측정 실험 장치

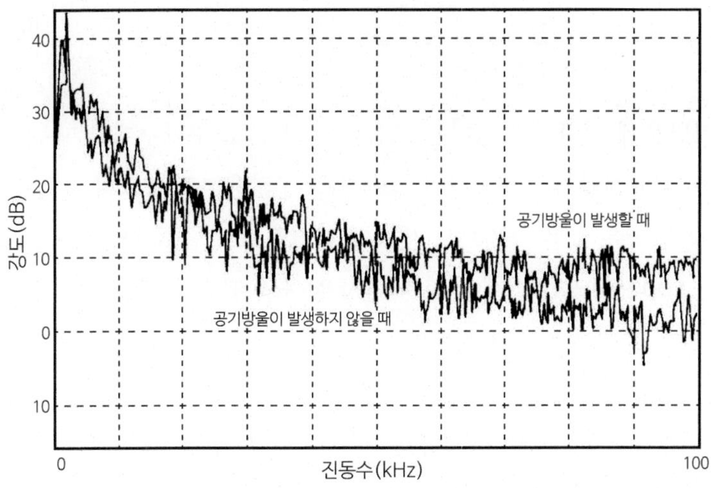

그림 6.5 공기방울이 발생할 때와 하지 않을 때의 초음파의 발생

Excellent Thoughts applicable through our whole life If you born poor, it's not your mistake. But if you die poor, it's your mistake. (가난하게 태어난 것은 당신의 잘못이 아니지만, 가난하게 죽는 것은 당신 책임이다.)

표 6.11 공기방울에 의한 초음파의 발생

주 파 수 (kHz)	초음파의 강도(dB)		압력 값(kPa)	
	공기방울 무	공기방울 유	공기방울 무	공기방울 유
20	16	19	13.1×10^{-8}	18.5×10^{-8}
30	13	17	9.2×10^{-8}	14.6×10^{-8}
40	10	15	6.5×10^{-8}	11.6×10^{-8}
50	9	13	5.8×10^{-8}	9.2×10^{-8}
60	6	11	4.1×10^{-8}	7.3×10^{-8}
70	5	10	3.7×10^{-8}	6.5×10^{-8}
80	4	10	3.3×10^{-8}	6.5×10^{-8}
90	2	10	2.6×10^{-8}	6.5×10^{-8}
100	1	10	2.3×10^{-8}	6.5×10^{-8}
평 균	7.3	12.8	4.8×10^{-8}	9.7×10^{-8}

공기방울에 의하여 발생하는 초음파는 그 분포 주파수대가 매우 넓으며 강도는 일반 세탁기와 비교하여 상당히 크게 작용하고 있으나 그 강도의 크기로 보아 작은 값을 가지므로 세탁에 직접적으로 큰 효과를 준다고 볼 수 없다. 그러나 이러한 미세한 떨림 현상은 물의 떨림 현상으로 나타나 세탁 효과를 높이는 데 기여하게 된다. 세탁기의 펄세이터는 세탁 중에 일정한 시간 간격을 가지고 좌우 회전을 반복하는데 이때 세탁조 내의 수류와 세탁물의 움직임을 살펴보면 다음과 같은 것을 알 수 있다. 초기에 정지 상태로부터 펄세이터가 한쪽 방향으로 회전을 시작하면 수위나 세탁물의 양에 따라 차이는 있으나 세탁물은 어느 정도 시간이 지난 후에야 그 방향으로 움

직이기 시작한다. 그리하여 펄세이터가 반대 방향으로 회전하게 되면 그전 수류의 방향에 거스르는 수류가 발생하게 되는데 이때 매우 복잡한 유동이 발생하게 되고 세탁물도 그에 따라 복잡한 운동을 하게 된다. 앞에서 설명한 세탁의 원리에 비추어볼 때 만약 세탁물이 물과 같은 속도로 운동한다면 세탁 효과는 미미할 것이나 수류의 방향이 바뀔 때 생기는 복잡한 유동 중에서나 또는 수류의 방향과 거꾸로 세탁물을 움직일 수 있다면 세탁 효과는 우수해진다. 또 옷감 전체에는 큰 운동을 주지 않더라도 국부적으로 격심한 진동을 줄 수 있다면 이것은 마치 우리가 옷에 묻은 이물질을 손가락으로 퉁겨서 세척력을 발휘하는 것과 동일한 효과를 주게 될 것이다. 세탁 과정 중 그림 6.6에서와 같은 측정점에서 압력을 측정해보면 시간에 대한 압력의 변동이 매우 극심함을 알 수 있다. 이것은 펄세이터의 회전에 의해서 유도되는 수류에 기인한 것인데 이 압력변동 값의 크기가 클수록, 또 단위 시간당의 변동 횟수가 많을수록 옷감에 전달되는 에너지가 많은 것이므로 오물을 떼어내는 데는 효과적이다. 이 실험은 물속의 공기방울이 압력변동에 어

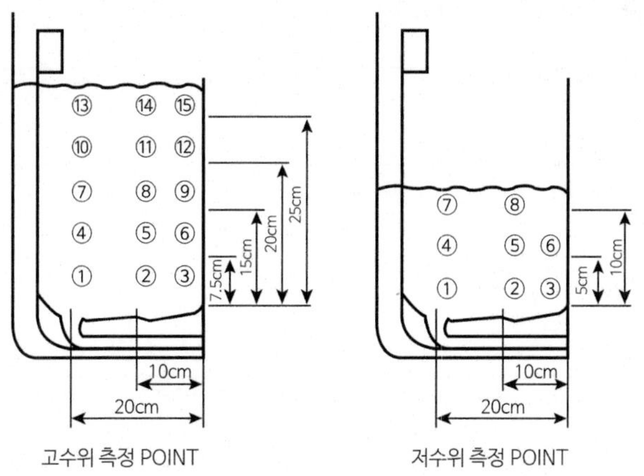

그림 6.6 압력 센서의 위치

떤 영향을 미치는가를 알아보기 위한 것이다.

이 실험에서 데이터를 취하는 방법은 앞에서 설명한 초음파 측정 실험과 같다. 다만 하이드로폰 대신에 압력 센서를 사용하였으며 위치에 따른 압력 변동치의 차를 알아보기 위하여 그림 6.6과 같이 여러 개의 위치에 대해 실험을 행하였다. 또 수위별로 어떤 차이가 있나를 알아보기 위하여 저수위와 고수위로 나누어 같은 실험을 행하였으며 위와 같은 조작을 같은 조건에서 공기방울이 발생할 때와 하지 않을 때로 나누어 행하여 공기방울만의 효과를 알 수 있도록 하였다. 이 실험에 사용된 압력 센서는 한 점의 압력을 초당 20,000번 측정한다. 그림 6.7은 저수위 ①번 위치에 압력 센서를 설치했을 때 얻을 수 있는 압력변동 그래프이다. 가로축의 5,000은 5,000번째 데이터를 의미하는데 초당 20,000개의 데이터를 획득하였으므로 이것은 압력

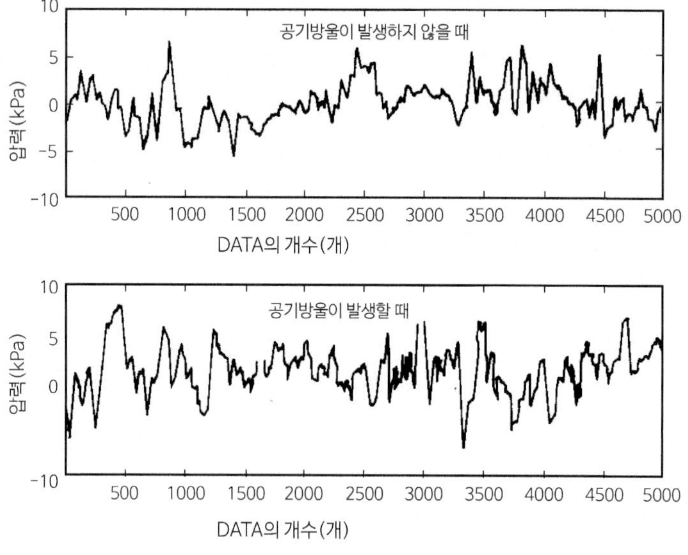

그림 6.7 시간에 따른 압력변동

센서가 작동을 시작한 후 0.25초의 시간이 경과하였음을 의미한다.

그림 6.7의 두 그래프를 비교해보면 공기방울이 발생할 때의 경우에 훨씬 많은 고주파 성분이 나타나고 있음을 알 수 있다. 그림 6.8은 그림 6.7에서 보인 시간에 따른 압력변동 값을 Fourier transform에 의해 주파수 영역으로 변환하여 Power spectral density를 나타낸 그래프이다. 여기서 PSD (power spectral density)=Y×conj(Y)/512로 정의되며 이때 Y는 512개의 데이터를 취한 fast fourier transform이다.

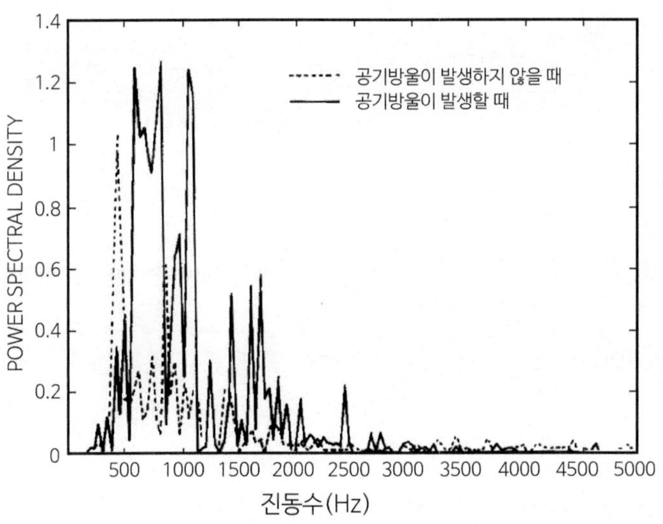

그림 6.8 압력 스펙트럼

그래프에서 500Hz부터 1,000Hz 사이에서 공기방울에 의한 에너지의 증가가 두드러진 것을 볼 수 있는데 이로부터 공기방울이 물속에서 센서에 부딪혀 터질 때 발생하는 압력변동은 주로 이 범위의 주파수를 갖는다는 것을 알 수 있다. 이것을 좀 더 명확히 관찰하기 위하여 위의 결과 그래프를 500

Hz 이상의 고주파 성분만 찾아내어 결과를 비교하였다.

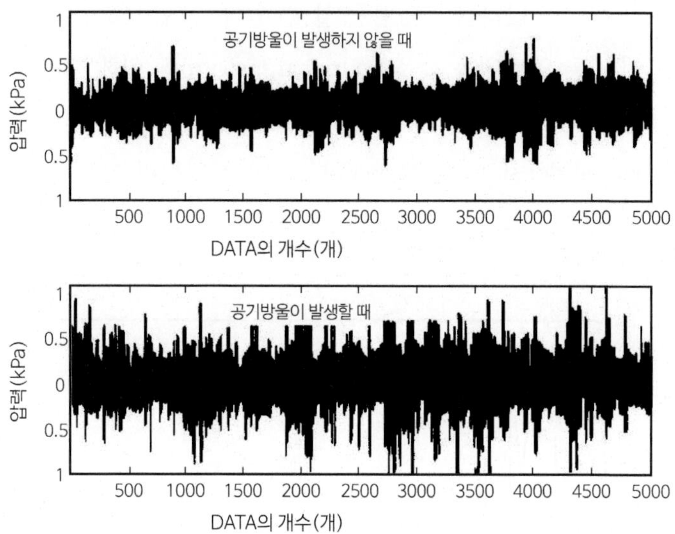

그림 6.9 HIGH PASS FILTER를 거친 저수위 ① 위치에서의 압력변동

그림 6.9의 그래프에서 볼 수 있는 변동 폭이 큰 저주파는 수류에 의한 압력변동인데 이 수류는 공기방울의 발생 유무와 관계없이 같으므로 High pass filter를 사용하여 이들을 제거하면 공기방울만에 의한 압력변동 효과를 보다 확실하게 볼 수 있다. 그림 6.10에서 보는 바와 같이 공기방울이 발생할 때, 고주파의 압력변동이 발생하지 않을 때에 비하여 큰 것을 볼 수 있는데 이들의 값을 정리하면 표 6.12와 같다.

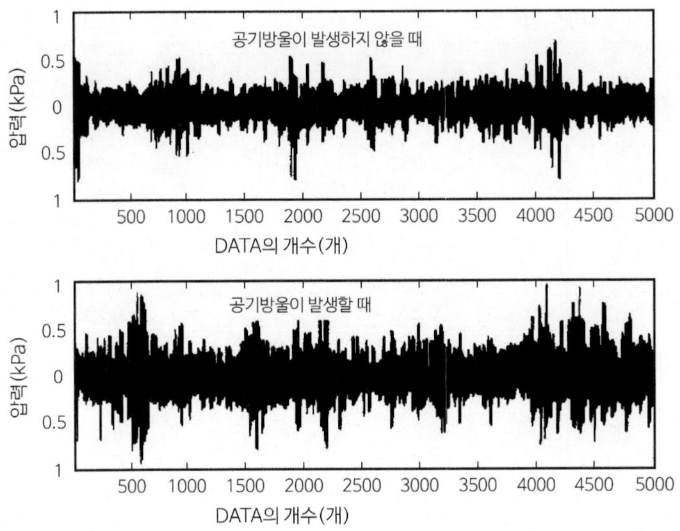

그림 6.10 HIGH PASS FILTER를 거친 고수위 ① 위치에서의 압력변동

표 6.12에서 나타난 바와 같이 공기방울에 의한 압력변동의 값은 공기방울이 대량 발생하는 ①번 위치에 가까울수록 크다는 것을 알 수 있다. 이 실험에서는 세탁물이 포함되지 않은 상태이므로 공기방울이 터지거나 분리되는 것은 주로 센서에 부딪혀서 일어나며 이럴 경우 센서는 공기방울의 효과를 가장 효율적으로 포착할 수 있을 것이다. ①번 위치에서 멀어질수록 공기방울의 수효는 점점 감소하여 압력변동 값의 증가도 작아진다. 그러나 이것은 센서의 위치에 따른 결과이며 그림 6.11과 같이 실제 세탁 과정에서는 발생한 공기방울이 자체의 부력과 수류에 의하여 전체 세탁 시간에 비하여 극히 짧은 시간 내에 세탁조 전 영역에 골고루 분포되고, 세탁물 역시 수류와 공기방울의 영향으로 상승과 하강을 반복하게 됨으로써 세탁물이 공기방울에 노출될 수 있는 기회는 세탁물의 전 부분에 걸쳐 균일하다고 할 수 있다.

표 6.12 위치에 따른 압력변동

측 정 위 치		평균 압력변동 값(kPa)	
		공기방울이 발생할 때	공기방울이 발생하지 않을 때
고수위	①	0.419	0.292
	②	0.362	0.311
	③	0.588	0.455
	④	0.221	0.199
	⑤	0.379	0.225
	⑥	0.289	0.251
	⑦	0.226	0.195
	⑧	0.254	0.213
	⑨	0.253	0.227
	⑩	0.204	0.191
	⑪	0.223	0.214
	⑫	0.231	0.210
	⑬	0.205	0.181
	⑭	0.243	0.222
	⑮	0.292	0.215
저수위	①	0.509	0.226
	②	0.362	0.332
	③	0.473	0.414
	④	0.334	0.259
	⑤	0.410	0.346
	⑥	0.428	0.265
	⑦	0.306	0.211
	⑧	0.659	0.304

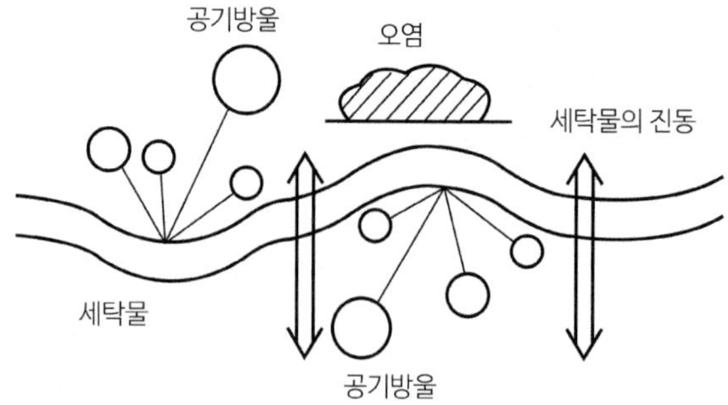

그림 6.11 공기방울에 의한 압력변동의 효과

결국 표 6.12의 결과에서와 같이 $(1\sim2)\times10^{-3}$kgf/cm^2 정도의 압력변동이 500Hz 이상의 주파수를 가지고 세탁물에 직각방향의 진동을 일으키면서 전 영역에 골고루 작용하므로 세탁효과가 향상되는 것과 아울러 기존 세탁기의 결점 중의 하나로 지적되던, 위치에 따른 세정도의 편차를 개선하는 효과도 얻을 수 있다. 일반 세탁기에서 세탁 후에 세탁물 사이의 세제 가루가 녹지 않고 잔류하는 것을 볼 수 있는데 이것은 세제가 완전히 용해되지 않았기 때문이다. 표준 사용량의 세제를 넣고 세탁을 하면 세제가 완전히 용해되지 않는 알갱이가 있기 때문에 그만큼 세탁의 효과를 떨어뜨리게 된다. 따라서 소비자는 더 많은 세제를 사용하게 되어 환경오염 문제 등을 일으키게 된다. 그리고 세제의 농도가 과해지면 오히려 세탁 효과가 떨어지는 것으로 나타나므로 표준 세제량 이상을 넣는 것은 사실상 무의미하다. 세제가 용해되면 세제 중의 계면활성제의 작용으로 오염과 섬유 사이의 계면장력을 저하시켜 작은 힘으로도 쉽게 오염을 분리해 내도록 하는 기능이 있으므로 세탁기간 중에 세제가 완전히 물에 녹을 수 있도록 해야 한다. 세제를 빨리 녹게 하기 위하여 물의 온도를 높여 물의 분자 운동을 활발하게 하여 빨리 녹게 할 수 있으나 폴리에스텔 등과 같은 합성 섬유는 물의 온도에 민감한 세탁물이므로 세탁물이 변형될 수 있다. 앞에서 확인된 공기방울의 각종 에너지는 세제의 용해도에도 영향을 미쳐 세제가 물속에서 빨리 용해되게 하여 세탁물에 잔존하는 세제를 줄이고 또한 배수되는 세탁수도 세제가 완전 용해된 것이므로 환경오염 측면에서도 유리하게 작용한다. 세제는 작은 알갱이로 된 고형 입자 형태를 주로 사용하고 물속에 들어있는 세제의 알갱이는 물의 점도에 큰 변화를 주게 되므로 세제가 용해되는 정도를 물의 점도 변화로 측정하였다. 측정방법은 20℃의 수돗물에 표준 사용량의 일반 세제를 넣고 표준 세탁코스로 세탁을 하면서 1분 간격으로 세탁수를 채취하여 측정하였다.

측정기기는 점도계 60rpm으로 회전하는 스핀들의 회전저항에 의해 점도가 측정된다. 그림 6.12에서 볼 수 있는 것은 세제의 알갱이가 측정기의 스핀들에 부딪혀서 저항을 줌으로써 세제 투입 시 점도가 급격히 커진다. 그러나 세탁이 계속 진행됨으로써 세제 알갱이가 용해되므로 점도는 점점 떨어진다.

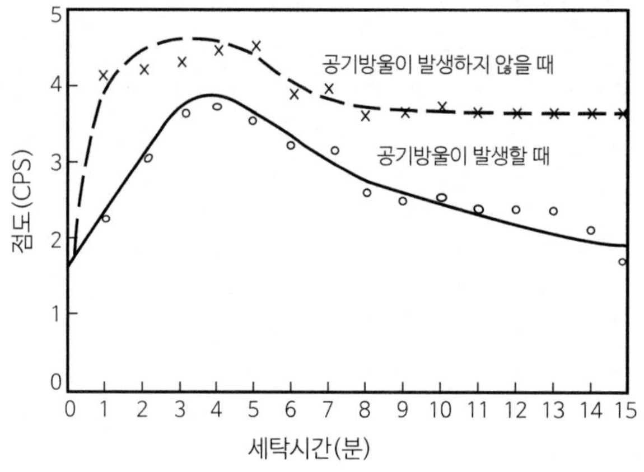

그림 6.12 세탁 시간에 대한 세탁수 점도의 변화

공기방울이 발생하지 않을 때는 세탁 15분이 종료되어도 3.71cps 이하로 내려가지 않음을 볼 수 있는데 이것은 세제가 완전히 녹지 않아 세제 알갱이가 존재한다는 것을 의미한다. 반면에 공기방울이 발생할 때에는 초기 물의 상태만큼 확연히 떨어지므로 세탁이 끝나는 시점에서는 세제가 완전히 용해됨을 알 수 있다. 공기방울이 발생하지 않을 때의 최소 점도인 3.71cps까지 도달하는 데 걸리는 시간이 공기방울이 발생할 때에는 5분, 공기방울이 발생하지 않을 때에는 8분으로 이 시간을 비교하면 60% 정도 세제가 잘

녹는 것을 알 수 있다. 일반적으로 소비자가 표준 세제량보다 많은 세제를 넣는 이유가 세탁기에서 세제를 완전히 용해시켜 주지 못하기 때문이므로 공기방울 세탁기는 세제를 아낄 수 있으며 완전 용해된 세제를 배출함으로써 환경오염을 줄여줄 뿐 아니라, 세탁이 끝난 후 세탁물에 남아 있는 미용해된 세제를 제거함으로써 옷감의 손상을 줄이고 피부건강의 측면에서도 바람직한 결과를 가져오는 것이다.

이상에서 물속의 공기방울이 세탁에 미치는 효과에 대해 논하였다. 공기방울에 의하여 세척력이 향상되는 것은 주로 공기방울이 세탁물에 부딪혀 터질 때 발생하는 500Hz 이상의 고주파 압력변동에 의한 것으로 확인되었다. 이외에 공기방울에 의하여 발생되는 초음파와 세제를 빨리 용해시켜 세탁수 점도를 신속하게 낮추어주고 또한 공기가 공급됨으로 세탁수의 용존산소량이 계속적으로 포화상태에 이르게 함으로써 세탁에 도움이 되는 것으로 판명되었다. 첫머리에서 언급한 바와 같이 수류와의 마찰에 의한 세탁은 세척력 향상을 위해 세탁물의 손상을 불가피하게 증가시키고 세탁물의 꼬임으로 수류에 노출되는 빈도의 불균일로 위치에 따른 세정도의 차이가 큰 것이 주요 단점 중의 하나이다. 공기방울 세탁기는 수류와의 마찰에 의한 효과 외에 복잡한 수류 속에서 얻은 공기방울에 의한 부가적인 에너지의 공급이 가능하여 세탁물의 손상을 경감시키며 세척력을 향상시키고 세제의 용해를 촉진시켜 잔류 세제량을 줄일 수 있어 세제 사용량을 감소시켜준다. 또 공기방울이 가지는 부력과 세탁수 중에 고루 분포하는 공기방울은 펄세이터와의 마찰을 줄여주고 세탁물의 꼬임을 방지하여 수류에 노출되는 빈도를 균등하게 하여 세탁물의 전 영역이 골고루 세탁되게 한다. 이러한 측면들을 고려할 때 공기방울 세탁방식은 기존 세탁기의 개념을 혁신한 새로운 방식으로 평가될 수 있으며 향후 공기방울의 거동에 대한 더욱 깊이 있는 연구를 통해 우수한 세탁기의 개발이 이루어질 것으로 기대한다(https://www.etnews.com/199612240068).

4) 공기 방울 오존 세탁기에서의 세탁 방법

공개번호 : 특2000-0003780

공개일자 : 2000년 01월 25일

요약

본 발명은 공기 방울 및 오존을 이용하여 세척력을 향상시키는 공기 방울 오존 세탁기에서의 세탁 방법에 관한 것으로서, 세탁수에 용해시키는 오존이 세탁수에 용해되지 않고 미반응함에 따라 세탁 효율 저하 및 대기중 오존 농도의 증가를 방지하기 위하여, 세탁 행정에서 세제가 포함된 세탁수의 변화 추이, 즉 pH 및 도전율을 분석하여 오존이 세탁수에 용해될 때 장애인자인 수산화 이온(OH−)의 활성화가 큰 세탁 초반에는 오존을 발생하지 않고 수산화 이온의 활성화가 작은 세탁 중반 이후부터 점진적으로 오존의 발생을 증가되도록 공기 방울 및 오존 발생기의 온/오프 동작 시간을 조절하여 오존의 용해도를 향상시킴으로서, 최대의 세척력을 얻을 수 있도록 한 것이다.

도면의 간단한 설명

도 1은 일반적인 공기 방울 오존 세탁기의 개략도.

도 2는 본 발명에 따라 채용된 공기 방울 오존 세탁기에 대한 블록도.

도 3은 본 발명에 따른 공기 방울 오존 세탁기의 세탁 과정을 도시한 흐름도.

〈도면의 주요 부분에 대한 부호의 설명〉

4 : 공기 방울 발생기, 5 : 오존 발생기

7 : 노즐, 30 : 마이컴

40 : 공기 방울 발생 구동부, 50 : 오존 발생 구동부

발명이 속하는 기술 및 그 분야의 종래기술

본 발명은 공기 방울 오존 세탁기의 세탁 방법에 관한 것으로서, 특히 세탁기의 세탁 행정에서 세탁수에 용해되는 오존의 용해 특성을 고려하여 공기 방울 및 오존 발생기의 온/오프 동작 시간을 조절함으로서 오존의 용해도를 향상시켜서 세척력을 최대화시킬 수 있도록 한 공기 방울 오존 세탁기에서의 세탁 방법에 관한 것이다. 일반적으로, 오존 세탁기란 오존(O_3)의 특성 즉, 산화력이 우수하고 유기물의 분해, 살균, 냄새 성분 제거 및 세제의 계면활성제 분해를 촉진하는 성질을 이용하기 위하여 세탁물의 세탁시 오존을 세탁수에 용해시켜서 사용하여 세탁물의 살균 및 소독을 수행할 수 있는 기능을 갖는 세탁기를 칭하는 것으로, 통상 세탁수의 급수시 세탁물의 양이나 수압 및 세탁물의 오염도에 따라 적응적으로 오존수의 오존농도를 제어할 수 있도록 하여 최적의 살균/소독 기능을 수행할 수 있도록 하고 있다.

한편, 공기 방울 세탁기는 세탁 행정 중에 공기 펌프를 이용하여 발생된 압축 공기를 세탁기 저수조의 하부에 설치된 기포 공급 노즐을 통하여 세탁물에 공기 방울을 공급함으로서 찌든 때까지 제거하도록 하여 세탁 효과를 증대시킨 것이다. 이러한 공기 방울 세탁기의 기포 공급 노즐은 펄세이터 하부의 저수조에 고정되어 있으며, 공기 펌프를 포함하는 공기 방울 발생기로부터 발생된 기포가 호스를 거쳐서 노즐에 형성된 다수의 구멍을 통하여 수많은 공기 방울로 분사되어 저수조로 공급되도록 구성되어 있다.

한편, 이러한 오존과 공기 방울을 조화시킨 공기 방울 오존 세탁기는 공

기 방울 발생기에서 압축되어진 공기중의 산소(O_2)가 오존 발생기를 통과하면서 일부의 산소가 오존화되고, 이때 나머지 공기와 오존이 저수조 하부의 노즐을 통하여 세탁조로 공급되어 공기 방울 및 오존에 의거하여 세탁 효과를 향상시킨 것이다.

상술한 바와 같은 오존을 이용하는 종래의 공기 방울 오존 세탁기를 첨부한 도 1에 개략적으로 도시하였다.

동 도면에 있어서, 공기 방울 발생기(4)는 공기 방울을 발생시키기 위한 압축공기를 발생하여 오존 발생기(5)로 전달하고, 오존 발생기(5)는 공기 방울 발생기(4)로부터의 압축 공기 중에 산소 일부를 오존화하여 호스(6)를 통해서 노즐(7)로 전달하며, 노즐(7)은 세탁기의 하부면에 설치되어 호스(6)를 통해서 인가되는 산소 및 오존이 포함된 압축 공기를 그 상부에 형성된 다수개의 노즐 구멍을 통하여 수많은 방울로 분사시켜서 펄세이터(3) 측면의 저수조(1) 하부면을 통해서 세탁조(2) 내부로 공급하도록 구성되어 있다.

이러한 구성에 있어서, 세탁조(2) 내에 적정 세탁수가 담수된 상태로 세탁이 진행되는 과정에서 공기 방울 발생기(4)가 동작되어 압축 공기를 발생시키게 되며, 또한 오존발생기(5)가 동작되어 공기 방울 발생기(4)로부터 발생된 압축 공기 중의 산소 일부가 오존화된다.

다음에, 오존 및 산소를 포함하는 압축 공기가 호스(6)를 통하여 세탁기 하부면에 설치된 노즐(7)을 통하여 세탁조(2)내로 분사 공급되게 된다.

그러면, 노즐(7)을 통하여 발생된 공기 방울은 세탁조(2) 내에 위치하는 세탁물에 닿아 터지면서 옷감에 잔존하는 이물질 등을 옷감에서 분리시키게 되며, 이때의 압축 공기중의 오존은 공기 방울과 같이 세탁조(2) 내로 공급되면서 세탁수에 용해되어 살균, 소독 등의 세탁 효율을 증대시키게 된다.

그러나, 오존은 그 특성상 세탁수의 유기물과 반응하는 시간이 극히 짧아 세탁수에 용해되지 못하는 오존의 발생 확률이 매우 높게 되며, 세탁수에 용해되지 못한 채 미반응된 오존의 일부가 세탁수의 수면으로 부상한 후 대기 중으로 확산되어 악취를 발생시키게 되는 문제점이 있다.

더욱이 상기와 같이 대기 중에 확산되는 오존이 적정치(대기중 오존농도 허용기준치 0.1ppm)를 벗어나 0.12ppm 이상이 될 경우 호흡기 장애나 시각장애 등 인체에 해를 줄 수도 있는 문제점이 있다.

또한, 통상적으로 세탁기에서는 세탁물에서 오염 물질을 제거하기 위하여 세제를 사용하는데, 세제가 용해된 세탁수는 약 알칼리성이기 때문에 수산화 이온(OH−)이 매개체가 되어 원래 불안정한 상태의 오존이 하기의 화학식 1과 같이 연속적으로 분해되어 최종적으로 산소를 발생하여 안정화된다.

부연 설명하면, 세탁수에 표준 사용량의 세제를 녹여 세탁을 진행할 때, 페하 지수(pH)의 변화를 살펴보면, 세탁 시작 전은 10.5, 세탁 중에는 10.1, 헹굼 1회 후는 7.6, 헹굼 2회 후는 순수 세탁수(pH : 7)와 유사하게 7.2를 나타낸다.

즉, 세탁 시작 전부터 세탁 후에는 pH가 10 내외로서 약 알칼리성을 띠게 되는데, 이것은 세탁 초기에는 세제에 세정 성능을 증가시키기 위하여 첨가된 보조 성분인 빌더(builder)에 의해 수산화 이온(OH−)이 활성화되어 수소 이온(H+)보다 많이 존재하기 때문이며, 헹굼 단계에서는 중성화되어 pH가 7 정도로 중성을 나타낸다.

따라서, 세탁 시작부터 오존을 투입하게 되면, 원래 불안정한 오존이 스스로 자기 분해되어 즉, 최종적으로 로 되어 안정한 산소로 되는데, 이때 분해 속도는 PH가 증가함에 따라 즉, 세탁수가 알칼리성일수록 가속화되며,

이러한 자기 분해는 결국 오존에 의한 세탁 효과를 감소시키는 문제점을 발생시킨다.

따라서, 본 발명에서는 세척력을 보다 향상시키기 위하여 세탁 행정이 진행되는 과정에서 세탁수의 특성 변화를 파악하여 오존을 세탁조에 효율적으로 용해시킴으로서, 세척도를 극대화시키는 방안을 모색하고자 한다.

발명이 이루고자 하는 기술적 과제

본 발명은 상술한 종래의 문제점을 해소하기 위하여 안출한 것으로서, 그 목적은 세탁수에 용해시키는 오존이 세탁수에 용해되지 않고 미반응함에 따라 세탁 효율 저하 및 대기중 오존 농도의 증가를 방지하기 위하여, 세탁 행정에서 세제가 포함된 세탁수의 변화 추이, 즉 pH 및 도전율을 분석하여 오존이 세탁수에 용해될 때 장애 인자인 수산화 이온(OH−)의 방해 작용을 최대한 억제하도록 공기 방울 및 오존 발생기의 온/오프 동작 시간을 조절하여 오존의 용해도를 향상시킴으로서, 최대의 세척력을 얻을 수 있도록 한 공기 방울 오존 세탁기에서의 세탁 방법을 제공하는데 있다.

발명의 구성 및 작용

본 발명에 따른 공기 방울 오존 세탁기에서의 세탁 방법은, 외부 공기를 유입받아 압축한 후 배출하는 공기 방울 발생기와, 공기 방울 발생기에서 배출되는 압축 공기중 산소의 일부를 오존으로 변환시키는 오존 발생기와, 오존 발생기를 통해 배출되어진 기체를 세탁조의 배면을 통해 세탁수에 공급하는 노즐을 구비한 공기 방울 오존 세탁기의 세탁, 헹굼, 탈수 행정에 있어서, 상기 세탁 행정의 초반에는 오존을 발생하지 않고 공기 방울만을 간헐적으로 발생하는 단계와, 상기 세탁 행정의 중반에는 공기 방울의 간헐적 발생과 함께 세탁수에 오존을 간헐적으로 발생하는 단계와, 상기 세탁 행정의 후반에서부터 헹굼 행정까지는 공기 방울과 오존을 연속적으로 계속 발생하는 단계를 포함하는 것을 특징으로 한다.

본 발명의 상술한 목적과 여러 가지 장점은 이 기술 분야에 숙련된 사람들에 의해 첨부된 도면을 참조하여 후술되는 발명의 바람직한 실시 예로부터 더욱 명확하게 될 것이다.

이하 첨부된 도면을 참조하여 본 발명의 바람직한 실시 예에 대하여 상세하게 설명한다.

도 2는 본 발명에 따라 채용된 공기 방울 오존 세탁기에 대한 블록도로서, 키입력부(10), 센서부(20), 마이컴(30), 공기 방울 발생 구동부(40), 오존 발생 구동부(50), 표시부(60), 세탁 구동부(70)를 포함한다.

이러한 구성에 있어서, 마이컴(30)은 키입력부(10)의 소정 키신호에 의거하여 설정된 세탁, 헹굼, 탈수 행정 등의 세탁 정보에 기초하여 표시부(60)를 통하여 현재 세탁 상황을 표시고, 설정된 세탁 정보 및 센서부(20)로부터의 각종 검출 신호에 의거하여 세탁조의 회전과 펄세이터의 교반 및 급수, 배수 등을 구동하는 세탁 구동부(70)를 제어하여 수행하되, 후술하는 세탁 과정에 의거하여 공기 방울과 오존을 발생하는 공기 방울 발생 구동부(40)와 오존 발생 구동부(50)를 선택적으로 구동 제어한다.

다음에, 상술한 구성부를 갖는 공기 방울 오존 세탁기에서 본 발명에 따른 세탁 과정 특히, 공기 방울과 오존의 발생 제어 과정을 첨부한 도 3의 흐름도를 참조하여 상세히 설명한다.

먼저, 상술한 바와 같이 통상적으로 세탁기에서 표준 사용량의 세제를 사용하였을 때 pH의 변화를 정리하면 하기의 표 1과 같다.

따라서, 오존을 세탁수에 투입시 오존이 자기 분해되는 초기 단계 즉, 수산화 이온의 활성화가 큰 단계인 세탁 초반에는 오존을 투입해도 오존의 효과를 볼 수 없기 때문에 공기 방울만을 발생하여 세탁수에 투입하고, 수산화 이온의 농도가 낮은 단계 즉, 세탁 행정의 중반 이후부터 점차 가변적으로 오존을 증가시켜서 투입하는 것이 바람직함을 알 수 있다.

다음에, 총 18분의 세탁 시간을 갖는 퍼지 코스를 기준으로 본 발명에 따른 세탁 과정을 상세히 설명한다.

먼저, 마이컴(30)은 세탁, 헹굼, 탈수 순의 세탁 과정에서 세탁 행정이 시작되면 공기 방울 발생 구동부(40)를 제어하여 공기 방울을 발생하여 세탁조 하부로부터 공기 방울을 세탁수에 투입한다(단계 300).

이때, 공기 방울 발생 구동부(40)를 1분 30초 동안은 온, 다음 30초 동안은 오프 제어를 반복적으로 수행하여 간헐적으로 공기 방울을 발생시킨다.

다음에, 마이컴(30)은 세탁 행정 시작 후, 4분이 경과되었는지를 판단하여(단계 302), 4분이 경과되면 공기 방울 발생 구동부(40)를 상술한 제어 방식으로 계속 간헐적으로 제어하고, 오존 발생 구동부(50)도 1분 30초 동안은 온, 다음 30초 동안은 오프 제어를 반복하여 간헐적으로 오존을 발생하여 세탁수에 투입한다(단계 304).

즉, 세탁수의 약 알칼리화로 오존이 산소화되어 오존이 산소화되는 세탁 초반의 4분 정도까지는 공기 방울만을 발생시켜서 오존의 불필요한 낭비를 방지한다.

다음에, 마이컴(30)은 세탁 행정 시작 후, 12분이 경과되었는지를 즉, 4분 경과 후 8분이 더 경과되는지 공개특허 특2000-0003780를 판단하게 된다(단계 306).

이때, 세탁 시작 후 12 분이 경과되면 공기 방울 발생 구동부(40)와 오존 발생 구동부(50)를 연속적으로 온 제어하여 공기 방울과 오존을 세탁수에 투입한다(단계 308).

즉, 세탁 중반의 8분 동안은 세탁수의 다소 중화로 오존의 용해도가 증가되기 때문에 오존을 발생시켜서 세척 효율을 증대시킨다.

그런 다음, 세탁 종료 시간인 18분이 경과되는지를 판단하여(단계 310), 18분이 경과되면 세탁 구동부(70)를 제어하여 헹굼 행정으로 전환하며(단계 312), 1회 헹굼 및 2회 헹굼 행정이 종료될 때까지(단계 314), 연속적으로 공기 방울 발생 구동부(40)와 오존 발생 구동부(50)를 제어하여 공기 방울과 오존을 세탁 후에 투입하고, 헹굼 행정이 종료되면 공기 방울 발생 구동부(40)와 오존 발생 구동부(50)를 오프 제어하게 된다(단계 316).

즉, 세탁 후반의 6분 동안과 헹굼 행정 동안에는 세탁수가 거의 중화되기 때문에 오존을 연속적으로 발생시켜서 오존의 세탁수 투입을 극대화한다.

상술한 공기 방울 및 오존 발생량의 제어는 실험 결과 49.3%의 최고 세척도를 갖는 실험 조건에 의해 산출된 것이며, 실험 조건별 세척도 실험 결과를 하기의 표 2에 나타내었다.

이때, 세탁 코스는 퍼지 코스(세탁 18분, 헹굼 2회, 탈수 7분)를 적용하였으며, 수위는 93ℓ의 고수위를 적용하였고, 수온은 24℃, 공기 방울 및 오존 발생기 용량은 각각 2700cc/분, 40mg/시간으로 하여 실험하였다. 이상 설명한 내용을 통해 당업자라면 본 고안의 기술 사상을 일탈하지 않는 범위에서 다양한 변경 및 수정 실시가 가능함을 알 수 있을 것이다.

발명의 효과

이상 설명한 바와 같이 본 발명에 따르면, 세탁 행정에서 세제가 포함된 세탁수의 변화 추이, 즉 pH 및 도전율을 분석하여 오존이 세탁수에 용해될 때 장애 인자인 수산화 이온(OH−)의 방해 작용을 최대한 억제하도록 공기

방울 및 오존 발생기의 온/오프 동작 시간을 조절하여 오존을 점진적으로 증가 발생하여 효율적으로 세탁수에 용해시킴으로서, 세탁 시간이나 세제 사용량을 증가시키지 않고도 세척력을 향상시킬 수 있는 효과가 있다.

청구의 범위

청구항 1

외부 공기를 유입받아 압축한 후 배출하는 공기 방울 발생기와, 공기 방울 발생기에서 배출되는 압축 공기중 산소의 일부를 오존으로 변환시키는 오존 발생기와, 오존 발생기를 통해 배출되어진 기체를 세탁조의 배면을 통해 세탁수에 공급하는 노즐을 구비한 공기 방울 오존 세탁기의 세탁, 헹굼, 탈수 행정에 있어서, 상기 세탁 행정의 초반에는 오존을 발생하지 않고 공기 방울만을 간헐적으로 발생하는 단계와, 상기 세탁 행정의 중반에는 공기 방울의 간헐적 발생과 함께 세탁수에 오존을 간헐적으로 발생하는 단계와, 상기 세탁 행정의 후반에서부터 헹굼 행정까지는 공기 방울과 오존을 연속적으로 계속 발생하는 단계를 포함하는 것을 특징으로 하는 공기 방울 오존 세탁기에서의 세탁 방법.

청구항 2

제 1항에 있어서, 상기 세탁 행정의 초반, 중반, 후반은 총 세탁 시간 18분을 기준으로 각각 4분, 12분, 18분까지 경과된 시점인 것을 특징으로 하는 공기 방울 오존 세탁기에서의 세탁 방법.

청구항 3

제 1항 또는 제 2항에 있어서, 상기 공기 방울 또는 오존의 간헐적 발생은

1분 30초 동안 발생하고, 그 후 30초 동안 발생하지 않는 것을 반복하는 것인 것을 특징으로 하는 공기 방울 오존 세탁기에서의 세탁 방법.

Abstract

Every home appliance has noise and vibration. This noise and vibration degrade the quality of the appliance and sometimes cause reliability problems. Here, we discuss about noise and vibration reduction technique and introduce some applications. A vacuum cleaner which has been greatly reduced noise and vibration is discussed. The vacuum cleaner includes a blower assembly which comprises a vibration absorbing assembly for absorbing vibrations caused from high speed revolutions of electric blower, a noise shielding assembly for shielding the noise so as to prevent the noise from being transmitted from the electric blower to outside of the vacuum cleaner, changing assembly for curving and extending a flow path by bending the air flow path after passing through the electric blower, and a noise absorbing components sup-pressing the noise by absorbing the noise transmitted through the flow path. The vacuum cleaner further include a blower assembly suction part, which shields the noise and absorbers are located on a contact portion between main body and the blower assembly, and an air suction hole is formed on a partition wall which separates the dust collecting room and the blower receiving room from each other, so that the noise generated by the electric blower should be shielded without giving any increased resistance to the flow path of air.

요 약

신뢰성 향상에 기반 한 전기전자기기의 저진동 저소음 기술로서 기기의 중요한 소음의 발생원이 유체소음, 전자기소음, 기계적 소음, 연소소음 등, 소음원의 종류에 따라 저소음기술을 해석, 쾌적음 기술을 해석하는데 상당한 차이가 있다. 소음이나 진동을 저감시키는 대책으로는 소음원을 고립(Isolation)시키는 차음기술, 부품의 제작공차를 엄밀히 유지하여 작동시의 진동이나 소음을 최소화 기술, 소음원으로부터 외부로의 전달과정에서 소음을 다른 형태의 열에너지로 바꾸는 기술, 재료의 최적한 선택으로 부품의 소음원에서 발생하는 소음이나 진동의 전달이 잘 이루어지지 않게 하는 기술이다. 그러나 진공청소기의 저소음화를 위해서는 진공펌프와 흡・배기구를 포함하는 진공청소기 내부의 유로를 개선하여 발생소음을 줄이는 것이 최적의 방법이라고 할 수 있으나, 펌프의 진동특성과 성능은 작동조건에 따라 매우 민감하게 변화하며, 진공청소 내부의 유로 또한 매우 길고 복잡하기 때문에 이들을 정확히 해석한다는 것은 거의 불가능하다. 이글에서는 이러한 배경에서 진공청소기의 내부에서 발생하는 소음에 대한 차음(遮音)에 중점을 두어 진공청소기 내부에 흡음방(吸音房)을 설치하여 그 진동・소음 저감효과를 소개하고자 한다. 흡음방은 앞케이스와 뒤케이스 및 이 내부에 부착되는 제 흡음장치들로 구성되어 있다. 원래 소음기는 음의 전달감소를 목적으로 형성시킨 파이프 또는 덕트의 어떤 부분을 말하는데 기체의 흐름을 허용하면서 일종의 음향적 여과기의 역할을 하며 그 성능은 주파수에 따라 변한다. 여기에는 분산소모형(dissipative muffler)과 반응형(reactive muffler)의 두 가지가 있는데, 분산소모형은 그 성능의 대부분이 흡음제에 의하여 얻어지게 되며 비교적 넓은 주파수대역에서 소음감소 특징이 있고, 반응형은 기하학적 형상에 의해 성능의 대부분이 얻어지는 것으로 한 개 이상의 챔버(chamber), 레조네이터(resonator) 또는 한정된 단면의 파이프를 통해 음을 반사시켜 음원으로 돌려보내거나 챔버 내에서 왔다, 갔다하게 하여 음의 통과를 방지하는 방법이다. 흡음방은 이 두 가지 방식의 소음기 원리를 혼합 · 발전시킨 것으로 음원이 되는 펌프 · 모터를 철판이 인서트(insert) 성형된 케이스로 둘러싸 챔버를 만들어준 것은 반응형 소음기의 원리이며, 모터 · 펌프 주위와 케이스 내부에 다수의 흡음제를 부착한 것은 분산소모형 소음기의 원리이다. 흡음방이 없는 진공청소기에서는 플라스틱제 본체만이 내부에서 발생한 소음이 외부로 전파되어 나가는데 대한 차단벽 역할을 하였으니 흡음방이 있는 경우는 소음기의 기능에 의한 차음의 효과와 함께 기계적 진동에 대한 방진(防振)의 효과도 거둘 수 있는 것이다.

Introduction

Vibration and noise have influence on components of appliance. It degrade quality of the components. Many researchers have tried to analyse and reduce noise induced from vibration and / or vibration induced from noise. They think sound is energy transmission caused by movement of sound media. Sound has waves and is moved by sound wave and transmit pressure wave to environmental media. Man can recognize sound within 20Hz~20kHz, which is called "Audio Frequency".

Some sound makes unpleasant feeling or even pain, we call this sound "Noise". There are many noise sources such as fluid noise, electromagnetic noise, mechanical noise, combustion noise. Noise reduction technology depends on the types of noise source. There are some sound quality level such as loudness, roughness, sharpness, fluctuation strength. Loudness represents sensuous noise level, and roughness represents grating level, sharpness represents sharping level and is defined as the ratio of high frequency level to overall level, fluctuation strength is determined by integrating the temporal masking depth along critical band based on modulation frequency. Even if two noise have the same sound pressure, the sound quality is not same.

Noise from electric appliances are unpleasant and degrade component reliability and durability. Noise or vibration on all operating machine makes component damaged and also makes interconnection of each components be poor so that it degrade reliability of the machine. Technology to reduce noise and vibration is isolating the noise source, reducing tolerance of each parts, changing the noise caused in transmit stage from noise source to outer region to another types of heat energy, selecting the materials to press noise transmission from noise source to outer region.

Major noise source for electric appliance

Noise can be classified by source. Fluid noise is major source for refrigerator compressor and fan, and electromagnetic noise is major source for motor, transformer, compressor. Also mechanical noise is major source for reel, electrical valve, transmission, shaft, which caused by unhomogeneous contact force and impact force. Combustion noise is major source for combustor, which caused by fluctuations of combustion[5].

Electric Washing Machine

• Suspension system

Because noise characteristics of suspension system in electric washing machine was influenced by position and length, angle of suspension bar, and weight and inertia of the rigid body, designer must think these items to be as design parameter[7].

(1) Mass and inertia characteristic of supporter and rotator; important physical property for dynamic characteristics of rigid rosy suspension system composed by supporter and rotator, and it is measured from experimental test. Also engineer should obtain inertia characteristic using concept of rotating pendulum. (2) When rotating with unbalanced mass, the washing machine will reach steady state and rotational center of rotator will not match with geometrical center. This situation make salt water in liquid balancing system flow into one direction so that unbalanced mass will be reduced. Center position of unbalanced mass is opposite direction to sagging position of rotator and supporter unit. Then center position of unbalanced mass and direction of salt water flow into is opposite, this cause balance effect to reduce vibration. (3) improvement of dynamic characteristic; it is recommended to move sup-

porting position of balancer from upper of rotator to upper and lower of rotator, or from 1－point upper position of rotator to 2－point upper positions.

Air conditioner

Outside unit of air conditioner is connected with suction and delivery pipes of compressor and base plate which compressor is mounted. The base plate should be clamped having bead and bending so that natural frequency of the system to be upper 50Hz. When area of heat exchanger is bigger, noise and vibration will bigger because it makes propagation to structures of the unit bigger. Inverter air conditioner reduced noise and vibration on wide frequency range.

Rigid body mode in lower than 20Hz, elastic mode of suction and delivery pipe in 20~70Hz, valves of heat exchanger in lower than 70Hz is important[8]. For outside unit of air conditioner, install condition is most important. Natural frequency of outside unit and natural frequency of floor and wall, chassis should be analysed and designed by using active noise control concept.

Vacuum cleaner

• Fan

Because refrigerator operate 24hours per day, frequency under 200Hz that cause transmitting vibration should be reduced. Compressor should be supported by 3-point supporter that makes transmitting vibration minimize. Pipe system of refrigerator should be considered as connection shape and clamping mechanism. Because pipe clamping mechanism can cause transmitting vibration, designer should design clamping mechanism to minimize reaction force at clamping points[5].

It is important to reduce noise with same flow rate and static pressure and to improve noise characteristic and aerodynamic characteristic at the same time. Angle of fan blade in inlet direction and angle of fan blade in rotational direction are key parameters.

Shape and locations of bell mouth are important. Figure 1 and 2 shows each type of bell mouth have different noise characteristics.

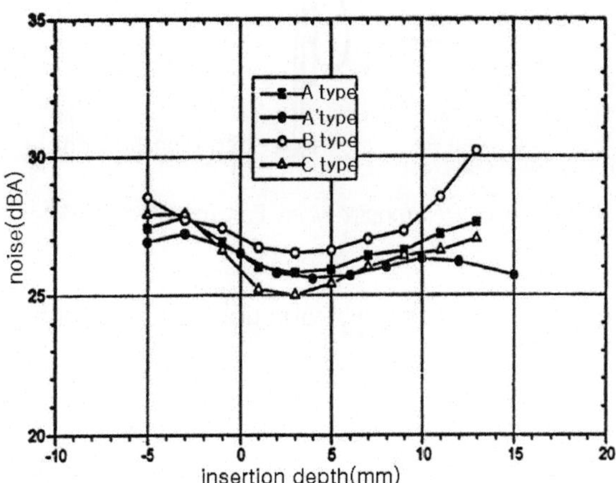

Fig. 1 Noise characteristics according to each positions of bell mouth with several types

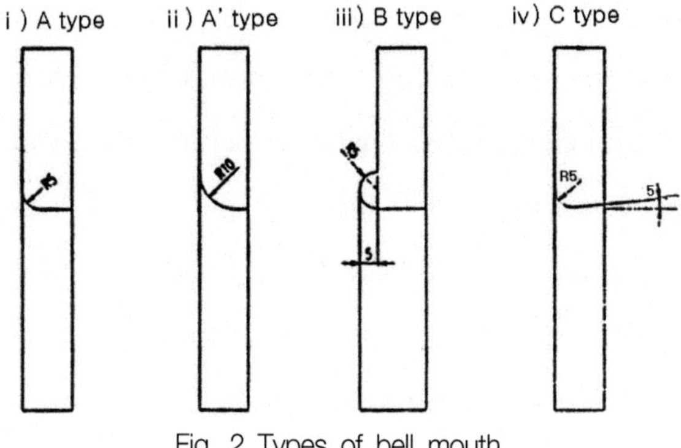

Fig. 2 Types of bell mouth

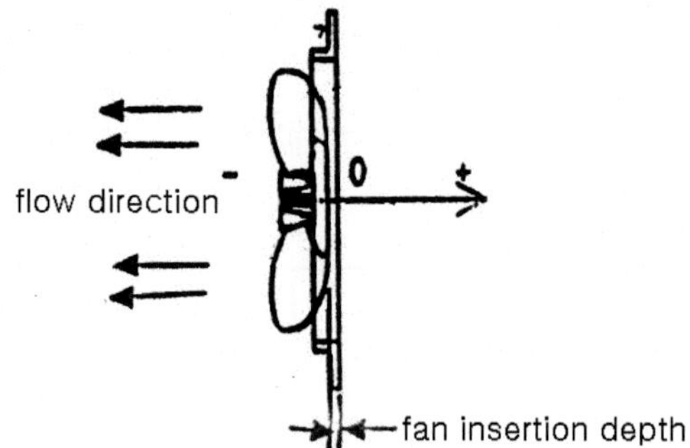

Fig. 3 Position of Bell mouth when Fan mounted in Motor shaft.

To reduce mechanical noise, vibration energy and noise energy produced from chalet and rotor should be absorbed, PMP(Plastic+Metal+Plastic) casing material can help it.

• Flow induced noise

Flow induced noise can meet in home appliances, but it can not easy to reduce the noise. In this case, the noise can not detect instantly. For the case of high speed flow velocity, the most of noise is induced from turbulent flow and flow mechanism is complicated. (please refer to bibliography 3)

Most of flow induced noise is discovered in fans, which depends on fan and surrounding parts(geometric of housing, shapes of outlet, shapes of cut off, etc) strongly as long as parameters of fan itself.

Figure 5 shows schematic diagram of blowing fan. Blowing fan located on center of circular arc and section indicated “A” has cut-off shape. As bibliography 1 comments, the cut-off shape is very important because it can create separation of the flow. If the cut-off shape is designed wrong, separation will be occur so that abnormal noise would be produced. The cut-off shape should be designed so that the flow go through smoothly and suppress excessive pressure change[5]. In bibliography 1, this technique is useful as noise reduction about 10dB.

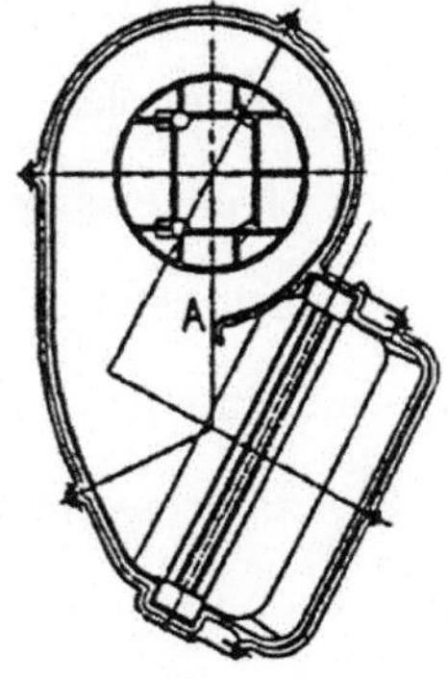

Fig. 4 Cut-Off shape of Blowing Fan

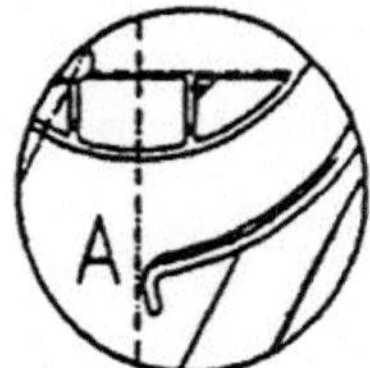

Fig. 5 Comparison of Noise from Different Cut-Off shape

• Sound-absorbing materials

Because acoustic absorptivity could be varied with conditions of air space, please remember acoustic absorptivity of data sheet can be used only same conditions. When using sound-absorbing materials and the material have not sufficient amount, attaching the materials on one side of walls with enough is better than attaching materials every side of walls with poor. The previous method has good sound-absorbing effect and reflection of sound can be diffuse. Also attaching sound-absorbing materials on 4 corners of room has good sound-absorbing effect.

When using sound-absorbing rubber, it is recommended to install by the way vibrate easily[5]. For examples, attaching the materials by mechanically using protrusions of plate is better than by using adhesives, because this vibration can increase sound-absorbing effect.

Because porous materials can diffuse noise, covering with fabrics is recommended, but it does not effect acoustic absorptivity. Covering with vinyl sheet or carbon has useful to reduce noise on high frequency up to several hundred kHz. But for low frequency, even for the case of film vibration, it can be increase the noise because of vibrations. Painting with porous materials can decrease sound–absorbing capacity on high frequency. For the case of plate vibration, painting would be all right.

Covering porous materials with paper should be avoided. When covering surface of porous materials with porous plates, up to 20%(if possible, up to 30%) of opening ratio is recommended, and 3~20% for resonance noise.

Case study for reducing noise

- Case study for vacuum cleaner

- Damping materials

It is well known that good sound–absorbing materials is good noise reduction materials. Isolation technique to isolate from noise source or vibration source is depends on selection of materials. Noise or vibration from noise source can change to vibration on cabinet so that new noise would be created. Damping materials can reduce this transmission. Compare sound–absorption with other materials, sound–absorption of steel is worst, and that of MPM(Metal–Plastic–Metal) and PMP(Plastic–Metal–Plastic) is better. The mechanism, the materials absorb vibration and change to momentum energy of molecules, is same for every materials, especially for specially designed materials, sound–absorption is very high so that excellent sound–absorption can be obtained. The damping effect of materials can be represented to "Loss Factor". This parameter represent transmission levels of the structure. The value of this parameter can be obtained by measuring diminishing times when artificial vibration created on test materials[9].

Table. 3 Loss factors of several materials

Material	Loss Factors(20℃)
Steel	<0.0001
Copper	0.001
Lead	0.015
Plywood	0.01
Gypsum Board	0.03
Poly Vinyl Chloride	0.036
Poly Ethylene	0.10

Another method using damping materials is noise reduction technology using porous materials. There is method using pad as connecting parts between moving parts and cabinet so that momentum energy changes to heat energy. In some cases for automatic washing machine, porous materials like sponge is located between suspending rod of washing machine and connecting parts of cabinet so that momentum energy of moving parts transform to heat energy, only small energy can be reached to cabinet. The porous material can rapidly emit heat energy caused from air flow in the cavity. This materials are widely used as sound-absorbing materials in anechoic room of laboratory or semi-anechoic rooms.

• Muffler chamber system

Vacuum cleaner for home appliances are using vacuum pump rotating as 30,000rpm, which cause pressure difference between before and after vacuum pump so that inhale and filter dusts using several filters inside of vacuum cleaner.

Noise and vibration from vacuum cleaners are divided into mechanical noise induced from highly rotating vacuum pump and other parts and fluid noise from complex flow conduit and inhale or outlet parts. Vibration noise from vacuum pump and fluid noise from inside of pump transmit to outer case of vacuum cleaner, and fluid noise from inhale and outlet parts emits in the air. Although it depends on operating condition and appliance itself, most of fluid noise from transmitted noise and fluid noise from inhale and outlet parts has same order. Designer must consider this 3 types of noise to reduce noise effectively. Because vacuum cleaner have to use high speed rotating vacuum pump, the noise itself from vacuum pump can not be avoided and inhale and outlet parts are contact with in the air, structure change is not easy because of performance between inhale and filtration so that fluid noise from it cannot be reduced easily. It is the best way to reduce noise to modify internal conduits of vacuum cleaner and vacuum pump. But it is almost impossible to analyse exactly the system because vibration characteristic and performance of pump change according to operating condition and internal conduit of vacuum cleaners are long and very complex.

We will discuss about noise and vibration reduction technique using muffler chamber system inside of vacuum cleaner to isolation of the noise from inside of the cleaner. Figure 6 shows vacuum cleaner having muffler chamber system, which consist of front case and rear case and some noise reduction components[6]. Originally, muffler is a parts of pipe or duct to reduce noise, which flow air and act as a role of acoustic filter, and its performance depends on frequency. Muffler has two types, one is 'dissipative muffler' and the other is 'reactive muffler'. Dissipative muffler, which most of performances are obtained by sound-absorbing materials, has effective for wide frequency region. Reactive muffler, which most of performances are obtained by geometrical shapes consist of one or more chamber and resonator or pipe that has restricted area, depress noise by reflecting noise to noise source or by coming and going in the chamber.

The muffler chamber system has mixed and developed this 2-types of muffler, which reactive muffler system is adapted that pump and motor as noise source is shielded with case insert-molded, and many sound-absorbing materials are used on the surrounding parts of motor and pump and inside of case, which adopted dissipative muffler system. For vacuum cleaner without muffler chamber system, only plastic case protect noise as role of barrier to emit in the air. But vacuum cleaner with muffler chamber system, the muffler also reduce noise and mechanical vibration.

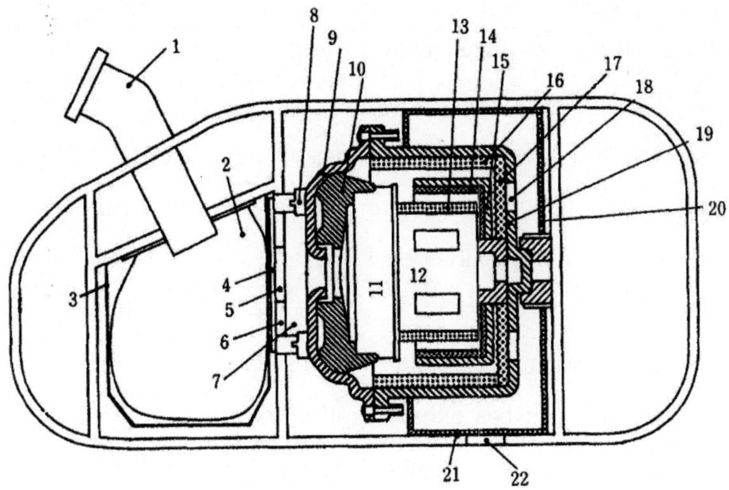

Fig. 6 Each parts of vacuum cleaner and muffler chamber system

Note) 1. Elbow, 2. Dust bag, 3. Rib, 4. Front filter, 5. Partition disk, 6. Partition Grill, 7. Suction room, 8. Packing, 9. Front Case, 10. Cap(Rubber), 11. Pump, 12. Motor, 13. Sound Absorbing Material(Motor), 14. Sound Absorbing Material(Guide), 15. Guide, 16. Sound Absorbing Material, 17. Exhaust Filter, 18. Exhaust Hole, 19. Back Case, 20. Sound Absorbing Material, 21. Exhaust Filter, 22. Exhaust Grill.

The reason why previous vacuum cleaner has big noise is that the noise from pump motor as noise source could be protected by only main body so that most of noise can pass through main body. And some of noise can pass through exhaust grill and suction hole on partition grill between dust bag and suction room so that the noise can transfer to the outside. As the unit has not vibration absorbing device, vibration from pump motor could not be absorbed.

In general, vacuum cleaner need powerful suction power, but that means it need powerful pump motor that has high rotating speed and high noise level. Then it is common sense that it is impossible to reduce noise from vacuum machine. Now we introduce muffler chamber system, adapting guide duct between motor and back case so that the unit has more long and bending exhausting pathway as noise protection and reduction device, which can reduce noise significantly without change of size and shape of the main body.

Vacuum cleaner has dust room and pump motor mounting room. Dust room has dust bag which filter dust inside of air from elbow. Pump motor mounting room has exhaust grill and partition disk that devide dust room and pump motor mounting room. The partition disk has many suction holes in order to pass through much air between dust room and pump motor mounting room.

Front wall of pump motor mounting room has shape to install muffler chamber system(9. Front Case and 10. Cap(Rubber) and 13. Sound Absorbing Material(Motor) and 14. Sound Absorbing Material(Guide) and 15. Guide and 16. Sound Absorbing Material and 17. Exhaust Filter and 18. Exhaust Hole and 19. Back Case) and also has parts to mount shock absorbing material between edge of the shape and back case to reduce vibration of the muffler chamber system. The shock absorbing material support back case of the muffler chamber system. Whole inside wall of the muffler chamber system mounting room except exhaust hole was covered with sound absorbing material as felt to absorb noise. Front inside of bottom wall of muffler chamber system mounting room has exhaust grill to exhaust final air, and inside of the exhaust grill has exhaust filter consist of sponge material that filter dust and absorb noise. [6].

Pump motor consist of pump and motor with assemble. Back case, which install the pump motor and guide, installed on the muffler chamber system mounting room and has cylindrical shape. We called the front case and back case assembly 'muffler chamber system'. Suction hole of muffler chamber and exhaust hole has rounded edge to reduce flow resistance of air pass through the holes. The muffler chamber system consist of plastic material, while inside of back case was covered with steel sheet to maximize noise reduction effect. The steel sheet could be inserted in the back case while plastic injection process. Inside of cylindrical wall of the back case of the muffler chamber system was attached sound absorbing material to absorb and shield noise, and inside of rear wall was attached exhaust filter.

Front and rear side of pump motor was assembled with cap(rubber), and this was assembled to the muffler chamber system. Around the pump motor, guide duct was constructed. The guide with long and bended exhaust pathway has effective for shielding noise. The guide has shape to mount sound absorbing material on center of rear wall, and the sound absorbing materials are supported by 2 hooks. Inside of the guide was attached sound absorbing material to absorb and shield noise.

There was partition wall around the motor parts in the pump motor, which pass through exhaust air without large flow resistance and absorb some of noise and filter dust. Rear side of the partition wall has partition grill that suction air flow through elbow and dust bag could flow into the pump motor. As there is suction room to space between rear side of the partition wall in main body and front side of the muffler chamber, suction air from the partition grill flow inside to suction hole of the muffler chamber system without large flow resistance. Also there was packing between the wall which consist of the suction room and front side of the muffler chamber system to maintain seal and protect noise and vibration.

In vacuum cleaner, most of dust and trash contained in suction air from elbow was filtered by dust bag. Then the fresh air pass through suction room and flow into inside of the pump motor.

Exhaust air passing through side wall of the pump motor pass through sound absorbing material around the pump motor. After that, the flow direction was turned 90° to front direction of vacuum cleaner by the guide.

Flow direction of the exhaust air pass through edge of the guide was U–turned, and flow between outside of the guide and inside of the muffler chamber. Then the exhaust air pass through S–shape duct on edge of outside of the guide, and pass through exhaust filter attached on inside wall of the muffler chamber system, and exit the muffler chamber through exhaust hole.

The exhaust air exit out from the muffler chamber system was changed flow direction by passing through the pump motor mounting room, and then changed flow direction by passing through duct consist of the outside of the muffler chamber system and inside of pump motor mounting room. Finally, the air pass through exhaust filter and exhaust grill and exit out from the vacuum cleaner.

The noise from pump motor was absorbed and shielded by sound absorbing material and duct systems with several steps, such as the motor parts, the guide, and the muffler chamber system, exhaust filter, muffler chamber system mounting room and main body. Then the vacuum cleaner can absorb and shield the noise from pump motor effectively so that customer can hardly hear the noise.

• Principles of noise measurement

Man are living with sound and they react the sound. The sound is understanded as energy transfer caused by moving of media. Then the sound has wave, and is moved by wave which is called as sound wave. And when moving, it cause pressure fluctuation of surrounding media. Sound in office and sound in bathroom is heard differently because of different characteristics(air density) of the media. Generally sound frequency means how many fluctuation occur in one second, audible frequency, from 20Hz to 20kHz, is called audio frequency.

Undesired sound, which give a person unpleasant feeling or sometimes pain, is called noise. The noise should be disappear, but it appears without exception. Then man try to reduce the noise. In order to reduce noise as engineering and scientifical, we have to define and measure the noise. In noise engineering, dB, exponential function, is used to represent magnitude of the noise.

Measuring equipment for noise use microphone as sensor. The microphone consist of several films that is very thin just like man's eardrum, movement of the film caused by pressure fluctuation is transferred to electric charge and send to spectrum analyzer through amplifier. The spectrum analyzer filter the signal and display the noise with dB, exponential ration of the pressure energy, for each frequencies. The spectrum analyzer is useful to analyze the noise.

• Construction and test method for measuring noise and vibration

• Measuring noise and vibration

Anechoic room that measured sound levels of testing appliance is constructed on isolated basis, size is 5m, 7m and 3m(height), which background noise remains 20~30dB(A). Floor of anechoic room is mounted with steel wire-net 7~8cm mesh form, and every side of the room are covered with sound-absorbing materials. Figure 7 shows noise measuring system for appliance, and figure 8 shows relative positions of vacuum cleaner and microphone in the anechoic room.

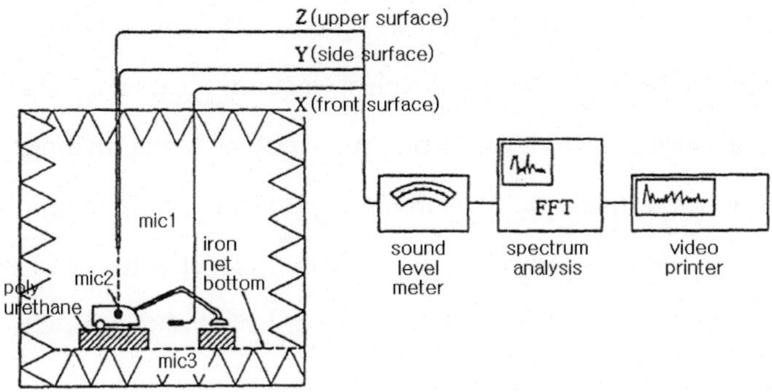

Fig. 7 Layout of anechoic room and measuring Equipments

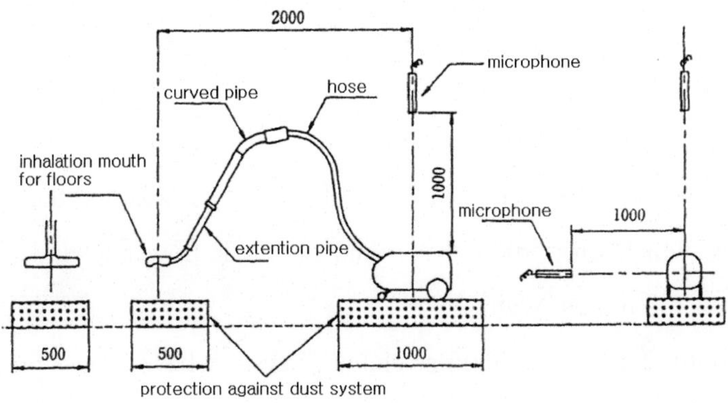

Fig. 8 locations of vacuum cleaner and microphone(unit: mm)

Microphone is located upward to 1m over vacuum cleaner(Z-direction), left side of vacuum cleaner(Y-direction) with 1m, rear side of vacuum cleaner(X-direction) with 1m. Each signal obtained from microphones are sent to sound level meter mounted on the outside of Anechoic room. The signals are sent to dynamic spectrum analyzer.

According to KS−C9101[1], noise signals are compensated with A weighting network, then noise level of vacuum cleaner represent with dB(A). Measuring noise level of pump or motor is same manner as vacuum cleaner, but microphone is mounted 1m from pump inlet.

Front side of main body of vacuum cleaner, constructed of plastic materials, is yield to inside because pressure of inside of the body is in vacuum state about maximum 2400mmAq by vacuum pump. Another parts such as rear side of main body including pump and motor is about maximum 40mmAq.

• Measuring suction power

Suction power is maximum aerodynamical power on end of inhalation pipe when rated voltage and frequency is adapted the vacuum cleaner, which proportioned to multiple of air flow rate and vacuum pressure, the unit is 'Watt'.

Vacuum cleaner with muffler chamber system have longer and more complicate air flow path, which make bigger flow resistance so that reduce flow rate and suction power.

Measuring method for suction power is defined on ASTM, KS. Occasionally vacuum cleaner maker use their own modified method. The method is defined on ASTM F558−83[2], where ASTM F431−87[3] defined plenum chamber and orifice. Plenum chamber is rectangular aluminium case with 457.2×254.0×457.2mm. Orifice has 10 diameter, defined from ASTM F431, edge of hole has 45o angle.

Figure 9 shows schematic diagram of generally used power measurement system. This systems are divided into vacuum pressure measuring, energy consumption measuring and atmosphere measuring. Pressure transducer, amplifier, digital multimeter, PC, printer are used for vacuum pressure measuring. The measured vacuum pressure are transformed to analog signal by pressure transformer, and are filtered and amplified by amplifier. The analog signals are transformed to digital signal by digital multimeter, the digital signals are transmitted to PC by using GPIB interface and calculated to pressure in PC.

For measuring energy consumption, 220V 60Hz controlled voltage by using AVR(automatic voltage regulator) is provided to the vacuum cleaner. Because the voltage would be changed by electric load of the vacuum cleaner, variable voltage transformer is used to maintain 220V for accurate test.

In ASTM method, 10 orifices are used to measure power and air flow rate, and Best Fit method is used to find maximum power from the measurement data. In this case, 5 data near maximum measurement point are used to curve fitting, the gap between estimated and real maximum power would be bigger when air flow rate–power characteristic curve has small width near maximum power point. More number of orifice is good for correct measurement, the additional orifices would be recommended to use near maximum power point.

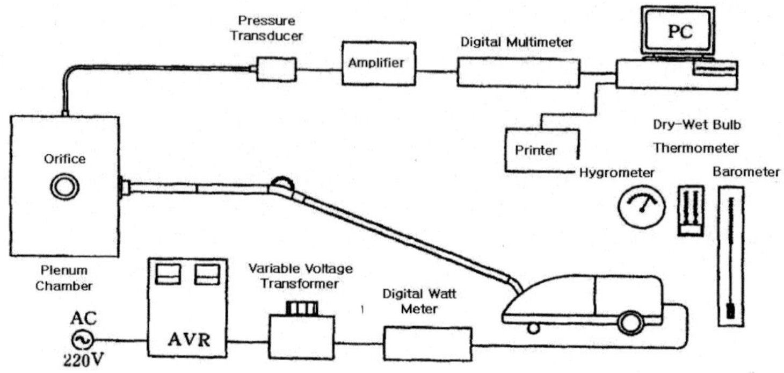

Fig.9 Power measuring system

• Measuring temperature and pressure

Total pressure obtained from vacuum pump would have loss that would be changed to heat energy through fluid friction, flow separation, diffusion[4]. The heat energy in vacuum cleaner is no useful, even it cause over heat to make trouble.

Figure 10 shows temperature and power measuring system. This system can measure 48－channel pressure and 60－channel temperature. For measuring pressure, scanivalve, pressure transducer, amplifier, digital multimeter, PC are used. The scanivalve connect several pressure taps to one pressure transducer serially, this can measure pressure of several points with consistency and fast by using only one pressure transducer and amplifier. Thermocouple is used to measure temperature, the analog signal is converted to digital signal through data aquisition system, and the digital signal is stored PC.

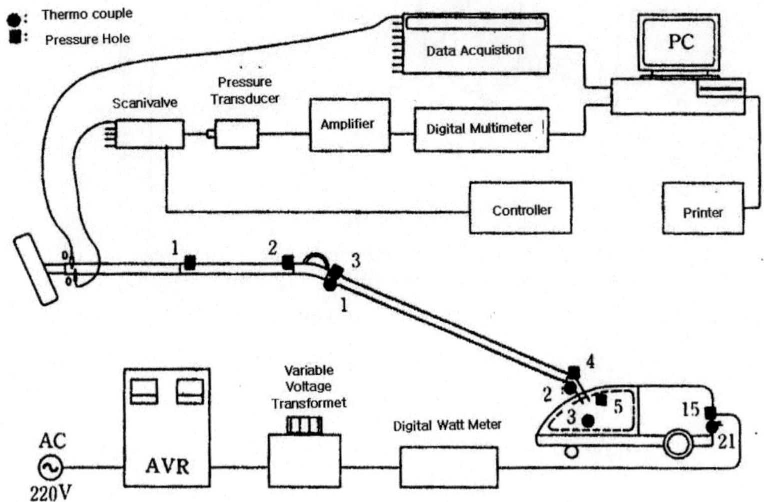

Fig. 10 Temperature and Pressure Measuring System

- Test results for some case

- Noise and Vibration

The noise and vibration characteristics of pump and motor assembly, as major noise source of vacuum cleaner, is shown in figure 11. In the figure, left scale is noise dB(C), while right scale is acceleration speed rate. The figure shows mechanical vibration, same as acceleration speed, has almost same characteristics.

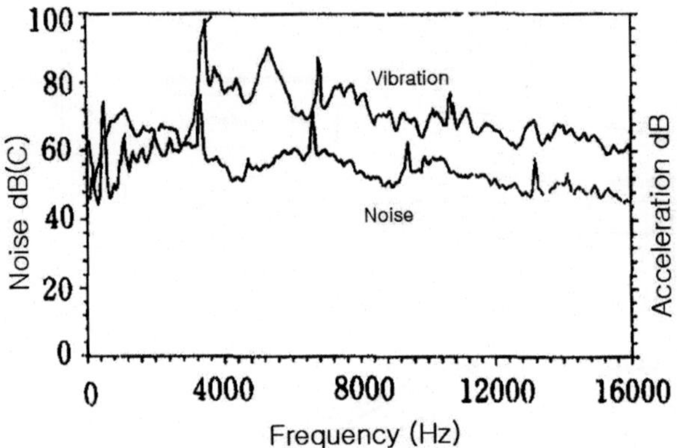

Fig. 11 Noise and vibration characteristics of pump and motor

Figure 12 shows noise characteristic of pump and motor with and without muffler chamber system. The pump and motor with muffler chamber system has improved noise levels about 3.5dB(A).

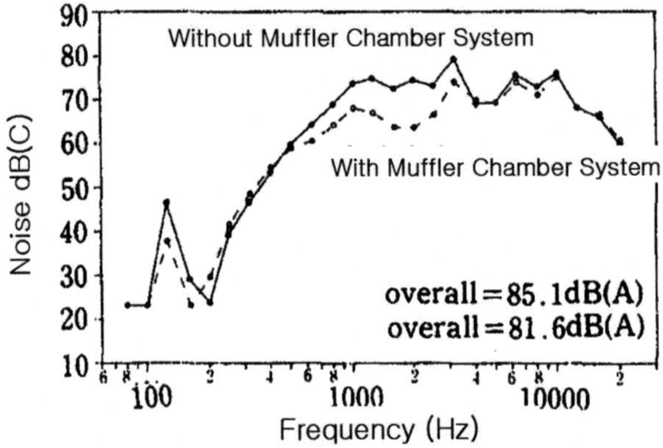

Fig. 12 Noise and vibration characteristics of pump and motor with and without Muffler chamber system

Figure 13 shows vibration characteristic of pump and motor with and without muffler chamber system. The parts applied vacuum pressure has no difference between with and without muffler chamber system, while the parts applied positive pressure in vacuum cleaner with muffler chamber system, back side of the vacuum cleaner as pump and motor located, has improved acceleration speed. This results shows the muffler chamber system shield the noise from pump and motor, and also reduce mechanical vibration from pump and motor, this is caused from the sound absorbing materials in the muffler chamber system.

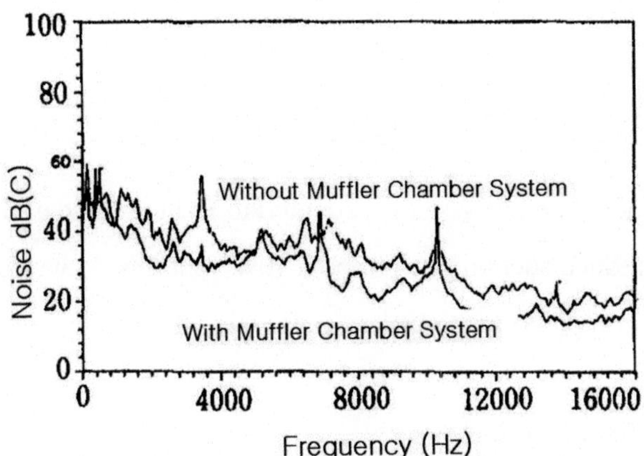

Fig. 13 Mechanical vibration characteristics of back side of main body with and without muffler chamber system

• Suction power

To know how the muffler chamber system effect suction power, we prepare some test. Some parts of muffler chamber system have been attached and tested. The test conditions are 5 steps. Each conditions are as below.

Test Case (1) : Pump + Front Case + Rubber Cap
Test Case (2) : Case(1) + Pump Sound Absorbing Material
Test Case (3) : Case(2) + Guide + Guide Sound Absorbing Material
Test Case (4) : Case(3) + Back Case + Back Case Sound Absorbing Material
Test Case (5) : Case(4) + Exhaust Filter

Table 2 shows the results, averaging 3 test results per each conditions with 3 units. The pump sound absorbing material reduce suction power with 4.4W, and guide and sound absorbing material reduce 1W, and exhaust filter reduce 1W.

The muffler chamber system is adapted to reduce noise and vibration, but it also reduce suction power about 10W. But this power reduction is acceptable compared with effect of noise and vibration reduction.

Table 2. Suction power for each case

Test Condition	Average Flow Rate(m^3/min)	Average Power(Watt)
(1)	1.480	376.5
(2)	1.474	372.1
(3)	1.453	365.9
(4)	1.459	364.9
(5)	1.443	363.8

• Conclusion

This paper deals with noise and vibration technique for electric appliance, especially for vacuum cleaner with muffler chamber system. The muffler chamber system using PMP(Plastic + Metal + Plastic) or MPM (Metal + Plastic + Metal) is based on general principle of muffler, it is useful to reduce noise and vibration for electric vacuum cleaner.

In order to analyze dynamic characteristics of suspension system of electric washing machine with rotating body, locations of each parts and properties should be parameterized, then it is possible to do optimal design consider vibration reduction as the governing design parameter changed.

To study for noise reduction technique of aerodynamic noise for air conditioner, noise reduction technique for fan, noise reduction technique for vacuum cleaner, sound pressure level of each frequency should be lower than acceptable sound pressure level. And analyze each components, and expand to simulate whole system. In electric appliance with large motor output or highly rotating motor, the motor would be noise source and even the noise or vibration would be expanded. The layout should be designed to optimize.

Recently noise and vibration is going to be environmental issue so that there are many studies to find a cause and reducing technique. As a role of shielding the noise and soundproof, muffler chamber system or shielding cover is more efficient than reducing the noise from noise source.

Because each noise has different cause and the characteristics of noise is different, it is effective to try reducing the noise for one by one with characteristics of the noise.

Bibliography

[1] KS C 9101, 1989, Electric Vacuum Cleaner

[2] ASTM F558, 1987, "Measuring Air Performance Characteristics of Vacuum Cleaners." Vol.15.07.

[3] ASTM F431, 1987, "Air Performance Measurement Plenum Chamber for Vacuum Cleaners." Vol. 15. 07.

[4] M.S.Lim, Low noise technology of Home electric appliances, 1995.1, IEEK, 1995.01, Vol.22, No.1, pp.124~130

[5] M.S.Lim, Low frequency of Home electric appliances and low-noise technology, 1995.10.KIEE, Vol.44 No.44, pp.137~141

[6] M.S.Lim, Low Noise And Less Vibration Vacuum Cleaner, Mar.15, 1994, Patent No. US5,293,664, pp.1~14

[7] K.R.Chung, Computer Simulation for Dynamic Analysis of Rigid Body Suspension System for Waching Machine, KSNVE, Vol.3, No.1, 1993.03, pp.65~75

[8] HIGH EFFICIENCY VALVE DESIGN BY ROBUST DESIGN OF EXPERIMENTS, THE 1998 INTERNATIONAL COMPRESSOR ENGINEERING CONFERENCE AT PURDUE,C-3 : VALVE MECHANICS AND DESIGN, HIGH EFFICIENCY VALVE DESIGN BY ROBUST DESIGN OF EXPERIMENTS, pp.23,

[9] W. Neise, 1976, "Noise reduction in centrifugal fans : A literature survey," Journal of Sound and Vibration, Vol.45, No.3 pp.375~403

4) 인버터 조명기술

컴퓨터 사용이 보편화되면서 시각보호에 대한 소비자의 관심이 증대되고 있다. 기존 형광등의 단점인 빛의 미세한 깜빡거림을 대폭 줄이고 자연빛에서와 같은 높은 색감도를 제공하는 3파장 형광램프를 채용한 인버터스탠드가 개발되어 인기를 끌고 있다. 인버터스탠드는 90년대 들어 수요가 매년 30% 이상 성장하고 있으며 현재 전체 전기스탠드 수요의 60% 이상을 차지하고 있다.

조명기구로서 형광등은 백열전등에 비해 저전력이고 효율이 높기 때문에 많이 사용되고 있다. 하지만 상용전원(50/60)을 사용해 점등 깜박거림이 발생하고 점등시간이 오래 걸리는 단점이 있다.

이러한 문제해결을 위해 최근 고주파 인버터방식의 전자식 안정기가 채용되고 있다.

인버터 고주파 점등방식을 채용하고 현재의 조명방식 중에서 절전효과가 매우 우수하며 색의 재연도가 뛰어난 것이 인버터스탠드다.

수년 전부터 상품화되어 보급이 시작된 인버터스탠드는 눈의 피로를 방지하고 깜박거림이 거의 없고 저소음이며 고효율 등의 장점이 많다. 가격이 고가임에도 불구하고 이러한 장점 때문에 학습용이나 독서용으로 인기를 끌고 있다. 인버터스탠드는 대부분 3파장 형광램프, 전자식안정기, 스탠드 본체, 보호갓, 반사판 등으로 구성되어 있다. 일반 전기스탠드와는 형광램프의 특성과 안정기의 방식 면에서 큰 차이를 보인다.

형광램프는 유리관의 내벽에 형광체가 도포되어 있고 양단에 전극이 부착된 구조로 설계되어 있다. 유리관내에는 적정량의 수은과 아르곤 등 불화성기체가 봉인되어 있다. 3파장 형광램프는 이 형광체를 청색, 녹색, 적색의 3파장 형광체로 대체하여 연색성을 높이면서 발광효율을 크게 향상시킨 것이다. 기존 형광체에 비해 온도변화에 따른 휘도 변동이 적고 전수명중의 광속유지율이 뛰어나며 형광램프의 세관화 및 콤팩트화가 가능해졌다.

3파장 형광체는 일반 형광체보다 같은 조도 하에서 약 40% 정도 더 밝게 느껴질 뿐 아니라 물체의 색상이 더 자연적이고 선명하게 보이는 장점이 있다.

이에 따라 3파장 형광램프는 최근 생산되는 인버터스탠드에 주로 사용되고 있으며 에너지 절약 측면에서도 크게 기여하고 있다.

사람의 눈이 감지할 수 있는 가시광선(3백80~7백60)을 분광 분석하면 청자색부터 적색까지의 빛이 분포되어 있다. 사람의 눈에 녹색파장대의 빛을 집중시키면 가장 밝게 느껴진다. 빛의 분포가 한쪽으로 치우칠 경우 연색성(물체색 재현특성)이 저하되며 반대로 연색성을 높이기 위해 빛의 분포를 조절하면 밝기가 저하된다.

색은 대부분 파랑, 초록, 빨강색의 혼합에 의해 만들어진다. 사람의 눈의 망막에는 이 각각의 빛을 특히 강하게 지각하는 시세포인 추상체가 있다. 사람의 눈이 가장 밝게 느끼는 빛이 녹색파장대이다. 따라서 색을 가장 강하게 지각하는 청색, 녹색, 적색 파장대에 빛을 집중시키면 밝기와 연색성을 동시에 향상시킬 수 있는 것이다.

3파장 형광체는 R, G, B 성분의 배합에 의해 여러 가지 광색, 즉 주광색, 주백색, 백색 전구색을 얻게 된다. 현재로서는 평균연색 평가지수를 87 이상으로 향상시키기가 어렵고 만일 배합비를 변화시켜 연색성을 개선시킬 경우 효율 및 광출력이 떨어지게 된다.

특성면에서 3파장 형광체와 거의 유사하면서 평균연색 평가지수를 높이기위해서 5파장 형광체가 제시되고 있다. 이것은 R, G, B 외에 심적(Deep Red)과 청록이라는 성분이 추가되어 연색평가지수와 광출력 및 효율을 동시에 높일 수 있다. 하지만 가격면에서 상당히 고가이기 때문에 실용화에 다소 어려움이 있는 것으로 보인다.

한편 램프는 구동 주파수에 따라 그 특성이 크게 달라진다. 광원의 특성을 나타내는 척도인 광속(luminous flux)은 단위가 1umen(1m)이고 단위시간당 통과하는 광량을 나타낸다. 같은 광속(1m)을 얻기 위해 얼마만한 전기적 에너지(watts)가 램프에 공급되었는가, 즉 램프에 공급하는 전력과 발생되는 광속의 비율인 발광효율(1m/watt)로 전등의 효율을 나타낸다.

일반적으로 형광램프를 60로 사용할 때보다 수십 로 램프를 구동시키면 발광효율이 증가한다는 사실은 실험으로도 입증되었다. 또 램프 구동을 수십 이상으로 구동시킬 경우 안정기의 소형화, 경량화가 가능해진다.

형광램프를 포함한 모든 방전등은 램프전류가 증가하면 램프전압이 오히려 감소한다. 이러한 부저항 특성에 의해 점등이 불안해지거나 그 자체로 램프가 파손될 수 있으므로 점등시에는 전류제한 특성이 필요하다. 바로 이러한 과전류로 인해 램프가 파손되지 않도록 전원과 램프간에 삽입하는 전류제한장치가 필요하다.

종래의 형광등 스탠드는 자기식 전류제한장치가 주류였다. 그러나 최근 반도체 소자의 급속한 발전에 힘입어 고주파 인버터를 채용한 전자식 전류제한장치가 많이 사용되고 있다.

조명에 쓰이는 형광램프는 백열등과 달리 전원에 직접 접속하면 ARC 방전 후 부성저항 특성을 나타내므로 램프전류가 급속히 증가하게 된다. 이 과전류를 방지하기 위해 전원과 램프간에 전류제한장치가 필요하다.

이 방식의 단점은 상용전원(50/60)에서 동작되므로 부품의 부피가 커지고 무거울 뿐 아니라 빛의 깜빡임(Flicker) 및 가청잡음(Acoustic noise)이 있고 또한 효율이 80% 미만이라는 점이다. 이 단점을 해결하기 위해 조명기기분야에서 램프를 고주파로 구동시켜 기존의 특성을 개선시키려는 연구가 상당히 진행되어 왔다. 그 결과 고주파 전자식 전류제한장치가 출현하게 된 것이다.

대부분의 형광램프는 고주파 구동이 가능하다. 주파수가 높아질수록 전류제한장치의 크기는 작아지고 가벼워지며 효율이 높아진다. 이 동작 주파수는 광효율을 높이고 전류제한장치의 소음을 가청대역 밖으로 보낼 수 있도록 충분히 높이도록 해야 하는데 최근에는 40～60가 많이 사용된다.

스탠드용 인버터 회로의 동작원리는 상용교류전압을 정류평활해 직류전압으로 전환한다. 이를 IC제어 또는 발진회로에 의해 고주파전압을 발생시킨 후 시동 및 안정화회로로 형광램프의 점등을 유지한다.

인버터를 채용한 전류제한장치 방식은 크게 자려식과 타려식으로 구분된다. 자려식은 DIAC 등을 이용, 초기 시동을 시킨 후 궤환트랜스포머를 통해 회로를 구동시키는 방법으로 회로구성이 쉽고 효율이 높아 국내 전류제한장치업체에서 가장 널리 사용되고 있는 방식이다. 자려식 발진방식은 다시 회로구성에 따라 정전류 푸시플, 해프브리지, 1석식 2석식 등으로 구분된다.

반면 타려식 발진방식은 제어용 IC및 그 주변 부품이 부가되어 가격이 상승하지만 조광기능을 구현하기가 용이하고 안정성이 우수해 채용이 확산될 것으로 전망된다.

타려식 방식의 회로에는 해프브리지 방식 또는 시리즈 인버터방식이 주종을 이루고 있으며 스위칭 소자로는 MOSFET가 드라이브 손실과 스위칭 손실이 적어 주로 사용된다.

고주파 점등회로의 실용화가 급속히 진전되고 고기능, 다기능화가 진행됨에 따라 제어회로도 갈수록 복잡화되고 있다. 이에 따라 제어회로도 IC화하여 소형화, 고기능화 및 고신뢰성을 구축하는 방안으로 검토되고 있다.

인버터방식이 얻어지는 장점은 첫째 효율이 높다는 점이다. 고주파 점등시에는 램프의 전리에너지 손실이 적어 램프의 발광효율이 증가하며 기존 전류제한장치에 비해 동일램프 전력하에서 약 15% 이상 개선할 수 있다.

둘째, 플리커가 없다. 점등주파수가 높아지므로 램프 광출력의 깜박거림을 느낄 수 없는 것이다.

셋째, 램프점등 대기시간이 현저히 줄어든다. 스타터 기능도 전자화됨에 따라 약 1초의 예열시간 후 확실하게 점등된다. 이 시간의 예열시간은 램프의 수명을 확보하는 데도 중요하다.

넷째, 점등 주파수가 높으므로 사용 전원의 잡음이 발생하지 않아 조용하다.

다섯째, 안정기의 전자화로 대폭적인 경량화가 실현된다.

여섯째, 고기능화에 유리하다.

인버터 제어회로의 활용으로 전발광에서 조광까지의 기능을 수행하기가 비교적 수월해진다.

조명기구의 기술동향을 보면 형광램프는 반경의 세관화에 따른 절전화, 3파장, 형광체를 적용한 고효율화 및 고연색성화 동적 특성개선에 의한 장수명화를 위해 노력하고 있다. 전류제한장치는 고주파 점등회로의 채용으로 종합적인 효율개선을 도모함은 물론 장시간 사용에 따른 눈의 피로도를 줄이고 시력을 보호하기 위한 기술개발이 추진되고 있다. 이에 따라 단순히 밝기 위주의 조명만이 아닌 인간의 감성을 만족시킬 수 있도록 개성화, 다양화, 고성능화를 위한 기술개발이 활발히 추진되고 있다.

특히 고주파 스위칭을 위한 전력용 반도체소자(Power Semiconductor)의 급속한 발달로 기존 자기식 전류제한장치에 비해 양질의 광원을 제공하고 에너지 절약이 가능한 전자식 전류제한장치의 보급이 확산되고 있다.

이러한 전자식 전류제한장치는 단순히 고주파 인버터 시스템만 구성한다고 해서 얻어지는 것은 아니다. 형광램프를 포함하는 방전램프의 고유한 부하특성, 즉 비선형성 구성저항 특성을 충분히 고려하고 방전초기(저온)와 노화 등의 각 상태의 변화에 따른 전기적 동특성에 대한 상시 감지기능 등을 구비한 염가의 반도체(Custom IC)가 필요할 것으로 생각된다.

최근에는 시력보호 및 장시간 학습 또는 작업시 눈의 피로를 줄이기 위해 조도센서 및 마이크로프로세서 제어기능을 구비하여 주변조명 및 조명대상의 반사광을 감지한 후 시력 저하의 요인인 눈부심을 제거할 수 있도록 자동으로 밝기를 조절하는 기술이 개발되고 상품화되고 있다.

조명기술을 연구할 때 인간의 시각특성을 감안하여 설계돼야 할 것이다.

이것은 인버터스탠드의 조도를 설정하거나 밝기조절 기능을 부가할 때 우선 검토되어야 할 사항이다.

보통 독서를 하는 정도의 시각작업에서는 눈의 피로를 줄이기 위해서 5백 룩스(LX) 이상의 조도를 갖출 필요가 있다. 이때 눈이 부시는 현상(Glare, 글래어)도 눈의 피로를 촉진시키기 때문에 주의해야 한다. 대체로 밝을수록 시력이 높아지기 때문에 일의 능률이 올라가며 눈의 피로가 적게 온다고 볼 수 있으나 어느 정도 이상 밝기를 증가시키면 도리어 능률이 떨어지므로 적정량으로 제한하는 것이 좋다.

물체가 잘 보이는 정도는 우선 밝기가 필요하고 물체의 크기, 즉 보는 거리에 의해 결정되는 시각, 보고자 하는 물체의 색과 그 배경색과의 대비 및 물체의 움직임에 따라 눈에 포착되는 시간 등이 관계되며 향후 조명기술은 이러한 관계요소들에 대하여 적절하게 대응이 되고 이에 따른 눈의 피로를 최소화하는 방향으로 기술개발이 추진되어야 하며 인간의 시각 특성에 관한 광범위한 연구가 필요할 것으로 생각된다(https://www.etnews.com/199609170073).

▮6-2-10 경영자의 스톡옵션의 행사

할증스톡옵션의 경우에는 부여시점의 시가를 기준으로 일정비율 이상의 주가가 상승해야 이익을 향유할 수 있다. 경영자의 스톡옵션의 행사를 통해 이익을 얻기 위해서는 이의 전제조건으로 주주들에게 상당한 수준의 이익을 보장해야 하기 때문에 할증스톡옵션이 스톡옵션의 기본적 목적에 부합된다. 또한 특정한 주가 수준을 목표로 정해놓고 경영자로 하여금 이를 달성하기 위해 지속적인 노력을 기울일 유인을 제공한다. Stock Option개념의 도입화로서 각 부처들이 기술경영 행정혁신을 가져오기 위해서 우선적으로 스톡옵션개념을 도입하는 제도적 장치가 우선되어야 한다. 스톡옵션개념이란 소수명이 돈내기 형식의 프로젝트를 추진토록 하여 그 성과에 대한 보상을 해주는 것을 말함이다. 또 다른 방법의 할증스톡옵션은 부여시점 현재의 주가를 기준으로 일정비율 또는 일정금액 이상 주가가 상승해야 가치가 발생하는 옵션을 의미한다. 즉, 행사가격이 부여시점의 주가보다 높게 결정되니 스톡옵션을 의미한다. 따라서 어떠한 형태이든 일반행정 방식이 기술경영 행정방식으로의 전이와 스톡옵션개념의 도입화가 불가피하다.

▌6-2-11 투자시기의 경영기법과 적절성(Right timing)을 활용

벤처기업이 기술경영 혁신에 실패하는 경우는 상황을 즉흥적으로 결정하고 처리하는 성향이 강하고 경쟁업체와 소모적인 경영, 의사결정을 잘못하며 변경할 기회를 상실하고 경솔하며 방만한 투자로서 시기를 무시한 결정 등이 혁신을 저해하는 것들을 벤처기업이 기술경영 혁신에 성공하기 위해서는 신(新)정보를 활용하여 신제품에 대한 투자시기의 경영기법과 적절성(Right timing)을 활용하고 지역사회와 외부조직과의 Win-Win관계를 유지하고 개방적인 의사소통을 강조, 경영성과 공유, 업적평가를 철저히 하고 전략적 핵심역량에 집중하며 지속적인 제품혁신에 사활을 걸고 종업원의 신뢰와 존중을 관리의 기본전제로 하며 조직문화를 조성해야 한다.

> 할 수 있다는 자신감이 주는 힘
> 인간이 할 수 있는 일이라면 무엇이나 할 수 있다는 마음만 갖는다면 설사 어떤 고난에 처한다 해도 언젠가는 반드시 목표를 달성할 수 있다. 이것과 반대로 아주 단순한 일일지라도 자기에게는 무리라고 생각한다면 기껏 두더지가 쌓아 올린 흙더미에 지나지 않는 일도 태산처럼 보인다.
>
> – 에밀 쿠에 –

한국 벤처기업이 기술경영 혁신을 가져오기 위해서 우선적으로 스톡옵션 개념을 도입하는 제도적 장치가 우선되어야 한다. 스톡옵션개념이란 소수명이 돈내기 형식의 프로젝트를 추진토록 하여, 그 성과에 대한 보상을 해주는 것을 말함이다. 또다른 방법의 할증스톡옵션은 부여시점 현재의 주가를 기준으로 일정비율 또는 일정금액 이상 주가가 상승해야 가치가 발생하는 옵션을 의미한다. 즉, 행사가격이 부여시점의 주가보다 높게 결정되니 스톡옵션을 의미한다. 따라서 할증스톡옵션의 경우에는 부여시점의 시가를 기준으로 일정비율 이상의 주가가 상승해야 이익을 향유할 수 있다. 경영자의 스톡옵션의 행사를 통해 이익을 얻기 위해서는 이의 전제조건으로 주주들에게 상당한 수준의 이익을 보장해야 하기 때문에 할증스톡옵션이 스톡옵션의 기본적 목적에 부합된다. 또한 특정한 주가 수준을 목표로 정해놓고 경영자로 하여금 이를 달성하기 위해 지속적인 노력을 해야 한다.

Three sentences for getting SUCCESS (성공을 위한 3가지 필수 조건)
a. know more than other (a. 남보다 많은 지식을 갖고 있을 것)
b. work more than other (b. 남보다 더 열심히 일할 것)
c. expect less than other (c. 남보다 큰 기대를 갖지 말 것)

– WILLIAM SHAKESPHERE –

If you win you need not explain. But if you lose you should not be there to explain. (승리하는 자는 설명이 필요 없다. 그리고 패배하는 자는 변명 전에 스스로 사라져야 한다.)

– ADOLPH HITLER –

제7장

기술경영의 발상전환

7-1 기술경영(MOT)의 특성

▮7-1-1 가슴을 뛰게 하라

우리는 지금 기업의 경쟁력 약화와 무역수지 역조 등, 경제가 위기 국면에 처해 있다. 현재 우리가 당면하고 있는 노동생산의 기피 현상과 고임금을 수용하면서도 이러한 경제 위기를 극복하고 경쟁력을 높일 수 있는 길은 기술혁신밖에 없다. 무엇보다 부가가치가 높은 High Cycle설계의 제품을 개발해야 한다. 우리는 모두가 기술혁신의 절박성을 인식하고 또 강조하기도 한다. 그러나 경제를 살리기 위한 기술혁신이 과연 무엇인지 구체적으로 아는 사람은 그렇게 많지 않은 듯하다. 모두가 잘 알고 있다면 어떻게 경제가 이토록 불황에 허덕이고 있겠는가. 정부나 학계, 그리고 기업이 모두 그 나름대로 이 시대에 가장 절박한 기술혁신이 무엇인지를 심층 분석하고 깊이 고민해보지 않았기에 우리 경제가 이 지경에 빠진 것은 아닌지 의심이 간다. 서로 해석을 달리하고 문제에 대한 인식도 다르다.

또한 과학기술 정책을 보면 대부분 선진국에서 개발한 것이거나 개발을 하는 중에 있는 것이거나, 아니면 개발을 하려고 하는 것들이다. 이것은 진정한 의미에서 우리의 기술이 아니며 이를 통해서는 우리의 경제를 살리기 어렵다. 경제를 살리기 위해서는 과학기술 정책에 변화가 따라야 된다. 그리고 경제를 살리기 위한 과학기술 정책은 제품 차별화를 할 수 있는 한국적인 기술정책이라야 한다.

오늘날은 과학기술이 경제 전쟁의 무기이기 때문에 선진국은 새로운 기술을 타국에 이전하려고 하지 않는다. 그러니까 낡은 기술만 이전하는 데도 이전에 따른 로열티를 턱없이 많이 요구하고 있다. 물론 자체 개발보다는 이미 개발되어 있는 기술을 제휴하여 도입하는 것이 쉽고 반짝하는 효과도 있기는 하다.

선진국들은 자기 나라에서 이미 불필요한 기술이라면 버려야 되는데도 불구하고 그것을 타국에 팔고 있는 실정이다. 그렇기 때문에 기술 이전을 받는 나라가 이런 방법을 계속한다면 그해 그해는 미봉책으로 기업의 부도를 막을 수 있을지는 모르나 발전된 미래를 기대하기는 어렵다. 결국에는 중기 대책을 세우지 못하여 항상 돈을 주고 구걸하는 입장이나 다름없는 처지에 놓이게 될 것이 분명하다. 그러므로 만약 과학기술을 이런 식으로 받아들이게 되면 경제를 살리기는 매우 어려울 수밖에 없다.

우리는 이러한 사실을 깊이 인식할 필요가 있다. 그리하여 오늘날 기술패권주의가 팽배한 국제경쟁에서 우리가 살아남고 과학 기술자들이 즐거운 마음으로 혼과 생명을 다하여 연구개발에 매진할 수 있도록 주변 여건과 환경을 개선해 나가야 한다.

지금까지는 지적 에너지와 풍부하고 값싼 노동력만 통합하면 되었다. 우리는 그간 일본이 이룩한 성과나 미국 기업의 경영방식, 서구의 교육제도 등을 모방하면서도 어느 정도는 발전을 할 수 있었던 것이 사실이다. 그러나 앞으로는 이러한 구태의연한 자세로는 기업이든 나라든 올바로 지탱하기가 어렵게 될 것이다. 그렇기 때문에 이제부터 우리는 이런 문제점을 정확하게 알고 스스로 방향을 결정하고 교육정책과 과학기술 혁신 정책을 하루빨리 수립해야 한다. 기업도 독자적인 스타일로 기술에서 홀로서기 경영을 해야 한다. 이를 위해 우리 모두가 참신하고, 생각하고, 부지런한 사람, 즉 가슴을 뛰게 하는 사람들로 새롭게 태어나야 한다.

내가 핵심인재인지 스스로 판단해 보는 법
올바른 인재는 관리할 필요가 없다. 철저히 관리해야겠다 싶은 대상이 있는가? 그렇다면 그 사람은 잘못 뽑은 것이다. 올바른 인재는 일을 갖고 있다고 생각하지 않는다. 그들은 책임을 갖고 있다고 생각한다. 호황기엔 공을 자신에게 돌리고 불황기엔 외부 요인을 탓하는 사람은 지도자가 될 자격이 없다.

– 짐 콜린스 –

▮7-1-2 기술도입비를 기술경영에 투자하라

(1) 두 가지 이상의 원리를 접목

관계가 없는 기기나 자연현상의 원리를 제품에 새롭게 적용할 수 있는 아이디어로 전환시킬 수 있다. 한마디로 두 가지 이상의 원리를 접목시켜야 한다. 상당히 큰 개선이 아니면, 소비자는 신기술에는 관심을 갖지 않는다. 관련 분야에서의 발전을 고려하지 않고, 기술동향과 시장예측을 혼동한 것이며, 혁신 기술의 보급에는 오랜 시간이 걸리는 것이다. 아날로그 장치나 기계적 장치의 경우는 부분적 고장이 많아도 모두가 다운해버리는 것은 거의 없고 디지털 전자장치의 컴퓨터 · 시스템은 전면적이고 파국적인 사고를 일으키는 경향이 있다. 즉, 다운되면 완전히 다운해버리는 케이스는 전화의 요금계산이나 교환 소프트, 은행통장, 현금출납기, 전자적 자금이전 시스템 등이 있다. 그리고 경영혁신과 함께 다운사이징을 하여 직원들이 창의적인 형태로 전력할 수 있도록 해야 한다.

(2) 지적 재산권

또한 지적 재산권 분야에 대한 UR의 파도도 밀려오고 있다. 이 제도는 특허, 상표 등 지적 재산권을 침해한 물품에 대해서는 세관에서 압수한 후 고발토록 하고 있다. 특허, 상표뿐 아니라 다른 지적 재산권을 침해했다는 의심을 받는 물품도 세관에서 압류할 수 있도록 허용하고 있다. 앞으로 지적 재산권 분야가 국내 산업에 크게 영향을 미칠 것은 분명한 사실이다.

우리의 지식층은 그동안 무엇을 했는지 모두들 자성해야 한다. 일본은 세계시장을 분할 지배하고 동맹관계를 활성화하는 정책으로 환경변화에 민첩하게 대응하고 차세대 신제품을 공동 개발하여 기술마찰을 피하는 전략을 추진하고 있다고 한다. 일본의 국내 기업은 미국이나 독일과 같은 국가들과 기술제휴를 하고 있는데 왜 우리 기업들은 굳이 일본과의 기술제휴에만 주로 관심을 갖는지 이해가 가지 않는다.

(3) 기술제휴

본래 기술의 창시국과 제휴를 하는 것이 원칙이다. 그런데 우리는 일본이 미국과의 기술제휴를 통해서 전수받은 기술을 다시 전수받고 있는데, 이렇게 되면 결국 일본은 무상으로 기술을 도입하는 꼴이며 일본과 미국 간의 기술제휴 비용을 우리가 무는 꼴이 된다. 그리고 일본은 기술의 창시국이 아니기 때문에 기술을 제대로 이전 받을 수가 없다.

27년간 일본과의 무역수지에 의해 누적된 우리의 적자는 무려 661억 불이나 되는데 이 액수는 상상하기도 어려운 큰 수치이다. 어디 이것뿐인가! 기술도입을 위한 라이센스 계약 시 기술의 사용 범위를 명확히 규정해야 하는데 이것도 허술하기 짝이 없다. 기술료에 비해 기술 자료를 제대로 받지 못하는 경우도 허다한 것이 그것을 증명해주고 있다. 기술사용 범위를 명확하게 정하지 않고 이곳저곳에 기술을 활용하게 되면 영업비밀 보호제도에 의하여 침해를 받을 수도 있다. 이 밖에 특허 보호 기간이 15년에서 20년으로 늘어나면서 아직 기술력이 부족한 우리의 경우는 기술제휴료가 국내 업체에 큰 타격을 입힐 것은 분명한 사실이다.

물밀듯이 밀려오는 파고에 못 이겨 보호조치 입법을 추진한다는 것은 너무 늦었다. 어쩔 수 없이 기술제휴의 필요성이 요구된다면 일본만은 피해야 한다. 왜냐하면 일본은 생산 기술밖에 없기 때문이다. 지금은 생산 기술을 전수받기 위해서 기술제휴를 할 시기가 지난 지 이미 오래다. 종래의 의식으로 리스크가 많다고 기술제휴하는 것은 절대로 배제해야 한다. 지금쯤은 우리도 소프트웨어를 해외에 판매할 정도의 위치에 있었어야만 마땅하다. 우리도 이제는 이러한 제반 여건을 개선하고 기술도입보다는 우리 고유의 기술을 많이 자체 개발하는 데 힘을 쏟아야 한다. 기술도입비를 국내에 투자하게 됨으로써 그만큼 우리의 기술 향상이 급진전할 수가 있다. 그렇게 되면 머지않아 우리 과학자가 노벨상을 받을 날도 올 수 있을 것이다.

콜럼버스가 아메리카 대륙을 발견하고 온 뒤 그를 시기하는 대신들은 신대륙 발견을 두고 '누구라도 할 수 있는 것을 우연히 한 것뿐'이라고 했다. 그러자 콜럼버스는 그 대신들을 향해 외쳤다.

"자, 누가 이 계란을 세워 보시오."

대신들은 열심히 세우려 했지만 아무도 세울 수 없었다. 대신들은 몇 차례 더 시도하다가 실패한 후 콜럼버스에게 한번 해보라고 했다. 콜럼버스는 계란의 껍데기를 깬 후 테이블 위에 세웠다. 대신들은 그런 방법으로 누구는 못 세우느냐고 했다. 콜럼버스는 그들을 향해 말했다.

"자, 깬다는 것을 생각하기 전에는 누구도 계란을 세울 수 없었소. 어떻게 세우느냐가 중요한 것이 아니라 누가 먼저 상식에서 벗어나 세울 수 있는 방안을 생각하느냐가 가장 중요한 것이오."

그렇다. 중요한 것은 발상의 전환에 있다. 상식에, 일상에 얽매일 때 위대한 발명은 절대 나올 수 없다. 뉴턴이 만유인력의 법칙을 발견한 것은 뉴턴이 뛰어난 과학자 능력을 지녔기 때문만은 아니다. 만약 그것이 사실이라면 그전에 다른 이들이 발견했어야 한다. 사과가 사과나무에서 떨어지는 것은 어린아이에게도 보이는 자연현상이기 때문이다. 뉴턴은 사과가 사과나무에서 떨어지는 평범한 현상을 남들처럼 당연한 것으로 보지 않고 의문을 던졌기에 근대과학의 지평을 여는 위대한 발견을 할 수 있었던 것이다. 이처럼, 위대한 발견이란 주변의 가까운 곳, 일상생활 속에 있다. 남들이 당연히 여기는 주변의 것을 보고 발상을 전환하여 그것에 담긴 의미를 캐려 할 때, 사물은 그 속에 담긴 비밀을 우리에게 알려주는 것이다. 그렇다면 기술과 경영의 분야에선 어떻게 기술경영을 전환할 수 있는가?

목표를 설정할 때 성공은 이미 시작된다.
목표는 주의를 집중하는 것이다. 인간의 의식은 분명한 목적을 갖기 전에는 목표 달성을 향해 움직이지 않는다. 목표를 설정할 때 성공은 이미 시작되는 것이다. 목표를 설정하는 순간 스위치가 켜지고 물이 흐르기 시작하고 목표는 힘이 현실화 되는 것이다.

– 린 데이비스 –

▌7-1-3 일상생활에서도 과학적인 사고를 가져라

런던의 템스강에 터널을 뚫은 기술자는 나무를 파고 들어가 있는 벌레를 보고 그 공법의 발상을 얻었다고 전해진다. 이처럼 대 발명도 때로는 아주 우연한 것에서 암시를 받아서 결과적으로는 큰일로 이어지게 된 것이 적지 않다. 그러나 이것은 우연한 것처럼 보이지만 알고 보면 우연한 것이 아니라 그만한 대가를 치렀음을 볼 수 있다.

그들은 그런 것들을 목격하고 거기서 어떤 암시를 받아 하나의 큰 발명으로 연결하기 전에 항상 어떤 문제에 관하여 깊은 관심을 갖고 골똘히 생각을 하고 있었던 것이다. 이를테면 그것을 발견하기까지의 과정을 살펴보면 적게는 수 년에서 많게는 수십 년 동안 꾸준히 관심을 갖고 심사숙고하는 기간을 가졌다는 것이다. 그렇게 많은 시간 동안 항상 꾸준하게 생각을 하고 있었기 때문에 우연히 눈에 뜨인 그것이 신기한 것으로 와 닿아 주의 깊게 관찰하고 그 결과 큰 발명으로 이어질 수 있었던 것이다. 그러니까 우리가 말하기 쉽게 우연한 것에서 발상을 얻었다고 하지만 따지고 보면 사실은 우연한 것이 아니었음을 알 수 있는 것이다.

이것은 한 나라에 있어서도 마찬가지이다. 강대국들이 강대국이 될 수 있었던 것은 결코 우연에 의해서 이루어진 것이 아니다. 거기에는 그만한 노력이 있었던 것이다. 그들은 개발도상국들이 하기 어려운 어떤 일에 대하여 착수하기 전에 수년 내지 수십 년 동안 깊이 생각하고 계획을 추진해 왔기 때문에 남다른 일을 할 수 있었던 것이다.

가령 우리와 독일의 차이를 따져 보아도 그것을 쉽게 알 수 있다. 독일인들이 잘사는 것은 그들이 우리보다 특히 머리가 좋거나 많이 배웠기 때문이 아니다. 그보다는 오히려 그들은 우리보다 더 부지런하게 일하고 자만심에 빠지지 않았기 때문인 것이다. 그들이 겸손한 자세로 항상 깊이 생각하고 부지런히 일을 해 왔기 때문에 오늘날과 같이 잘사는 것은 지극히 당연한 일인 것이다.

나를 알고 있는 주변의 사람들은 나에 대하여 '창조하는 은행이다, 걱정이 너무 많은 사람이다, 별 걱정을 다 하는 사람이다, 생각이 너무 깊은 사람이다'라고 말하기도 한다. 그들이 보기에는 내가 별난 삶을 사는 것 같지만 내가 볼 때는 사실 그들이 별나게 사는 것처럼 보인다. 왜냐하면 항상 깊은 생각을 하고 제 일에 성실하며 열심히 살아가는 것이야말로 사람의 도리라고 생각하기 때문이다.

활력은 비전의 산물입니다. 목표는 불타는 욕구와 강렬한 자신감을 불러일으키고 확실한 결정을 내리도록 돕게 됩니다.

– 폴J.마이어 –

목표가 확실한 사람은 아무리 거친 길이라도 앞으로 나갈 수 있습니다. 그러나 목표가 없는 사람은 아무리 좋은 길이라도 앞으로 나갈 수 없습니다.

– 토머스 칼라일 –

생각이 깊은 사람들은 지나간 일보다는 미래를 내다보며 산다. 이런 사람들에게서는 낡은 사고방식들은 사라지고 만다. 그 반면에 아무런 생각 없이 타성에 젖어 사는 사람들은 관습에서 벗어나지 못하고 현재에 안주하게 된다. 그러니 그들에게서 미래에 대한 변화를 기대하기는 어려운 것이다. 가령, 음식점에서는 버리는 음식이 절반이나 되어도 응당 그런 것이 음식점인 양 무관심하고, 필통 속에는 새 연필로 가득 차야 되니 몽당연필은 버리는 것이 당연하지 않느냐고 생각하는 사람에게서는 새로운 미래를 기대하기가 어려운 것이다. 그러므로 좋지 않은 방법이라고 생각될 때는 과감하게 고쳐

나가는 적극적인 자세가 필요하다.

새 시대에는 그 흐름에 맞는 새로운 의식으로 바뀌어야 거기에 적응할 수가 있는 것이다. 음식점에서 남는 음식을 버리는 것은 배식이나 주문이 잘못되었다는 판단이 따랐기 때문에 그것을 시정하기 위한 주문 식단제가 고안되었던 것이다. 식성이나 식욕에 따라 많이 먹는 사람은 많이 주문하고 적게 먹는 사람은 적게 주문하면 일방적으로 배식하는 것보다는 훨씬 음식물을 절약할 수가 있으니 식당 주인도 좋거니와 손님들도 그만큼 이익이 될 수가 있다. 물론 이러한 일 한 가지만을 가지고 과학적 사고라고 할 수는 없다. 거기에서 한걸음 더 나아가 현재의 주문량을 60% 줄인다든지, 음식의 가짓수를 절반 이하로 줄이든지, 밥은 1/3을 줄이고, 혹은 반찬은 접시 크기나 양에 따라 철저하게 가격을 매기는 일 등이 이루어져야 좀더 과학적인 식단이 될 수 있다고 생각한다. 우리의 경우는 음식에서부터 과소비를 없애는 일이 선행되어야 모든 일에서 과학적 사고방식으로 바뀔 수가 있다.

또한 식구가 많으면 큰 집에서 생활하고 적으면 조그마한 집에서 살아야 합리적이다. 따라서 집을 구입할 때는 식구에 따라 집의 평수를 정하는 것이 바람직하다. 그러나 우리는 집의 규모가 재산이나 힘을 과시하는 것으로 인식되어 식구 수에 상관없이 누구나 큰 집에서 살기를 원한다. 이 얼마나 비합리적인 일인가. 이것도 하나의 과소비라면 과소비일 수 있는 것이다. 이런 것들은 모두 과학적 사고방식과는 거리가 먼 것이기에 인식이 바뀌어야 한다.

과학적 사고방식을 가지려면 기초과학으로 돌아가야 한다. 물론 전자, 전기제품뿐만 아니라 모든 학문 분야에서도 중요한 일이지만, 특히 첨단기술은 언제나 기초과학에서 나온다는 사실을 우리는 너무 자주 망각하는 듯하다. 기초과학이란 국민교육 수준과 맞물려 있는데 한국의 기초과학은 교육한 만큼, 또는 교육 받은 만큼 제대로 활용되지 못한다고 생각된다. 우리나라가 세계에서 가장 교육수준이 높은 나라라고 하지만 학교에서 배운 지식이 집 안팎에서 잘 활용되지 않고 있는 실정이다. 그리고 남달리 넓고 깊게 오랫동안 생각하면서 책을 가까이 해야 미래를 크게 변화시킬 수가 있다. 우리는 흔히들 상상과 창의를 혼동하는 예가 많다. 새로운 방안을 내세우거나 새롭게 생각해 내는 의견을 창의라고 하며, 단지 추측하는 것을 상상이라고 한다. 상상에는 공상, 재생적 상상, 창의적 상상이 있다. 공상은 생각하는 과정이며, 재생적 상상은 단순한 상기에 가깝고, 창의적 상상은 예술작품, 발명, 발견, 기술상의 산물, 구체적 방법, 수단을 헤아리는 것을 말한다. 인간이 지니고 있는 정신력, 즉 관찰하고 주의를 집중하는 힘인 흡수력과 기억하고 생각해 내는 힘인 기억력은 학습에서 나온다. 분석하고 판단하는 힘인 추리력과 아이디어를 떠오르게 하는 힘인 창의력은 사고에서 나온다. 따라서 학습과 사고를 통하여 인간이 지닌 정신력이 생성된다. 창의적인 사고는 이미 알고 있는 경험, 지식을 해체하는 분해와 새로운 아이디어를 다시 짜는 결합으로 이루어진다. 과학적 사고방식을 갖기 위하여 우리는 인간이 지닌 정신력과 창의적 사고를 접목해야 한다.

변화의 첫째 요건, 익숙했던 과거 버리는 것
변화의 첫째 요건은 익숙했던 방식을 버리는 과정이다. 나아가 자신의 예전 모습까지 버려야 한다. 포기하라고 요구하는 것이 개인적인 취향만이 아니다. 과거에 성공적으로 해왔던 업무방식까지도 버리라는 말이다. 경험한 전체 세상, 정체성, 심지어는 현실 자체를 몽땅 버리라고 요구하는 것이다.

– 윌리엄 브리지스(William Bridges) –

7-2 MOT에 의한 IT System화

▮7-2-1 항상 최적을 구하라

디지털 · 코드의 형태로 공유되는 지식에 입각한 글로벌 문명이 출현하게 될 것이고, 그중에서의 각국의 국제적 경쟁력은 디지털화한 데이터의 처리 능력에 의존해서 결정되는 것이다. 지금 1대가 몇 억 불도 하고 있는 슈퍼컴퓨터 같은 정도의 기능이 한 개의 칩의 위에 응축되게 될 것이다. 그 어느 날에는 몇 억의 오피스 또는 몇 십 억의 가정 슈퍼컴퓨터가 들어가고, 그것에 의해서 화상의 고속처리가 가능하게 될 것이다. 방송이나 CD-ROM 등에 의해 데이터베이스의 전체를 암호화하고 우선 제공(개정은 방송이나 온라인)하고, 유저는 디코더(Decoder, 부호해독기)를 구입하고, 특정한 데이터를 해독했을 때만 그 사용료를 지불한다고 하는 시스템에 박자를 맞추는 기술경영행정 조직이라야 한다.

우리는 예로부터 동방의 빛이라 일컬어져 왔다. 그런 만큼 우리는 찬란한 민족 문화와 위대한 선조들의 얼을 이어받아 반만년의 역사를 이룩해 온 민족임을 자부한다. 우리 민족이 자랑할 만한 문화와 과학에 관한 유산이 많이 있지만 그중에도 대표적인 것을 손꼽으면, 무구정광대다라니경 · 금속활자 · 화약 · 고려자기 · 자격루(물시계) · 측우기 · 훈민정음 · 거북선 등등 헤아릴 수 없이 많다. 우리 선조들이 이룩해낸 이러한 빛나는 업적 외에도 지금까지 많은 문화유산과 발명품들이 있겠지만, 가장 최근에 이루어진 일로는 부끄럽지만 공기방울 세탁기와 가열+초음파 가습기를 덧붙일 수 있겠다. 750년경에 만들어진 무구정광대다라니경은 경주 불국사 석가탑에서 발견된 세계에서 가장 오래된 불경 인쇄본이다. 이것은 한국의 유구한 인쇄

문화의 높은 수준을 증명해준다. 1234년의 금속활자는 고려 고종 때부터 사용한 세계 최초의 활자로 독일 구텐베르크가 금속활자를 만든 것보다 216년이나 앞선다. 화약은 최무선이 1377년에 비밀스러웠던 제조기법을 습득하였다. 이는 한국 과학사상 획기적인 사업이었다. 고려시대의 고려자기는 송, 요의 영향을 받았으나 그 기법은 훨씬 우수하여 세계의 여러 자기 중 최고의 가치를 지니고 있는 것이다. 자격루는 1438년에 장영실, 이천, 김조 등이 만든 물시계로, 신라 성덕왕 17년에 누각, 경루라 하여 이미 만들어졌다는 기록이 있다. 측우기는 장영실 등이 1442년에 만든, 우량의 분포를 측정하던 기구로 이탈리아의 가스텔리가 사용한 것보다 약 200년이나 앞선다. 훈민정음은 세종대왕이 이전의 이두와 한자의 단점을 보완하여 1443년에 창제, 반포하신 결실로 문자 혁명을 일으킨 것이다. 1591년에 만든 거북선은 임진왜란 때 이순신 장군이 사용한 전투용 공격함으로 임진왜란을 미리 짐작하고 이에 대비하기 위하여 창안한 것이다.

> 행복한 일을 생각하면 행복해진다. 비참한 일을 생각하면 비참해진다. 무서운 일을 생각하면 무서워진다. 병을 생각하면 병이 든다. 실패에 대해서 생각하면 반드시 실패한다. 자신을 불쌍히 여기고 헤매면 배척당하고 만다.
>
> – 데일 카네기 –

▌7-2-2 연구개발에 투자를 아끼지 마라

한국은 아직도 1970년대적인 경제개발 단계의 고정관념과 그 형태에서 벗어나지 못하여 과학적 사고로 창의력을 극대화하는 데 최적의 제도와 관행을 제대로 갖추지 못하고 있다. 또한 기업은 기대되는 수익이 투자에 수반되는 위험이나 비용보다 클 때 투자를 행하게 되는데 지금은 그렇지 못하기 때문에 투자가 부진할 수밖에 없다고 얘기하기도 한다.

많은 사람들이 경제 난국을 타개하기 위해서는 경영혁신과 기술개발을 통해 기업의 내실을 다지고 경쟁력을 제고하려는 자발적인 노력이 있어야 한다고 지적하듯이, 우리의 경제 난국을 타개하기 위해서는 무엇보다 기술개발에 의한 경영혁신이 있어야 한다고 생각된다. 차별화된 기술개발로 기업의 경영방침을 쇄신하고 경쟁력을 높이기 위한 자발적인 노력이 있어야 한다. 특히 이 자발적인 노력을 어떻게 유도하느냐 하는 것이 지금 우리에게는 가장 중요한 과제인 것이다.

우리는 이 문제에 대하여 너무 피상적으로만 생각해 온 것이 사실이다. 한 예로, 1950~1960년대에 체력은 국력이라는 구호가 있었는데 1990년대에 들어와서도 여전히 체력은 국력이라고 생각하는 사람들이 적지 않다. 그렇다면 지금의 경제 난국을 타개하는 힘을 체육 진흥을 통해서 얻을 수 있는지 의문이다. 다시 말해서 체육 진흥 정책이 과학기술 진흥 정책보다 우선되어야 하는 것인지 나로서는 도무지 이해가 가지 않는 일이다. 그러므로 우리는 체육 진흥 정책비를 과감히 줄여 그것을 기술 진흥비로 돌려야 된다. 4년간 열심히 운동을 하여 올림픽에서 금메달을 따기만 하면 평생토록 편하게 살 수 있도록 되어 있는 지금의 정책은 결코 옳은 것이라고 할 수 없다. 물론 그에 상응하는 대가는 있어야 하겠지만 그렇더라도 그것은 우리 사회의 다른 분야와 비교해 볼 때 형평이나 국민감정에도 맞지 않는 일이다. 과학기술을 진흥시키기 위해서는 정부의 조직과 기구도 바뀌어야 한다. 신문지상을 통해서 보면 급진적인 개혁의 추진은 자제하겠다고 하는데, 이것은 혁신을 하지 않겠다는 말과 다름이 없다. 개혁이란 큰 변화를 꾀하지 않고는 불가능하다고 보기 때문이다. 지금 우리 경제의 난국을 타개하기 위해서는 과감한 혁신이 필요하고, 그러기 위해서는 중소기업의 조직, 벤처기업의 조직, 대기업의 조직, 정부의 조직부터 과감하게 혁신하는 것이 선행되어야 한다고 본다.

> Everyone thinks of changing the world, but no one thinks of changing himself.
> (모두들 세상을 바꾸려 들지만 스스로를 바꾸려는 생각은 하지 않는다.)
> – LEO TOLSTOY –

기업은 기대되는 수익이 투자에 수반되는 위험이나 비용보다 클 것이라고 생각할 때 투자를 행하게 된다는 의식도 크게 잘못되었다고 본다. 투자란 10년이나 20년 앞을 내다보고 추진되는 것이기 때문에 단기간 내의 수익을 따진다면 투자를 하지 않는 게 좋다. 중장기 계획을 세우고 혁신을 일으킬 수 있는 투자가 되어야 한다. 그리고 투자의 양보다는 질적인 측면에 초점을 맞추어야 한다. 즉 기술 경쟁력을 제고시킬 수 있는 부문에 집중적인 투자를 하여 투자의 질을 향상시켜야 된다.

경제 전문가들은 우리 경제가 전반적으로 공급의 원가는 높은 데 비해 능률이 낮다고 하면서 그 이유로 임금의 급상승과 취약한 재무구조, 기술개발의 부진, 노동집약산업이 급격히 도태되고 서비스업이 크게 선장된 것이라고 들고 있으나 그 견해에 찬성할 수가 없다. 만약 우리의 기업들이 노동집약산업이 급격히 도태되기 전에 투자를 과감히 하여 변화를 꾀하겠다는 안목과 의지만 있었더라면 지금 같은 위기는 맞지 않았을 것이다. 앞에서도 언급했듯이 투자의 질을 향상시키는 일이 중요하기는 하지만 투자의 시기를 적기에 잡는 것도 그에 못지않게 중요하다. 시기를 놓치게 되면 악순환의 연속이 따르게 마련이다. 투자의 시기를 놓치면 임금의 급상승에 따라 재무구조가 취약해지고 그러면 기술개발이 부진해질 수밖에 없기 때문에 그렇다. 세계가 컴퓨터를 이용한 고도의 정보화 시대에 접어들고 있을 때 우리는 주판이나 타이프라이터로 정보를 처리했다. 시대의 흐름에 너무 둔감했기 때문이다. 미국의 경우도 현재 경쟁력이 저하되고 있는데, 그 원인은 연구개발 투자에 소홀히 한 결과라고 생각된다. 연구개발에 투자를 과감히 하지 않으니까 자연 국제 경쟁에서 뒤질 수밖에 없다.

그러나 일본은 GNP에 대한 연구개발의 투자비율이 3%를 넘어서고 있다는 것이다. 이것은 모두 미래를 내다본 경쟁력 강화의 가장 적극적인 투자임이 분명하다.

태양을 바라보고 살아라. 그대의 그림자를 못 보리라. 고개 숙이지 마라. 머리를 언제나 높이 두라. 세상을 똑바로 정면으로 바라보라. 나는 눈과 귀와 혀를 빼앗겼지만 잃지 않았기에 그 모든 것을 가진 것이나 마찬가지다. 고통의 뒷맛이 없으면 진정한 쾌락은 거의 없다. 불구자라 할지라도 노력하면 된다. 아름다움은 내부의 생명으로부터 나오는 빛이다. 그대가 정말 불행할 때 세상에서 그대가 해야 할일이 있다는 것을 믿어라. 그대가 다른 사람의 고통을 덜어줄 수 있는 한 삶은 헛되지 않으리라. 세상에는 가장 아름답고 소중한 것은 보여 지거나 만져지지 않는다. 단지 가슴으로만 느낄 수 있다.

– 헬렌 켈러 –

▮7-2-3 시대의 흐름에 민감하여라

어떤 업종이든 시대의 흐름에 둔감하고 미래를 내다보는 안목이 없으면 지속적인 성장과 발전을 하기는 어렵다. 신문의 기사에서 그 예를 발견한다.

가령 IBM이 1990년대로 들어서면서 급변하는 컴퓨터의 시장 상황에 적절히 대응하지 못하고 내리막길을 걷는 것이 그 좋은 예이다. 만약 IBM의 경영층에서 조금만 일찍, 세계의 컴퓨터 시장이 분산처리 환경이 폭넓게 정착되고 메인프레임이나 미니컴퓨터 등, 대형 시스템 위주에서 소형 컴퓨터

위주로 전환될 것이라는 것을 예견했더라면 지금처럼 IBM의 아성이 흔들리지는 않았을 것이다. 그 회사가 현재의 상황에 처하게 된 것은 많은 요인 중에서도 미국 시장의 치열한 가격경쟁과 함께 조직 내에 만연되어 있는 관료주의에 의하여 경영층에서 컴퓨터 시장의 흐름에 둔감했기 때문이라고 생각된다. 항상 성장속도는 느린 반면에 위기속도는 빠르기 마련이다. 그러므로 눈을 크게 뜨지 않으면 언제 위기가 닥쳐올지 모르는 것이 산업현장인 것이다.

국내의 세탁기 시장 상황 및 환경 변화도 최근에 와서 매우 빠른 속도를 보여준다. 1989년을 기점으로 해서 국내 세탁기 시장은 2조식 세탁기보다 1조식의 전자동 세탁기가 더 팔리기 시작하여 1990년에는 1조식의 전자동 세탁기가 100만 대를 넘어 전체 시장의 70%를 차지하는 급신장을 기록했다. 또한 전자동 세탁기의 용량별 동향은 전자동 세탁기 4kg급 용량대를 빨리 벗어나, 1990년대에는 6kg급 용량 이상의 전자동 세탁기 시장이 구성비 70%를 차지하고 있다. 이것은 점점 직장을 갖는 주부 및 여성의 사회참여가 활발해짐과 더불어 모아 놓았던 세탁물을 한 번에 세탁하고자 하는 것과 생활양식의 변화에 따른 애벌빨래를 하지 않으려는 습관의 정착, 그리고 모포, 커튼 등의 큰 세탁물도 손쉽게 세탁하고자 하는 소비자의 대용량화 지향과 편리성의 요구가 세탁기의 대체와 신규 수요를 촉진하였기 때문이다.

열광의 조건
자긍심은 어디에서 나오는가? 조직에 대한 자긍심(pride)의 주요 원천에는 4가지가 있으며, 모두 탁월함이라는 공통된 특성을 반영하고 있다. 첫째, 수익의 탁월함이고 둘째, 업무 처리 효율성의 탁월함이다. 셋째, (유용성, 차별성, 품질 등) 제품의 탁월함, 그리고 마지막으로 도덕성의 탁월함이 자긍심의 원천이 된다. 사람들은 사업을 잘할 뿐만 아니라 선한 조직에서 일하고 싶어 한다.

– 데이비드 시로타 –

▌7-2-4 의식벽(인식 · 문화 · 감정)의 혁명으로 기술경영을 이룩하라

기술 환경의 변화는 미국 등, 선진국의 압력이 큰 영향을 미쳤다. 우리도 선진국 수준의 지적 소유권 보호 제도를 마련하여 기술 확보에 커다란 제약이 따르게 됨으로써, 기업의 기술 확보 전략의 수정이 불가피하게 되었다. 즉 독자적으로 개발을 할 것이냐, 아니면 기술 제휴를 강화해야 할 것이냐, 하는 상황에 놓이게 되었다. 게다가 환경오염 규제의 정책강화로 인한 기업의 비용 부담이 가중되고, 유통시장 개방으로 인하여 구모델인 외국 제품의 저가 공세로 경쟁이 치열해진 데다가 기존 제품의 국내 보급률 포화로 인한 수요의 정체 분위기가 맞물려 더욱 큰 어려움을 겪고 있다. 이는 결국 국내 산업의 기술자립 기반을 강화해야 할 필요성을 그만큼 요구하게 만드는 것이다. 과거에 외국 시장 상황과 환경의 변화를 보면, 유럽 지역은 EC통합으로 반덤핑, 원산지 증명, 제3국을 통한 지역 내 간접수입을 금지하고 있으며, 북미지역은 NAFTA(북미자유무역협정)로 경제 블록화가 가속되어 수입 규제가 강화되고 있다. 이로 인하여 미주, 구주 시장이 연간 각각 1.5% 내지 2%로 소폭 성장하던 것이 향후 3년간은 4~5% 성장을 전망하기에 이르게 되었다. 이러한 점을 시급히 개선하기 위해서는 무엇보다 우리나라 사람들의 의식을 먼저 개선해야만 하는데 그것이 잘되지 않는 걸림돌로서 다음과 같은 세 가지가 있다.

첫째는 인식의 벽이다. 즉 주위의 상황을 면밀히 살피고 무엇 때문에, 무엇이 잘못되었다는 것을 파악하여도 고질적인 문제를 쉽게 잘라 버리지 못한다. 문제를 알면서도 문제가 있다고 생각하지 않는 것이 가장 큰 문제인 것이다. 그것은 분석에 눈이 어둡고 과학적 감각이 부족하기 때문이다. 우리 교육이 큰 몫을 한 것으로 생각된다. 암기 위주의 교육은 아날로그 기계적인 머리만을 양산할 뿐, 원인과 결과를 치밀하게 따질 줄 아는 지혜로운 사람을 만들어내는 데는 적절하지 못하기 때문이다.

둘째는 문화의 벽이다. 우리는 흑백 판단을 하고 싶어진다. 우리가 이렇게 된 것은 일제 치하, 6·25의 영향도 있고 뜨거운 국, 매운 음식을 먹는 식생활, 그리고 화투놀이도 영향을 미쳤고, 암기 위주의 객관식 교육도 조급하게 흑백 판단을 내리게 하는 원인으로 작용했다고 본다. 또한, 과학의 발달이 도대체 어디쯤에 와 있는지, 이런 것에 민감하지 못한 것이다. 몸은 현재에 살고 있으면서도 의식은 여전히 옛날에 사로잡혀 있는 것이나 다름이 없다.

셋째는 감정의 벽이다. 상대편을 업신여기고 멸시하며 자기 자신만이 최고라는 의식을 가진 사람들이 적지 않다. 또한 남에게 굽힐 줄 모르고 스스로 잘못을 느낄 줄 모르는 비양심적인 경우라든지, 바보 취급당하기가 싫어서 거짓말을 밥 먹듯이 한다든지, 유식한 체하기 위해서는 남을 낮추어 말해야 된다는 의식 등등 그릇된 인식을 갖고 있는 것들이 수도 없이 많다.

이러한 것들을 바로잡기 위해서는 의식의 혁명이 따르지 않으면 안 된다. 우리가 의지력을 기르기 위해서는 잘못된 인습들인 인식의 벽, 문화의 벽, 감정의 벽을 과감하게 허물어야 한다. 고정관념에서 탈피할 수 있을 때 비로소 사물을 대하는 시야가 넓어질 수 있다. 그래야만 새롭고 기발한 아이디어도 많이 창출될 수 있을 것이다.

우리는 지금 순수한 우리 고유의 의식을 담은 제품을 연구 개발하는 데 총력을 기울여야 된다. 외국에서 로열티를 주고 도입하여 설계도면에 약간의 손질을 가해서 자체 개발이라고 떠들어대는 것으로는 더 이상 기업을 유지하기 힘들다. 그러기 위해서는 시대의 흐름에 민감하게 대처하고 새로운 기술을 연구하고 개발하는 데, 좀더 깊은 관심과 많은 투자가 따라야 할 것이다. 위기에 처하면 고부가가치 제품개발을 위한 기술력을 높여야 한다고 야단들인데 평소에 위기를 대처하는 꾸준한 노력이 따라야 지속적인 발전이 가능한 것이다.

> 어려운 일과 쉬운 일을 물었을 때 그리스 천문학자 탈레스는 이렇게 대답했다. "자신을 아는 일이 가장 어렵고 다른 사람에게 충고하는 일이 가장 쉽다."
>
> – 디오게네스 –

7-3 기술경영으로 국제경쟁력을 배가시켜라

▮7-3-1 기술경영에 집중하라

우리는 지금 제조업의 국제경쟁력 회복과 그 확보가 그 어느 때보다 절실하다. 지난 30년간에는 싼 인건비만 염두에 두고 제조업에 너무 매달렸다는 생각도 든다. 그러다 보니 국제적 흐름에 무감각하다고 언론에서 보도가 되면 그때서야 대책을 강구하느라고 부산을 떨기가 일쑤였다. 그렇지만 다급한 상황에서 대책을 강구하기는 더 어려운 법이다. 그럴수록 오히려 평소의 실력도 나오지 않기 때문이다.

미국을 영원한 맹방이라고 생각한 나머지 구태의연한 자세를 취하며 미국 시장에서 무역 장벽을 의식하지 않던 시절도 있었다. 유럽의 선진국으로부터는 관세의 혜택도 받은 것이 사실이다. 또한 중앙 아시아권이나 동구권 국가들을 통하여 제조업체의 위기를 모면하는 데 다소나마 보탬이 되기도 하였다.

그러나 이러한 일련의 상황이 결코 오랫동안 지속될 수 없을 것이라는 판단을 하고 그에 따른 추이를 깊이 있게 분석하여 제조업체 나름대로 대책을 강구해 온 업체들은 거의 없다고 해도 과언이 아니다. 이렇게 된 데에는 외세의 기술 경제 침략에 대해 우리는 스스로 별것이 아니라고 생각하고 발등에 불이 떨어지면 행동에 옮긴다는 의식을 가졌기 때문인지도 모른다. 이제는 보편화된 일반적인 기술을 가지고 만든 제품을 싼 가격으로 수출할 생각은 버려야 된다. 그리고 중앙아시아 지역의 국가와 경쟁을 하지 않는 것도 시간의 소비를 줄일 수 있는 방법이 된다.

제조업의 경쟁력은 기업의 우수한 인력, 여유 있는 자본, 방대한 설비만 있으면 국제 시장에서도 충분하다고 잘못 생각한 것이 아닌가 여겨진다. 기업 내부의 구성 관계도 사회의 구성원과 마찬가지로 경험을 가진 인력, 지식을 가진 인력, 중장기를 바라보는 자본 투자, 시대의 흐름에 맞는 의식과 기술에 의한 설비가 일체화하는 것이 경쟁력을 최대로 높이는 길이다. 이러한 것을 등한시하다가 외국의 기본 설계와 설비로 규모 있는 생산을 하던 여러 기업들이 무너졌고 현재도 무너지고 있으며 앞으로도 무너질 것이다. 결국은 외국만 좋아지는 일을 우리 스스로가 시켜주는 꼴이 되고 말았다. 어떤 시장이 아무리 생각하고 분석해 봐도 경쟁력이 없다는 판단이 서면 우리는 그 시장을 너무 빨리 포기하는 버릇이 있다. 그렇게 포기하다 보니까 이제는 수출 지역이 자꾸만 줄어들고 있는 것이다. 수출을 하다가 경쟁력이 없다고 생각해서 쉽게 포기하는 것은 문제가 있다. 그보다는 경쟁력을 회복할 수 있는 중기 대책을 세우는 것이 더 바람직하다. 비록 이 중기 계획이 실패를 본다손 치더라도 그렇게 했어야 마땅하다. 그렇지 않고 이 지역 피하고 저 지역 피하다 보니까 이제 갈 곳이 점점 줄어들 수밖에 없어지게 된 상황이다.

▮7-3-2 기술경영(MOT)의 성격과 자원배분에 의한 기술경영의 성공 요인

(1) 자원배분의 최적화

① 연구단계

㉠ 응용연구

- 성격 : 설비투자중간
- 자원배분 : 연구비 총액에 대한 비율이 적다.

㉡ 기초연구

- 성격 : 설비투자 작다.
- 자원배분 : 연구비 총액에 대한 비율이 크다.

㉢ 연구개발

- 성격 : 설비투자 크다.
- 자원배분 : 연구비 총액에 대한 비율이 중간

② 기간구분

㉠ 단기계획

- 성격 : 년도계획
- 자원배분 : 년도별 예산 추진

㉡ 장기계획

- 성격 : 연구개발 전체계획과 부분계획
- 자원배분 : 상황변화에 대처, 예산조정

③ 전략구분

㉠ 방어전략

- 성격 : 해당제품에 대한 기업의 비중
- 자원배분 : 기회비용을 고려

㉡ 공격전략

- 성격 : 전체 제품에 대한 기업의 비중
- 자원배분 : 투자의 회수기한 3년 이후

④ 시장구분

㉠ 기존시장

- 성격 : 해당제품의 기업비중
- 자원배분 : 매출액 등 경제성 평가

㉡ 신시장

- 성격 : 시장리드, 기술의 역사성
- 자원배분 : 기술과 품질에 대한 경제성 분석

⑤ 자금구분

㉠ 자체연구

- 성격 : 기간에 대한 비중 연구개발 불균형
- 자원배분 : 투자의 수익에 대한 단기예측

㉡ 위탁연구와 자체연구의 접목

- 성격 : 설비투자회수, 연구개발균형
- 자원배분 : 기술과 품질의 파급효과

▌7-3-3 연구개발 전략

① 경영전략을 수립하는데 기술을 비효율적으로 관리하고, 기술전략과 경영전략의 비연계	➡	• 연구개발을 추진하는 기술 전략이 경영전략의 주요 내용
② 경영전략의 핵심은 기술제휴, 생산, 판매, 매출액	➡	• 경영전략의 핵심은 연구개발 기술정보, 특허 등의 관리
③ 남의 문화를 모태로 한 남의 기술을 모방, 기술제휴	➡	• 한국적 기술로 차별화된 기술개발
④ 편애적 spot 평가위주	➡	• 능력과 실적 위주
⑤ 제품 품질 위주	➡	• 부품 품질 위주
⑥ star play의 업무	➡	• 지식과 경험의 접목의 team play
⑦ 결과중시	➡	• 과정 중시
⑧ 국내외 통계자료의 분석	➡	• 자체자료의 분석 분석의 혁명시대
⑨ desk work	➡	• OA program work
⑩ 투자를 적게 하면 책임을 적게 진다는 생각으로 몸을 사리는 의식	➡	• 투자를 과감히 하여 자체개발의 risk를 지는 의식
⑪ 한 다발의 결재판을 들고 다니며 구두 보고해야 결재하는 fixed product system	➡	• 구두보고 없이 결재하는 방법 등의 flexible product system
⑫ 다수인들속에서 묻혀 생활하는 업무	➡	• man to man 산교육에 의한 업무
⑬ 경쟁기업의 발생과 참여에 대처	➡	• 기술의 역사성
⑭ 피라미드 조직	➡	• 수평적 조직, 다이아몬드 조직
⑮ hardware적 제품개발	➡	• software적 제품개발 - 핵심기술의 Simulation 및 산+연, 산+학, 한+검 project 추진 - 생산시스템을 저해하는 부문, 설계자가 많은 부문, 신제품의 개발과 개량이 많은 부문, 설계변경이 많은 부문 CAD/CAT/CAE Simulation - 품질혁신+기술혁신+원가혁신의 3위 1체화

▌7-3-4 제품, 생산, 마케팅 개발전략

1) 제품 전략

첫째로, 신제품을 개발할 때 시장성 우선적 둘째로, 고부가가치화 셋째로, 시장의 잠재 성장성	➡	• 첫째로, (기술+품질+원가)혁신에 의한 제품개발 둘째로, 기존 제품과의 관련성 셋째로, 시장의 잠재 성장성 넷째로, 고부가가치화 • total cost(설계, 조달, 제조, 관리)개념에 의한 방식 series 제품 개발 • 거래업체간의 기술협력의 제고

2) 생산 전략

① 생산 공정

첫째로, 생산 공정의 자동화 둘째로, 생산능력 확대 셋째로, 생산 공정의 시간단축	➡	• 첫째로, 다품종 생산체제 확립 둘째로, 부품의 unit, module화 셋째로, 생산능력 확대

② 생산 line

• 노동위주의 자동화	➡	• 품질위주의 자동화
• 사후대책 중심	➡	• 사전예방중심
• 생산을 위한 생산 생산량 최우선 위주	➡	• 품질을 생산하는 공정품질 최우선 위주

3) 마케팅 전략

① 마케팅

첫째로, 영업력 강화 둘째로, 소비자 수요파악, 기능강화 셋째로, 판매망 확대 넷째로, 생산자 주도형	➡	• 첫째로, 소비자니즈기능(개념정립)강화 둘째로, LAN(근거리 통신망)구축에 의한 영업력 강화 셋째로, 고객의 data base에 의한 판매 net work 확대 넷째로, 소비자 주도형
② 제품의 수명주기 대응	➡	• 동일방식을 동시에 전환
③ 제품의 개량방법, 시기대응	➡	• 소비자를 신시대의 흐름으로 리드
④ 밀어내기식 판매위주	➡	• 이미 판매한 제품의 서비스 강화위주
⑤ 회사 내의 홍보위주	➡	• 대외적으로 진속하게 홍보위주

> 실력 있는 사람만이 겸손할 자격을 갖는다.
> 교만의 반대편에 선 미덕은 겸손이다. 만일 누군가 겸손을 배우고 싶어 한다면, 나는 그 사람에게 겸손해지는 방법을 말해주고 싶다. 그 첫 단계란 '사람은 누구나 교만하다'는 사실을 깨닫는 것이다.
>
> – C.S.루이스 –

7-4 기술경영의 성공요인

7-4-1 자원인재의 특성

(1) 능력과 실적의 자동평가화

행정부처의 평가지표는 경제협력개발기구(OECD)가 개발한 기업평가시스템인 매뉴얼(Oslo Manual)을 토대로 행정에 맞도록 개발하고, 평가는 인적자원, 기술성, 사업성, 유망성 등의 4개 부문에 걸쳐 이루어지며, 평가지표는 업종에 따라 기술경영 행정으로 구분되고, 해외진출지원사업은 해외진출기회가 없었던 우수 벤처기업의 해외시장 개척 지원을 위해 현지전문가 및 네트워크로 구성된 해외지원센터에서 벤처기업의 해외진출활동에 대하여 종합지원 하는 정책으로 전환되어야 한다. 첨단신기술이나 참신한 아이디어를 사업화하여 전부처가 신규시장을 개척해야 한다.

(2) LAN 형태의 링구조로 전환

전화산업이 살아남는 길은 전화선의 광섬유화에 의한 화상통신에의 진출 이외에 없다. 기존의 시스템의 합리성을 잃어버렸다. 합리적인 시스템의 구조는 집중형에서 분산형으로 스타형의 구조로부터 LAN 형태의 링구조로 전환한 것이다. 방송 사양과 ISDN사양은 다르기 때문에 케이블은 2개가 된다고 주장한 것이다. 소프트의 위법 카피, 해킹, 바이러스의 살포, 컴퓨터를 이용한 사기, 프라이버시 침해 등의 사례는 헤아릴 수 없다. 최근 해커나 데이터 도둑은 진행한 금융이나 군사 시스템에도 침입할 수 있다. 탑승권 예약의 속임수나 휴대폰의 팁의 재프로그래밍과 같은 범죄에도 있으며 의료, 금융, 범죄기록이 어느 사이에 제3자에게 입수되어 있었다는 케이스도 있다. 이것들의 시스템은 화재, 홍수, 지진, 정전 등에도 약할 뿐만 아니라 해커의 침입이나 내부의 태업(Sabotage)공격에도 약하다.

(3) 제조물 책임(Product liability)에 의한 신뢰성의 보전성

자동차 구성부품의 대부분은 플라스틱재료와 금속재료로 각각 기능과 성능을 구비하고 있지만 차량엔진에서 받는 열에 의해 변형, 열화, 피로를 일으켜 기능저화, 성능저하의 열 문제로 이어질 수 있다. 저온 환경에서의 열 문제는 겨울철에 외기온도가 현저히 저하되는 조건에서 사용하는 차량에서 발생한다. 이 경우, 열 문제로 저온 취화를 일으키고 다시 충격과 굴곡에 의해 절연체와 외장재, 힌지구조를 갖는 부품의 균열현상으로 이어지며 접속부가 통전에 의해 자기발열의 열요인 때문이다. 차량의 일상사용에 의한 온도변동, 밤낮의 일조와 계절변화를 통하여 최저기온에서 최고온도까지의 온도변동에 의해 발생하는 환경이다. 이 환경에서의 열 문제는 온도변화로 인하여 재료가 팽창 · 수축을 반복, 열 피로를 일으키는 것이다. 이 때문에 재료고유의 물성치가 달라져 부품에 응력이 집중, 균열현상이 발생하기도 한다. 가혹한 환경에서의 더 높은 신뢰성이 요구되기 때문에 이에 대한 기술 분석이 필요하다. 제품책임(제조물 책임, PL)은 제품에 대한 기업의 책임, 판매한 결함품의 사용에 대한 기업의 책임을 의미한다. 제품책임이란 제품은 구매한 사용자 및 주위의 사람 혹은 환경에 피해를 미치지 않아야 하며 이들에 대해 기업이 갖고 있는 책임을 말한다. QC(quality control), TQC(total quality control), QA(quality assurance), PL(Product Liability)

<table>
<tr><th colspan="2">추진단계</th><th>제1단계</th><th>제2단계</th><th>제3단계</th></tr>
<tr><td colspan="2">보증목표</td><td>재질별 보증체계 확립</td><td>요소구조별 보증체계 확립</td><td>부품별 보증체계 확립</td></tr>
<tr><td rowspan="4">추진과제</td><td>체계구축</td><td>• 국제규격 기본골격 구축
• 국내규격 기본골격 구축</td><td>• 설계해석 tool체계구축 확립
• 해석에 필요한 제원구축 확립</td><td>• 신뢰성관리체계 확립
• 신뢰성 system체계</td></tr>
<tr><td>신뢰성시험법 확립</td><td>• 재질별 신뢰성시험법과 규격제정</td><td>• 요소구조별 신뢰성시험법과 규격제정</td><td>• 부품별 시험평가법 구축 확립</td></tr>
<tr><td>신뢰성설계 기술 확립</td><td>• 안전성설계 · 체계구축</td><td>• 용장설계체계 확립</td><td>• Robust 설계체계 확립</td></tr>
<tr><td>신뢰성 DB</td><td>• 재질별 Database체계 구축 확립</td><td>• 요소별 Database 체계 확립</td><td>• 축적 Database 설계 응용 활용체계 확립</td></tr>
</table>

의 관계에서 신뢰성 관리는 품질특성의 하나인 신뢰성 · 보전성을 포함한 광의의 신뢰성을 대상으로 하고 있다.

꿈을 이루는 아주 간단한 방법
나는 꿈이 없고 비전이 없는 남자는 쓸모없다고 생각해왔지만, 만일 자신의 꿈과 비전을 조금이라도 실현하기 위해 자기 행동을 바꾸는 실제적인 노력이 없다면 그 역시 쓸모없는 인물이다.

– 테오도어 루스벨트 –

7-4-2 보상체계의 특성

(1) Database 구축에 의해 Paperless화

조직의 프로세스를 통제하는 어려움과 프로세스에 대한 자료수집의 부담, 그리고 대부분의 프로세스자료의 부정확성으로 인하여 프로젝트에 나쁜 영향을 미치는 경우가 많다. 이와 같은 상황을 감안해 볼 때에 지역별 손익계획에 의하여 기술경영 행정효과율, 지역별로 손익계산을 한 결과를 난이도채점표에 의하여 자동check될 수 있도록 시스템화 되어야 한다. CALS (Computer-aided Acquisition and Logistic Support, 생산 · 조달 · 운용지원 통합정보 시스템)라고 하는 디지털 · 파일 교환 표준에 근거한 Database 구축에 의해 Paperless화 하는 것이다.

7-4-3 Stock Option개념의 Eventization

각 부처들이 기술경영 행정혁신을 가져오기 위해서 우선적으로 Stock Option개념을 도입하는 제도가 검토되어야 한다. Stock Option개념이란 소수명이 돈내기 형식의 Project를 추진토록 하여 그 성과에 대한 보상을 해주는 것을 말함이다. 또다른 방법의 할증스톡옵션은 부여시점 현재의 주가를 기준으로 일정비율 또는 일정금액 이상 주가가 상승해야 가치가 발생하는 Option을 의미한다. 즉, 행사가격이 부여시점의 주가보다 높게 결정되니 Stock Option을 의미한다. 따라서 어떠한 형태이든 일반행정 방식이 기술경영 행정방식으로의 전이와 Stock Option개념의 도입화가 필요하다.

> 행복한 일을 생각하면 행복해진다. 비참한 일을 생각하면 비참해진다. 무서운 일을 생각하면 무서워진다. 병을 생각하면 병이 든다. 실패에 대해서 생각하면 반드시 실패한다. 자신을 불쌍히 여기고 헤매면 배척당하고 만다.
>
> – 데일 카네기 –

제8장

Venture business의 요건

8-1 Venture business의 요건사항

① 벤처기업

첨단신기술이나 참신한 아이디어를 사업화하여 신규시장을 개척함으로써 경영의 위험성은 크지만 성공할 경우 높은 수익이 기대되는 중소기업으로, 통상적으로 벤처기업, 벤처비즈니스, 모험기업, 신기술사업, 기술집약적, 지식집약적 중소기업, 연구개발형기업, 하이테크기업 등의 다양한 용어로 사용되고 있다. 우리나라에서는 「벤처기업육성에관한특별조치법」 제2조에서 벤처기업이라 함은 「중소기업기본법」 제2조의 규정에 의한 중소기업으로서, 벤처캐피탈투자기업, 연구개발투자기업, 신기술개발기업, 우수기술평가기업으로 규정하고 있다.

② 벤처기업육성촉진지구

벤처기업육성에관한특별조치법에 의하여, 벤처기업이 자연발생적으로 집적되어 있거나 대학, 연구소 등이 소재하고 벤처기업 증가세가 두드러지게 나타나는 등 성장잠재력이 큰 지역을 촉진지구로 지정하여 기반시설 구축, 경영지원, 제도개선(조세감면, 규제완화 등), 자금, 입지, 인력 등 중소기업청 지원사업 시 우대 등 체계적 지원을 실시하는 제도이다. 사업추진 절차를 보면 촉진지구 신청은 시, 도지사가 하고 심의위원회에서의 심의를 거쳐 중소기업청장이 최종 지정을 하도록 되어 있다.

③ 벤처기업 집적시설

벤처기업 집적시설은 교통, 정보통신, 연구, 금융 등의 기능이 집중되어 기업경영 여건이 우수한 도심에 벤처기업이 집단적으로 입주할 수 있는 공간을 사전에 확보하기 위하여 민간 빌딩을 벤처기업 집적시설로 지정, 각종 지원을 실시함으로써 도심의 벤처 입지공간 확대를 도모하는 사업이다. 벤처기업 집적시설로 지정되면 등록세 3배 중과 면제, 취득세 3배 중과 면제, 재산세 5배 중과 면제 등 정책적으로 각종 지원혜택이 주어진다. 2000년 7월 현재 전국 벤처기업 집적시설은 총 139개이다.

④ 벤처기업혁신능력평가기준

벤처기업 확인절차 시 유형별 요건 확인 전에 선행적으로 실시되는 기업혁신능력 평가기준으로써, 벤처기업으로 확인받고자 하는 기업은 반드시 혁신능력평가 결과 일정점수를 통과해야만 한다. 본 평가지표는 경제협력개발기구(OECD)가 개발('92년 초판발행)한 기업평가시스템인 오슬로매뉴얼(Oslo manual)을 토대로 우리나라의 벤처현실에 맞도록 개발되었다. 평가는 인적자원, 기술성, 사업성, 유망성 등 4개 부문에 걸쳐 이루어지며, 평가지표는 업종에 따라 제조업과 비제조업으로 구분되어 있다.

⑤ 벤처기업해외진출지원사업

해외정보 및 전문인력 부족 등으로 해외진출기회가 없었던 우수 벤처기업의 해외시장 개척 지원을 위해 현지전문가 및 네트워크로 구성된 해외지원센터에서 벤처기업의 해외진출활동에 대하여 종합지원하는 사업으로 업체당 2천만 원 한도 내에서 해외진출 소요경비를 지원하고 있다.

⑥ 벤처기업협회

벤처기업들을 회원으로 하여 1995년에 설립된 민법 제32조 규정에 의한 비영리 사단법인 · 벤처기업협회는 벤처기업 간의 상호 정보교류 및 협력을 통한 벤처기업의 역할과 위상 제고를 목적으로 하며, 2002년 주요 사업으로는 벤처기업전국대회 및 INKE(International Network of Korean Entrepreneurs) 행사 개최, 벤처넷을 통한 벤처기업 DB관리, 벤처기업에 대한 신뢰기반 구축을 위한 벤처윤리위원회 설치, 운영 등이 있다.

⑦ 벤처기업확인

벤처기업육성에 관한 특별조치법에 근거한 벤처기업 확인요령(중기청 고시)에 의하여 전국 11개 지방중소기업청(대전, 충남지역은 본청)을 통해 벤처기업 확인서를 발급하고 있다. 우리나라 벤처기업 개념은 미국의 전통적인 벤처기업 개념과는 다르게 기술성이나 성장성이 상대적으로 높아 정부에서 지원할 필요가 있다고 인정하는 기업으로서 벤처기업육성에관한특별조치법의 4가지 기준 중 1가지를 만족하는 기업을 의미한다. 즉 성공한 결과로서의 기업이라기보다는 정책이라는 수단을 통해 세계적인 일류기술기업으로 육성하기 위한 지원대상으로서의 기업이라는 성격이 강하다. 1998년 5월부터 확인된 벤처기업은 2002년 6월 말 현재 총 10,182개에 이르고 있다.

⑧ 벤처기업활성화위원회

벤처기업 육성에 관한 중요한 사항을 심의, 의결하기 위하여 설치된 위원회이다. 동 위원회는 산업자원부 장관을 위원장으로 하고, 부위원장은 중소기업청장, 각 부처 차관으로 구성된 정부위원 14명, 민간위원 4명으로 구성되어 있다. 벤처기업 확인요령, 벤처기업 육성촉진지구, 벤처기업 대상 업종 조정 등 벤처기업육성에 관한 주요 정책에 대해 심의한다.

⑨ 벤처넷

벤처기업을 대상으로 국내 · 외 벤처 비즈니스 정보를 종합적으로 제공하여 벤처기업의 성장을 효율적으로 지원하기 위해 중소기업청 벤처기업국에서 운영하는 사이트를 말한다. 벤처기업이 창업에서 코스닥 등록까지 정보네트워크를 통해 성장할 수 있도록 벤처기업 정보, 엔젤투자시장, 엔젤 및 벤처캐피탈 정보, 각종 정부지원시책 정보, 실리콘밸리 정보 등을 제공하고 있다.

⑩ 벤처엔젤마트

중소기업진흥공단이 벤처기업의 자금조달을 활성화하기 위해 정기적으로 개최하는 사업으로서 투자유치를 희망하는 우수벤처기업들과 개인투자가(엔젤)들을 신문지상과 투자설명회를 통하여 서로 연결시킴으로써 벤처기업에는 성장에 필요한 자금을 조달하고 개인투자가에게는 투자수익의 기회를 제공하는 사업이다.

⑪ 벤처조합

벤처기업에 투자하는 것을 주된 업무로 하여 결성된 조합으로서 중소기업 창업지원법에 의한 중소기업창업투자조합, 여신전문금융업법에 의한 신기술사업투자조합, 벤처기업육성에관한특별조치법에 의한 개인투자조합 등을 모두 포함하는 개념이다.

⑫ 벤처캐피탈

위험성은 크나 높은 기대수익이 예상되는 사업에 투자되는 자금을 말한다. 장래성은 있으나 자본과 경영기반이 취약하여 일반 금융기관에서 융자받기 어려운 기업에 대하여 창업 초기단계에 자본참여를 통해 위험을 기업가와 공동 부담하고 자금, 경영관리, 기술지도 등 종합적인 지원을 제공함으로써 높은 이득을 추구하는 자본 또는 금융활동을 의미한다. 일반적으로 당해 기업이 성장하여 주식을 공개(IPO)함으로써 자본이득(capital gain)을 얻어 수익을 올린다.

> Busyness 때문에, Business를 못하는 관리자
> 관리자의 90%가 조직이 선택한 주요 목표에 집중하지 못한다. 그들은 비 생산적인 Busyness(바쁨) 때문에 중요한 Business(기업) 활동을 못하고 있다.
> — 하버드 비즈니스 리뷰 —

8-1-1 기술연구소 설립

(1) 기술연구소 설립의 필요성

1) 연구소에 대한 기술개발 지원제도

① 조 세

㉠ 연구 및 인력개발 준비금의 손금산입

손금산입(損金算入)이란 당해년도에 기업회계에서는 재무상 비용으로 처리되지 않았으나 세법상으로는 비용으로 인정되는 회계방법을 말한다. 기업회계 기준과 법인세법 간 비용에 대한 기준이 다른 데서 비롯된 세무조정 사항으로 손금불산입(損金不算入)의 반대개념이다. 법인세과세표준에서 제외되므로 손금이 클수록 법인세도 줄게 된다. 법인세법상 손금으로는, ⓐ 판매한 상품 또는 제품에 대한 원료의 매입가액과 그 부대비용, ⓑ 양도한 자산의 양도 당시의 장부가액, ⓒ 인건비, ⓓ 고정자산의 수선비와 감가상각비, ⓔ 자산의 임차료, ⓕ 차입금 이자, ⓖ 대손금, ⓗ 자산의 평가차손, ⓘ 제세공과금, ⓙ 영업자가 조직한 단체로서 법인이거나 주무 관청에 등록된 조합 또는 협회에 지급한 회비, ⓚ 광산업의 탐광비, ⓛ 보건복지부 장관이 정하는 무료진료권 또는 새마을 진료권의 무료진료 가액, ⓜ 업무와 관련 있는 해외시찰 · 훈련비 ⓝ 초 · 중등교육법에 의하여 설치된 근로청소년을 위한 특별학급 또는 산업체부설 중 · 고등학교의 운영비, ⓞ 임원 또는 사용인을 위하여 지출한 복리후생비 등이 있다. 무역업자나 기술용역을 외국에 제공하는 업자의 경우 해외시장을 개척하는 데에 소요되는 비용을 과세표준액에서 제외 받을 수가 있다. 일반적으로 외화수입금액의 1%이나 특정사업일 경우에는 해당 사업의 외화수입금액의 1%와 자기 상표에 의한 수출사업의 외화수입금액, 신용장을 개설 받아 다른 무역업자를 통해 대응 수출한 경우의 외화수입금액, 구상무역에 의해 수입한 외화표시가액 등이 더해진다.

㉡ 연구 및 인력개발비 세액공제(tax credit)

㉢ 연구 및 인력개발을 위한 설비투자에 대한 세액공제

㉣ 기업부설 연구소용 부동산에 대한 지방세 감면

② 관세

학술연구용품에 대한 관세감면 제도에 의한 관세감면

③ 자금

국가 연구개발 사업

④ 병역특례

전문 연구요원 제도

2) 경영 혁신

기술연구소 설립으로 기술혁신+품질혁신+원가혁신으로 경영혁신을 이루어야 한다.

3) 기업의 형태

기업은 법률적 형태에 따라 개인기업과 법인기업으로 분류한다.

If you win you need not explain. But if you lose you should not be there to explain. (승리하는 자는 설명이 필요 없다. 그리고 패배하는 자는 변명 전에 스스로 사라져야 한다.)

－아돌프 히틀러－

표 8.1 개인기업과 법인기업의 장 · 단점

구 분	개 인 기 업	법 인 기 업
설립절차	사업자등록만으로 설립이 되므로 간편하다.	발기인의 구성, 정관작성, 설립등기 등의 법적인 절차가 있으므로 설립이 상대적으로 복잡하며, 비용도 부담해야 한다.

구 분	개 인 기 업	법 인 기 업
회사의 영속성	대표자가 바뀌는 경우 폐업을 하고, 신규로 사업자등록을 해야 하므로 기업의 영속성이 없다.	주식의 양도에 의해서 사업의 양도가 가능하므로 기업주가 바뀌더라도 기업의 계속성이 유지된다.
자본의 조달	대표자 개인의 자본에만 의존하게 되므로 자본모집에 한계가 있다.	소액으로 분리된 주식을 통하여 자본을 조달할 수 있으므로 개인기업에 비하여 조달이 용이하다.
대외 신용도	대표자 개인에 의해 평가되므로 법인에 비해 신용도가 낮다.	대표자, 구성주주, 임원 등 회사와 관계된 구성원들에 의해 대외신용도를 높일 수 있다.
대표자 (주주)의 책임	대표자는 채무에 대하여 무한책임을 진다.	대표자는 회사운영과 관련하여 일정한 책임을 지며, 주주는 주금납입을 한도로 채무자에 대하여 유한책임을 진다.
대표자와 회사의 자금거래	대표자에 의한 기업자금의 개인적인 사용이 자유롭고 거의 불이익이 없다.	대표자가 기업자금을 개인용도로 사용하면 회사는 대표자로부터 이자를 받아야 하는 등 세제상의 불이익이 있다.
소득세·법인세	매출이 일정규모(업종에 따라 틀리지만 대략 제조업은 5억, 도매업은 10억, 용역업은 2억 정도로 추산함) 이하이면 소득세가 법인세보다 작다.	매출이 일정규모 이상이면 법인세가 유리하다(법인세율은 16%, 28%이며, 소득세율은 10~40%의 누진세이므로 소득이 많을수록 법인이 유리하게 됨).
장부의 기장	모든 개인사업자가 의무적으로 기장을 해야 하는 것은 아니다.	모든 법인사업자는 의무적으로 복식부기에 의한 장부를 작성해야 하며, 기장의무를 이행하지 않을 경우 불이익이 있다.
관리·운영비용	최소한의 필요한 관리기능만 유지하면 되므로 비용이 적게 들며 휴업, 폐업, 이전 등이 자유롭고 비용이 들지 않는다.	법인으로서 기본적으로 유지해야 할 비용(법무비용, 회계비용 등)이 소요되며, 모든 변경은 법적인 절차를 수반한다.
사업양도 시 세금	사업양도 시 양도된 영업권, 부동산에 대하여 높은 양도소득세를 부담한다.	주식을 양도하면 되므로 낮은 양도세율을 부담하며, 주식을 상장 후 양도하게 되면 양도소득세가 비과세된다.
결 론	일정규모 이상으로 성장하지 않고 개인의 자금으로 중소규모의 사업을 유지하기에 안정적이고 적합하다.	일정규모 이상으로 성장가능한 유망사업에 적합하다.

표 8.2 벤처기업의 일반적인 특징

항 목	내 용
구상적 자원에 의존	• 특정지역, 기업, 개인이 보유한 기술, 노하우, 역량 등의 구상적 자원에 의존 • 벤처기업은 신기술의 학습과 유통, 생산에 적합한 혁신적 환경에 대한 친화성을 지님
신속한 적응능력	• 치열한 기술개발 경쟁에서 시장수요 및 기술의 변화에 대한 신속한 적응능력을 가짐
높은 R&D 비율, 매출 성장률	• 일반 중소기업에 비해 R&D비율, 매출성장률, 이익증가율이 높음 • 수입유발계수가 낮아 수출증가에 따른 무역수지 개선효과가 큼
전문성과 독점적 기술력	• 기술혁신의 아이디어를 사업화한 벤처기업은 핵심역량에 주력하고 그 외에 것들은 외부에 의존함
탄력적인 생산체제와 유연한 노동시장	• 시장수요와 기술변화에 대응한 생산체제 및 인력 충원・감원
높은 위험과 불확실성	• 짧은 역사, 취약한 경영기반, 새로운 첨단기술 분야의 사업화로 인한 위험과 불확실성이 크고, 자금 및 인력이 부족하지만, 성공할 경우, 이익은 매우 큼

(자료 : 벤처기업 육성정책의 제반 문제점 및 개선방안, 부패방지위원회, 2002)

할 수 있다는 자신감이 주는 힘

인간이 할 수 있는 일이라면 무엇이나 할 수 있다는 마음만 갖는다면 설사 어떤 고난에 처한다 해도 언젠가는 반드시 목표를 달성할 수 있다. 이것과 반대로 아주 단순한 일일지라도 자기에게는 무리라고 생각한다면 기껏 두더지가 쌓아 올린 흙더미에 지나지 않는 일도 태산처럼 보인다.

– 에밀 쿠에 –

표 8.3 평가신청업체 부문별 평가결과

부 문	대 항 목	문항 수	배 점	자가진단	평가결과
I. 인적자원	1. 최고경영자(자질, 능력)	12	13.0		
	2. 경영팀 구성 능력	6	7.0		
	계	18	20.0		

부 문	대 항 목	문항 수	배 점	자가진단	평가결과
II. 기술성	1. 기술혁신 능력	8	8.0		
	2. 기술사업화 능력	9	10.0		
	3. 기술우수성	9	9.0		
	4. 기술집약성	8	8.0		
	계	34	35.0		
III. 사업성	1. 시장전망(시장성)	9	12.0		
	2. 제품 특성	7	9.0		
	3. 마케팅 능력	7	9.0		
	계	23	30.0		
IV. 유망성	1. 투자수익성	5	5.0		
	2. 위험요인 및 대응능력	4	4.0		
	3. 기업 경영특성	6	6.0		
	계	15	15.0		
총 계		90	100.0		

표 8.4 규격한계의 변화에 따른 불량률 변화

규격 관계	양품률 (%)	불량률 (PPM)	불량률	불량률×(1/2)	표준정규분포의 우측퍼센트점 (SigmaPro-21 패키지 계산 값)
$\pm\sigma$	68.27	317300	0.3173	0.15865	0.158655256032944
$\pm 2\sigma$	95.4	45500	0.0455	0.02275	0.0227500610053539
$\pm 3\sigma$	99.73	2700	0.0027	0.00135	0.00134996720589697
$\pm 4\sigma$	99.9937	63	0.000063	0.0000315	0.0000316860350721981
$\pm 5\sigma$	99.999943	0.57	0.00000057	0.000000285	0.000000287104995777554
$\pm 6\sigma$	99.9999998	0.002	0.000000002	0.000000001	0.000000000990121873378769

표 8.5 6Sigma 수준별 불량 정도 사례

구 분	3시그마	4시그마	5시그마	6시그마
면 적	소규모 상점 넓이	평균 거실의 넓이	전화기가 놓인 면적	다이아몬드 알 크기
오자 수	책 한 장당 1.5개	책 30장당 1개	백과사전 한 질당 1개	소규모 도서관의 소장 도서들 중 1개

구 분	3시그마	4시그마	5시그마	6시그마
10억 달러당 부채	2백 70만 달러	6만 7천 달러	5백 70달러	2달러
거 리	미주대륙 횡단	5분 드라이브 거리	주변 주유소까지 거리	4발작 거리

8-1-2 벤처비즈니스의 유형

① Venture spin-off : 파생된 독립적 벤처기업, 가장 전형적인 형태로서 독립적으로 벤처기업을 창업하여 운영하는 것을 의미한다. 창업자의 창업 이전의 직장을 의미하는 배태조직(incubating organization)은 대학, 연구소, 대기업인 경우가 많다. 즉 이러한 배태조직으로부터 파생되어 나온 사업이라는 의미이다.

② New style joint venture : 합작벤처, 중소규모의 고도의 기술을 제공하고 대기업은 자본과 판매망 또는 기술결과의 활용과 적용에 역점을 두는 경우이다.

③ Venture merging : 벤처머징, 대기업이 전략적 필요에 의해 벤처기업을 흡수, 합병하여 자회사나 하나의 사업부로 운영하는 경우를 말한다.

④ Internal venture : 내부벤처, 대기업이 회사 내부에 모험자본을 준비해 놓고 내부의 종업원들에게 사업 아이디어를 제안하게 하여 스스로 벤처기업을 운영하거나 또는 이에 참여하도록 하는 방식이다. 최근 대기업들이 적극적으로 추진하고 있는 전략의 하나로써 기업 내에 기업가정신을 고취시킬 수 있는 장점이 있다.

⑤ Venture capital : 벤처캐피탈, 금융회사의 하나로 벤처기업에 투자를

통한 자본참여를 하기 때문에 넓은 의미에서 벤처기업과 연관된다고 할 수 있다. 이때에 벤처캐피탈은 원칙적으로 자본참여만 할 뿐 경영에 참여하지 않는다.

⑥ Venture nuturing : 벤처기업육성, 벤처기업에 지본참여를 함과 아울러 경영참여까지 한다. 그러나 경영참여가 경영권확보 자체를 목적으로 하기보다는 벤처기업을 정상적으로 운영하기 위한 과도기적 지원, 육성을 하는 것이 일반적이다.

▮8-1-3 회계의 개요

(1) 자금계획 수립 시 유의사항

자금계획이란 일정 기간 동안 자금의 증감과 항목별 자금배정을 계획하는 것이다. 일반적으로 자금조달이라고 하면 금융기관으로부터 차입금을 조달하는 것으로 생각하기 쉽다. 그러나 현금예금만이 자금이 아니라 외상매출금이나 재고자산 등도 자금의 한 변형인 것이다. 따라서 회사의 원재료 등의 구입계획과 판매대금 등의 회수계획을 상호 연결하여 자금계획을 수립하여야 한다.

(2) 자금부족의 해결책

단계별	자금조달에 관한 세부사항
1	자금계획이 제대로 이루어지지 못하면 자금여유가 있어도 수익성 증대는 물론 흑자부도가 발생할 수도 있다. 반면 자금수지 계획이 철저하면 자금부족은 사전에 예방할 수도 있다.

단계별	자금조달에 관한 세부사항
2	자금조달은 기업 전체의 업무이다. 이는, 자금계획은 판매계획－이익계획－구입계획－원가계획－외상채권회수계획－생산계획－투자계획 등과 같은 각 계획에 의거하여 수립된다.
3	수입은 가능한 소극적으로 하여 최소한의 입금액만을 고려하고 지출은 가능한 적극적으로 하여 최대한의 출금액을 고려하는 것이 안전하다.
4	이익이 발생하였다고 하여 그만큼 자금이 증가하는 것은 아니다. 따라서 채권회수정책과 재고감축전략이 바로 자금 조달이다. 따라서 자금계획을 수립하는 데 있어서 판매대금의 회사가 현금인지, 어음인지, 그 비율은 어떻게 구성되는지 파악해야 한다. 또한 현금에서 어음으로 결재조건이 변경되었거나 어음의 기한이 연장된다면 각각의 대비책도 강구해야 한다.
5	자금계획을 수립할 때에는 판매와 구입 등 직접적인 영업활동에 의한 자금의 증감뿐만 아니라 상여금, 세금, 배당 등의 항목도 함께 고려해야 한다.
6	평상시에 회사의 담보여유능력, 은행차입능력을 스스로 진단하고 은행관계에 신뢰도를 부여하고 협력을 강화한다.
7	계속적인 금리동향, 자금동향을 체크하고 구속성 예금을 고려한 차입 및 지급일과 입금일의 균형을 유지하는 어음을 발행한다.

(3) 재무분석

• 수익성 비율

항 목	내 용
총자본 순 이익률	{당기순이익 / ((당기 총자본＋전기 총자본) / 2)}×100
총자본 경상이익률	경상이익 / 총자본(기중평균)×100
자기자본 순 이익률(ROE)	{당기순이익 / ((전기자기자본＋당기자기자본) / 2)}×100
매출액(영업수익) 순 이익률	당기순이익 / 매출액×100
매출액 총이익률	총이익 / 매출액×100
금융비용 / 매출액비율	금융비용 / 매출액×100
자산운용수익률	(투자영업이익 / 평균운용자산)×100

• 안정성 비율

항 목	내 용
자기자본비율	(자본총계 / 자산총계)×100
부채비율	(부채총계 / 자본총계)×100
차입금 의존도	{(단기차입금+유동성장기부채−기타유동성장기부채−유동성 미지급금, 선수금+사채+장기차입금)}×100
고정비율	고정자산 / 자기자본×100
유동비율	(유동자산 / 유동부채)×100
당좌비율	(당좌자산 / 유동부채)×100
영업수지율	(영업수익 / 영업비용)×100
예대마진율	대출이자율−수신이자율
자기 자본대 차입금비율	(당기차입금 / 당기자기자본)×100
예대율	(대출금 / 예수금)×100

• 활동성 비율

항 목	내 용
총자본 회전율	매출액 / {(당기총자본+전기총자본) / 2}
매출 채권회전율	매출액 / 매출채권
재고자산 회전율	매출액 / 재고자산
자기자본 회전율	매출액 / 자기자본

• 성장성 비율

항 목	내 용
매출액 증가율	{(당기매출액−전기매출액) / 전기매출액}×100
총자산 증가율	{(당기총자산−전기총자산) / 전기총자산}×100
자기자본증가율	{(당기자기자본−전기자기자본) / 전기자기자본}×100
대출금 증가율	{(당기대출금−전기대출금) / 전기대출금}×100

8-1-4 손익분기점(BEP)분석

개점 · 창업을 행하는 예비 창업자가 반드시 분석해 보아야 할 것이 손익분기점 매출액으로, 예상 매출액과의 비교를 통하여 투자의 타당성 및 채산성 여부를 판단하게 된다. 먼저, 손익분기점(Break Even Point)이란 총매출과 그것을 위해 지출된 총비용이 일치되는 매출액을 의미한다. 즉 일정 기간의 매출액이 그 기간에 지출된 비용과 같아서 이익도 손실도 발생하지 않는 지점을 가리킨다. 손익분기점(P) 계산식은 다음과 같다.

P=F / 1-(V / S) * F : 고정비, V : 변동비, S : 매출액

고정비에는 개점 · 창업 시에 일시적으로 지출되는 부문이 있는가 하면, 매월 정기적으로 지출되는 부분도 있다. 즉 보증금, 권리금, 관련 시설 · 인테리어비 등과 같은 항목은 일시에 지불되지만, 임차료나 재료비, 관리비 등은 매월 지출되게 된다. 손익분기점 계산에 있어 보증금이나 권리금 등은 은행에 입금하였을 때의 은행이율만큼의 금액을 매월 지출되는 비용으로 보면 되고, 시설 · 인테리어비 등에 들어간 비용은 감가상각비로 처리하면 된다. 예를 들어, 점포 임차기간이 2년이라면 총시설비용(시설 · 인테리어비 등)을 24개월(2년)로 나눈 금액을 감가상각비로 계산하면 되는 것이다. 하나의 사례를 들어 손익분기점 계산을 해보도록 하자. 금년 4월로 교직 생활 20년이 되는 김 씨는 퇴직금 등의 관계로 명예퇴직을 하는 동시에 커피숍을 개점하기로 하고 집에서 출퇴근이 비교적 손쉬운 ○○동에 1층 점포를 임차했다. 점포의 임차기간은 2년이며 임차보증금 3,000만 원에 월임차료 100만 원, 권리금 6,000만 원을 주었다. 그리고 점포의 시설 · 인테리어비용으로 2,400만 원, 개점에 따른 기타 비용으로 600만 원, 종업원 두 명을 고용하여 인건비로 200만 원, 수도 · 전기 · 광열비 등으로 60만 원의 지출이 필요하다고 할 경우 김 씨의 손익분기점 매출액은 얼마일까? 먼저, 비용별

로 나누어 살펴보면 다음과 같다.

① 투자 내역

내 용	투자 금액(만 원)	매월 금리(만 원)	연 금리
임차 보증금	3,000	25	연 10%
권 리 금	6,000	50	연 10%
시설 · 인테리어비	2,400	20	연 10%
기타 비용	600	5	연 10%
합 계	12,000	100	

② 고정비 내역

내 용	금액(만 원)
매월 금리	100
인 건 비	200
수도 · 전기 · 광열비	60
매월 임차료	100
감가상각비(2년)	100
합 계	560

③ 변동비 내역

내 용	변동비율(%)
상품 원가율(커피)	60.0
소모품 비율(크림, 설탕, 냅킨 등)	6.0
합 계	66.0

- 매월 금리 : (12,000×10%)/12개월=100만 원
- 감가상각비 : 시설 · 인테리어비/24개월=100만 원
- 상품 원가율 : 커피의 마진율이 40%라면 상품 원가율은 60%가 된다.

• 소모품 비율 : 평균 소모품비/매출액

그럼 단계별로 공식을 대입하여 손익분기점 매출액을 계산하면,

고정비(F) = 560만 원

변동비율(V/S) = 0.66(66.0%)

손익분기점 = 고정비/(1 − 변동비율) = 560/(1 − 0.66)

= 1,647.1만 원(월)

결국 김 씨의 커피숍은 1개월에 적어도 1,647.1만 원의 매출액은 올려야 손실 없이 점포를 운영할 수 있게 된다. 이 경우 손익분기점 이후 발생하는 초과 매출액을 전부 이익으로 보아서는 안 된다. 이익은 손익분기점 초과 매출액 중 변동비를 빼거나 총매출액에서 고정비와 변동비 합산 금액을 뺀 나머지 부분이 된다.

이익(G) = 매출액(S) − [고정비(F) + 변동비(V)]

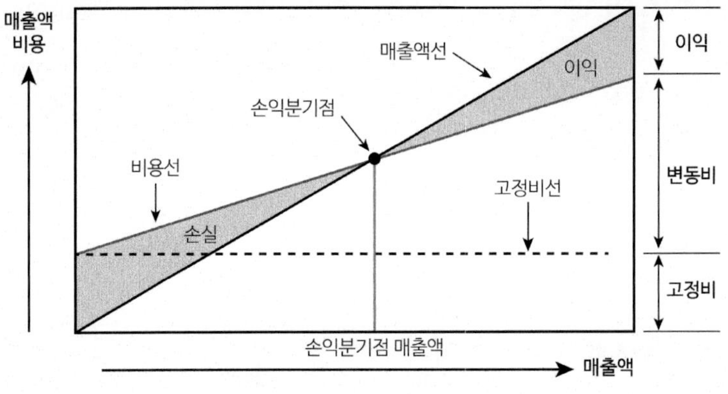

그림 8.1 손익분기점 분석

- 공헌이익＝매출액－변동비
- 영업이익＝공헌이익－고정비
- 변동비율＝변동비/매출액
- 공헌이익률＝공헌이익/매출액
  공헌이익률이 높으면 그만큼 제품의 수익률이 높다.
- 손익분기점의 매출액＝고정비/공헌이익률
- 목표이익달성의 매출액＝(고정비＋목표이익)/공헌이익률
- 목표이익달성의 매출량＝(고정비＋목표이익)/단위당 공헌이익
- 매출액－매출원가＝매출 총이익
- 매출총이익－판매관리비＝영업이익
- 영업이익＋영업외수익－영업외비용＝경상이익
- 영업이익＋특별이익－특별손실＝법인세 비용차감 전순이익
- 법인세 비용차감 전순이익－법인세비용＝당기순이익

$$\text{목표이익을 고려한 손익분기점 매출량}(St) = \frac{\text{고정비} + \text{목표이익}}{\text{단위당공헌이익}}$$

$$\text{목표이익을 고려한 손익분기점 매출액}(Qt) = \frac{\text{고정비} + \text{목표이익}}{\text{공헌이익률}}$$

(1) 시장 현황

실력 있는 사람만이 겸손할 자격을 갖는다.
교만의 반대편에 선 미덕은 겸손이다. 만일 누군가 겸손을 배우고 싶어 한다면, 나는 그 사람에게 겸손해지는 방법을 말해주고 싶다. 그 첫 단계란 '사람은 누구나 교

만하다'는 사실을 깨닫는 것이다. 이것은 매우 중요하다. 적어도 이 단계를 밟기 전에는 그 어떤 일도 일어나지 않는다. 만일 자신이 교만하지 않다고 생각한다면 그것이야 말로 가장 큰 교만이다.

– C.S.루이스 –

시장현황 및 특성
(단위 : 백만 원)

시장규모

구 분	직전연도	당해연도	차기연도	차차기연도
세계시장				
국내시장				

※작성근거(반드시 기재)

시장특성(향후 3년간 자료로 판단)

구 분	국 내	국 외
시장상태(독점 / 경쟁)		
안 전 성		
지 속 성		
성 장 성		

주요 수요처(년)
(수주 또는 납품현황만을 기재)

수 요 처 명	수요처의 총수요규모	당사 수주(납품)

경쟁업체 현황(업체명, 기술개발계획, 양산/증산계획 등)

국내시장
국외시장

※ 시장특성은 유무, 고저 등으로 간략하게 표기

※ 제품 및 기술이 2가지 이상일 경우에는 별지로 추가작성 바람.

8-2 SWOT 분석의 의의

SWOT분석은 외부환경의 기회요인과 위협요인을 파악하고 기업 내부의 장점과 약점을 분석한 후 전략적 대안을 도출하는 분석방법이다. SWOT분석을 통해 기업의 장점을 최대한 활용하면서 새로운 사업기회를 포착하고 기업의 약점을 최소화하면서 위협요인에 대처하는 전략을 다각적으로 모색할 수 있다. 'SWOT'는 내적인 기업의 강점과 약점, 외적인 환경의 기회 및 위협을 의미하는 영어의 첫머리를 연결한 복합어로 구성요소는 표와 같다.

표 8.6 SWOT분석의 구성요소

항 목	구성요소
장 점 (Strength)	독특한 능력, 경쟁우위, 강한 상표명, 혁신력, 원가·가격의 주도자, 우수한 노동력, 견고한 재무능력, 독점적 기술, 충실한 고객 등
약 점 (Weakness)	가격인상의 취약성, 약한 시장점유율, 약한 재무력, 낮은 제품개발력, 마케팅 능력부족, 상대적으로 높은 원가, 독특한 능력부족, 진부한 상품, 낡은 시설, 공급자에 대한 취약성 등
기 회 (Opportunity)	새로운 시장에서의 성장, 세계적 확장, 신제품 개발, 새로운 서비스, 품질개선, 수직적 통합, 고객의 욕구 증대, 경제적 이점 등
위 험 (Threat)	새로운 경쟁자 진입, 제품원가 증대, 원자재 부족, 기술의 변화, 수입된 대체품, 불리한 경제적 요인, 불리한 법률, 고객의 강한 압력 등

8-2-1 주식매수선택권(stock option)제도

(1) 스톡옵션제도 내용

스톡옵션(stock option)제도에 주식매수 선택권이라고 하며 이는 회사가 ① 임직원, ② 기술 및 경영 능력을 갖춘 자, ③ 대학 및 연구기관 등에게 일정 기간 내에 자기 회사의 주식을 일정한 간격으로 일정 수량만큼 매입할 수 있는 권리를 부여하는 제도로서 주가가 상승하면 옵션(매수권)을 행사하여 주가상승 폭만큼 이익을 얻을 수 있다. 이러한 제도의 목적은 단기적 경영성과와 중·장기적인 성장 간의 균형을 도모하고 경영자의 이해와 주주의 이해를 연계하여 기존의 종업원을 유지하고 격려하며 능력 있는 종업원을 유인하기 위한 것이다.

(2) 세제 지원되는 스톡옵션의 요건

1) 대상기업

① 상장법인 및 장외등록법인

② 벤처기업(창업투자회사가 투자 가능한 업종을 영위하는 기업)

③ 중소기업 창업지원 법 제16조의 규정에 의한 창업지원업무에 관한 기준에 적합한 업종을 영위 하는 기업

2) 실시요건

스톡옵션 실시요건은 다음과 같다. 다음 요건을 모두 충족한 경우에만 세제지원을 받을 수 있다.

① 스톡옵션 실시 사실을 주주총회의 특별결의를 거쳐 정관에 기재하고, 증권관리위원회와 증권거래소 또는 한국증권업협회에 신고해야 하며(증권거래법상의 요건과 같음), 신고받은 기관은 스톡옵션 실시사실을 공시해야 한다.

② 스톡옵션을 부여하기 전에 주주총회를 거쳐 스톡옵션의 수량·매입가액·대상자 및 기간 등에 주주총회의 결의를 거쳐 당해 종업원과 약정해야 한다.

③ 종업원 모두를 대상으로 하는 것이 아니어야 한다.
④ 스톡옵션을 부여받을 수 있는 임직원은 최대주주 및 주요주주와 그 특수 관계인을 제외한 모든 임직원이다.
⑤ 옵션약정(주식매입)가격요건은 다음과 같다. 신주발행방식의 경우에는 옵션 부여일 현재 시가와 당해 주식의 액면가액 중 높은 가액 이상이며, 상장법인만 가능한 자기주식 부여방식의 경우에는 옵션 부여일의 시가(옵션 부여일 현재 상속세 및 증여세법에 의한 평가 액) 이상이어야 한다.
⑥ 연간 1인당 행사가격이 3,000만 원을 초과하여 행사한 경우 행사가격 3,000만 원까지만 세제 지원을 받을 수 있다.
⑦ 스톡옵션을 다른 사람에게 양도하는 것이 불가능해야 한다.
⑧ 스톡옵션을 부여받은 날부터 3년이 경과한 후에 스톡옵션을 행사(주식매입)해야 한다. 다만, 3년이 경과한 후에 퇴직한 경우에는 퇴직일로부터 3월 이내에 행사하는 것이어야 한다.

3) 스톡옵션 부여 총한도

상장법인과 등록법인은 발행주식 총수의 20%이며, 벤처기업은 발행주식 총수의 50% 이내이어야 한다.

> 실력 있는 사람만이 겸손할 자격을 갖는다.
> 교만의 반대편에 선 미덕은 겸손이다. 만일 누군가 겸손을 배우고 싶어 한다면, 나는 그 사람에게 겸손해지는 방법을 말해주고 싶다. 그 첫 단계란 '사람은 누구나 교만하다'는 사실을 깨닫는 것이다.
>
> – C.S.루이스 –

구 분	주요 내용	비 고
부여 대상자	• 벤처기업의 설립과 경영 · 기술 혁신 등에 기여하였거나 기여할 능력을 갖춘 자 - 임 · 직원, 교수, 연구원, 대학 · 연구 기관 등 법인	* 임직원 이외의 자로 확대
부여 방법	• 신주발행 교부 • 자기주식의 교부(KOSDAQ등록 벤처기업만 해당) • 주식매입선택권의 행사가격과 시가와의 차액을 현금 또는 자기 주식으로 교부(Stock Appreciation Rights)	* 시가 : 옵션 부여일 현재 「상속세 및 증여세법」에 의한 평가 액
부여가능 법인	벤처기업육성에관한법률에 의한 벤처기업 (주식회사인 법인에 한함)	-
부여 절차	• 주요 사항을 정관에 정하고 주주총회특별결의에 의해 시행 • 정관에 반영사항 - 주식매입선택권의 부여 및 취소에 관한 설명 - 주식매입선택권의 행사로 교부할 주식의 종류 및 총수 - 주식매입선택권을 부여받을 자의 자격요건 • 주총 결의사항 - 주식매입선택권을 부여받을 자의 성명 - 주식매입선택권 부여방법, - 주식매입선택권의 행사가격과 행사기간, - 주식매입선택권을 부여받을 자 각각에 대하여 주식매입선택권의 행사로 교부할 주식의 종류 및 수	-
부여 총한도	• 발행주식 총수의 50% - 조세감면규제법상 조세지원 : 1인당 20% 이내	-
행사 가격	• 자사주 교부방법 - 주식매수선택권 부여일 기준으로 상속세 및 증여세법 제63조의 규정을 준용하여 평가한 시가 이상 • 기타의 경우 - 이상의 방법으로 평가한 시가와 액면가액 중 높은 금액 이상	-
행사 기간	• 주식매수선택권 부여 결의일로부터 2년 이상 근무해야 하고, 3년 경과 시부터 행사 가능 - 다만, 3년이 경과한 후 퇴직한 경우에는 퇴직일로부터 3월 이내에 행사하는 것일 것. 부여결의로부터 행사만료시까지는 당해 법인에 대하여 유효	-

구 분	주요 내용	비 고
양도제한	• 사망 시 상속 외에는 타인에게 양도가 불가능	-
등록 및 신고	• 주식매수선택권을 부여하고자 하는 벤처기업은 사전에 금융감독위원회에 등록하여야 함 • 부여사실을 중소기업청장(코스닥㈜)에 신고 • 중소기업청장은 신고일로부터 주식매수선택권 행사기한까지 이를 비치하고 일반인의 열람에 공여	-

8-2-2 스톡옵션의 종류

(1) 고정부 스톡옵션

고정부 스톡옵션이랑 스톡옵션 부여시점에서 행사가격, 부여수량 등이 고정되어 있는 스톡옵션이다. 현재 우리나라에서 도입되어 활용되고 있는 스톡옵션의 대부분은 고정부 스톡옵션이다. 고정부 스톡옵션은 단순하여 이해하기 용이하다는 장점이 있으나, 경영자의 능력과 무관한 주가상승분까지 스톡옵션을 부여받은 경영자가 향유한다는 문제점이 존재한다.

(2) 할증스톡옵션

할증스톡옵션이란 부여시점 현재의 주가를 기준으로 일정비율 또는 일정금액 이상 주가가 상승해야 가치가 발생하는 옵션을 의미한다. 즉 행사가격이 부여시점의 시가보다 높게 결정되니 스톡옵션을 의미한다. 따라서 할증스톡옵션의 경우에는 부여시점의 시가를 기준으로 일정비율 이상의 주가가 상승해야 이익을 향유할 수 있다. 경영자의 스톡옵션의 행사를 통해 이익을 얻기 위해서는 이의 전제조건으로 주주들에게 상당한 수준의 이익을 보장해야 하기 때문에 할증스톡옵션이 스톡옵션의 기본적 목적에 부합된다. 또한 특정한 주가 수준을 목표로 정해 놓고 경영자로 하여금 이를 달성하기 위해 지속적인 노력을 기울일 유인을 제공한다.

(3) 성과연동 스톡옵션(Performanced-based Stock Option)

성과연동 스톡옵션이란 경영자의 성과에 연동하여 행사가격, 효력발생수량, 효력발생기간이 조정되는 스톡옵션을 의미한다. 즉 경영자의 성과가 우수할수록 스톡옵션행사로부터 보다 많은 이익을 향유할 수 있도록 행사가격, 효력발생수량, 효력발생기간이 조정된다.

(4) 주가지수연동 스톡옵션(Indexed Stock Option)

지수연동 스톡옵션이란 스톡옵션의 행사가격, 행사수량, 행사시기 등이 기준지수에 일정한 방식으로 연동되어 매년 재설정되는 스톡옵션을 의미하는데 일반적으로 행사가격이 조정되는 스톡옵션을 의미한다. 지수연동형 스톡옵션은 주식시장이나 특정산업의 전반적인 활황으로 인한 주가변동분과 경영자의 능력으로 인한 주가변동분을 분리하여 특정기업의 주가가 상승한 경우에도 기준지표를 초과하여 상승했을 경우에만 보상받을 수 있다. 따라서 지수연동 스톡옵션은 경영자의 능력이나 성과와 관계없는 주가상승분을 경영자가 향유하는 것을 방지할 수 있다. 지수연동 스톡옵션이 도입되면 주주와 일정수준(예 산업평균) 이상의 성과를 내는 경영자는 보다 유리해지고 열등한 경영자만 불리해진다.

(5) 경영지표연동 스톡옵션(Performanced-based Stock Option)

경영지표연동 스톡옵션이란 스톡옵션의 행사가격, 행사수량, 행사시기 등이 경영자의 성과를 나타내는 각종 지표에 일정한 방식으로 연동되어 결정되는 스톡옵션을 의미한다. 경영지표연동 스톡옵션에서 적절한 경영지표의 선정이 중요하다. 기업 전반을 책임지고 있는 사업본부장의 경우에는 EVA, ROE 등의 사업본부 성과측정치와 주가를 병행하여 사용하는 것이 바람직하다. 영업일선의 중간관리층 직원의 경우에는 직위와 업무특성에 적합한 주도적 가치지표(leading indicators of value)가 필요하다.

(6) 주가지수와 경영성과지표에 동시에 연동된 스톡옵션

주가지수와 경영성과지표에 동시에 연동된 스톡옵션이란 주가지수와 경영성과지표에 동시에 연동되어 스톡옵션의 행사가격, 행사수량, 행사시기 등이 결정되는 스톡옵션을 의미한다.

Three sentences for getting SUCCESS (성공을 위한 3가지 필수 조건)
a. know more than other (a. 남보다 많은 지식을 갖고 있을 것)
b. work more than other (b. 남보다 더 열심히 일할 것)
c. expect less than other (c. 남보다 큰 기대를 갖지 말 것)

– WILLIAM SHAKESPHERE –

내가 핵심인재인지 스스로 판단해 보는 법
올바른 인재는 관리할 필요가 없다. 철저히 관리해야겠다 싶은 대상이 있는가? 그렇다면 그 사람은 잘못 뽑은 것이다. 올바른 인재는 일을 갖고 있다고 생각하지 않는다. 그들은 책임을 갖고 있다고 생각한다. 호황기엔 공을 자신에게 돌리고 불황기엔 외부 요인을 탓하는 사람은 지도자가 될 자격이 없다.

– 짐 콜린스 –

8-2-3 Venture business 경영전략

(1) 경영전략

1) Core Competence 확보

- 입고품질, 공정품질, 출하품질 혁신
- 상품 경쟁력 극대화
- 초저원가 생산방식 구축
- 핵심요소 기술 강화
- 부품, 원자재, 금형, 설비의 사양승인화 및 BOM 전산화
- 제조원가 혁신
- 설비의 기술력 강화 및 BOM 전산화
- 생산기술력 강화
- 관리회계적 원가혁신

2) Net Cash Flow 매출액대비 20%대 달성

- 현금유동성 확보를 위하여 신규설비 투자는 최소화
- 재고 회전일 축소하여 금융비용 부담 축소
- 자재손실률 극소화
- 공장 Line별 효율 극대화

3) 기술영업 강화

- Model별 수출, 내수, 군납을 통한 기술부가가치 창출
- 기술적 영업에 의한 New Market 개척

(2) 경영지수 운영목표

1) Radar Chart

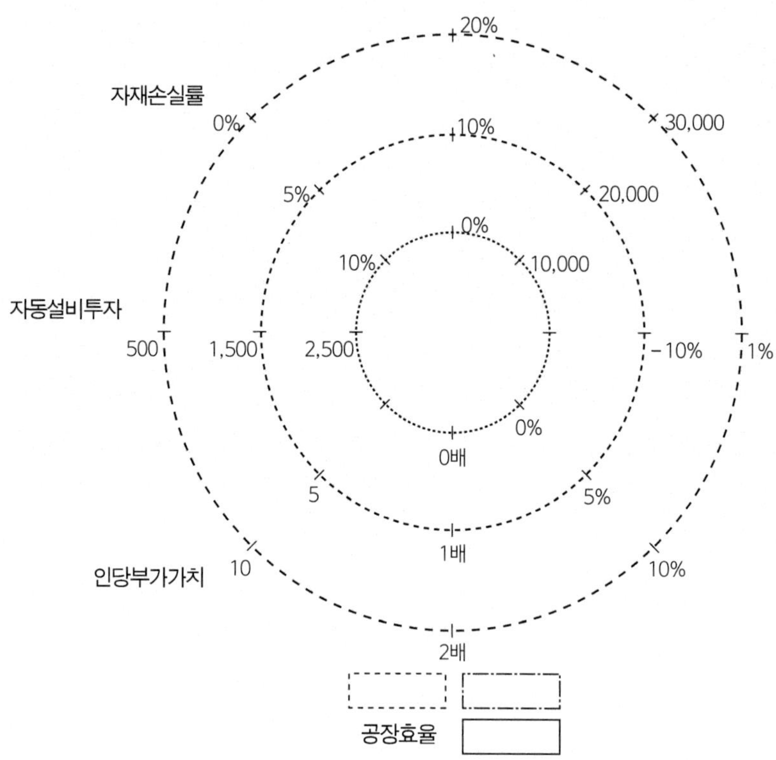

2) Radar Chart 대비표

구 분	년도	년도	년도
총매출액(백만 원)			
내 수			
수 출			
군 납			
매출 신장률(%)			
매출총이익(백만 원)(%)			
당기순이익(백만 원)(%)			
경상이익(백만 원)(%)			
자재손실률(%)			
자동설비투자(백만 원)			
인당부가가치(백만 원)			
Net Cash Flow(백만 원) 매출액비율(%)			
공장효율(%)			

목표를 설정할 때 성공은 이미 시작된다.
목표는 주의를 집중하는 것이다. 인간의 의식은 분명한 목적을 갖기 전에는 목표 달성을 향해 움직이지 않는다. 목표를 설정할 때 성공은 이미 시작되는 것이다. 목표를 설정하는 순간 스위치가 켜지고 물이 흐르기 시작하고 목표는 힘이 현실화 되는 것이다.

– 린 데이비스 –

활력은 비전의 산물입니다. 목표는 불타는 욕구와 강렬한 자신감을 불러일으키고 확실한 결정을 내리도록 돕게 됩니다.

– 폴J.마이어 –

(3) 부가가치 향상전략

1) 부가가치 개선목표

구 분	0000년도	0000년도	0000년도	개선방법
① 부가가치총액 (백만 원)				① 절대매출액 증대
② 인당부가가치 (백만 원)				② 생산성향상 '99년 대비 시간당 생산량 50% 향상
③ 공장효율 (백만 원)				③ 재료비 10% Cost Down a. 구매 15% C/D –품질경쟁력 우위 Maker 집중육성 b. 기술 V/E –저가형 원자재 소재개발 –부품공용화 –원자재 World Sourcing
				④ 품질향상 –Line 불량률 비율에 의한 무상 자재 –설비 Trouble 비용의 무상 Service

2) 부가가치 향상방안(Object)

① 부가가치 제약요소

② 부가가치 향상방법

③ 부가가치 효과

(4) Net Cash Flow

Indirect Method(단위 : 백만 원)	0000년도	0000년도	0000년도
(1) 영업활동 현금흐름			
① 경상이익			
② 현금 유출 없는 비용/투자관련비용 ⓐ 감가상각비 ⓑ 퇴직급여충당금전입액 ⓒ 연구개발 상각비			
③ 투자관련 수익/비용의 차감 ⓓ 고정자산 처분			
④ Working Capital의 증감 ⓔ 매출채권의 증감 ⓕ 재고자산의 증감			
(2) 투자활동의 현금흐름			
⑤ 고정자산 처분 ⑥ 고정자산 투자 ⑦ 연구개발비 투자			
(3) Net Cash Flow			

(5) 구분별 투자계획

(단위 : 백만 원)

구 분	0000년도		0000년도		0000년도	
	수요내역	금 액	수요내역	금 액	수요내역	금 액
① 선행기술 ② 원가절감 ③ 생산향상 ④ 품질향상 ⑤ 공장효율 ⑥ Repeat금형 ⑦ 전산화 ⑧ Othes						
Total						

(6) 지역별 매출계획

(단위 : 백만 원, %, 만대)

구 분		0000년도		0000년도		0000년도	
		수 량	금 액	수 량	금 액	수 량	금 액
내 수	민 수						
	군 납						
	성장률						
수 출	유 럽						
	북 미						
	아시아						
	성장률						
총	계						
	성장률						

(7) 지역별 손익계획

- $\text{자산손실률} = \frac{\text{장부가 자산} - \text{실사 후 자산}}{\text{장부가 자산}}$

- $\text{자재손실률} = \frac{\text{장부가자재 구매액} - \text{제품화한 자재액}}{\text{장부가자재 구매액}}$

- $\text{공장 Line별 효율} = \frac{\text{생산 매출액} - \text{투입 재료비}}{\text{감가상각비} + \text{인건비}}$

(단위 : 백만 원, %)

구 분			0000년도		0000년도		0000년도	
				%		%		%
				100		100		100
국내	매 출	민수군납						
	손 익	민수군납						
		매출손익						
	미 국	매출손익						
해외	캐나다	매출손익						
		매출손익						
Total		매출손익						

8-2-4 Venture business 경영관리

분석대상기업들의 생산성과 수익성을 살펴보기 위해 산업별로 1인당 매출액과 순익을 조사한 결과를 정리하였다. 여기서 조사된 데이터는 일부 외국투자기업과 비상장기업이 포함되지 않아 앞선 표의 매출액과 일부 차이가 나지만, 전체적인 평균값인 1인당 매출액과 순익을 비교하는 데는 무리가 없을 것으로 판단된다. 전체 기업의 평균 1인당 매출액은 7.19억 원이었으며, 1인당 순익은 0.61억 원이었다. 산업별 1인당 매출액과 순익 모두 소재산업이 가장 높게 나왔으며, 그 다음으로 전기전자산업이었다.

표 8.7 산업별 분석대상기업 전체의 1인당 매출액 및 순익

(단위 : 억 원, 명)

구 분	총매출액	종업원 수	1인당 매출액	순이익	1인당 순익
전기전자	1,516,101.63	218,888	6.93	150,795.95	0.68
자동차	857,271.58	169,071	5.07	42,012.44	0.24
기 계	106,573.20	22,127	4.82	14,137.55	0.64
소 재	1,355,429.55	123,490	10.98	121,600.32	0.98
평 균	958,443,99	133.394	7.19	82,136.57	0.61

주 1) 종업원 수, 순이익 조사 기업 : 전기전자 133기업 중 110기업, 자동차 : 79개 기업 중 61기업, 기계 : 21개 기업 중 21 기업, 소재 : 136기업 중 116기업(총 308기업)

2) 1인당 매출액, 순이익은 산업별 평균값임.

표 8.8 산업별 부품소재기업의 1인당 매출액 및 순익

(단위 : 억 원, 명)

구 분	매출액	종업원 수	1인당 매출액	순이익	1인당 순익
전기전자	923,160.90	140,915	6.55(4.38)	131,121.87	0.93(0.29)
자동차	285,041.11	58,108	4.91	19,600.41	0.34
기 계	20,613.38	3,875	5.32	635.54	0.16
소 재	1,355,429.55	123,490	10.98(11.12)	121,600.32	0.98(0.80)
평 균	646,0161.23	81,597	7.92(7.38)	272,958.14	0.84(0.52)

주 1) 분석기업 수 : 전기전자 133기업 중 80기업, 자동차 : 79개 중 53기업, 기계 : 21기업, 소재 : 136기업 중 116기업(총 270기업).

2) ( )는 전기전자에서 삼성전자를, 소재에서 포스코를 제외한 통계임.

분석대상기업 중 가치사슬단계에서 완제품을 제외한 부품소재에 해당하는 기업들의 종업원 1인당 매출액과 순익을 비교한 결과를 나타내었다. 부품소재기업의 평균 1인당 매출액은 7.92억 원이었으며, 1인당 순익은 0.84억 원으로 전체 평균에 비해 높은 결과를 나타내었다. 하지만 삼성전자와

포스코를 제외한 평균 1인당 매출액은 7.38억 원이었으며, 1인당 순익은 0.52억 원으로 전체 평균이 낮아졌다. 특히 전기전자 분야의 경우 삼성전자를 제외한 1인당 매출액과 순익은 각각 4.38억 원과 0.29억 원으로 큰 폭으로 낮아져 삼성전자가 동 산업에서 차지하는 비중이 매우 큼을 알 수 있다. LG는 Philips와 디스플레이 분야에서, 히타치와는 광스토리지 분야에서 합작회사를 설립하고 운영하고 있으며, 삼성은 프랑스 군수전문업체인 탈레스와 합작회사를 설립하여 방산전자시스템을 군에 납품하고 있다. 국내에 생산법인을 가지고 있는 해외기업들은 대부분의 연구개발을 해외 본사에서 수행하고 있으며 국내생산법인에서는 생산만을 전문적으로 하는 경영전략을 선택하고 있다.

변화의 첫째 요건, 익숙했던 과거 버리는 것
변화의 첫째 요건은 익숙했던 방식을 버리는 과정이다. 나아가 자신의 예전 모습까지 버려야 한다. 포기하라고 요구하는 것이 개인적인 취향만이 아니다. 과거에 성공적으로 해왔던 업무방식까지도 버리라는 말이다. 경험한 전체 세상, 정체성, 심지어는 현실 자체를 몽땅 버리라고 요구하는 것이다.

– 윌리엄 브리지스 –

실력 있는 사람만이 겸손할 자격을 갖는다.
교만의 반대편에 선 미덕은 겸손이다. 만일 누군가 겸손을 배우고 싶어 한다면, 나는 그 사람에게 겸손해지는 방법을 말해주고 싶다. 그 첫 단계란 '사람은 누구나 교만하다'는 사실을 깨닫는 것이다. 이것은 매우 중요하다. 적어도 이 단계를 밟기 전에는 그 어떤 일도 일어나지 않는다. 만일 자신이 교만하지 않다고 생각한다면 그것이야 말로 가장 큰 교만이다.

– C.S.루이스 –

꿈을 이루는 아주 간단한 방법
나는 꿈이 없고 비전이 없는 남자는 쓸모없다고 생각해왔지만, 만일 자신의 꿈과 비전을 조금이라도 실현하기 위해 자기 행동을 바꾸는 실제적인 노력이 없다면 그 역시 쓸모없는 인물이다.

– 테오도어 루스벨트 –

표 8.9 전기전자 분야 주요 외국투자기업

기 업 명	관계유형	외국투자기업	주요 생산제품
LG-Philips LCD	합 작	필립스(네덜란드)	LCD
노키아티엠씨	생 산	노키아(핀란드)	휴대폰
LG-Philips 디스플레이	합 작	필립스(네덜란드)	CRT, DTV 모듈
TI코리아	생 산	텍사스인스트루먼트(미국)	반도체
히타치LG데이터스토리지	합 작	히타치(일본)	광스토리지, DVD
한국소니전자	생 산	소니(일본)	반도체, LCD
삼성탈레스	합 작	탈레스(프랑스)	군수, LFID
동우에스티아이	생 산	스미토모(일본)	LCD 부품
한국티티	생 산	산요(일본)	디지털 카메라
ASE코리아	생 산	ASE(대만)	반도체, 휴대폰 모듈
모토로라코리아	생 산	모토로라(미국)	휴대폰
한국루슨트	생 산	루슨트테크놀로지(미국)	통신장비
한국동경전자	생 산	산요(일본)	광 모듈, 부품
MEMC코리아	생 산	MEMC(미국)	반도체 부품
한국동경실리콘	생 산	산요(일본)	반도체 부품, 장비
타이코AMP	생 산	타이코(미국)	전기 부품
로옴코리아	생 산	로옴(일본)	반도체, LCD 부품
한국태양유전	생 산	다이오유덴(일본)	휴대폰 부품
한국경남태양유전	생 산	다이오유덴(일본)	휴대폰, PC 부품
ABB코리아	생 산	ABB(미국)	산업용 기기

표 8.10 자동차 분야 주요 외국 투자기업

기 업 명	관계유형	외국투자기업	주요 생산제품
GM대우	생 산	GM(미국)	자동차
쌍용차	생 산	상하이기차(중국)	자동차
만도	생 산	선세이지(미국 투자회사)	자동차 모듈, 부품
르노삼성자동차	생 산	르노(프랑스)	자동차
한라공조	합 작	포드(미국)	자동차 모듈, 부품
한국델파이	합 작	델파이(미국)	자동차 부품
케피코	합 작	보쉬(독일)	자동차 부품

기 업 명	관계유형	외국투자기업	주요 생산제품
희성엥겔하드	합 작	엥겔하드(미국)	자동차 부품
한국로버트보쉬기전	생 산	보쉬(독일)	자동차 부품
서진산업	합 작	타위(미국)	자동차 부품
대성전기공업	합 작	델파이(미국)	자동차, 전기 부품
발레오만도	합 작	발레오(프랑스)	자동차 부품
덴소풍성	합 작	덴소(일본)	자동차 부품
타타대우상용차	합 작	GM(미국)	자동차
경신공업	합 작	스미토모(일본)	자동차 부품
캄코	생 산	보쉬(독일)	자동차 부품
씨맨스오토모티브	생 산	씨맨스(독일)	자동차 부품
씨맨스VDO한라	합 작	씨맨스(독일)	자동차 부품
델파이코리아	생 산	델파이(미국)	자동차 부품
GMB코리아	합 작	GMB(일본)	자동차 부품
한국세큐리트	합 작	세인트(프랑스)	자동차 부품
평화발레오	합 작	발레오(프랑스)	자동차 부품

표 8.11 소재 분야 주요 외국투자기업

기 업 명	관계유형	외국투자기업	주요 생산제품
LS니꼬동제련	합 작	니꼬동제련(일본)	동 및 귀금속
한국바스프	생 산	BASF(독일)	유화, 폴리우레탄
노벨리스코리아	생 산	노벨리스(미국)	알루미늄 압연
삼성코닝정밀유리	합 작	코닝(미국)	LCD 기판유리
삼남석유화학	합 작	미쓰비시(일본)	테레프탈산
삼성석유화학	합 작	B.P.(영국)	고순도 테레프탈산
동우화인캠	생 산	스미토모(일본)	반도체용 소재
삼성코닝	합 작	코닝(미국)	반도체, LCD용 소재
도레이새한	합 작	도레이(일본)	반도체, 이차전지용 소재
폴리미래	합 작	바셀(미국)	폴리올레핀
한국전기초자	생 산	아사히글라스(일본)	디스플레이용 유리
코리아니켈	합 작	INCO(캐나다)	니켈
금호피앤비	합 작	신일본제철(일본)	페놀
동서석유화학	생 산	아사히화학(일본)	아크릴로니트릴

기 업 명	관계유형	외국투자기업	주요 생산제품
일본전기초자한국	생 산	니뽄일렉트릭글래스(일본)	디스플레이용 유리
머크어드밴스드테크놀로지	생 산	머크(독일)	LCD용 액정
LG다우폴리카보네이트	합 작	다우케미칼(미국)	폴리카보네이트
한국다우코닝	생 산	다우코닝(미국)	실리콘계 화합물
희성금속	합 작	전중귀금속(일본)	반도체용 금, 백금
LG엠엠에이	합 작	스미토모, 일본촉매(일본)	기초화학물
동우광학재료	생 산	스미토모(일본)	LCD용 편광필름
한국니토옵티칼	합 작	니토덴코(일본)	LCD용 편광필름
코리아오토글라스	합 작	아사히글라스(일본)	자동차용 유리
코리아카본블랙	생 산	데구사(독일)	카본블랙
미창석유	합 작	미쓰비시석유(일본)	산업용 오일
삼아알미늄	합 작	동양알미늄(일본)	알루미늄 박

표 8.12 대차대조표의 구조

<table>
<tr><th colspan="2">대 변</th><th colspan="2">차 변</th></tr>
<tr><td colspan="2">자 산</td><td colspan="2">부채 및 자본</td></tr>
<tr><td rowspan="2">자 산</td><td rowspan="2">I. 유동자산
1. 당좌자산
2. 재고자산

II. 고정자산
1. 투자자산
2. 유형자산
3. 무형자산</td><td>부 채</td><td>I. 유동부채

II. 고정부채</td></tr>
<tr><td>자 본</td><td>I. 자본금
II. 자본잉여금
III. 이익잉여금
IV. 자본조정</td></tr>
<tr><td colspan="2">자금의 운용상태를 표시</td><td colspan="2">자금조달 원천을 표시</td></tr>
</table>

(1) 성장성 분석

Ⅰ. 당기투입재료비

Ⅱ. 당기투입노무비

Ⅲ. 당기투입경비

Ⅳ. 당기총제조비용(= Ⅰ + Ⅱ + Ⅲ)

Ⅴ. 기초재공품원가

Ⅵ. 합계(Ⅵ + Ⅴ)

Ⅶ. 기말재공품원가

Ⅷ. 유형자산(또는 타계정)대체액

Ⅸ. 당기제품제조원가(= Ⅵ - (Ⅶ + Ⅷ)

1) 매출액증가율

$$\text{매출액증가율} = \frac{\text{당기매출액}}{\text{전기매출액}} \times 100 - 100$$

매출액증가율은 전기 매출액에 대한 당기 매출액의 증가율로서 기업의 외형적 신장을 판단하는 대표적인 지표다. 전년도 매출액에 비해서 당해년도 매출액증가는 회사의 영업활동이 전년도에 비해서 어느 정도 활발하게 이루어졌는가를 알려준다. 매출액증가율은 제품가격의 상승이나 판매수량의 증가라는 두 가지 요인에 의해 영향을 받는다. 따라서 매출액의 변화를 가격요인과 수량요인으로 구분하여 살펴봄으로써 보다 유용한 정보를 파악할 수 있다. 일반적으로 20%이면 양호, 10% 이하이면 불량한 것으로 본다.

2) 총자산증가율

$$\text{총자산증가율} = \frac{\text{당기말총자산}}{\text{전기말총자산}} \times 100 - 100$$

기업활동을 위해 회사가 보유하고 있는 자산의 총액이 전년도에 비해 어느 정도 증가하였는가를 나타내는 비율로서 기업의 전체적인 성장규모를 측정하는 지표이다. 총자산증가율을 보는 경우에는 다른 성장성 지표와의 관계를 유의하여 볼 필요가 있다. 일반적으로 20% 이상이면 양호, 10% 이하이면 불량한 것으로 본다.

3) 유형자산증가율

$$\text{유형자산증가율} = \frac{\text{당기말유형자산}}{\text{전기말유형자산}} \times 100 - 100$$

증가율은 정상적인 영업활동과정에서 장기간에 걸쳐 기업에 경제적 효익을 가져다줄 수 있는 토지, 건물, 기계장치 등 유형자산에 대한 투자가 얼마나 활발히 이루어졌는가를 나타내는 지표이다. 기업의 실질적인 설비투자 증가세를 파악하기 위해서는 자산재평가 증가분을 차감한 유형자산증가율을 파악하는 것이 바람직하다. 일반적으로 20% 이상이면 양호, 10% 이하이면 불량한 것으로 본다.

(2) 안정성 분석

정상적인 영업활동을 통하여 적정성장과 순이익을 실현하면서 장기채무 상환을 무리 없이 이행할 수 있는지 여부를 측정하는 지표이다. 장기 안정성의 적정성에 대한 판단은 기업의 소유자로부터 조달된 자기자본에 대하여 채권자로부터 조달된 타인자본의 비중이 어느 정도인가를 나타내는 레버리지 비율로 측정한다. 이러한 레버리지 비율 중 가장 대표적인 비율로는 부채비율, 자기자본비율이 있으며 자금운용 측면에서 자본의 고정화 정도를 측정하기 위해서는 고정비율 및 고정장기적합률이 이용되고 있다.

1) 부채비율

$$부채비율 = \frac{타인자본(유동부채 + 고정부채)}{자기자본} \times 100$$

부채비율은 타인자본과 자기자본 간의 관계를 나타내는 안정성 지표로서 일반적으로 100% 이하를 표준비율로 보고 있으나 한국의 경우 200% 이하는 양호한 것으로, 400% 이상을 불량한 것으로 보는 경향이 있다. 채권회수의 안전성을 중시하는 여신자의 입장을 고려할 때 기업의 부채비율이 지나치게 높을 경우 추가로 부채를 조달하는 것이 어려울 뿐만 아니라 과다한 이자비용의 지급으로 수익성도 악화되어 지급불능사태에 직면할 가능성이 높아지게 된다.

2) 자기자본비율

$$자기자본비율 = \frac{자기자본}{총자본} \times 100$$

자기자본비율은 총자본 중 자기자본이 차지하는 비율로 회사의 안정성을 측정하는 대표적인 지표이다. 일반적으로 회사는 부채에 대한 사용대가로 금융비용을 지급하게 된다. 그러나 자기자본은 금융비용을 부담하지 않고 기업이 운용할 수 있는 자본이므로 자기자본비율이 높을수록 기업의 안정성이 높아진다고 할 수 있다. 대략 30% 이상은 양호한 것으로, 20% 이하는 불량으로 본다.

3) 고정장기적합률

$$\text{고정장기적합률} = \frac{\text{고정자산}}{\text{자기자본} + \text{고정부채}} \times 100$$

부족한 자금을 일부 타인자본에 의해 충당하더라도 설비투자를 위한 타인자본만은 비교적 안정성이 높은 장기 부채라야 한다는 것이 이 비율의 뜻이라 할 수 있다. 즉 고정설비에서 투자는 장기자본(장기자본+고정부채) 범위 내에서 이루어져야 한다는 뜻에서 일반적으로 이 비율은 100% 이하를 이상적 비율로 보고 있다.

(3) 유동성 분석

유동성이란 보유자산을 단기간 내에 정상적인 가격으로 현금화할 수 있는 가능성을 말하는데 수익성이 양호한 성장 기업이라 할지라도 유동성이 부족하면 단기채무에 대한 지급불능으로 흑자도산에 처할 위험이 높아진다. 기업의 단기채무에 대한 지급불능으로 흑자도산에 처할 위험이 높아진다. 기업의 단기채무에 대한 지급능력을 평가하기 위해 사용되는 대표적인 경영분석지표는 유동비율로서 유동자산을 유동부채로 나누어 산출한다. 그러나 경기변동에 민감하거나 진부화가 빠른 재고자산을 많이 보유하는 기업은 당좌비율을 이용하여 유동성을 파악하는 것이 보다 효과적이다. 당좌비율은 유동자산 중에서 재고자산을 차감한 당좌자산을 유동부채로 나눈 비율이다.

1) 유동비율

$$유동비율 = \frac{유동자산}{유동부채} \times 100$$

유동비율이 100% 미만이라면 회사는 단기적인 지급불능 상태에 빠질 가능성이 있기 때문에 안정성이 나쁘다고 할 수 있다. 이 비율은 높을수록 좋으며, 일반적으로 150% 이상이면 건전한 상태라고 할 수 있다. 은행가비율이라고도 불리며 이상적 비율은 200%이다.

2) 당좌비율

$$당좌비율 = \frac{당좌자산(유동자산 - 재고자산)}{유동부채} \times 100$$

당좌비율은 유동비율과 함께 회사의 단기적인 안정성을 측정하는 주요 지표로서, 단기채무에 대한 초단기적인 지급능력을 파악하는 데 사용된다. 특히 유동비율과 당좌비율은 금융기관이 기업에 대한 대출을 심사하면서 대출금의 단기상환능력을 살펴볼 때 가장 먼저 검토하는 비율이다. 당좌비율은 유동비율보다 기업의 단기채무지급능력을 엄격하게 파악할 수 있다는 의미에서 산성시험비율(acid test ratio) 또는 신속비율이라고도 하는데 일반적으로 100%를 상회하면 양호하다고 본다.

(4) 활동성 분석

활동성이란 자본 또는 자산의 활용도를 측정하기 위한 것으로서 회전율 또는 회전기간으로 표시된다. 활동성 분석을 통해 영업활동이 단계별로 자금이 고정화되어 있는 정도와 자금의 회수기간 등에 대한 평가가 가능하다.

회전율의 역수를 취하여 365일을 곱하면 판매액의 회수기간 또는 특정자산이 현금화 속도를 측정할 수 있다.

1) 총자산회전율

$$\text{총자산회전율} = \frac{\text{매출액}}{\text{총자산}}$$

총자산회전율은 당기의 매출액을 기중 평균 총자산으로 나누어 산출한 것이다. 이 회전율은 총자본이 1년간에 몇 회 회전하였는가, 즉 투하된 총자본이 1년간에 몇 회 반복, 운용되었나를 표시하는 것으로 총자산의 이용도 또는 기업의 종합적인 활동능률을 나타내는 것이다. 일반적으로 총자산회전율이 1.5회 이상은 양호한 것으로, 1회 이하는 적정하지 못한 것으로 본다. 총자산회전율은 높을수록 소망스러운 것이지만, 예컨대 영업규모 축소, 불경기 등의 경우에 매출액이 감소하고 총자산이 그 이상으로 감소하였을 때에는 회전율은 좋게 표시된다.

2) 유형자산회전율

$$\text{유형자산회전율} = \frac{\text{매출액}}{\text{유형자산}}$$

유형자산회전율은 매출액에 대한 유형자산의 활용도를 나타내는 지표로서, 기업이 보유하는 있는 설비 자신의 적정수준 여부를 판단하는 데 필요하다. 이 비율이 높을수록 제품단위당 원가가 체감적으로 감소하여 원가절감이 효율적으로 이루어지고 있음을 의미하나 영업규모에 비해 설비투자가 부진한 경우에도 분모인 유형자산이 작게 계상되어 이 비율이 높게 나타날 수 있으므로 무조건 높다고 좋은 것은 아니다. 일반적으로 3회 이상은 양호한 것으로, 2회 이하는 불량한 것으로 본다.

3) 매출채권회전율

$$\text{매출채권회전율} = \frac{\text{매출액}}{\text{매출채권}}$$

매출채권회전율은 받을 어음 및 외상매출금의 현금화 속도를 측정하는 지표로서 이 비율이 높을수록 매출채권의 현금화 속도가 빠르다는 것을 의미한다. 매출채권회전율의 역수를 취하여 365일로 곱하면 평균회수기간을 계산할 수 있는데, 이 기간이 짧을수록 매출채권이 효율적으로 관리되어 판매자금이 매출채권에 오래 묶여 있지 않음을 의미한다. 그러나 기업이 시장점유율 확대를 위해 판매전략을 강화하는 경우 등 회전율이 낮게 나타날 수 있으므로 기업의 목표 회수기간이나 판매조건과 비교하여 평가하여야 할 것이다. 일반적으로 6회 이상은 양호한 것으로, 4회 이하는 불량한 것으로 판정할 수 있다.

4) 재고자산회전율

$$\text{재고자산회전율} = \frac{\text{매출액}}{\text{재고자산}}$$

일반적으로 이 비율이 높을수록 재고자산의 관리가 효율적으로 이루어지고 있다는 것을 의미한다. 그러나 재고자산의 관리에 치중함에 따라 정상적인 영업활동에 필요한 적정수준 이하로 유지함으로써 상품수요에 적절하게 대처하지 못하는 경우에는 도리어 이익을 감소시키는 요인이 되기 때문에 회사별로 적정한 수준의 재고자산을 유지하는 것이 필요하다. 일반적으로 6회 이상은 양호한 것으로, 4회 이하는 불량한 것으로 판정할 수 있다.

(5) 부가가치 분석

부가가치란 외부에서 원재료 등을 구입하여 여기에 생산작업이나 가공과정 등을 거쳐 기업 내부적으로 창조된 가치를 말한다. 기업경영분석에서 부가가치는 경상이익, 인건비, 순 금융비용, 임차료, 조세공과, 감가상각비를 합하여 계산한다. 대표적인 생산성 지표로는 부가가치율과 각 생산요소별로 생산성을 측정하는 노동생산성 지표와 자본생산성 지표가 있다. 노동생산성의 변동을 나타내는 대표적 지표인 종업원 1인당 부가가치 증가율은 노동력의 효율적 이용과 경영합리화의 정도를 동시에 파악하는 데 유용하며 노동소득분배율 및 1인당 인건비증가율과 함께 임금협상을 위한 기준으로 이용되기도 한다.

1) 종업원 1인당 부가가치증가율(노동생산성)

$$\text{종업원 1인당 부가가치증가율} = \frac{\text{당기종업원 1인당 부가가치}}{\text{전기종업원 1인당 부가가치}} \times 100 - 100$$

기업의 생산활동은 자본과 노동이 결합하여 이루어지므로 그 경영성과도 자본요인과 노동요인별로 각각 구분하여 분석할 수 있다. 종업원 1인당 부가가치(노동생산성)증가율은 노동생산성을 측정하는 대표적인 지표이다. 일반적으로 노동생산성증가율이 종업원 1인당 인건비증가율보다 높으면 종업원들은 일한 만큼 인건비를 가져간 것으로 볼 수 있고, 종업원 1인당 인건비증가율보다 낮으면 일한 것 이상 인건비를 가져간 것이다. 일반적으로

20% 이상을 양호로, 10% 이하를 불량으로 판정한다.

2) 종업원 1인당 매출액증가율

$$\text{종업원 1인당 매출액증가율} = \frac{\text{당기종업원 1인당 매출액}}{\text{전기종업원 1인당 매출액}} \times 100 - 100$$

매출액증가율이 종업원 수를 고려하지 않은 반면 종업원 1인당 매출액증가율은 종업원 수로 나눈 매출액에 대한 연간 증감률을 나타낸다. 일반적으로 20% 이상을 양호로, 10% 이하를 불량으로 판정한다.

3) 총자본투자효율(자본생산성)

$$\text{총자본투자효율} = \frac{\text{부가가치}}{\text{총자본}} \times 100$$

총자본회전율이 총자본을 활용하여 영업활동에 어느 정도 활발하게 사용되었는가를 분석한 지표라면, 총자본투자효율은 총자본을 활용하여 영업활동에서 어느 정도의 생산성을 창출하였는가를 측정하는 지표이다. 총자본투자효율은 기업에 투자된 총자본이 1년 동안 어느 정도의 부가가치를 산출하였는가를 나타내는 비율로서 자본생산성을 측정하는 지표이다. 이 비율이 높으면 총자본이 효율적으로 운용되었음을 의미하며 대체로 노동생산성(종업원 1인 당 부가가치증가율)도 높게 나타난다. 일반적으로 30% 이상을 양호로, 10% 이하를 불량으로 판정한다.

4) 부가가치율

$$부가가치율 = \frac{부가가치}{매출액} \times 100$$

부가가치율은 일정 기간 동안 기업이 창출한 부가가치액을 같은 기간 중의 매출액으로 나눈 비율이다. 매출액 중 생산활동에 참여한 생산요소에 귀속되는 소득의 비율을 나타내므로 소득률이라고도 한다. 부가가치액은 매출액에서 다른 기업이 생산한 중간투입물인 재료비, 외주가공비 등을 차감한 것이므로 생산과정이 고도화되면 부가가치율이 높아진다.

비전을 가진 사람과 몽상가의 차이
비전이 있는 사람은 말은 적으며 행동은 많이 한다. 몽상가는 말은 많으나 행동은 적다. 비전이 있는 사람은 자기내면의 확신에서 힘을 얻는다. 몽상가는 외부 환경에서 힘을 찾는다. 비전이 있는 사람은 문제가 생겨도 계속 전진한다. 몽상가는 가는 길이 힘들면 그만둔다.

– 존 맥스웰 –

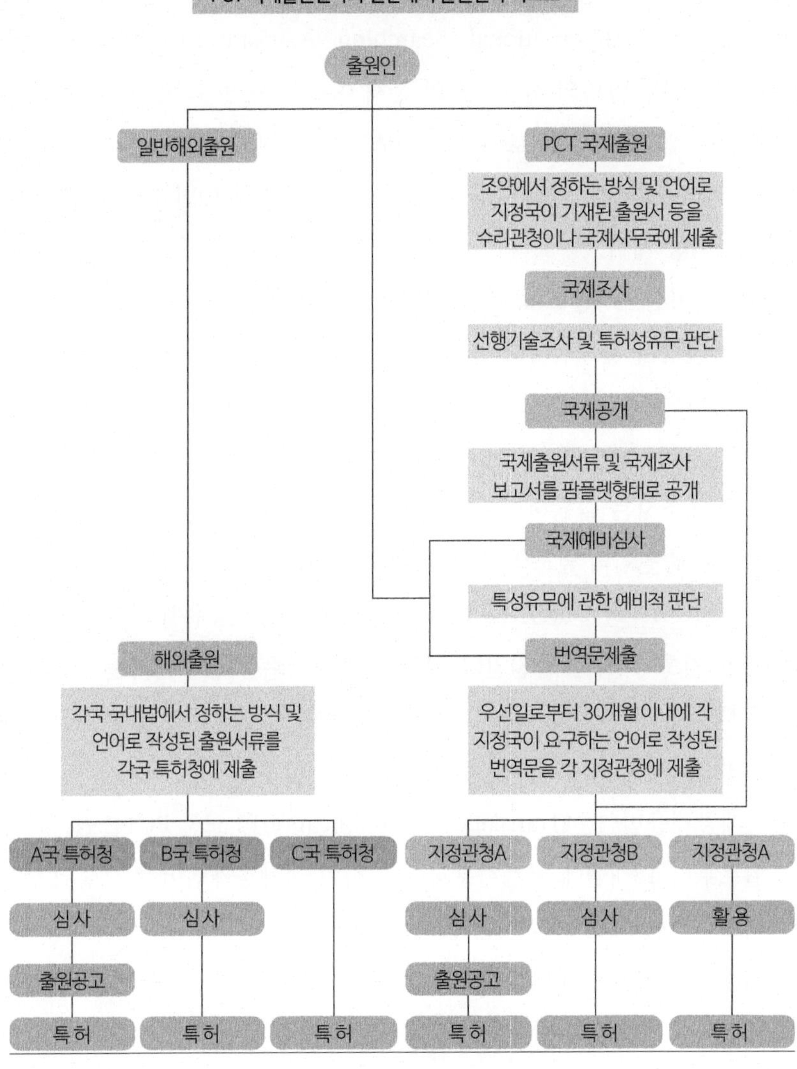

그림 8.2 PCT 국제 출원절차와 일반해외 출원절차

▮8-2-5 국제출원관련 용어해설

- 국제조사기관(International Searching Authority : ISA) : PCT출원을 하면 출원된 발명의 선행기술의 존재 여부 조사 및 특허성 유무에 대한 판단을 해주는 기관으로 국제조사보고서 및 견해서를 발간하여 출원인 및 WIPO에 배부. 우리나라는 '99.12.1부터 세계 10번째 국제조사기관으로 활동 개시
- 국제예비심사기관(Int'l Preliminary Examining Authority : IPEA) : 출원된 발명의 실체심사(신규성 · 진보성 · 산업상 이용가능성)를 수행하는 기관으로 국제예비심사보고서를 발간하여 출원인 및 WIPO에 송부. 우리나라는 '99.12.1일부터 세계 9번째 국제예비심사기관으로 활동 개시(국제조사는 출원하면 반드시 행하는 필수 절차임에 반해 국제예비심사는 출원인의 별도의 청구가 있어야 행하는 선택적 절차임)
- 우선일(Priority Date) : 우선권주장을 수반하는 경우에는 그 우선권주장의 기초가 되는 출원일(2 이상의 우선권주장을 수반하는 경우에는 우선권이 주장된 최선출원의 제출일)이며, 우선권주장이 없는 국제출원일 경우에는 국제출원일을 의미
- 국제공개용번역문(Translation for Publication) : 모든 PCT출원은 우선일로부터 18개월에 국제사무국에 의하여 국제공개언어로 작성된 출원서로 국제공개가 행해지는데, 만약 국어출원인 경우에는 국제공개를 위해서 출원인은 우선일로부터 14개월 이내에 국제공개용번역문(영어)을 작성 · 제출해야 한다.
- 국제사무국(International Bureau : IB) : 세계지식재산권기구(World Intellectual Property Office : WIPO)하의 국제사무국으로 국제공개,

변경통지서 송부 등 PCT절차업무를 담당하는 기관

- 수리관청(Receiving Office : RO) : 국제출원을 접수하는 국내관청, 우리 출원인의 경우 한국특허청
- 지정관청(Designated Office : DO) : PCT출원을 통해 권리를 보호받고자 하는 국가의 국내관청. 출원서의 제출로써 국제출원일에 조약에 구속되는 모든 체약국의 지정을 구성하는 효과가 있음
- 선택관청(Elected Office : EO) : PCT출원을 통해 권리를 보호받고자 하는 국가의 국내관청으로서 특히, 국제예비심사결과를 활용하고자 하는 국가의 국내관청

8-3 품질보증과 신뢰성

8-3-1 신뢰성 용어

신뢰성의 확률이 수학적으로 취급하게 된 것은 미국의 우주개발 추진으로 Wemer Von Braun박사 그룹이 독일에서 로켓개발을 실시했을 때에 로켓의 신뢰도를 75%로 산출, 또한 신뢰성을 공학으로서 조직적으로 계통화한 것은 미국이다. 미국 국방성의 신뢰성 전문기관인 AGREE(Advisory-Group on Reliability of Electronic Equipment)가 1952년 8월에 설치되어 1957년에 유명한 AGREE리포트(전자기기 신뢰성 전문위원회 보고서)가 제출된 중에서 미국군은 정량화된 신뢰성을 병기구입의 기본으로 한다고 선언한 후 1962년경까지 리포트에 준하여 MIL SPEC(군시방서) 추가, 개정을 실시, 신뢰성 관련 시방서의 체계를 완성시켰다.

신뢰성기술의 필요성은 시스템과 제품의 복잡화, 조직의 복잡화 등, 급속하게 증대하고 있으며 아폴로위성은 710만 개의 부품수로 이루어져 있다. 시스템의 복잡화, 고기능화와 함께 시스템 가격도 올라간다. 따라서 만약 고장이 일어난 경우에는 막대한 손실이 발생한다. 최근에는 기술개발의 템포가 급속해지고 한번 제품을 시장에 출하한 후, 발생한 문제나 클레임을 천천히 다시 고칠 수는 없다. 시스템의 복잡화에 의해 이와 관련된 인간의 신뢰성이 중요해지고 있다. 인간은 본질적으로 실수를 범하기 쉬운 존재로서 이를 제거하는 신뢰성설계가 필요하다. 신뢰성과 보전성을 어울리게 조화시킴으로써 제품의 최적설계에 가까워질 수 있다. 또한 제품을 가동시키는 데 필요한 비용에는 제품 제작비, 운전비, 보전비 등이 있으며 제품을 폐기할 때에는 폐기비용이 발생한다. 제품의 라이프사이클에서 라이프사이클 비용을 최소로 하고자 하는 입장을 Life Cycle Costing이라 한다.

신뢰성, 신뢰도는 Reliability라고 하지만 추상적, 정성적인 표현이며, 신뢰도는 정량적 표현이다. 신뢰성은 2가지 요소로 이루어진다. 고장 나지 않는다. 고장 나더라도 고칠 수 있다는 것으로 첫 번째가 좁은 의미의 신뢰성, 신뢰도이며 두 번째가 보전성, 보전도이다. 신뢰성이 높고, 낮다고 해도, 어느 정도인지를 수량적으로 표현하지 않으면 명확해지지 않는다. 신뢰성의 척도로서 세계 공통의 것이 필요하다. 이를 크게 분류하면 다음과 같다. ① 확률로 측정하는 것, ⓐ 신뢰도, ⓑ 보전도, ⓒ Availability 등이 확률로서 주어진 것이며 Availability는 신뢰도와 보전도를 포함한 것이다. ② 시간으로 측정하는 것, ⓐ MTBF(Mean time between failures), ⓑ MTTF(Mean time to failure), ⓒ MTTR(Mean time to repair), ⓓ MDT(Mean down time), MTBF는 평균고장간격, MTTR은 평균수리시간, MDT는 평균고장시간으로 Chamber와 같이 수리하면서 사용하는 것에 적용되는 척도이다.

MTTF는 평균수명으로 전구 등과 같이 수리하지 않는 부품 등에 적용되는 척도이다. ③ 확률로 측정하는 것, ⓐ 불량률, ⓑ 성공률, ⓒ 고장률, ⓓ 사고율 등이 원료에 대한 제품비율과 같이 일종의 QC적인 척도이다.

신뢰성 용어에 대해 살펴보면 다음과 같다.

- 신뢰성(Reliability) = 계열, 기기, 부품 등의 기능이 시간적 안정성을 표현하는 정도, 또는 성질, 고장이 일어나기 어려운 것을 신뢰성이 높다고 한다. 계열, 기기, 부품 등을 아이템(Item)이라 하는 경우가 많다.
- 신뢰도(Reliability) = 계열, 기기, 부품 등이 규정조건에서 의도하는 기간 중에 규정기능을 수행하는 확률, 신뢰도는 수치로 정량적으로 표현, 조건도 명확하게 정해져 있다. 아폴로의 신뢰도는 99.9999999%(nine-nine이라 한다)라고 하는데 지상에서 발사되어 다시 지상으로 되돌아오기까지의 사이를 예정대로 비행할 때의 214 신뢰도이다.
- 고장(Failure) = 계열, 기기, 부품 등이 전 기능을 상실하는 것, 고장이란 규정기능을 상실하는 것으로서 외관적으로 흠집 나는 것으로는 고장이 아니다. 저항이나 콘덴서 등에서는 그 값이 얼마나 변화하면 고장인지를 명확히 해 두지 않으면 신뢰성시험 결과를 바르게 평가할 수 없다.
- 초기고장(Initial Failure, early failure) = 사용 후에 비교적 빠른 시기에 설계, 제조 결함, 혹은 사용 환경과의 부적합에 의해 발생하는 고장, 납입 시에 클레임과 같은 고장이다. 초기고장 시간은 어느 정도인지는 제품, 부품종류에 따라 다르지만 Platanus의 경우에 약 1,000시간 정도로 규정된다.
- 우발고장(Random Failure, Chance Failure) = 초기고장기간을 지나 마모고장기간에 이르기 이전시기에 우발적으로 발생하는 고장, 신뢰성에

서 중요시하는 고장이다.

- 마모고장(Wear out failure) = 피로, 마모, 노화현상 등에 의해서 시간과 함께 고장률이 높아지는 시기의 고장, 제품과 부품수명이다. 송풍기의 베어링, Compressor 등이 주로 기계적인 부분에서 발생한다.
- 파국고장(Catastrophic Failure) = 돌연적으로 발생하여 기능이 완전하게 상실되는 고장
- 열화고장(Degradation Failure) = 특성이 점차적으로 열화해서 발생하는 고장, 알루미늄전해 콘덴서는 전해질 증발에 의해 용량누락이 일어난다. 이와 같은 것을 열화고장이라 한다.
- 파급고장, 2차 고장(Secondary Failure) = 다른 부분의 고장이 원인이 되어 발생하는 고장.
- 간헐고장(Intermittent Failure) = 어느 시간 고장상태를 나타내지만 자연적으로 본래의 기능을 회복하여 이를 반복하는 고장, 가장 서비스 적으로 애를 먹이는 고장이다.
- 고장모드(Failure Mode) = 고장상태의 형식 분류. 예를 들면 단선, 단락, 파손, 특성열화 등, 릴레이 고장모드는 용착에 의한 도통불량상태와 코일 단선 또는 콘택트 면 불량에 따른 도통불량이란 2가지 고장모드가 있다.
- 고장판정기준(Failure Criterion) = 고장인지, 아닌지를 판단하는 기준이 되는 기능의 한계치, 제품이 전혀 동작하지 않으면 고장이란 것은 명백하지만 온도낙하속도가 약간 느린 경우 등은 고장판정기준이 애매모호해진다.
- 고장률(Failure Rate) = 어느 시점까지 동작해 온 계열, 기기, 부품 등이 계속해서 단위기간 내에 고장을 일으키는 비율, 일반적으로 고장률에

는 순간 고장률과 평균고장률이 있지만 단 고장률이란 경우에는 전자를 가리킨다. 순간고장률이다. 평균고장률은 그 기간 중의 총 고장률

- 총 동작시간=제품을 납입한 후에 5년간(총 동작시간을 20,000시간으로 함)에 고장이 10회 발생했다고 한다면 평균 고장률은 1/2,000(hr^{-1})이 된다. 순간고장률은 시간과 함께 변화하고 그 프로파일은 서양식의 욕조형태를 닮았다고 해서 욕조곡선(Bath-tub curve)이라 한다. 우발고장기간에서는 고장률이 일정하며 신뢰도 함수가 지수분포에 따른다고 알려져 있기 때문에 간단한 계산으로 MTBF나 고장률을 구할 수 있다. 보전을 동반하지 않는 계열, 기기, 부품 등의 전형적 고장률 $\lambda(t)$은 시간적 추이를 더듬어 초기고장, 우발고장, 마모고장의 3가지 기간으로 분류할 수 있다. 고장률 단위로는 [1/hr], [%/1,000hr], [fit] 등이 있다. Fit(Failure unit)=10^{-9}/hr
- 고장률수준(Failure Ratelevel)=고장률을 몇 가지 군, 즉 수준으로 구분해서 기호를 붙인 편의적인 고장률 구분, 예를 들면 고장률 1%/103 시간을 M수준이라 한다.
- MTBF, 평균고장간격(Mean time between failures)=수리하면서 사용한 계열, 기기, 부품 등의 인접하는 고장 간 동작시간의 평균치, 고장간격이 지수분포에 따르는 경우에는 어느 기간을 취하더라도 고장률은 일정하며 MTBF는 고장률의 역수가 된다. MTBF는 총 동작시간을 그 기간 중의 총 고장수로 나눈 값으로 구할 수 있다.
- MTTF, 고장까지의 평균시간(Mean time to failure)=수리하지 않는 계열, 기기, 부품 등 고장까지의 동작시간의 평균치, 밀폐형 압축기와 같이 고장 난 경우에 수리하지 않는 것에 적용된다. 이른바 평균수명이 된다.

• MTTFF, 최초 고장까지의 평균시간(Mean time to first failure)=수리하면서 사용하는 계열, 기기, 부품 등 초기고장까지의 동작시간의 평균치, 납입 시 클레임만 발생하는 제품은 MTTFF가 수 시간이 된다.

기호	고장률 (% / 10^{-3}h 또는 10^{-6} / 회)	기호	고장률 (% / 10^{-3}h 또는 10^{-6} / 회)
L	5	R	0.01
M	1	E	0.005
N	0.5	S	0.001
P	0.1	H	0.0005
Q	0.05	T	0.0001

• 보전(Maintenance)=수리 가능한 계열, 기기, 부품 등의 신뢰성을 유지하기 위해 실시하는 처치.

• 보전성(Maintainability)=수리 가능한 계열, 기기, 부품 등에 구비되는 보전의 용이성을 나타내는 정도 또는 성질.

• 보전도(Maintainability)=수리 가능한 계열, 기기, 부품 등이 규정조건에서 보전이 실시될 때 규정 기간 내에 보전을 종료하는 확률, 24시간 서비스 체제를 취한 회사라면 이 보전도를 사용해서 24시간 이내에 수리를 종료할 확률은 98%이라고 말할 수 있다.

• 예방보전(Preventive Maintenance)=정해진 순서에 의해 계획적으로 점검검사, 시험, 재조정 등을 실시하여 사용 중 고장을 미연에 방지하기 위해 실시하는 보전, PM이라 불리는 경우가 있다.

• 사후보전(Corrective Maintenance)=고장이 발생한 후에 실시하는 보전, 고장수리로서 드물게 CM이라 불리는 경우도 있다.

• Availability=수리 가능한 계열, 기기, 또는 부품 등이 어떤 특정한 순

간에 기능을 얼마나 보존하고 있는가의 확률, Availability(A)는 다음 식으로 구하는 경우가 많다. A=가동가능시간 / {(동작가능시간)+(동작불가능시간)}, 일반적으로 가동률이란 역어가 사용된다.

- 환경(Environment)=계열, 기기, 부품 등이 놓인 주위조건
- 스트레스(Stress)=계열, 기기, 부품 등의 기능에 영향을 주는 요인. 예를 들면 온도, 전압, 진동, 충격 등 환경인자라는 것도 있다.
- 엄격한(가혹한) 계수(Sevenity Ractor)=어떤 환경에서 고장률을 기준으로서 대상으로 하는 환경에서의 고장률을 추정 또는 산정할 때에 이용하는 계수, 지상에서 온난한 환경을 1이라 했을 때 전투기 등에서는 가혹한 계수가 25라고 한다. 이 경우 고장률이 25배가 된다는 것이다.
- 부하경감(Derating)=신뢰성을 개선하기 위해서 계획적으로 내부 스트레스를 경감하는 것, 일반적으로 저항은 정격전압의 50% 이하로 사용한다. 이와 같은 것을 부하경감을 실시한다고 한다.
- 용장성(Redundancy)=규정기능을 수행하기 위해 요소 또는 수단을 여분으로 부가해서 그 일부가 고장 나더라도 전체로서는 고장이 되지 않는 성질, 4발의 엔진을 적충한 항공기 등은 용장성을 취한 사례이다.
- 상용용장(Active Redundancy)=규정기능을 상시 수행하도록 구성된 용장성
- 대기용장, 예비용장(Stand-by Redundancy)=어떤 요소 또는 수단이 규정기능을 수행하고 있는 사이에 다른 요소 또는 수단이 고장 시에 교체되는 상태로 대기상태에 있는 용장성
- 병렬용장(Parallerlredundancy)=2가지 이상의 요소 또는 수단에 의해 부하를 분담해서 동작하는 용장성
- 디버깅(Debugging)=초기고장을 경감하기 위해 계열, 기기, 부품 등을

사용개시 전, 또는 사용개시 후에 초기로 동작시켜 결점을 검출해 제거하고 수정하는 것, Bug란 벌레로서 Debug는 벌레를 내쫓는 일, 그래서 결함을 제거하는 것을 Debugging이라 한다.

- 신뢰도시험(Reliability Test) = 계열, 기기, 부품 등의 신뢰도를 평가, 해석하기 위한 시험
- 환경시험(Environment Test) = 계열, 기기, 부품 등에 대한 환경영향을 조사하는 시험
- 가속시험(Accelerated Test) = 시험시간을 단축하는 목적으로 기준보다 가혹한 조건에서 실시하는 시험, 평가가 유효하기 위해서는 가속에 의한 고장모드 및 원인이 변하지 않도록 하는 것이 요구된다.
- 가속계수(Acceleration Factor) = 기준조건으로 실시한 시험과 가속시험에서 같은 누적고장 백분비에 달하기까지의 시간비율(기준조건에서의 시간 / 가속조건에서의 시간)로 표현된다.
- 스텝, 스트레스 시험(Step Stress Test) = 샘플에 대해 시간적으로 단계적으로 시험조건의 가혹함을 변화시키면서 실시하는 시험
- 한계시험(Marginal Test) = 사용할 수 있는 한계를 확인하기 위해 실시하는 시험
- 동작시간(Operating Time) = 계열, 기기, 부품 등이 규정기능을 다하는 시간
- 동작가능시간, 업 타임(Up Time) = 계열, 기기, 부품 등이 규정기능을 다할 수 있는 상태에 있는 시간
- 동작불가능시간, 다운 타임(Down Time) = 계열, 기기, 부품 등이 규정기능을 다할 수 있는 상태에 없는 시간, 보전시간, 보급지연시간, 관리시간으로 이루어진다.

- 평균동작가능시간, 평균 업 타임, MUT(Mean Up Time)＝동작가능시간의 평균치
- 평균동작불가능시간, 평균다운타임, MDT(Mean Down Time)＝동작불가능시간의 평균치
- 평균수리시간, MTTR(Mean Time to Repair)＝사후보전에 필요한 시간의 평균치
- 보전시간(Maintenance Time)＝보전에 필요한 시간, 보전시간은 현장에서 준비, 고장탐색, 부품입수, 수리, 교환, 조정, 교정, 점점, 주유, 청소, 검사, 시험 등에 필요한 시간으로 이루어진다.
- 보급지연(지체)시간(Supply Delay Time)＝보전에 필요한 부품, 재료를 바로 입수할 수 없기 때문에 보전작업을 실시할 수 없는 시간
- 관리시간(Administrative Time)＝Down Time 중 보전시간 보급지연시간을 제외한 시간
- 달력시간(Calender Time)＝달력상에서의 경과 년, 월, 일 또는 시간의 총계치
- 총 동작시간(Total Operating Time)＝계열, 기기, 부품 등에 대해 규정된 개개의 동작시간의 총계치
- 총 시험시간(Total Testing Time)＝계열, 기기, 부품 등에 대해 규정된 개개의 시험시간의 총계치
- 성분시간, 유닛시간(Component Hour, Unit Hour)＝계열, 기기, 부품 등에 대해 규정된 개개의 동작시간 또는 시험시간의 총계치.

▮8-3-2 신뢰성의 기술

(1) 신뢰성의 개념

신뢰성 기술 도입의 필요성은 System이나 제품기능상의 요구를 실현하려면 경제적이나 기술적으로도 합리적인 신뢰성 기술이 필요하게 된다. 기술개발의 속도가 빨라져 새로운 기술, 재료 등이 나타나 평가되지 않는 분야가 넓어짐에 따라 불신뢰, 불안전의 요인이 되고 있다. 따라서 제조공정의 관리 이전에 사전평가와 예측을 수반하는 설계 중심의 시간 지연 없이 보증할 수 있는 기술이 요구된다. 제품의 품질(시간적 품질)을 보증하려면 기술의 축적과 그것의 적극적인 활용을 통해 여러 기술을 유기적으로 종합할 수 있는 관리가 필요하게 된다.

1) 신뢰성 정의

System이나 제품에 신뢰성이 있다는 것은 사용자가 어떤 사용 상태에서 기대하는 기간 동안 만족스럽게 기능을 발휘한다는 뜻이다.

- 신뢰도 : (A) 고장이 나지 않도록 한다.
- 보전도 : (B) 고장(불만족한 상태)이 나면 고친다.
- 가동성 : (C) 전체가 만족한 상태에 놓여 있다.
- C = A + B = 넓은 뜻의 신뢰도
- 신뢰도(Reliability)는 System, 제품 또는 부품이 어떤 규정의 조건 아래서 의도하는 기간 중, 규정의 기능을 고장 없이 수행할 수 있는 확률
- 신뢰성의 대상(제품, 부품, 사람의 관여정도 등)의 범위를 명확하게 규정해야 함.

- 고장의 정도와 상태를 뚜렷하게 정의해 두어야 한다.
- 사용개시부터 목적을 달성하기까지의 시간으로 이는 대상물의 종류, 목적에 따라 다르다.
- 동작횟수, 반복횟수 Cycle, 거리 등으로 표시함.
- 규정의 사용조건은 사용상태(온도, 습도, 기압, 진동 등 환경인자), 사용방법 등의 규정을 명확히 함.
- 보전성(Maintainability)은 보전이 가능한 제품이나 System이 규정 조건에서 보전을 실시할 때, 일정 시간 내에 보전을 마칠 확률(고장 검지용이성, 수리용이성, 호환성, 수리부품입수용이성), 보전 서비스의 3요소는 제품(System) 자체의 보전성 품질, 수리 기술자의 능력(인간요소), 주변시설, 서비스 조직의 질.
- 가동성(Availability)은 보전 가능한 System이나 제품이 어떤 사용 조건에서 규정 시간에 기능을 유지(정상상태)하고 있는 확률.

2) 고유신뢰성과 사용신뢰성

- 고유신뢰성은 제품 본래의 신뢰성이며, MAKER측에서 보충하는 것, 과거의 경험을 살려서 사용 상태를 고려한 제품설계가 되어야 함.

구 분	관련요소	중요성비율	비고
고유신뢰성	1. 부품(외주관리, 수입검사, SCREENING시험 등)	30%	
	2. 설계(Derating, Redundancy방식, 신뢰성예측, 신뢰성시험, DESIGN REVIEW)	40%	
	3. 제조(제조방식, 작업자의 기능, 공정에서의 SCREENING 등)	10%	
사용신뢰성	4. 사용(포장, 수송방식, 사용환경, 조작, 취급, 보전방법 및 기술, 인간공학, SERVICE 등)	20%	

• 사용신뢰성은 제품의 사용 전반에 걸치는 여러 가지 요인과 관계가 있다. 포장, 수송, 보관, 설치환경, 취급조작, 보전기술, 보전방식 등.

3) 품질관리와 신뢰성

품질관리에서 공정중심으로 품질의 유지라는 점이 중요시되며, 시간적 유지에 역점을 두는 것은 아니었다. 즉 QC의 관심은 특정치를 관리한계 내에 유지되도록 하는 것이며, 신뢰성 시험은 시험이나 실제 사용 DATA를 토대로 언제 고장이 나는지의 원인을 추구하고, 사전에 SYSTEM 공학적인 설계를 중심으로 시간적 품질 보증을 목표로 하고 있다. 즉 QC와의 차이점은 시간적 품질 보증이라는 점이며, 따라서 사전에 설계 단계에서 합리적이며, 경제적인 품질을 보증하는 것이다. 신뢰성에서는 설계기술, 수명시험, 고장검지해석, 보전기술 등 오랫동안에 축적된 고유기술이 뒷받침되어야 함.

표 8.13 품질관리와 신뢰성 비교

구분	품질관리	신뢰성
품질	규정된 품질 수준에 일치시킴	설계단계에서 신뢰성 확보
개념	규정품질의 유지 및 공정관리 상태에서 일정관리 한계 내에 유지되도록 함.	시장(소비자의 사용 중)에서 일정시간 이상 원하는 성능을 발휘토록 설계함
수명	출하시점(t = 0)에서 제품 성능의 양부판정	소비자의 사용 중에 얼마나 오랫동안 원하는 성능을 발휘하는가에 관심
결함 및 시정조치	부품 및 제조관정의 결함 색출 및 통계적 관리	부품자체 고유품질, 수준 및 결함의 성질에 주목
사용되는 분포	정규분포(μ, σ)	지수분포(MTBF)
관련부서	제조, 검사부문	설계, 영업부문

4) 신뢰성 척도는 신뢰성을 계수적으로 객관화시키는 도구

- 신뢰도(Reliability)는 어떤 제품의 신뢰도란 시간 $t=0$에서 사용하기 시작한 제품이 임의의 시간 t에서 고장이 나지 않고 남아 있는가를 나타내는 잔존율 $R(t)+F(t)=1$($R(t)$: 신뢰도 함수, $F(t)$: 불신뢰도 함수)
- MTBF(Mean Time Between Failure)는 수리하여 가면서 사용하는 동종 System의 작동 시점으로부터 고장이 나기까지의 시간을 평균한 값. 신뢰성을 대표하는 중요한 Parameter.
- MTTF(Mean Time To Failure)는 수리하지 않는 동종의 기기 또는 System, 부품 등이 작동하기 시작하여 고장이 나기까지의 평균시간－부품, 재료.
- 고장률(Failure Rate)은 어느 시점(t)까지 고장 없이 동작하여 오던 ($R(t)$)시스템, 기기 등이 이 시점에서 순간적으로 고장을 일으키는 ($f(t)$) 비율

$$\lambda(t)=\frac{f(t)}{R(t)}$$

- 내용(유효)수명은 고장률이 규정의 값보다 낮은 기간의 길이
- 보전도(Maintainability)는 수리하여 가면서 사용하는 system, 기기, 부품 등이 규정된 조건에서 보전될 때, 규정된 시간 내에 보전이 완료될 확률
- MTTR(Mean Time To Repair)은 평균 수리 복구 기간, 사후보전에 필요한 시간의 평균치.
- 가동률(Availability)은 수리하여 가면서 사용하는 System, 기기 또는 부품 등이 어떤 특정된 순간에 기능을 유지하고 있을 확률, 가동률＝신

뢰도+보전도.

(2) 신뢰성 함수와 고장률, MTBF

1) 각종 함수의 정의

• 고장 밀도 함수 : 특정시점 t 에서 발생하는 고장의 빈도수를 표시하는 함수이며, 이 함수를 t 까지 적분한 값

$$N(t) = \int_{\infty}^{t} n(X)\, dx \;\cdots\cdots\; t \text{까지의 누적 고장수}$$

• 고장 확률 밀도 함수 $f(t)$: 특정 시점 t 에서 발생하는 고장의 빈도수를 전체 모집단에 대한 점유비율(확률)로 표시하는 함수

$$F(\infty) = \int_{-\infty}^{\infty} f(t)\, dx \;\cdots\cdots\; 1\text{이 되는 특성}$$

• 누적 고장 확률 밀도 함수 $F(t)$: $F(t) = \int_{-\infty}^{t} f(x)\, dx$ 누적확률 함수로 신뢰도 함수 $R(t)$에 대한 대비로서 불신뢰도함수라 함.

• 신뢰도 함수 : $R(t)$, 특정 시점 t 까지 고장 없이 동작할 확률을 함수로 표시,

$$R(t) + F(t) = 1$$

2) 신뢰도 함수와 고장률 함수

고장률 함수($\lambda(t)$)는 일정 시점 t 까지 고장 없이 동작하여 ($R(t)$)오던 기기 중에서, 그 시점에서 순간적으로 고장($f(t)$)나는 비율로 정의되며, 연속 분포에서는 순간 고장률을 의미한다.

고장밀도 함수를 $f(t)$라고 하면, 이 기기가 0시간에서 t시간 사이에 고장 날 확률 $F(t)$는 다음과 같다.

$$F(t) = \int_0^t f(t)\,dt \rightarrow f(t) = \frac{d}{dt}F(t) \tag{1}$$

- 순간 고장률(고장시간 분포)

$$\lambda(t) = \frac{f(t)}{R(t)} \tag{2}$$

- 고장 확률 밀도 함수

$$f(t) = \lambda(t)\, e^{-\int_{\infty}^{t} \lambda(t)} dt \tag{3}$$

- 신뢰수 함수

$$R(t) = e^{-\int_0^1 \lambda(t)} dt \tag{4}$$

$-\lambda(t) = \lambda$라면

$$R(t) = e^{-\lambda t} \tag{5}$$

$$f(t) = \lambda \cdot e^{-\lambda t} \tag{6}$$

3) 평균 수명(MTBF, MTTF)**과 고장률**

어떤 부품이 정해진 기능을 성공적으로 수행하는 기대시간(평균수명시간)은

$$E(t) = \int_0^\infty t \cdot f(t)\,dt \qquad (7)$$

$$= \int_0^\infty R(t)\,dt \qquad (8)$$

$$= \int_0^\infty e^{-\lambda t}\,dt = \frac{1}{\lambda} \qquad (9)$$

즉 평균수명은 고장 확률 밀도 함수인 지수 분포의 모수(Parameter) $\frac{1}{\lambda}$과 같다.

고장 확률 밀도 함수가 지수 분포를 한다면

$$\lambda(t) = \frac{f(t)}{R(t)} = \frac{\frac{1}{\theta}e^{-\frac{1}{\theta}}}{e^{-\frac{1}{\theta}}} = \frac{1}{\theta}$$

즉 고장 확률 밀도 함수가 지수분포이면 고장률 함수는 평균 수명(MTBF 또는 MTTF)의 역수가 되며 시간에 관계없이 일정함.

(3) 제품의 고장 PATTERN

고장률의 기본적인 형태는 다음 3가지가 있다.

① 감소형(DFR, Decreasing Failure Rate)

처음에는 고장률이 높으며 시간이 지날수록 고장이 감소되는 형태, Aging을 실시하여 초기의 높은 고장을 제거(Debugging, Burn-in).

② 일정형(CFR, Constant Failure Rate)

어떤 시각에서도 고장률 $\lambda(t)$가 일정함, 시간당 고장이 일어나는 비율은 일정하나 어떤 시점에서 고장이 일어나는지는 예측이 불가능함.

$$R(t) = e^{-\lambda t} = e^{-t/0}\,(t_0 = \frac{1}{\lambda})$$

- 고장이 발생하여도 수리해서 쓸 수 있는 제품 : $t_0 = 1/\lambda = \mathrm{MTBF}$ (평균고장간격)
- 고장이 발생되면 수명이 없어지는 제품 : $t_0 = 1/\lambda = \mathrm{MTTF}$ (고장까지의 평균시간)

③ 증가형(IFR, Increasing Failure Rate)

마모나 노화에 의해 어떤 시점에서 집중적으로 고장이 발생함, 사전에 부품교환을 통해(예방보전) 고장을 방지할 수 있음.

> In a day, when you don't come across any problems you can be sure that you are traveling in a wrong way. (당신이 하루 종일 아무런 문제에 부닥치지 않는다면 당신은 잘못된 길을 걷고 있는 것이다.)
>
> – SWAMI VIVEKANANDA –

여러 가지 특성을 가진 부품으로 구성된 제품에 있어서는 고장 Pattern이 앞서 언급한 3가지의 기본형이 혼합되어 나타나는 욕조곡선(Bath-Tub Curve) 형태로 나타난다.

① 초기 고장기간(Debugging기간) – DFR

- 설계미비나 공정 불량으로 인한 초기고장 발생기간
- 제품에서는 고장이 감소하는 기간임

② 우발고장기간(Random Failure Period) – CFR

- 고장률이 시간적으로 거의 일정하게 나타남
- 제품의 고장률이 가장 낮고 안정되어 있음(내용(유효)수명).

③ 마모고장기간(Wear Out Period) – IFR

- 부품의 마모나 노화에 의해 고장이 발생
- 예방보전을 통해 내용 수명기간 연장이 가능함

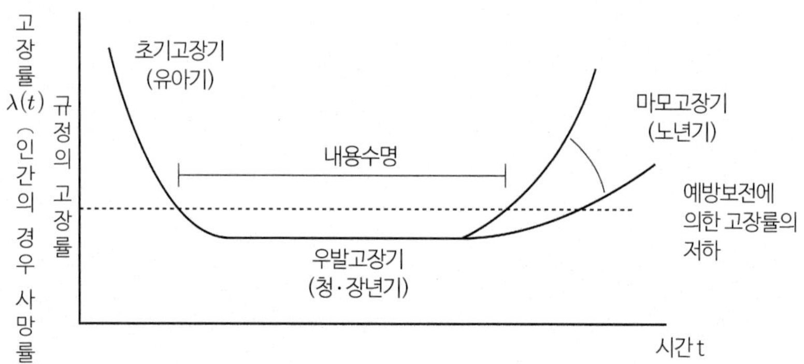

그림 8.3 욕조곡선으로 나타나는 고장률 패턴

(4) 신뢰도의 응용

① 신뢰도 활용 부분

- 신제품 및 양산 제품에 대한 신뢰도 예측 및 평가를 통한 제품 신뢰성 제고
- 제품 보증기간의 선정
- A/S용 자재 비축률 계산
- 신제품의 개발기간 단축 및 신뢰도 향상
- 적절한 Warranty Cost의 산출

- 예방보전 및 사후보전 비용 비축

② 신뢰성과 가동성, 보전성

- 신뢰성은 사용시간의 경과에 따라 저하된다(피로, 마모, 노화, 부식 등).
- 마모, 열화현상에 대하여 수리 가능한 SYSTEM을, 사용 또는 운용 가능한 상태로 유지시키고, 고장이나 결함을 회복시키기 위한 제반 조치 및 활동을 "보전"이라 한다.

③ 예방 보전(PM, Preventive Maintenance) : 결함의 발생을 미연에 방지하기 위해 계획적으로 일정한 시간마다 보전을 실시하여 상시 또는 정기적으로 고장 또는 결함을 사전에 검출한다.

④ 사후보전(CM, Corrective Maintenance) : 고장이나 결함이 발생한 후 이것을 수리하여 회복시킴.
고장이 났을 때 수리 가능한 SYSTEM에서는 고장의 확률뿐만 아니라 수리 능력까지도 포함한 신뢰성을 생각하는 것이 유효하다.

⑤ 보전성 : 주어진 조건에서 규정된 시간에 보전을 완료할 수 있는 성질

⑥ 보전의 척도 : MTTR(Mean Time To Repair, 평균수리시간)

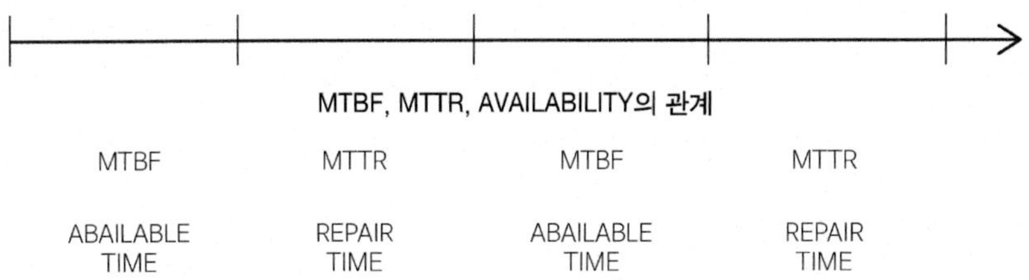

MTBF, MTTR, AVAILABILITY의 관계

⑦ 가동성 : 총 운용시간 중에서 정상 가동 시간이 차지하는 비율

$$A = \frac{MTBF}{MTBF + MTTR}$$

(5) 신뢰성 보증활동의 개요

신제품개발에서 신뢰성활동은 개발, 설계, 생산, 판매, 애프터서비스 등, 기업 활동으로 일련 프로세서에 걸친 종합 활동이다. 특히 설계기술자에게 있어서는 제한된 일정조건을 바탕으로 기능, 성능, 비용과 동시 병행한 신뢰성 구축이 요구되며 신제품개발 프로그램에 신뢰성 프로그램의 형태로 행해진다. 기본적인 신뢰성활동 요소를 정리하면 ① 신뢰도 설계 활동, ② 설계 심사 활동, ③ 신뢰성 평가 활동, ④ 시장 신뢰성 보증활동, ⑤ 신뢰성 기준화 활동 5가지 항목이 된다. 이러한 일련의 신뢰성활동을 초기부터 같은 레벨에서 병행하여 행해졌던 것은 아니다. 초기에는 Top-down관리가 중심으로, 문제가 발생할 때마다 개선하는 대응방식이었으나 이런 방식은 손실비용도 일정낭비도 클 뿐만 아니라, 신뢰성으로의 대응 향상과 함께 Bottom-up관리방향으로 강화가 행해져 왔다. 특히 신뢰성 평가, 신뢰성 시험은 최종단계에서 QC부문에 의해 행해지며 그 결과를 기반으로 설계개선이 이루어져 왔지만, 평가나 시험에는 한계가 있다. 반면, 엄격한 시험에 합격해도 잇따른 문제가 발생하거나 또 그 개선을 위해 금형 변경 등이 필요하게 되어 일정의 낭비도 크다. 때문에 보다 적은 문제를 사전에 예지하기 위한 설계심사(DR)가 도입되었다. 또, 설계 심사 제도를 더 진전시켜, 그것을 보완하는 유효한 방법으로써 ①의 신뢰도 설계 활동이나 ⑤의 신뢰성 기준화 활동이 전개되어 왔다. 이러한 ①~⑤의 활동은 상호 관련되어 서로 보완하는 것으로 일부뿐만 아니라 이것을 통합하여 관리 경영하는 것이 신뢰성 향상에 필요하다. 거꾸로 일정 부족이나 일손 부족 등의 이유로 어딘

가의 활동이 생략되면 뒤이은 문제를 일으키지 않는다고 말할 수 없다.

1) 신제품개발 단계(step)의 관계

그림에 나타나는 것처럼 개발설계 단계에 병행해서 각 신뢰성활동이 실시된다. 따라서 신제품개발 기본 일정, 상세 일정이 정해진 때에는 신뢰성 활동설계도 동시에 스케줄화되어 있어야 한다.

2) 신뢰성활동의 진전 레벨

신뢰성활동의 진전 레벨을 요약하면 표에 나타나는 것처럼 3가지 단계로 나뉜다. 제1단계는 평가활동을 중심으로 한 초기 레벨로 신뢰성관리부문, 또는 QC부문이 중심이 되어 신뢰성 방식이 행해진다. 제2단계는 설계심사 활동을 중심으로 기술설계부문과 신뢰성관리부문이 공동으로 대응하고 있는 단계이다. 제3단계는 기술설계부문이 중심이 되어 신뢰도설계를 채택, 활동하고 있다. 신뢰성관리부문은 신뢰성평가나 설계심사활동에 참가해 협력하고 있는 관계에 있다.

표 8.14 신뢰성활동의 진전 단계

순	신뢰성활동 단계	중점 활동 내용	활동의 중심부문
1	제1단계 (초기 단계)	신뢰성평가활동 시장신뢰성보증활동	신뢰성관리부문
2	제2단계 (중기 레벨)	설계심사활동 신뢰성평가활동	신뢰성관리부문 기술설계부문
3	제3단계 (충실기)	신뢰도설계활동 신뢰성기준화활동	기술설계부문

3) 신뢰성활동과 도구

신뢰성 활동과 신뢰성도구의 관계에서 이러한 신뢰성의 도구는 고도화되어 있기 때문에 부수의 활동에 효과적으로 활용하는 것이 중요하다. 특히 신뢰도설계는 시작품이 존재하지 않는 시점부터 대응하기 위해 예측, 시뮬레이션, 신뢰성설계기법 등이 중심이 된다.

표 8.15 신뢰성활동과 신뢰성

신뢰도설계활동	-	-	-	○	○	○	○	○
설계심사활동	-	-	○	○	○	○	-	-
신뢰성평가활동	○	○	○	△	△	△	-	-
신뢰성 보증 활동 / 신뢰성 방법	체크리스트	신뢰성시험	고장분석	고장물리	FTA / FME (C)A	고장률예측	용장설계 등 신뢰성설계 기법	시뮬레이션

(6) 신뢰도 설계활동

신뢰성 설계는 기기의 제품설계와 병행해서 고장의 요인이나 안전사고의 가능성을 제로가 되도록 설계하고, 한편으로는 생산이나 판매, 서비스에 대한 활동 중에 사전대책으로써 고려해야 할 항목을 설계하는 것이다. 특히, 달성해야 할 신뢰도 목표를 정해서 그 수직목표를 지향하고, 위의 신뢰성설계를 보다 구체적으로 진행시키는 방법을 더하여 신뢰도 설계라고 기술하고 신뢰성설계라고 구별한다.

1) 신뢰도 설계의 기본 단계

신뢰도 설계에 있어서, 신뢰도 목표치의 설정에서 대량생산화 승인을 얻을 때까지 기본단계가 그림에 나타나 있다. 이 신뢰도 설계의 주된 목표는 다음과 같다. ① 설계 착수 전에 구체적인 목표신뢰도를 정하고 설계초기보다 통계적인 신뢰성활동을 실시하여 소정의 신뢰도를 실현한다. ② 목표신뢰도와의 사이에 간격이 생긴 경우, 새로운 재료, 새로운 시스템을 개발하여 목표신뢰도가 실현할 수 있도록 진행시킨다. ③ 신뢰도 설계활동을 통해서 신뢰성기술의 적용방법을 배우고, 설계프로세스를 혁신한다.

2) 비용, 일정, 신뢰도와의 비교

본래 고장제로를 목표로 하는 신뢰성활동을 일상설계업무로 하기 위해서는, 제품설계에서 필요한 비용, 일정과의 관계를 명확히 하는 것이 중요하다. 일반적으로 비용, 일정은 그 추구에 맞게 우선 그 목표를 설정하고 그것을 부분에 배분 예측하여 초기에 설정한 목표를 실현할 수 있도록 여러 가지 수단을 이용해 설계한다. 신뢰도에 관해서도 마찬가지로 우선 목표를 설정하고 부분으로 배분하여 그것을 실현해가기 위한 설계활동, 신뢰성활동을 행하는 것이 신뢰도설계의 순서이다. 일반적으로 개발설계에 있어서는 비용, 일정, 신뢰도를 동시 병행적으로 진행시킬 필요가 있고, 그 접근방법이 목표설정, 배분계획, 해석, 개선, 실증의 사고로 기본적으로 같은 처리 프로세스이다. 이 3가지 추구순서의 비교는 다음과 같다.

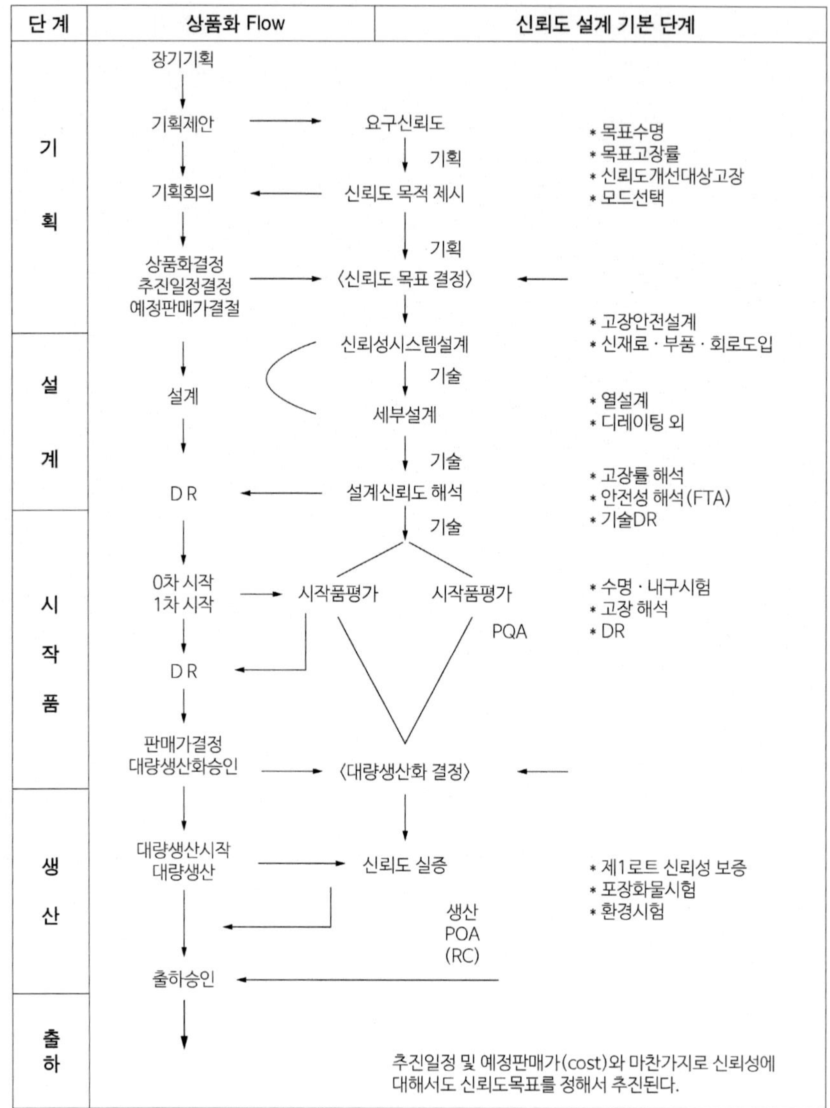
단 계
상품화 Flow
신뢰도 설계 기본 단계
기획
설계
시작품
생산
출하
장기기획
기획제안
요구신뢰도
기획
* 목표수명
* 목표고장률
* 신뢰도개선대상고장
* 모드선택
기획회의
신뢰도 목적 제시
기획
상품화결정
추진일정결정
예정판매가결절
〈신뢰도 목표 결정〉
* 고장안전설계
* 신재료 · 부품 · 회로도입
신뢰성시스템설계
기술
설계
세부설계
* 열설계
* 디레이팅 외
기술
DR
설계신뢰도 해석
* 고장률 해석
* 안전성 해석(FTA)
* 기술DR
기술
0차 시작
1차 시작
시작품평가
시작품평가
PQA
* 수명 · 내구시험
* 고장 해석
* DR
DR
판매가결정
대량생산화승인
〈대량생산화 결정〉
대량생산시작
대량생산
신뢰도 실증
* 제1로트 신뢰성 보증
* 포장화물시험
* 환경시험
생산
POA
(RC)
출하승인
추진일정 및 예정판매가(cost)와 마찬가지로 신뢰성에
대해서도 신뢰도목표를 정해서 추진된다.

(7) 설계심사(DR)활동결과

각 부문으로부터 선출된 심사 멤버가 종합적으로 재평가하는 활동을 설계심사(DR)라 하며 각 설계단계에 실시한다.

1) DR의 종류와 시기

신제품개발의 진행에 따라서 DR시기를 결정한다. DR종류나 시기는 신제품의 신규성에도 의존한다. 표에 DR의 한 예를 나타냈다.

표 8.16 DR의 종류와 시기

단계	DR의 명칭	실시시기	신규성 랭크A	신규성 랭크B	신규성 랭크C
			신규개발상품, 신기술을 대폭으로 채택한 상품	랭크 A와 랭크 B의 중간상품	과거의 경험기술을 사용, 신뢰성상의 문제가 되지 않는 상품
1	기본성능심의회	기획결정 회의 후	0	–	DR 실시하지 않음
2	제1차 DR	방침결정 후, 기술 연락회 전	0	0	
3	제2차 DR	0차 시작 후	0	0	
4	제3차 DR	1차 시작 후	0	0	
5	최종 DR	출하결정 회의 전	0	0	
6	DR 반성회	원칙으로써 제1로트 출하 후 1개월 이내	0	0	

2) 실시순서

DR은 위원회형식을 취하고 다음의 순서로 실시한다. ① 심사 자료를 관계부문이 분담해서 준비, 멤버에게 사전에 배포한다. ② 멤버는 자료를 사전에 체크하고 체크결과를 위원장에게 제출한다. ③ 체크결과를 정리하고,

심의항목을 결정한다. ④ DR위원회를 개최해 대응방침을 결정한다. ⑤ 결과를 의사록에 정리하고 처치・대책을 follow한다.

기본단계		(C)비용계획	(D)개발일정계획	(Q)신뢰도확보계획
기획	ⓐ 목표 설계	① 타사/자사가격분석 ② 예정판매가 결정	① 장기계획, 표준일정 ② 발매예정일의 결정	① 시장요구, 신규기술 ② 신뢰도목표의 결정
계획 (기능설계) (비용설계) (신뢰도 설계)	ⓑ 배분 설계	③ 비용계획 ④ 부품・유닛 비용배분	③ 개발기본계획 ④ 개발 스케줄	③ 신뢰도달성계획(신뢰성시스템설계) ④ 부품・유닛 신뢰도배분
	ⓒ 해석 (목표비교)	⑤ 부품・생산비용의 견적 ⑥ 비용집계(목표비교)	⑤ 요소개발 진척확인 ⑥ 개발일정 진척관리	⑤ 부품신뢰도, 생산품질 해석 ⑥ 신뢰도집계(설계신뢰도해석)
	ⓓ 개선	⑦ 비용감소의 추진 ⑧ 재설계	⑦ 일정추진 ⑧ 입고일정 조정	⑦ 신뢰도개선(신재료・신시스템의 도입) ⑧ 재설계
대량생산	ⓔ 실증 (승인)	⑨ 매결신청(매결)	⑨ 입고결정	⑨ 신뢰도실증 ⑩ 출하승인

3) 리뷰자료의 준비와 검토항목

리뷰자료는 다음 표에 표시된 리뷰항목에 대응해 도큐먼트(document)를 지정된 부문이 준비하고 멤버에게 배포한다. 멤버는 표에 지정되어 있는 항목을 중심으로 사전에 체크한다.

> 목표는 어려울수록 투지가 샘솟게 한다.
> 목표는 어려우면 어려울수록 투지가 샘솟는다. 목표를 달성하기가 쉽지 않으니 여러 궁리를 하고 지혜를 짜내게 된다. 매우 어려운 일이기는 하지만, 목표를 달성하기까지의 과정을 즐겨라. 그렇게 하면 반드시 성과를 얻을 것이다.
> – 에드워드 데밍 –

표 8.17 리뷰 항목과 자료의 작성

리뷰 항목	담당부문								
	기획	기술	생산	QA	RC	포장	자재	디자인	서비스
1. 제품개요 · 기본시방	●	○	○	○	○	-	-	○	-
2. 제품시방(사용성의 검토 포함)	●	●	-	○	○	○	-	-	-
3. 신규부품 · 신기술 및 종래와 의 변경 부분	○	●	○	○	○	-	○	-	-
4. 생산성의 검토	-	●	○	○	○	-	-	-	-
5. 서비스성의 검토	-	●	-	○	○	-	-	-	○
6. 소모부품	-	●	-	○	○	-	-	-	○
7. 과거 문제에 대한 검토	●	●	●	●	●	○	-	○	○
8. 안전규격 · 법규제 관계	-	●	-	○	○	-	-	-	-
9. 지적 재산권	○	●	-	○	○	-	-	-	-
10. 일정	○	●	○	○	○	-	-	-	-
11. 개발체제	-	●	-	-	-	-	-	-	-

● : 자료작성부문 ○ : 자료체크 담당부문

(8) 신뢰성평가활동은 신제품 신뢰성관리의 PDCA

Plan이 목표신뢰도나 설계에 고려해야 할 신뢰성기준도 포함한 설계구상이고, Do가 DR도 포함한 설계활동이다. 따라서 Check는 신뢰성평가가 된다. 이러한 신뢰성평가활동에는 다음의 3가지 분야가 있고, 일부는 설계심사활동 중에서도 실시된다.

1) 시작품의 신뢰성시험

신뢰성평가활동으로써 가장 대표적인 것이 부품, 유닛, 시작품에 의한 각종 신뢰성시험이다. 이 신뢰성시험은 그 시기와 샘플의 상태, 목적, 장소, 결과의 판정 등에 의해 계획되지만 보통의 시험 사례로써 ① 신뢰성시험(고장률시험, 한계시험, 파괴시험, 수명시험 등), ② 환경시험(온도시험, 습도

시험, 감압시험, 충격시험 등), ③ 안전성시험(이상시험, 쇼트시험 등) 등이 있고 부수의 설계프로세스 가운데 0차시작품, 1차시작품, 대량생산시작품 등의 설계완성도 레벨마다 각각의 목적을 정하여 시험을 실시한다.

2) 심사 또는 Assessment

시험용 샘플이 없어도 설계구상이나 설계자와의 대화를 통해서도 평가할 수 있기 때문에 정해진 체크리스트를 기반으로 심사 또는 Assessment를 실시한다. 예를 들면 ① 환경 Assessment(폐기성, 재생성 등), ② PLP 심사(PL문제의 종합적인 발생예방), ③ 신뢰성 프로세스 심사, 신뢰도 설계의 계획이나 그 실시상황의 프로세스심사.

3) 예측과 시뮬레이션

신뢰도 설계를 실시해 나갈 경우, 목표신뢰도(고장률)를 배분하지만, 그것이 현실에 가능한가의 여부를 설계가 완성하기까지 예측하고 또 시뮬레이션 할 필요가 있다. 특히, 전자회로관계에 있어서는 MIL-HDBK-217 (FNotice1) 등에 의해 신뢰도(고장률)예측을 하고 실현성과 개선점평가를 실시한다. 또 스트레스 등에 의한 비틀림이 문제가 되는 구조의 해석이나 메이커, 성형품의 결함이 사용 중의 변질이나 열화에 의한 영향을 평가하기 위해 시뮬레이션기법을 이용한다. 또 FME(C)A나 FTA도 치명적인 고장예지평가로서 활용된다. 이러한 평가방법은 (1)의 신뢰성시험보다는 (2)의 심사 또는 Assessment가, (2)보다는 (3)의 예측이나 시뮬레이션의 방법이 설계의 흐름에서 보면 보다 빠른 시점에서 작용 가능하다. 그러나 동시에 보다 전문적이 되기 위해서 기술자의 깊은 경험과 보다 고도한 지식이 요구된다. 이것은 신뢰성평가활동에 대한 설계기술자의 역할이 늘고 또한 신뢰성

기술자는 시작품이 완성되고 나서 계획참여나 참가를 해서는 시기를 놓치기 때문에 이후에 기술하는 CE에 필적하는 평가기술자도 설계활동에 참가해서 보다 넓은 신뢰성 기술이나 신뢰성설계기법을 설계자와 공동으로 적용해 간다.

(9) 대량생산품의 신뢰성 평가는 대량생산품

기본적으로 시작품에서 신뢰성시험을 확인시험으로써 실시하지 않으면 안 된다. 그러나 이 시점에서는 출하를 바로 앞에 대기하고 있어서 장시간을 요하는 시험은 실시할 수 없기 때문에 대량생산시작품에 의해 필요한 시험을 실시하는 경우가 많다. 단, 최종 대량생산품이 아니면 할 수 없는 시험, 대량생산품에서 실시하지 않으면 의미가 없는 시험도 있고, 신뢰성관리의 입장에서 선행생산을 행하고 거기에 필요한 선행생산일정과 신뢰성시험일정을 미리 확보하여(경우에 따라서 출하일정을 조정해서) 시험을 실시한다. ① 신뢰도설계의 실증시험으로써, ② burn－in(엔진테스트)으로써, ③ 초기고장 screening으로써 대량생산품에 대해서는 전수(생산로트가 적은 경우)도는 제1로트 중에서 적어도 100대 단위의 제품을 샘플링, 실사용을 원칙으로 한 시험을 실시한다.

(10) 시장신뢰성활동

신제품 출하 후의 신뢰성활동에는 시장에서의 신뢰성활동과 고객에 대한 품질보증활동, 2가지의 활동이 있다.

1) 시장에서의 신뢰성평가

시장에서 사용자가 실사용 시, 공장에서 예상하지 못했던 사용법도 있을 수 있고 예측 이외의 트러블이나 고장이 일어나는 경우가 있다. 또, 공장 내에서의 시험 조건과 다르기도 하고 경우에 따라서 깜빡한 실수가 원인이 되어 고장이 되는 경우도 있다. 이러한 것들을 초기에 공장으로 피드백하기 위해 시장고장데이터를 파악하는 여러 가지 방법이 행해진다. 예를 들면, ① 서비스에서의 정보 활용(컴퓨터화), ② 초기고장제품의 계획적 회수, ③ 고장부품의 회수가 있다. 특히 중요한 신제품 중 초기고장품의 척 부품에 관해서는 일정 기간 또는 일정 대수(예를 들면 100대)를 정하여 발생 때마다 무조건으로 고장으로 회수하여, 즉시 분석처치(설계대책 등)를 행하는 제도도 있다. 마찬가지로 중요한 부품이나 고액 유닛에 대해서 특정장소나 사용자를 정해 그곳에서 발생한 것은 전부 공장으로 직접 회수하여 분석하는 것도 행해진다.

2) 고객에 대한 품질보증

시장에서 신뢰도활동은 고객에게의 품질보증으로써 보전이나 수리시스템이 필요하다. 여기에 서비스체제를 확립하고 필요한 서비스교육이나 서비스 기술정보를 제공하므로 구입한 고객에 대한 직접적인 품질보증활동을 제공하는 것이다. 이러한 보전이나 서비스에는 기본적으로 다음 3가지의 방법이 있다. ① 고장이 발생할 때마다 고장부품을 교환하고 재조정한다. ② 규정된 개소를 점검하고 고장에 이르지 않더라도 그 열화, 손상의 상황을 판단하여 부품을 교환 또는 재조정한다. ③ 고장유무에 관계없이 일정사용기간(또는 사용횟수)마다 점검하고, 규정 부품을 교환한다. 지금까지 일반가정용 전기, 전자기기에서는 주로 ①의 고장발생 시 처리방법을, 사무용 OA기기(예를 들면, 사진기 등)에서는 ③의 정기 보전방식을 원칙으로 채택하고 있으나, 가정용기기에 대해서는 생활에서의 역할 중요성에 의해 ②나

③의 방법이 보급되고 있다. 예를 들면 홋카이도(Hokkaido)나 동북 지방 등의 겨울 한랭지에서는 난방기의 보전이나 정기적인 overhole이 행해지고 있다. 또 여름 에어컨에 대해서도 season중, 갑작스런 고장의 피해를 생각해 season off 시기에 점검을 의뢰하는 분위기가 서서히 확산되고 있다.

(11) 신뢰성 기준화 활동은 신뢰성에 관한 과거의 실패

경험을 근거로 하여 rule 또는 금지사항 등을 미리 기준화해 둔 것으로, 항상 그 기준을 다시 보고 철저히 주지해가는 활동이다. 이것은 신뢰도설계를 실시하는 데 있어서 하나의 밑거름이 되기도 한다. 전자, 전기기기에서 사례를 나타낸다.

1) 안전설계기준

이것은 제품의 안전성확보를 위한 기본적인 기준으로, 국가나 공적인 안전성기준과는 별도로 그것을 포함한 더욱 엄격한 자주기준으로써 정한 것, 특히 PL법의 제정과 더불어 안전성의 재고를 꾀하는 것이 기업에게 있어서 상당히 중요하며 최우선이 되어야 할 기준이다. 이 기준의 내용은 주로 준수사항, 금지사항, 강화사항 3가지로 구성된다.

2) 신뢰성기준

이것은 신뢰성설계를 행하기 위해 필요로 하는 각종 설계조건, 예를 들면 사용 환경조건, 사용 스트레스조건 등을 과거 경험 데이터에 입각해서 설계기준으로서 정해 놓은 것이다. 더욱이 각종 신뢰성시험법, 부품의 인정시험법, 디레이팅을 위한 설계 마진의 기준 등, (1)의 안전설계기준과는 별도로 기준화하고 정리한다.

3) 신뢰도의 산출사례

전구가 3개 있고 각각 가동 2, 6, 10시간으로 고장 났다. 가동 1, 5, 15시간에서 신뢰도를 구하라.

(적용공식)

$$R(x) = \frac{N - r}{N}$$

여기서, $R(x)$: 가동시간(x)에 있어서 신뢰도(%)

N : 시스템과 제품의 대상총수

r : 가동시간(x)까지의 고장 수

해답 가동 1시간에서는 전구는 3개 중 3개 점등해 있으므로

신뢰도 $R(1) = \frac{3}{3} \times 100 = 100\%$

가동 5시간에서는 전구는 3개 중 2개 점등해 있으므로

신뢰도 $R(5) = \frac{2}{3} \times 100 = 67\%$

가동 15시간에서는 전구는 3개 중 3개 모두 꺼져 있으므로

신뢰도 $R(15) = \frac{0}{3} \times 100 = 0\%$

4) MTBF의 산출사례

전기스탠드가 80시간 가동했을 때, 다음 항의 그림에 나타냈듯이 전구는 가동 10시간에서 고장 났으므로 바로 전구를 교체, 다음에 가동 25시간에서 고장 났으므로 바로 전구를 교체, 그 다음으로는 가동 30시간에서 고장 났으므로 전구를 바로 교체했으나 또 새로운 전구도 가동 15시간에서 고장 났다. 이 전기스탠드의 MTBF를 구하라.

(적용공식)

$$\text{MTBF} = \frac{x_1 + x_2 + \cdots + x_i + \cdots x_r}{r}$$

여기서, MTBF : 평균고장간격시간

x_i : 각 고장발생까지의 가동시간(h)

r : 고장발생 수

해답 전기스탠드 전구의 총 가동시간은 각 고장간격시간의 합이며 또 고장 난 전구 합계가 4개이다. 전기스탠드의 MTBF는

$$\text{MTBF} = \frac{10+25+30+15}{r} = 20(\text{시간})$$

5) MTTF의 산출사례

전구가 3개 있고 각각 가동 5, 6, 7시간에서 고장 났다. 이 전구의 MTTF를 구하라.

(적용공식)

$$\text{MTTF} = \frac{x_1 + x_2 + \cdots + x_i + \cdots + x_r}{r}$$

여기서, MTTF : 고장까지의 평균시간(h)

x_i : 각 고장발생까지의 가동시간(h)

r : 고장발생 수

해답 전구의 고장발생까지의 총 가동시간은 5+6+7=18시간
고장총수는 3, 따라서

$$\text{MTTF} = \frac{18}{3} = 6\text{시간}$$

6) 고장률의 산출사례

전구가 3개 있고 각각 가동 2, 4, 6시간에서 고장 났다. 가동 2시간마다의 고장률을 구하라.

(적용공식)

$$\lambda(t) = \frac{f_t}{N_t} \times \frac{1}{\Delta_t}$$

여기서, $\lambda(t)$: t 시간에서의 고장률 %/h

f_t : t 시간에 이은 Δ_t 시간 사이에 일어나는 고장 수

N_t : t 시간에서의 제품 잔존 수

Δ_t : t 시간에 이은 사용시간

해답 가동 2시간에서는 전구는 3개 중 1개 고장 났으므로

고장률$= \frac{1}{3} \times \frac{1}{2} = 17\%/h$

가동시간 4시간에서는 전구는 이미 1개가 고장 났으며 더욱이 남은 2개 중에서 1개가 고장 났으므로

고장률$= \frac{1}{2} \times \frac{1}{2} = 20\%/h$

가동 6시간에서는 전구는 이미 2개 고장 났으며 더욱이 남은 1개 중에서 1개가 고장 났으므로

고장률$= \frac{1}{1} \times \frac{1}{2} = 50\%/h$

여기에서 고장이란 순간고장률을 말한다.

▮8-3-3 고장제로를 목표

(1) 신뢰성 사고방식

형태가 있는 것은 반드시 망가지는 것이 자연의 법칙이다. 그러나 기술의 진보와 발전에 의해 망가지지 않는 물건, 분해나 열화, 부식하지 않는 물건이 늘어나고 있지만 자연을 파괴하지 않는다고는 말할 수 없다. 신뢰성 사고방식은 기본적으로 망가지는 것, 고장 나는 것을 전제로 생각해야 한다. 문제는 그 고장의 형태나 정도가 인간생활에 받아들여지고 경제적으로도 허용되는 레벨이 되어야 한다. Life Cycle Cost(LCC)라는 사고방식이 있다. 제품의 모든 수명에 걸쳐서 신뢰성, 보전성 비용의 경제적 관점에서 가장 고장 나기 쉬운 정도(최적 신뢰도)가 존재하고, 그것을 표적으로 설계하는 것이다. 이것은 제품비용이나 신뢰도 레벨을 구하는 것이다. 이 기술적인 진보에 의해 신뢰성 작성 비용은 내려갔으나, 한편으로 간이제품에 대한 의존도가 높아지거나 신뢰성 높은 상품의 사회적인 가치가 올라가게 되어 고장에 의한 손실이나 보전비용이 상승하여 최적신뢰도의 레벨은 큰 폭으로 올라가게 되어 고장현상에는 반드시 원인이 있다. 우발적인 고장이라고 여겨지는 것도 추적해 보면 원인이 있고, 그 원인이라고 여겨왔던 것도 물리학이나 화학 등의 과학적 원리에 의해 해명되어 기술적인 대책이 행해져 왔던 것도 많다. 적절한 기술을 적용하면 고장은 한없이 제로에 가까워질 수 있는 것이다.

(2) 발생요인에서의 고장

기기의 고장이라 하면 과거에는 대부분 부품의 고장 원인이었다. 기기 고장 실태를 보면 부품의 단순한 고장은 적고 다음과 같은 상당히 폭넓은 원인에 걸쳐 있다. ① 부품 선택의 적합원인, ② 접속, 결합 설계의 원인, ③ 기능의 안정화 설계원인, ④ 사용자 사용원인, ⑤ 기기의 보전, 수리요인, 이 원인들은 모두 독립된 것이 아닌 상호간 서로 연관되어 있는 요인도 있다. 예를 들면 접속요인이 원인이 되는 경우의 부품고장은 접속의 문제인 것이다. 이러한 5가지 요인의 중요도 또는 고장의 고유분포는 상품에 따라서도 채택되는 데이터가 3가지 고장기간, 즉 초기고장, 우발고장, 마모고장 중에서 어느 기간에 해당하는가에 의해서도 크게 다르다. 이 점유분포는 수리결과를 기록한 데이터에 의하지만 아무래도 부품고장에 치우친 결과가 되기 때문에 주의가 필요하다. 고장제로를 목표로 한다는 것은 이런 각각의 요인에 대해 신뢰성기술을 적용해 신뢰성을 관리하는 것이다.

(3) 고장모드와 Bath-tub Curve

고장발생시간은 시간에 관계된 수로서 여러 가지의 고장모드를 적용한 이론식이 고안되어 있지만, 기기나 시스템의 가장 전형적인 고장발생 패턴으로 Bath-tub Curve를 채택한다. 이 고장발생패턴은 다음 3가지의 기본적인 고장모드(고장기간)로부터 성립된다.

고장모드와 주요원인

순서	고장모드	주요 원인
1	초기고장	생산, 작업의 편차
2	우발고장	전자제품 외 사용기간
3	소모고장	소모부품 외 사용횟수(시간)
4	열화고장	설계미비, 오버스트레스
5	수명고장	한계수명

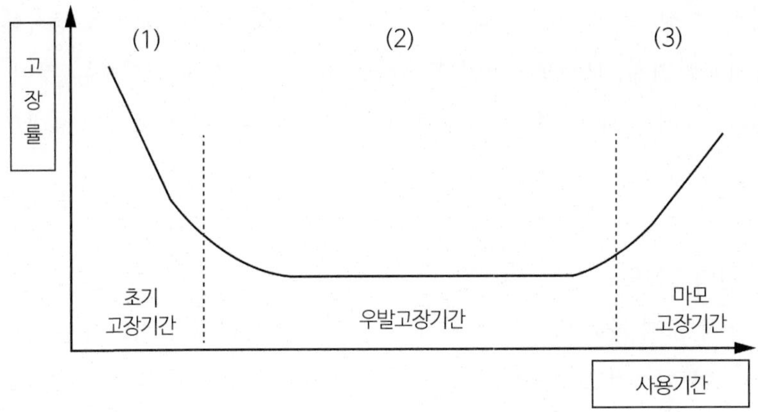

1) 초기고장모드

주로 생산상의 작업 편차, 공정조건의 변동, 재료 편차, 혼합 편차 등의 편차가 원인으로 발생하는 것이다. 단, 품질관리의 대상이 되는 초기불량과는 달리, 고장에서 양품(정상제품)으로서 취급되어 출하된 것이다. 이런 고장을 감소시키기 위해서 초기고장기간에 상당하는 실사용 엔진(통전동작시험)을 출하 전에 실시하여 공장 내에서 debugging을 행하는 경우가 많다.

2) 우발고장모드

초기 고장기간이 지나 고장발생이 거의 안정된 기간을 우발고장기간이라고 하며 그 고장모드를 우발고장모드라고 한다. 일반적으로 이 기간은 고장률이 가장 낮고 안정되다.

3) 마모고장모드

전지나 베어링 등, 기기수명(life)과 동등 수명을 보증할 수 없고 거의 정사용횟수나 사용기간 내, 그 기능을 잃은 것으로 반드시 고장현상이라고 불리지 않는 경우도 있다. 이 고장의 경우는 설계 시에 미리 교환을 생각해서 사용자교환인지, 보전교환인지를 정하고 교환하기 쉽게 설계하는 것이 행해진다. 그러나 사용자의 기대에 반해 소모가 빠르다거나 설계 의고대로가 아닌 소모에 의한 기능정지는 고장이라고 간주한다.

4) 열화고장모드

강도에 대해 물리적(또는 화학적) 스트레스가 지나쳐서 비교적 단기간에 고장에 이르는 것으로 명백한 신뢰성기술 부족에 의한 것이 많다. 이런 고장모드의 전형적인 패턴은 기본적인 것만으로 수십 종류가 있고, 설계기술자가 기초지식으로써 배워야 하는 부분이다. 또한 후기의 접속, 결합의부정합도 이 열화고장모드에 속하는 내용이 많다.

5) 수명고장모드

일반적으로 말하는 마모고장모드에서 소모형과 열화형을 제외한 나머지의 고장은 거의 설계에서 의도했던 수명이라고 말할 수 있다. 이것이 욕조곡선(Bath-tub Curve)에서 표시되어 있는 것처럼 우발고장기간(내용수명) 후에 오는 고장모드이다. 소모고장은 그 소모 부품을 교환하는 것, 또는 열화고장은 설계미비를 고치는(설계변경) 것에 의해 고장을 줄일 수 있지만, 수명고장을 방지하기(수명을 연장하기)에는 기본적인 설계사상이나 사용재료로 거슬러 올라가 다시 고치는 것이 필요하게 된다.

(4) 신뢰성 예측방법

제품의 신뢰성을 확보하기 위해서는 고장을 예방하면 된다. 예방하기 위해서는 고장발생을 예측하는 것을 신뢰성에서는 신뢰성예측 또는 신뢰도 예측이라 한다. 예측하는 장치는 과거의 정보 또는 데이터이다. 신뢰도예측의 경우는 주로 신뢰도의 모든 수치(MTBF 등)가 이용된다. FMEA의 순서는 만약 이 부품이 고장발생하면 어떤 고장이 일어날 것인가, 이것은 조립품에 어떤 영향을 주는가, 이것은 제품에 어떤 영향을 주는가, 이것은 얼마나 중요한 문제인가, 그러면 예방대책을 세워야 하는가, 이와 같은 추측은 고장이 일어날 만한 부품기입란을 시작으로 하여 차례차례 FNEA 기입용지의 각 항목에 기입하는 것이다. 그러므로 FMEA란 'FMEA 기입용지를 사용하여 실시하는 해석'이라고도 정의할 수 있다. FMEA와 비슷한 것에는 아래와 같은 것이 있다. ① FMA(failure mode analysis), ② FMECA(failure mode, effect and criticality analysis), ③ FMPA(failure mode probability analysis), ④ REMA(reliability figure of merit analysis), ⑤ FHA(fault hazard analysis), ⑥ EMEA(error mode and effect analysis), ⑦ EMECA (error mode, effect and criticality analysis) 모두 계통적인 해석방법이다. EMECA(failure mode, effect and criticality analysis)로서 고장모드 영향해석과 치명도 해석을 의미한다. 이것은 고장모드를 해석(FMEA)할 때에 ⑤번 기입란 분석에 영향해석을 기입하는 대신에 치명도(criticality)해석을 기입하는 것이다. FMECA=FMEA+CA라고도 할 수 있다.

(5) FMEA의 이용

고도의 시스템 개발에 대해 미국 국방성은 FMEA(MIL_STD_785A), 항공우주국 NASA는 FMECA(NHB 5300, 4 [1A])의 실시를 개발수주업자에게 요구하고 있다. 또한 기업의 생산 부분에서도 각종 생산 공장, 검사공정 등의 결정과 개선에 응용되고 있다.

FTA(fault tree analysis, 고장해석나무)는 안전해석을 위해 현상의 원인

탐구용으로 개발되었으나 현재에는 FMEA의 보조적인 수단으로 FMEA와 함께 사용되고 있다. 간단히 말하면 고장의 원인이 무엇인가에 대한 사고법으로 제품의 고장을 나무형태의 그림으로 그려 어느 부품이 고장의 원인 되었는지 밝혀내는 해석방법이다. FTA의 순서는 기호 및 제품구성도(신뢰성 블록도)의 소도구가 갖춰지면 FTA는 간단하다. ① 제품(시스템)의 고장을 선정한다. ② 제품 구성도를 참고하면서 고장의 원인을 서브시스템, 부품까지 전개한다. ③ 위에서 얻은 고장과 원인의 인과 관계를 논리게이트를 이용하여 연결한다. ④ 해석 평가한다. 그리하여 고장나무가 완성된다.

FMEA와 FTA에서 FMEA는 기입용지의 기입에 의한 차트 해석법이며, FTA는 나무형태에 의한 도식해석법으로 해석도구의 형태가 다르다. 또한 FMEA가 부품의 고장에서 제품전체의 고장을 예측하는 것이고 FTA는 제품의 고장에서 고장원인의 부품을 추측하는 것이다. 즉, FMEA는 bottom up 방식코스를 FTA는 top down 방식코스를 취하고 있기 때문에 양자는 서로 역코스가 된다. FTA의 효과와 활용은 FTA의 효과는 고장원인의 이유를 FT도를 통해서 일목요연하게 알 수 있다는 점이다. 이 방법은 아래의 경우에 효과적으로 활용된다. ① FTA는 원래 안전성해석에서 출발한 방법으로 지금도 사용되고 있다. ② FMEA의 보조수단에 사용한다. ③ 종래부터 있는 고장해석의 결과 검토용에도 사용한다. 사용 신뢰성 척도는 고객은 사용 신뢰성의 합격 · 불량을 보기 위해 보전성의 척도는 물론, 그 이외에 다양한 척도를 고안하여 사용하고 있다. 보통은 다음 3가지로 크게 구별할 수 있다. ① 종합효율에 의한 것, ② 비용유효성에 의한 것, ③ 보전성 척도에 의한 것.

8-4 System의 보전성

8-4-1 신인성 관계

(1) 신인성(dependability)

신인성은 아이템의 가용성과 그에 영향을 미치는 요인들을 설명하기 위해 사용되는 총체적 용어(IEC 60050-191)로 신뢰성, 보전성과 보전지원성을 포함하는 정성적 용어이다.

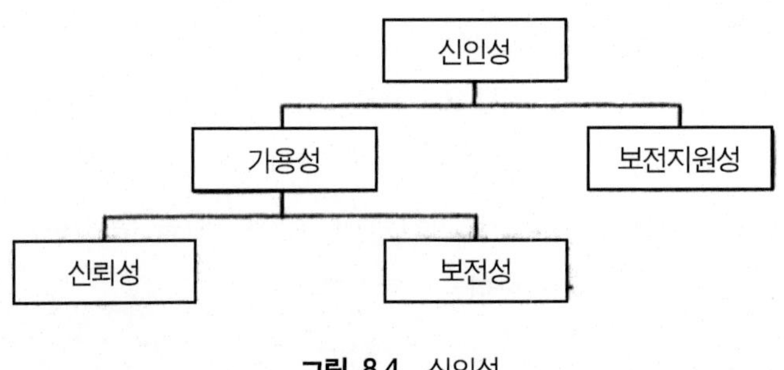

그림 8.4 신인성

미 국방규격에서는 신인성에 대한 정의를 다르게 하고 있다. 신인성은 아이템이 임무를 시작할 때, 가용하다는 조건하에서 특정한 임무수행 중에 요구 기능을 수행할 수 있는 능력의 정도를 나타내는 척도이다.

(2) 신뢰성(reliability)

아이템이 주어진 기간 동안 주어진 조건에서 요구 기능을 수행할 수 있는 가능성

1) 아이템

개별적으로 고려될 수 있는 단품, 부품, 디바이스, 서브시스템, 기능 유닛, 장비 또는 시스템, 아이템은 하드웨어, 소프트웨어 또는 이들 모두로 구성될 수 있고 특별한 경우에는 사람을 포함할 수도 있다. 또한 여러 아이템들이 하나의 아이템으로 간주될 수도 있다.

2) 주어진 기간

아이템의 임무수행을 위하여 설정된 목표 시간, 시간은 단순히 시간(time)이라는 척도 이외에 아이템의 특성에 따라 사용횟수, 거리 및 사이클 등이 될 수 있다. 목표 시간이 명시된 건축물, 인공위성 등의 아이템도 있고 일반 소비자를 대상으로 하는 가전제품과 같이 묵시적인 아이템도 있다. 또한 목표 시간이 성능규격으로 명시되기도 한다. 예를 들면 10만 사이클용 릴레이, 업종의 특성에 따라 관례적인 목표 시간이 있을 수 있다. 가전제품의 경우 10년 보증을 목표로 한다.

3) 주어진 조건

아이템을 사용하기 시작하여 폐기될 때까지 아이템의 기능과 성능에 영향을 줄 수 있는 모든 조건, 환경조건과 사용조건으로 나눌 수 있다. 환경조건은 온도, 습도, 진동 또는 소음 등 외부로부터의 자연적인 조건들이 있으며, 사용조건에는 설치장소, 연속 사용시간과 사용횟수 등이 사용자의 조절이 가능한 조건들이 있다. 부품의 경우에 완제품 제조업체의 제조공정도 포함한다.

4) 요구 기능

특정한 서비스를 제공하기 위해 필요한 아이템의 기능 또는 기능들의 조합, 기능을 수행할 수 없거나 성능이 저하된 상태를 고장이라 한다.

(3) 보전성(maintainability)

주어진 조건에서 규정된 절차와 자원을 사용하여 보전이 수행될 때, 요구 기능을 수행할 수 있는 상태로 유지 또는 복원되는 아이템의 능력, 보전도는 보전성의 척도로 사용된다.

(4) 보전지원성(maintenance support)

규정된 보전정책과 주어진 조건에서 아이템을 보전하는 데 필요한 자원을 적시에 지원할 수 있는 보전조직의 능력, 주어진 조건은 아이템 자체와 아이템이 사용 및 유지되는 조건에 관련된다.

(5) 가용성(availability)

필요한 외부 자원이 제공된다고 가정하였을 때, 어떤 시점 또는 기간에 걸쳐 주어진 조건에서 요구 기능을 수행하는 상태에 있을 아이템의 능력, 가용성은 신뢰성, 보전성, 보전지원성에 영향을 받는다. 보전 자원 이외의 외적 자원들은 아이템의 가용성에 영향을 미치지 않는다.

8-4-2 고장 Machanism

(1) 고장(failure)

IEC 60050-191은 아이템이 요구 기능을 수행하지 못하게 되는 사건

(event)을 '고장'이라고 정의하고 있다. 여기서 요구 기능을 수행하지 못함이란 아이템의 기능 중에서 특정 기능을 수행할 수 없는 경우만을 의미하는 것은 아니며, 아이템이 기능을 수행하지만 성능이 요구수준(보통 설계 엔지니어에 의하여 결정된 성능 규격을 의미함)을 만족하지 못하는 경우도 포함한다. 예를 들어, 전화기는 송신, 수신 및 부가기능을 갖는다. 만일, 전화를 수신할 수 없으면 수신기능을 수행할 수 없는 고장이 발생한 것이다. 그러나 수신을 할 수는 있지만 잡음이 심하여 통화에 지장이 있어도 고장이 발생한 것이다. 한편, 기능을 수행할 수 없는 것은 성능 규격을 벗어난 특별한 경우로 볼 수 있으므로, 고장은 다음과 같이 포괄적으로 정의할 수 있다. 고장은 아이템이 요구 기능을 수행하지 못하게 되거나 요구 성능을 만족하지 못하게 되는 사건이다. 아이템이 요구 기능을 수행하지 못하게 되거나 요구 성능을 만족하지 못하게 되는 사건이 발생할 때까지의 기간을 고장시간(failure time) 또는 수명(life, lifetime)이라 한다. 수리불가능 아이템은 고장시간과 수명이 동일하다. 그러나 수리가능 아이템은(자동차 시스템) 고장시간이 수명이라 할 수 없으며, 더 이상 수리가 불가능한 고장이 발생할 때까지의 기간을 수명이라 할 수 있다. 일반적으로 소비자들이 인식하는 고장시간과 아이템의 실제 고장시간과는 다를 수 있다. 특히, 성능이 저하되어 발생하는 고장은 소비자들이 고장이라고 인식하기 훨씬 이전에 설계 성능 규격을 벗어나는 것이 일반적이며, 이 경우 설계관점에서는 이미 고장난 상태라고 할 수 있다.

(2) 욕조곡선(bathtub curve)

욕조곡선은 사용 중에 일반적으로 나타나는 고장률을 시간의 함수로 나타낸 곡선으로 초기고장(early failure), 우발고장(random failure), 마모고장(wearout failure) 기간의 3부분으로 나뉜다. 욕조곡선의 모양은 그림과 같으며, 각 기간에 대한 설명은 다음과 같다.

1) 초기고장기간

아이템이 시장에 처음 출하되면 잠재적인 설계나 제조상의 결함으로 인하여 초기 고장률이 높게 된다. 이러한 결함은 출하검사에서는 정상적인 양품으로 판정되지만 저장, 물류, 설치 및 소비자 사용에 이르는 과정에서 스트레스를 받아 결함이 드러나서 고장이 발생한다. 이러한 초기고장은 원인을 조사하여 시정조치(설계 및 제조변경을 통한 원인제거)를 하며, 결함이 시정된 이후에 출하되는 제품의 고장은 감소하게 된다. 따라서 고장률은 그림 2.1의 [0, t_1]구간과 같이 시간에 따라 감소하는 형태로 나타나게 된다.

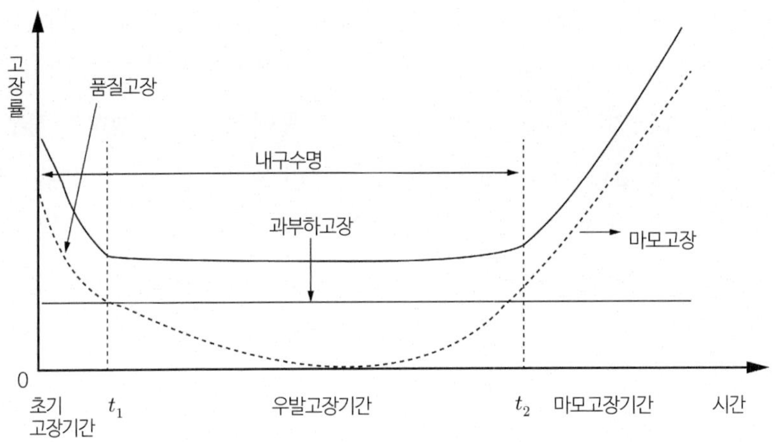

표 8.18 초기고장의 0원인 및 예방책

고장의 원인	• 표준 이하의 재료 사용 • 불충분한 품질관리 • 표준 이하의 작업자 숙련도 • 불충분한 debugging • 부적절한 제조기술 • 부적절한 가공 및 취급기술 • 조립상의 실수 • 오염 • 부적절한 설치 • 부적절한 시동 • 저장 및 운송 중의 파손 • 부적절한 포장 및 수송 • 제조 능력을 고려치 못한 설계
예방책	• 철저한 품질관리 • aging • 번인/ESS/HASS

초기고장기간은 감소하는 DFR(Decreasing Failure Rate)기간이다. 초기고장기간에서 발생하는 고장은 제조과정에서 제품에 혼입된 큰 결점(macro defect)이나, 작업자 실수, 설치나 운반 미숙 등에 의하여 발생하는 경우가 많다. 즉, 품질관리 미숙에서 발생하는 고장이 많으므로 품질고장(quality failure)이라고 한다. 초기고장기간을 유아사망(infant mortality)기간이며 기업에서는 초기유동기간 또는 품질안정화 기간이라고도 한다.

2) 우발고장기간

설계나 제조상의 결함이 제거되어 품질안정화가 이루어지면 고장률은 일정하게 된다. 이 기간을 우발고장 기간이라 하며, 그림의 욕조곡선에서 $[t_1, t_2]$기간이 이에 해당한다. 우발고장기간에는 설계과정에서 예상치 못한 과부하(overstress)와 사용자의 실수 등의 고장이 우발적으로 발생한다. 즉,

이 기간 동안 고장의 발생은 아무도 미리 예측하기 어렵고 확률적으로만 예측이 가능한 기간이라고 할 수 있으며, 이것이 우발고장기간의 의미라고 할 수 있다.

고장의 원인	• 낮은 안전계수(예상보다 스트레스가 높거나, 강도가 기대치보다 낮은 경우) • 혹사/과용/남용 • 사용자의 과오 • 최선의 검사방법으로 탐지되지 않는 결점 • 디버깅 중 발견되지 않은 결함 • 천재지변
예방책	• 사용환경 스트레스를 고려한 설계 • worst case를 고려한 설계 • 사용자의 과오 방지 • 내 스트레스 설계

우발고장기간은 일정한 CFR(Constant Failure Rate)기간이다. 따라서 이 기간의 고장시간은 지수분포로 모형화될 수 있다. 신뢰성공학에서 신뢰도 예측을 위한 MIL-HDBK-217과 Telcordia SR-332의 경험적 모델들은 지수분포를 가정하고 있다. 이는 우발고장기간의 일정 고장률을 예측하기 위한 모델이라고 할 수 있다.

3) 마모고장기간

아이템을 어느 기간 이상 사용하면, 재료나 부품이 열화되어 고장률이 증가하게 된다. 이 기간을 마모고장기간이라고 하며, 그림에서 t_2 이후가 이에 해당한다.

고장의 원인	• 부식 및 산화 • 마멸 및 피로 • 노화 및 퇴화 • 불충분한 정비 • 부적절한 완전분해정비(overhaul)
예방책	• 장비의 고장률 감소를 위한 예방보전 • 수명이 낮은 부품 개선 • 좋은 재질의 부품을 선택한 설계

마모고장기간은 증가하는 IFR(Increasing Failure Rate)기간이다. 고장률이 허용할 수 없을 정도로 높거나 결함으로 인하여 아이템의 수리가 불가능하다고 여겨질 때까지의 기간을 유용수명(useful life)이라 한다. 유용수명을 내구수명(endurance life) 또는 내구한계(endurance limit)라고도 한다. 욕조곡선의 초기고장, 우발고장, 마모고장 기간은 아이템의 정성적 고장 메커니즘을 나타내고 있다. 즉, 설계나 제조상의 결함으로 고장이 발생하는지, 우발적인 과부하에 의해 고장이 발생하는지, 아니면 열화에 의한 마모성 고장인지를 판단할 수 있게 해준다. 또한, 욕조곡선은 고장의 원인을 분석할 수 있는 방향을 제시함으로써 신뢰성 관리에 도움이 된다.

4) 욕조곡선과 신뢰성향상

욕조곡선에서 신뢰성향상의 의미는 ① 초기고장 기간 : 초기 고장률을 낮추고, 안정화 시간을 단축, ② 우발고장 기간 : 우발고장률을 낮춤, ③ 마모고장 기간 : 내구수명을 신뢰성 목표 이상으로 연장

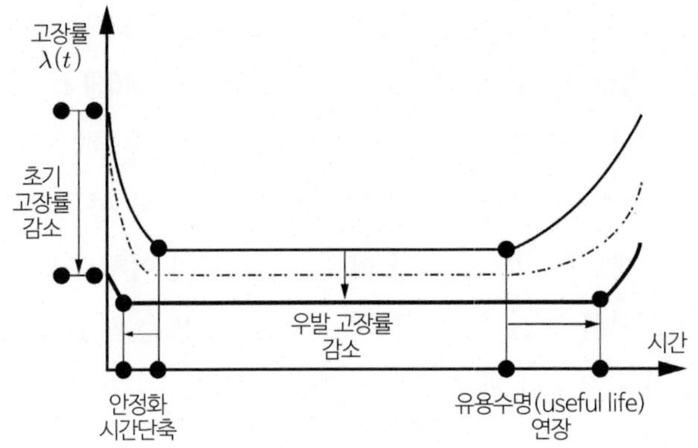

(3) 파국고장, 열화고장(catastrophic failure; degradation failure)

고장은 고장발생이 순간적으로 일어나는가 또는 점진적으로 일어나는가에 따라 파국고장과 열화고장으로 분류할 수 있다. 파국고장은 아이템의 기능이 순간적으로 정지하는 고장, ① 리모컨이나 핸드폰을 바닥에 떨어뜨려 파손되는 경우, ② 낙뢰로 인하여 전자제품의 회로가 끊어지는 경우, ③ 외부로부터의 강한 충격으로 구조물이나 기계부품이 파손되는 경우, ④ 유리그릇을 뜨거운 물에 갑자기 담그면 깨지는 경우 등이다.

열화고장은 아이템의 성능이 시간에 따라 저하되어 발생하는 고장, ① 커패시터 또는 2차전지의 정전용량 저하, ② 형광등의 밝기 저하(흑화현상), ③ 자동차 V-벨트, 브레이크 라이닝 등 기계부품의 마모 등이다.

1) 파국고장의 원인

아이템 내부에 결점이 있거나 구조가 취약하면 작은 충격에도 고장이 발생할 수 있다. 파국고장은 이론적으로 외부의 응력(이를 신뢰성공학에서는 스트레스라고 부른다)에 견딜 수 있는 힘, 즉 강도(strength)가 불충분하여 발생하는 것으로 알려져 있다. 따라서 대부분의 제품은 외부에서 가해지는 스트레스나 부하(load)를 예측하여 강도를 그보다 크게(예 1.3배 또는 2배) 설계한다. 그러나 이러한 제품이 외부 응력에 파손되는 것은 설계단계에서 예측하지 못한 크기의 스트레스가 발생하였거나 다른 종류의 스트레스가 발생한 경우가 대부분이다. 그러한 이유는 설계자가 미처 모든 가능한 스트레스에 대한 정보를 수집하지 못한 경우도 있고, 또는 사용자가 제품을 설계 규격과는 다른 용도나 과용을 하는 경우도 있다.

2) 열화고장의 원인

열화고장은 아이템을 오래 사용하여 성능 특성치가 요구 수준보다 상당히 저하되어 사용할 수 없는 경우, 주로 스트레스의 영향이 누적되어 내구한계를 벗어나서 발생한다. 예를 들어, 전자제품의 냉각용 팬(fan)을 오래 사용하면 윤활재의 증발이나 베어링의 마모로 인하여 소음이 발생한다. 이와 같이 부품 또는 재질의 마모나 변형, 피로, 크랙, 균열, 박리와 같은 물리적 현상, 부식이나 오염과 같은 화학적 반응에 의하여 열화고장이 발생한다. deterioration을 열화, degradation은 분해(분해로 인한 열화)로 번역하는 경우도 있다. 그러나 신뢰성공학에서는 degradation을 열화로 한다.

3) 고장의 분류

고장을 분류하는 방법에는 파국고장과 열화고장 이외에도 여러 가지 방법이 있다. ① 초기고장, 우발고장, 마모고장은 제품이 출하되어 사용되는 기간에 따른 분류(욕조곡선 참조), ② 내재적 고장(intrinsic failure)과 외재적 고장(extrinsic failure)에서 내재적 고장 제품이나 부품의 내부 문제(설계 오류, 재료선정 등)로 인한 고장, 외재적 고장은 외부에서 작용하는 스트레스로 인한 고장, ③ 치명고장, 중대고장, 사소한 고장, 무시할 만한 고장은 고장발생이 미치는 영향의 심각도(criticality)에 의한 분류하고 치명고장(critical failure)은 고장의 발생이 안전, 기능의 완전정지와 같은 심각한 문제를 야기할 때, 중대고장(major failure) 사고를 유발하지 않으나 기능이나 성능에 중대한 영향을 미치는 고장, 사소한 고장(minor failure) 기능이나 성능에 약간 영향을 주는 고장, 무시할 만한 고장(negligible failure) 기능이나 성능에 영향을 주지 않으나 소비자의 만족도를 저하시키는 고장

4) 기타 고장

① 오용고장(misuse failure)은 사용 중 아이템의 규정된 능력을 초과하는 스트레스에 의한 고장,

② 취급부주의고장(mishandling failure)은 아이템의 부적절한 취급 또는 부주의에 의한 고장,

③ 취약고장(weakness failure)은 아이템의 규정된 능력 이내의 스트레스에 놓이더라도 아이템 자체의 취약점에 의한 고장,

④ 설계고장(design failure)은 아이템의 부적절한 설계에 의한 고장,

⑤ 제조고장(manufacturing failure)은 제조과정에서 아이템의 설계 또는 규정된 제조공정과의 불일치에 의한 고장,

⑥ 에이징고장(ageing failure), 마모고장(wearout failure)은 아이템의 고유한 고장 메커니즘들의 결과로 발생확률이 시간에 따라 증가하는 고장,

⑦ 돌발고장(sudden failure)은 사전 시험이나 모니터링에 의해 예견될 수 없는 고장,

⑧ 점진고장(gradual failure)은 아이템의 주어진 특성이 시간에 따른 점

진적인 변화에 의해 발생하는 고장,

⑨ 연관고장(relevant failure)은 시험 또는 운용결과를 해석하거나 신뢰성 척도를 계산하는 데 포함되어야 하는 고장,

⑩ 비연관고장(non-relevant failure)은 시험 또는 운용결과를 해석하거나 신뢰성 척도를 계산하는 데 제외되어야 하는 고장,

⑪ 일차고장(primary failure)은 다른 아이템의 고장 또는 결함에 의해 직접 또는 간접적으로 야기되지 않는 아이템의 고장,

⑫ 2차고장(secondary failure)은 다른 아이템의 고장 또는 결함에 의해 직접 또는 간접적으로 야기되는 아이템의 고장,

⑬ 완전고장(complete failure)은 모든 요구기능을 완전히 수행할 수 없게 하는 고장,

⑭ 부분고장(partial failure)은 요구 기능 중 일부 기능을 수행할 수 없게 하는 고장,

⑮ 공통원인고장(common cause failure)은 어떤 하나의 사건으로부터 발생한 여러 아이템의 고장,

⑯ 공통모드고장(common mode failure)은 고장모드가 동일한 아이템의 고장,

⑰ 간헐고장(intermittent failure)은 매우 짧은 시간 동안 일부 기능이 상실되는 고장으로 즉시 완전한 작동 상태로 환원된다.

⑱ 지속고장(persistent failure)은 일부 부품을 수리하거나 교체할 때까지 지속되는 고장.

8-4-3 System의 신뢰성

(1) 신뢰성 설계(design for reliability)

신뢰성 설계는 개발된 시스템의 신뢰도가 사용자가 요구하거나 또는 사전에 규정된 신뢰성 목표를 만족할 수 있도록 수행하는 제반활동을 의미한다.

일반적으로 신뢰성 설계는 다음과 같은 절차를 따라 실시한다.

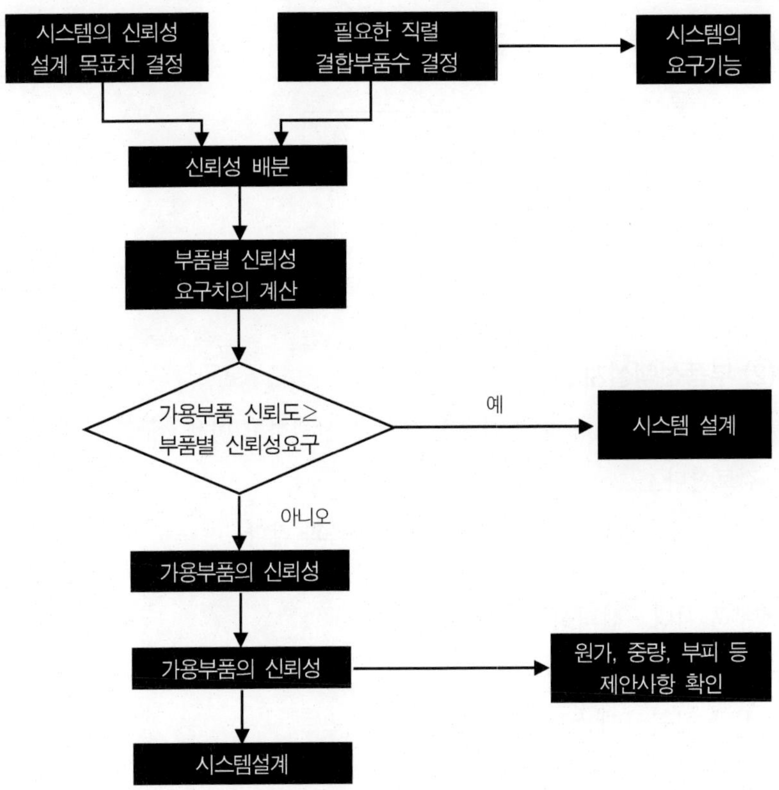

그림 8.5 일반적인 신뢰성 설계 절차

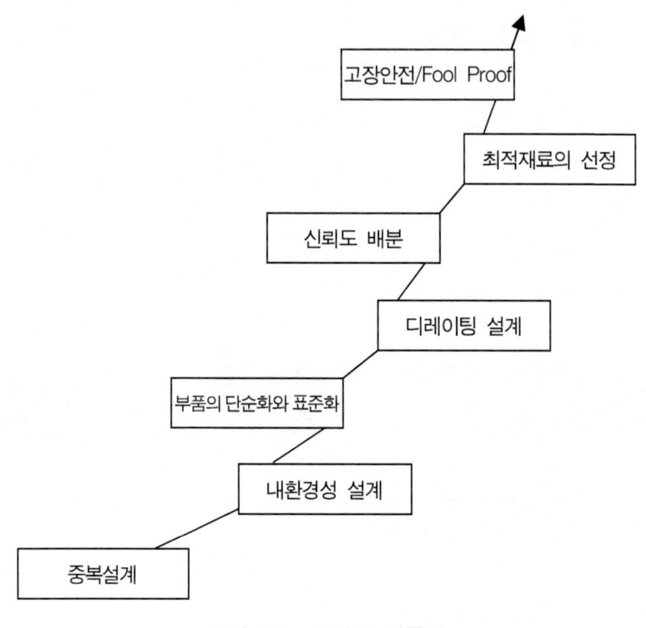

그림 8.6 신뢰도 목표값

(2) 부품선택설계

기기의 설계에서 구성될 필요한 부품을 선택하고 비용 · 구조 · 성능을 비교, 검토한다.

부품 신뢰성관리의 기본적인 순서는 다음과 같다.

- 부품 시방 · 신뢰성시방의 요구
- 부품 시방서의 승인
- 부품 신뢰성 테스트로 부품인정
- 부품 메이커의 공장심사

부품 시방서를 채워가는 단계에서 부품의 적합성이 체크되지만, 설계기술자가 모든 부품에 관한 지식을 갖는다는 것은 무리이기 때문에, 일반적으로 부품확정시험센터 등에서 부품 신뢰성기술자를 양성하여, 부품의 사용법에 대해서도 설계기술자에게 어드바이스 하는 것이 유효하다. 또, 복잡한 부품이나 전용부품(unit)에 대해서는 부품 메이커와 공동으로 설계하여, 기기에서의 사용법이나 조건을 제시한 다음, 공동으로 설계심사나 신뢰성 평가를 실시한다.

표 8.19 부품의 신뢰성관리

	관리항목	
사전	요구 시방서 발행	요구 시방의 결정
		요구 신뢰도 목표설정
	조달 전의 선정	조달 전 고장심사
	승인도 발생	부품 시방서 승인
	부품 인정	부품 인정 시험
		법 규제 대응(TSCA 외)
		인정
		대상 외 부품의 신뢰성 관리
	계약의 체결	기본 거래 계약서
		품질 보증 협약서

(3) 신뢰성 설계의 사고방식

신뢰성에서 설계가 중시되는 것은 품질보증을 진행할 때, 사고나 고장이 발생한 후에는 너무 늦기 때문이다. 시간적 품질로서의 신뢰성은 제품이나 시스템 기획, 개발, 설계와 같이 제조에 앞선 단계에서 확실히 평가, 해석해 두지 않으면 때를 놓치게 된다. 따라서 사전에 신뢰도를 계획적으로, 각 부분으로 나누어 일정에 맞게 정해진 기한까지 요구되는 신뢰도에 도달하도록 계획하고 또한 시작에서 양산까지 해석, 평가를 반복하여 실시해야 한다. 설계에서 사전 신뢰성예측이나 시험이 중시되는 것도 당연한 일로서 제품이 시장에 출하된 후, 손해를 받는 것보다 사전설계에 투자하는 쪽이 현명하다고 생각하기 때문이다. 특히 급속한 기술적 변화가 일어나고 있으며 또한 제품개발 기간이 정해져 있는 기술 분야에서 신뢰성 설계가 중요시되고 있다. 신뢰성 설계는 다음과 같은 제반적인 관점에 유의하여 실시할 필요가 있다.

① 설계자는 신뢰성, 보전성뿐만 아니라 모든 품질특성을 고려한다. 예를 들면 중량, 용적, 요구 성능 등, Trad-off를 실시하여 비용의 유효성을 높인다.
② 제품이나 시스템 자체의 신뢰성 목표를 명확히 하고 이를 만족하기 위한 내환경성, 시간적 품질유지를 위한 설계가 중시된다.
③ 설계된 신뢰도는 고유 신뢰도 값이 된다.
④ 고유 신뢰도는 제조, 취급, 보관, 사용법 등에 의해서 저하되는 경향에 있으므로 설계 시에 이와 같은 점을 고려해 두지 않으면 안 된다.
⑤ 설계가 고유 신뢰도를 달성하는 능력이 부족한 경우는 사용 시, 불신뢰 비용증대를 고려해 두어야 한다.
⑥ 시간제약과 비용제약을 받는다. 특히 신뢰도 평가에 시간과 비용이 든다.
⑦ 간과하거나 미평가 등을 피하기 위해 설계의 각 단계에서 시험과 심사를 한다.
⑧ 신뢰성 설계에 필요한 기초데이터는 바로 쌓이는 것이 아니라 계획적으로 축적해야 하는 것이다.

(4) 신뢰성 설계의 5원칙

최근 신뢰성 설계에 대해서 여러 가지로 어려운 언어, 방법이 사용되고 있는데 종래부터 설계의 지혜로서 다음과 같은 경험법칙이 있다.

① 과거 경험을 살린다.

과거의 실패를 경험삼아 과거 실적이 있는 구조설계, 부품선정을 실시한다.

② 부품 종류수를 적게 하다.

직렬계의 부품점수가 증가하면 그것만으로 신뢰성이 저하한다.

③ 표준부품을 사용한다.

표준부품은 사용실적도 있어 신뢰성이 높은 것이 보통이다. 또한 표준품을 사용하면 출하 후 보수성이 높아져 보전성 설계로서도 유효하다.

④ 점검, 조정, 교환 작업을 쉽게 한다.

보전설계 중 하나로서 보전시간 단축에 의해 Availability가 향상된다.

⑤ 부품에 호환성을 준다.

이것이 보전설계 중 하나로 표준화, 모듈화를 실시해 둔다. 기기상호 간의 호환성이나 기기의 각 부품 간의 호환성을 주면 보수용 부품 종류수를 적게 하거나 고장발생 시에 처리가 빨라진다.

(5) 부하경감

부하경감(Derating)은 신뢰성을 개선하기 위해 계획적으로 내부스트레스를 경감하는 것이다. 예를 들면 전자부품 등에서 그 부품의 정격전력(전압)보다 낮은 소비전력(인가전압)으로 사용하는 것이다. 이러한 의미에서 부하경감 계수(Derating facotr, DF)는 일반적으로 다음과 같이 정의된다.

DF = 사용 시 실제 소비전력(인가전압, 기타) / 부품의 정격전력 (전압, 기타)

(주) 영어로 75% Derating이라 하면 DF = 0.25

당연 DF < 1에서 사용하지만 무턱대로 DF를 작게 해도 신뢰성은 어느 정도 이상으로는 되지 않는다. 또한 알루미늄 전해콘덴서와 같이 극단적인 부하경감은 오히려 신뢰성을 저하시키는 것도 있다. 반도체 경우는 칩 온도가 수명시간에 크게 영향을 주고 칩 온도가 10℃ 상승할 때마다 수명이 1/2~1/15로 줄어든다(이를 "10℃법칙"이라 한다). 따라서 소비전력을 부하경감해서 칩 온도를 내리면 신뢰성 향상이 현저하다.

(6) Redundancy Design

용장성(Redundancy)은 규정기능을 수행하기 위한 요소 또는 수단을 여분으로 부가해서 그 일부가 고장 나더라도 전체로서는 고장 나지 않는 성질이다. 다시 말해서 시스템에 있어서 중요한 부분, 신뢰도가 낮은 부분을 병렬적으로 보강하는 것으로 신뢰성 기술 중 가장 오래전부터 제안되고 있는 방법이다. 용장방식에는 병렬용장, 대기용장, 다수결(2/8)용장 등 많은 것이 있다. 용장을 실시하는 데 있어서 각 부품 등, 고장모드를 충분히 파악해 두지 않으면 예기치 못한 고장에 의해 오히려 신뢰도를 저하시키는 경우가 있다. 예를 들면 릴레이 접점을 접촉 불량고장에 대해 용장도를 주기 위해 병렬로 2~3극 사용한 경우, 확실히 접촉 불량에 대해서 신뢰성이 향상하지만 도통불량은 고장에 대해서는 오히려 위험성이 높아진다.

(7) Fool proof, Fail safe, Fail soft, Fault tolerant

Fool-Proof는 인간이 조작실수 등을 하지 않도록 하는 설계방식이다. 전압이 다른 콘센트나 플라그는 삽입 착각을 하지 않도록 형상을 변형했는데 이것도 Fool-proof의 사례이다. Fail-safe는 만약 고장이 일어나더라도 장치가 안전 측으로 작동하도록 한 설계방식이다.

교통신호는 신호기가 고장 나도 청-청은 절대로 나오지 않도록 하고 있다. 예를 들면 온도검출서가 단선된 경우에는 히터가열을 자동적으로 정지하도록 설계되어 있다.

Fail-soft란 시스템의 일부에 고장이 발생한 경우 고장부분을 잘라냄으로써 시스템 전체 기능은 저하하지만 시스템의 기본적인 동작이 계속 가능한 방식이다. 예를 들면 여러 대의 냉동기를 탑재하고 있는 챔버에서는 상식적으로는 한대의 냉동기가 고장 나도 다른 냉동기로 운전을 속행시키도록 한다. 이 경우 온도저하속도와 최저도달온도 등이 완전히 챔버의 사양을 만족할 수 없어도 상당한 범위의 운전조건을 만족할 수 있어 운용의 신뢰성이 높아진다.

Fault-tolerant는 시스템의 일부에 고장이 발생하더라도 시스템 기능을 저하시키는 일 없이 운전을 계속할 수 있는 방식으로 가장 신뢰성이 높아지는 방식이다.

(8) Trade-off

현재 신뢰성기술에서는 Fool-proof나 Fail-safe는 상식으로서 Fail-soft, Fault-tolerant를 얼마나 실현해 가는지가 문제가 되고 있다. 이와 같이 신뢰성 수준을 올리기 위해서는 시간적인 제한, 비용적인 제약 등, 많은 문제점이 있다. 따라서 제품설계에 있어서는 신뢰성, 보전성, 중량, 치수, 성능 등, 품질 면과 함께 비용 등, 경제성이나 납기 등의 이른바 상품의 3요소(품질, 가격, 납기) 간의 균형을 잡는 것이 중요하다. 이를 Trade-off라 한다.

(9) 신뢰도 배분

신뢰도 배분이란 제품의 신뢰도 목표치를 제품을 구성하는 유닛, 부품에 대해서 신뢰도의 형태로 분할하는 것이다. 신뢰도 배분은 보전 등도 고려하면서 중요한 곳에 높은 신뢰도를 할당하는 것이 보통이다. 절대로 고장 나서는 곤란한 부분을 특히 고신뢰, 안전구조로 하는 설계방식을 Safe-life라 하며 기입이 필요한 안전장치나 보전이 곤란한 것에 적용한다.

(10) 기계설계와 전기설계에서의 신뢰성

신뢰성에 관해서는 주로 전기, 전자회로 시스템 설계에서 의논되는 경우가 많은데 기계설계에서는 수명이나 안전계수(안전율)문제로 검토되는 경우가 많다. 안전계수는 부하경감에 해당하는 것으로 다음과 같이 정의된다.

안전계수 = 강도/스트레스(응력)

안전계수의 구체적인 수치로서는 항공기에서 1.25(군용)~1.5(민간), 자동차는 항복과 피로에 대해 1.3~1.6, 철골구조에서 2.5~3.0 정도로 선택되지만 동경타워와 같이 안전율이 100배라는 사례도 있다. 스트레스와 강도에 관한 정보가 부족하면 안전계수도 크게 고를 수 없기 때문에 필요 이상으로 안전을 예상한 과잉품질의 설계가 된다. 이러한 의미에서 안전계수를 무지계수라고도 한다.

(11) 내환경설계

지상에서의 기온은 장소와 계절에 따라 다르지만 최저온도가 −41.0℃ 최고온도가 40.8℃의 기록이 있으며 세계적으로는 최저온도가 −88.3℃, 최고온도가 57.7℃의 기록이 있다.

제품설계에서는 사용 시 환경에는 주의하지만 보존상태 혹은 수송 시 환경에 대해서 간과하기 쉬우므로 주의가 필요하다. 특히 수송 중 스트레스는 여러 가지로 항공기를 사용한 경우에는 저압, 저온이 되며 선박수송의 경우에는 습도와 염, 수의 영향이나 비바람이 심한 날씨에는 짐이 무너지기도 한다. 또한 트랙수송 경우에는 다른 수송수단에 비해 가장 큰 가속도를 받는다. 철도차량에 의한 수송 시에는 진동, 충격 모두 의외로 작아 1G를 초과하는 것은 없으며 대부분 0.5G 이하라고 한다. 그러나 화물적하나 옮겨 쌓을 때 받는 충격은 이동 중보다 훨씬 커서 엄중하게 포장하더라도 10G에 견딜 수 없는 제품은 상품으로서 성립을 인정하지 않는다.

(12) 인간과 신뢰성

항공기의 사고는 그 70%까지가 파일럿 실수라고 하지만 이것은 파일럿이 좋지 못해서가 아니라 파일럿에게 중대한 부담을 너무 지게 하기 때문이라고 한다. 시스템 중에서 인간이 가장 약점으로 신뢰성이 낮다고도 한다. 이와 같이 인간은 기계에는 없는 능력을 갖고 있지만 그 반면 실수도 매우 많다. 따라서 제품설계에 있어서는 인간의 특성을 파악한 인간공학적인 고려가 필요하다. 인간의 특성으로서는 다음과 같은 것이 있다.

① 물리적인 힘

10초간에 2마력의 힘, 5~6분에서 0.5마력의 힘, 하루연속 작업에서 0.2

마력의 힘이 나온다.

② 반응시간

시각에 의한 반응시간이 0.2초, 청각에 의한 반응시간이 0.15초, 촉각에 의한 반응시간이 0.05~0.10초이다.

③ 그 외

(기계에 비해) 패턴인식, Originality능력, 학습능력 등에 우수하지만 버릇이나 능력에 개인 차(편차)가 크다. 인간공학적 설계의 한 예로서 계기의 최적판독 거리와 눈금거리에 관한 뮤렐 식이 있다.

D=1.2~1.5L

D : 판독거리(Feet)

L : Full-scale길이(Inch)

상기 식 1.5는 기기가 양호한 거처의 환경에 놓인 경우로 1.2는 계기가 나쁜 환경에 놓인 경우에 채용한다.

(13) 설계신뢰성 체크리스트

신뢰성은 설계시점에서 대부분 결정되기 때문에 FMEA와 신뢰도 예측 등 신뢰성기술의 대부분은 설계에 대해 적용된다. 물건의 본질을 간파하는 능력을 가진 우수한 설계기술자는 FMEA와 FTA를 실시하지 않아도 신뢰도가 높은 제품을 설계할 수 있지만 역시 인간이기에 실수나 간과하는 경우도 있다. 이를 방지하기 위해서는 서식화된 체크리스트를 사용하는 것이 유효하다. 신뢰성이 높은 체크리스트를 작성하는 것도 대단한 일이지만 문제점이 있으면 그때마다 수정하고 성장시켜 가는 것이 중요하다.

설계신뢰성 체크리스트를 살펴보면 다음과 같다.

① 부품에 대한 신뢰성의 요구는 있는가.
② 부품에 대한 신뢰성의 판정기준은 있는가.
③ 보전과 보전성의 목표는
④ 수입, 인정의 발취신뢰성 보증시험은 확률이 있는가.
⑤ 고신뢰부품의 표준화는 할 수 있는가.
⑥ 어느 것이 불신뢰부품인지 확실히 하고 있는가.
⑦ 각 부품이나 부품등급의 고장률은 확실히 하고 있는가.
⑧ 선택된 부품은 신뢰성요구를 만족하고 있는가.
⑨ 기술수준 이하의 부품이나 문제점은 무엇인가.
⑩ 부품의 보관수명은
⑪ 유한수명 부품은 알려져 있는데 검사와 교환방식은 규정되어 있는가.
⑫ 중요한 부품은 무엇인가.
⑬ 부하경감 계수는
⑭ 안전계수는
⑮ 구조(회로)의 안전여유는 충분한가.
⑯ 표준 혹은 이미 경험이 있는 구조(회로)가 알려져 있는가.
⑰ 호환성을 위한 부품선별이 있는가.
⑱ 구조(회로)는 부품의 특성치 변동과 열화를 고려하고 있는가.
⑲ 조정은 최소로 끝나는가.
⑳ 모든 조정은 공장, 조정단계, 조작 어느 단계에서 하는지 확실히 하고

있는가.

㉑ 조정에 관한 구조(회로)나 부품의 안정성 요구는 확실히 하고 있는가.

㉒ 각 조정에 대한 순서와 그 한계, 예를 들면 무조정, 중심치로 설정, 한계 이상은 고장으로 보는 등 확실히 하고 있는가.

㉓ 규정의 장치성능(일정 출력)을 얻기 위해 피드백이 필요한가.

㉔ 인간공학적으로 사용하기 쉬운가.

㉕ 소켓이 이상한 경우에 커넥터와 플러그는 보호되어 있는가.

㉖ 소형고신뢰부품이 사용되고 있는가.

㉗ 이상 지시장치는 있는가.

㉘ 자기모니터, 자기교정 장치는 있는가.

㉙ 기계적 구조는 적절한가.

㉚ 열, 방산은 어떠한가.

㉛ 개발모델은 가능한 생산모델에 가깝게 고려되어 있는가.

㉜ 대진동, 대충격으로의 고려는

㉝ 시간계는 붙어 있는가.

㉞ 곰팡이나 부식에 대한 처리는

㉟ 포장과 기계적 레이아웃은 보전으로 적절한가.

㊱ 이론신뢰도 혹은 부품의 MTTF는 결정되어 있는가. 목표치는 어떠한가. 설계조정 항목은.

㊲ 중요부품에 대한 환경의 악영향 감소를 고려하고 있는가.

㊳ 한계시험을 포함한 고장률 예측시험은 정해져 있는가.

㊴ 서비스성의 목표를 달성하고 있는가.

㊵ 시험에서 발견된 설계상의 부적절은 제거되어 있는가.

㊶ 고장모드와 그 정도 불량부품은 인지되어 있는가.

㊷ 부품의 고장률을 신뢰도예측 방정식에 사용하는 경우 다음과 같은 점이 고려되어 있는가.

ⓐ 전 장치에 대한 외부효과는

ⓑ 부품에 대한 내부효과는

ⓒ 부품 간 혹은 공통 효과 특히 기계적, 전기 기계적 간섭효과는

㊸ 용장은 신뢰성 목표를 달성하고 있는가.

(14) 중복(redundancy)

아이템의 구성품 일부가 고장 나더라도 요구 기능을 수행할 수 있도록 두 개 이상의 구성품으로 요구 기능을 수행하도록 하는 신뢰성설계 방법을 중복이라 한다.

중복을 위한 구성품은 반드시 동일할 필요는 없으며, 주로 안전이 중요한 항공, 원자력 발전소, 철도와 통신시스템의 신뢰성향상을 위하여 사용된다.

예 프로펠러를 동작시키기 위해서는 엔진에서 동력이 전달되어야 한다. 엔진은 주 엔진과 보조엔진으로 구성되어 있으며, 두 엔진은 프로펠러를 동작시키기에 충분한 동력을 출력시킬 수 있다. 따라서 엔진부분을 구성하고 있는 주 엔진 또는 보조엔진 중 어느 하나만 동작하면 엔진부분의 요구 기능을 수행할 수 있다. 이러한 구조가 중복구조이다.

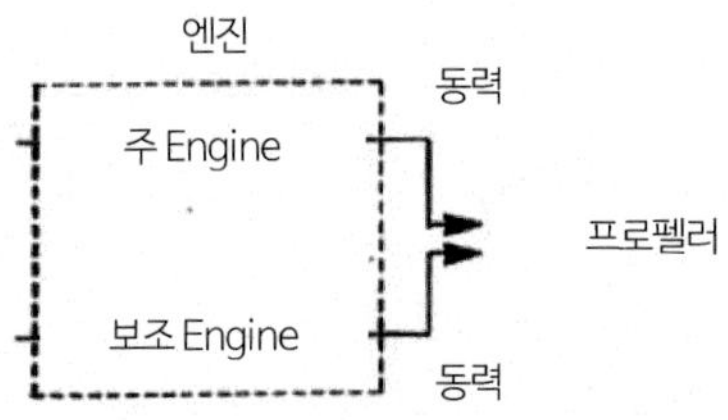

중복은 외적 구성품이 존재하느냐 또는 존재하지 않느냐에 따라 활성중복(active redundancy)과 대기중복(standby redundancy)으로 구분하며, 활성중복은 그 방식에 따라 병렬구조와 majority vote로 구분한다.

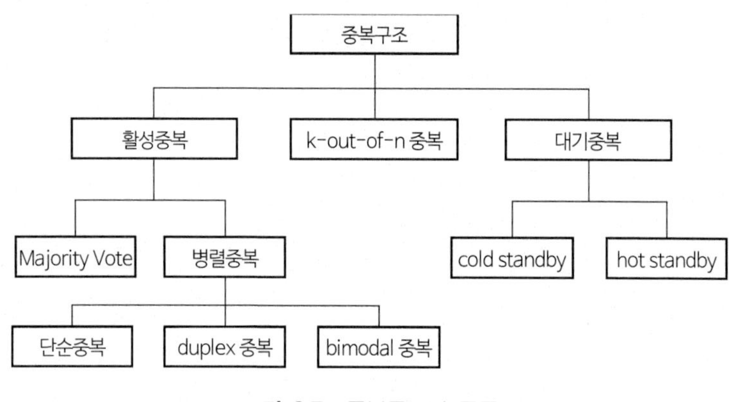

그림 8.7 중복구조의 종류

1) **활성중복**(active redundancy)

여분의 구성품이 주 구성품과 함께 동작하는 중복. 활성중복에서는 시스템이나 주 구성품의 고장이나 경로상의 고장 또는 주 구성품이 고장날 때, 여분의 구성품으로 절체(switching)시키는 것을 결정하기 위한 외적 구성품들이 필요하지 않다.

활성중복은 병렬중복과 majority vote구조로 나뉜다.

① 병렬중복(parallel redundancy) : 설비를 설계하는 데 이용 가능한 중복의 형태에서 가장 일반적으로 이용되는 중복구조로서 세부적으로 단순중복, duplex중복, bimodal중복이 있다.

② majority voter : 기본적인 병렬중복구조에서 각 구성품으로부터 나온

신호를 voter에 입력하고 각각의 신호를 나머지 신호들과 비교하여 결정하도록 하는 중복구조. 이 중복구조는 연속적으로 동작하거나 간헐적으로 동작하는 Logic회로에 사용되며 약간 변형된 형태의 중복구조는 케이트 커넥터 로직에 사용된다.

2) n 중 k 중복(k-out of-n redundancy)

n개의 구성품으로 구성되어 있는 시스템이 동작하기 위해서는 최소한 k개의 구성품이 동작하여야 하는 중복구조.

- 고속전철의 모터블록은 8개의 모터 중 6개 이상이 정상적으로 기능을 수행하면 되는 8 중 6 시스템이다.
- 항공 통제시스템에서는 n개의 디스플레이 중에서 반드시 k개 이상이 작동해야 시스템의 신뢰도를 만족시킬 수 있다.

일반적으로 시스템의 신뢰도를 향상시키기 위해 중복구조를 이용하고 있다. 그러나 중복 설계를 하는 경우에 비용, 크기, 무게, 복잡도와 같은 사항을 고려하여야 한다. 백업 시스템이나 낮은 수준의 아이템들을 여분으로 추가하는 것은 하드웨어의 무게와 비용을 증가시킨다. 따라서 이러한 무게와 비용은 중복을 더 낮은 수준의 아이템(예를 들어 어셈블리보다 부품으로)에 적용시킴으로써 낮출 수 있다.

중복구조의 큰 문제점은 추가되는 아이템과 구조로 인해 발생하는 복잡도의 증가이다. 이러한 복잡도의 증가는 시스템의 신뢰도 향상에 부정적인 영향을 줄 수 있다.

3) 중복의 효과

중복은 시스템의 신뢰도를 향상시키기 위한 신뢰성설계의 한 방법이다. 평균수명이 $1/\lambda$인 구성품 두 개로 구성된 중복구조의 MTBF와 단일 구성품의 MTBF를 비교하면 다음과 같이 중복구조의 평균수명이 증가함을 알 수 있다.

구 분	MTBF
단일 구성품	$1/\lambda$
활성중복구조	$3/(2\lambda)$
대기중복구조	$2/\lambda$

또한 단일 구성품과 대기중복구조의 신뢰도를 시간이 경과함에 따라 비교하면 다음의 그림과 신뢰도에 차이가 많이 난다.

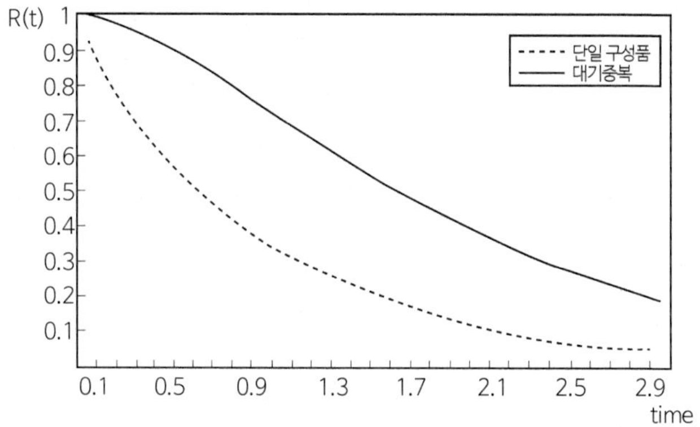

4) 부하경감(derating)

통상규격의 표준부품을 제품의 구성부품으로 사용할 경우, 고장률을 대폭적으로 저하시키기 위해서는 부하를 정격 값의 몇 분의 1로 줄이는 것이 좋다. 이와 같이 구성부품에 걸리는 부하의 정격 값에 여유를 두고 설계하는 방법을 부하경감(derating)이라고 한다.

부하경감의 효과로 부하의 정격 값에 조금만 여유를 두어도 고장률이 현저하게 감소하는 경우가 있다.

표 8.20 부하경감 효과 사례

부 품	규정 최대		규정용량 이하		고장률 감소
	작동조건	고장률 / hr	작동조건	고장률 / hr	
트랜지스터	전력	2×10^{-6}	50% 전력	0.55×10^{-6}	3.6 : 1
탄소저항	전력	6×10^{-6}	50% 전력	1×10^{-6}	6 : 1
변압기	내부온도 110℃	1.1×10^{-5}	내부온도 60℃	0.05×10^{-5}	22 : 1
모터 bearing	100,000rpm	3.2×10^{-5}	5,000rpm	0.8×10^{-5}	4 : 1

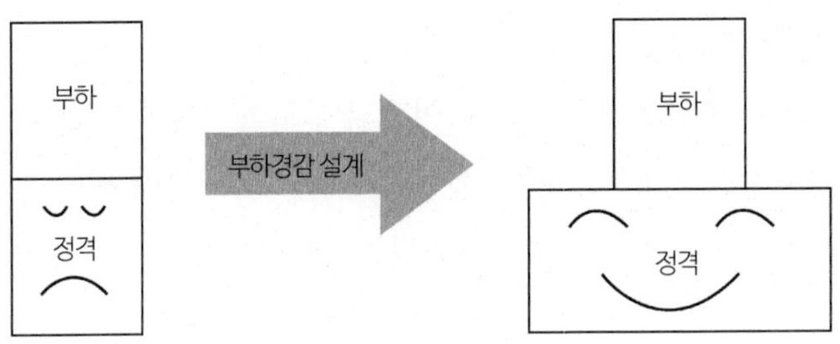

그림 8.8 부하경감

5) **신뢰도 배분**(reliability apportionment)

전체 시스템에 요구되는 신뢰도 목표 값을 서브시스템이나 더 낮은 수준의 아이템의 신뢰도 목표 값으로 배정하는 과정이다. 이렇게 배정된 신뢰도 목표 값은 시스템을 설계하는 과정에서 부품의 선택, 서브시스템이나 더 낮은 수준의 아이템의 구조 등을 결정하는 근거자료가 된다.

신뢰도 배분방법으로 ① 균등 배분, ② AGREE 배분, ③ ARINC 배분, ④ Feasibility-of-objective 배분, ⑤ 동적 프로그래밍 배분 등이 있다.

시스템
목표 고장률 = 1,000FIT

아이템들의 목표

400 FIT	200 FIT	200 FIT	200 FIT
아이템 1	아이템 2	아이템 3	아이템 4

그림 8.9 신뢰도 배분

6) 결함마스킹(fault masking)과 결함허용(fault tolerance)

① 결함마스킹

서브아이템에 결함이 있더라도 아이템의 구조적 특성이나 그 서브아이템의 다른 종류의 결함 또는 다른 아이템의 결함으로 인하여 해당 서브아이템의 결함을 발견할 수 없는 상태를 결함마스킹이라 한다.

② 결함허용

결함허용은 하나 이상의 결함이 아이템 내에 존재함에도 불구하고 사용자에게 요구기능이나 서비스를 지속적으로 제공하는 아이템의 특성. fail safe fool-proof.

③ 고장안전

조작상의 과오로 기기의 일부에 고장이 발생하는 경우, 이 부분의 고장으로 하여 다른 부분의 고장이 발생하는 것을 방지한다든지 또는 어떠한 사고가 발생하는 것을 사전에 방지하고 안전 측으로 이행하여 작동할 수 있도록 설계하는 방법을 고장 안전이라 한다.

④ fool-proof

사용자가 잘못된 조작을 하여도 이로 인하여 전체고장이 발생하지 않도록 하는 방법이다. 예를 들어 카메라에서 셔터와 필름 돌림대가 연동됨으로써 이중으로 촬영되는 것을 방지하도록 만든 것이다.

사례는 어떤 과오로 인하여 시스템에 과도전류가 입력되더라도 퓨즈에 의하여 과도전류가 시스템에 전달되는 것을 차단되도록 설계된 것이다.

7) **신뢰도 예측**(reliability prediction)

신뢰도 예측은 아이템(부품 또는 시스템)의 운용 및 사용조건을 고려하여 고장률 또는 MTTF와 같은 신뢰성 척도의 값을 예측하는 과정이다.

신뢰도 예측은 크게 시스템 신뢰도 예측과 부품 신뢰도 예측으로 크게 나눌 수 있다.

① 신뢰도 예측의 목적

- 초기 설계규격, 계획서 및 제안서를 요청하기 위한 신뢰성 요구조건을 수립하기 위하여
- 신뢰성 요구조건에 대한 설계 적합성과 실현 가능성 평가를 위하여
- 설계 대안들의 비교 및 절충안 제시를 위하여
- 잠재적인 신뢰성 문제를 확인하고 우선순위를 매기기 위하여
- 시스템의 신뢰도 목표 값을 서브시스템이나 하위수준 아이템으로 배분

하기 위하여

- 보전, 군수지원전략 및 시험평가를 위한 입력 자료를 제공하기 위하여
- 보증계획수립, 예비부품 수요예측, 예산배분 등과 같은 경영의사결정을 위한 정보를 제공한다.

② 전자부품의 신뢰도 예측

1956년 11월 미국의 RADC(Rome Air Development Center)에 의해 출간된 RAC release TR-1100은 전자부품의 신뢰도 예측을 위한 최초 규격으로, 전자부품의 고장률 예측방법으로 널리 이용되는 MIL-HDBK-217F로 발전하였다.

최근, MIL-HDBK-217은 예측의 부정확성으로 인해 폐기되었으며, IEEE에서는 MIL-HDBK-217을 대체할 새로운 예측방법인 IEEE Reliability Prediction Standard 1413을 제안하고 있다. 한편, BT, NTT, RAC, Bell, SAE의 연구소에서는 부품 고장률 예측을 위한 모델들을 개발하고 사용하고 신뢰도예측 방법을 요약하면 다음과 같다.

표 8.21 부품 고장률 예측방법

예측방법	내 용
IEEE Standard 1413	1998년 IEEE Reliability Society에 의하여 제정. 이해하기 쉽고 신뢰할 수 있는 신뢰도 예측을 위한 핵심 요구사항을 식별하고, 사용자가 예측방법을 선택하는 데 충분한 정보를 제공하며, 예측 결과를 효과적으로 사용할 수 있도록 하기 위하여 개발되었음.
MIL-HDBK-217F (Part Stress Analysis)	국제적으로 민간과 군수에서 공통적으로 적용되는 미국방성이 제정한 전기전자 디바이스 표준.

예측방법	내 용
MIL-HDBK-217F (Part Count Analysis)	MIL-HDBK-217 예측방법의 하나로, 시스템설계 전 예측과 개략설계 시 Part Count Analysis를 사용한다. Part Stress보다 예측방법이 단순하고 간단함.
Telcordia SR-332	기업, 통신업체에서 많이 사용되는 전기전자통신부품 신뢰도 예측표준으로, MIL-HDBK-217를 기초로 하여 미국 Telcordia Technologies에서 제정하였다. MIL-HDBK-217에서 제공하는 계산식의 적용과 함께 산업현장 경험치와 필드데이터를 반영하였음. 통신 및 가전분야에서 활용성이 증가되고 있음. 십억 시간 단위로 MTBF를 예측함.
NSWC(Naval Surface Warfare Center) 규격	스프링, 베어링, 씰, 모터, 브레이크 등의 기계적인 디바이스 및 시스템에 대한 예측 표준을 제공하며 NSWC-98/LE1버전을 제공
NPRD95 Database	1970년부터 필드테스트를 거친 부품 및 어셈블리의 데이터베이스. 군수 및 상용부품 및 어셈블리 라이브러리를 23,000여 개를 보유하고 있다.
RDF 2000/China 299B	유럽과 중국에서 사용되는 통신부품, 시스템 신뢰도예측규격을 제공한다. MIL-HDBK-217에서 유래되었으며, MIL-HDBK-217보다 간단한 예측방식을 적용.
MIL-STD-756B Reliability Modeling and Prediction	전자, 전기, 전자기계, 기계, 무기 시스템이나 기기의 신뢰도를 예측하기 위한 일정한 절차와 기본원칙을 제공하고 있다. 수명주기 결정, RBD 생성, 아이템 신뢰도를 계산하기 위한 수리적 모형 등에 대해 설명하고 있다.

③ 시스템의 신뢰도 예측

신뢰도 예측은 규정된 운용 및 사용조건에서 서브아이템의 신뢰도(고장률, MTBF)를 고려하여 아이템의 MTBF, 고장률, 가용도와 같은 신뢰성 척도들을 예측하는 과정이다. 예측방법으로는 분석적 방법과 수리적 모형을 이용하는 방법 등이 있다.

시스템의 신뢰도를 예측하는 절차는 시스템의 고장을 정의하고 유닛들의 고장과의 관련성을 분석하여 신뢰성 블록도를 생성하고 유닛들의 고장률과 상태공간기법을 이용하여 요구조건분석에서 설정하였던 신뢰도를 예측한다.

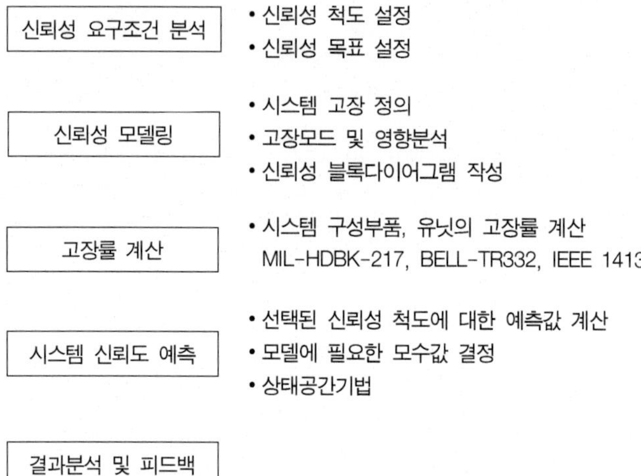

그림 8.10 시스템의 신뢰도 예측 절차

8-4-4 신뢰성 관리(reliability management)

(1) 신뢰성 · 보전성 관리(reliability and maintainability management)

신뢰성 · 보전성 관리는 주어진 자원(인력, 예산, 시간 등) 제약 하에서 사용자의 요구를 만족시킬 수 있는 성능과 신뢰성과 보전성 및 가용성이 높은 제품을 만들어 내기 위해 제품의 개발로부터 설계, 제조 및 사용에 이르기까지 제품의 전 수명주기(life cycle)에 걸쳐 신뢰성과 보전성을 확보하고 유지하기 위한 종합적인 관리활동이다.

신뢰성 · 보전성 관리를 효율적으로 하기 위해서는 신뢰성 · 보전성 목표를 설정하고, 이를 달성하기 위한 체계적인 절차, 방법 및 산출물들을 규정한 신뢰성 · 보전성 프로그램에 따라 목표를 달성하도록 조직적인 노력을 하여야 한다.

(2) 신뢰성 · 보전성 보증(reliability and maintainability assurance)

신뢰성 · 보전성 보증은 '아이템이 규정된 신뢰성 및 보전성 요구조건들을 만족시킬 것이라는 신뢰를 주기 위해 필요한 충분히 계획된 체계적 활동들의 수행'으로 정의된다.

신뢰성 · 보전성 보증은 요구 목표를 달성했다는 확신을 줄 수 있어야 한다. 이 과정에는 적합성과 효과에 대한 지속적인 평가와 그에 따른 시의 적절한 시정조치를 포함하여야 한다. 신뢰성 · 보전성을 보증하기 위하여 프로세스를 검토, 감사, 평가하기 위한 계획과 활동이 수반되어야 한다.

신뢰성 보증과 관련된 규격으로는 MIL-STD-790E, Reliability Assurance Program for Electronic Parts Specifications가 있다.

(3) 신뢰성 · 보전성 통제(reliability and maint ainability control)

신뢰성 · 보전성 통제의 정의는 다음과 같다.

① 아이템의 규정된 신뢰성 및 보전성 요구조건들을 만족하기 위해 수행되는 운용기법 및 활동들.
② 과학적인 계획을 통하여 기술적인 시스템 신뢰성 활동들을 조정하고 지도하는 것.

신뢰성 통제는 다음과 같은 관점에서 전통적인 방법과 다르다.

① 고장자료를 통계적으로 분석한다.
② 전체적인 시스템 계획이 강조된다.
③ 설계, 개발, 생산 및 운용단계에서 적절한 운용자료가 요구된다.
④ 신뢰성 성취가 통제이다.

⑤ 전체적인 수명주기 동안 피드백에 대한 지속적인 감시를 한다.

(4) 신뢰성 · 보전성 프로그램(reliability and maintainability program)

신뢰성 · 보전성 프로그램은 어떤 계약이나 프로젝트와 관련하여 규정된 신뢰성 · 보전성 요구조건을 만족시킨다는 것을 보증하기 위한 조직, 책임, 절차, 활동, 능력 및 자원지원에 하는 문서화된 계획된 활동, 자원 및 사건들로 정의된다.

신뢰성 · 보전성 프로그램의 목적은 다음과 같다.

① 주요 최종 아이템, 목적 달성 및 운영상의 준비성을 개선
② 전체적인 프로그램 비용과 일정에 대한 부정적인 영향을 최소화한다.
③ 중요한 관리 정보를 제공한다.
④ 군수지원, 보전 인력의 수요를 감소시킨다.

신뢰성 · 보전성 프로그램의 활동에는 다음과 같은 것들이 포함된다.

- 시험자료를 줄이고 분석하며 고장 난 파트와 고장보고서를 분석한다.
- 신뢰성 배분
- 품질관리를 조정한다.
- 주요 파트와 환경 요구조건을 결정한다.
- 프로그램 자료를 평가한다.
- 고장자료시스템과 통계적 검정을 계획한다.
- 시스템 신뢰도를 예측한다.
- 설계와 규격을 검토한다.
- 시스템의 복잡도 연구

- 부품 파트 시험, 환경시험에서 공학모형 시험, 필드 시험, 제품 유닛 시험, 원형 시험, 고장 시험
- 신뢰성 훈련

신뢰성 프로그램과 관련된 MIL 규격은 다음과 같다.

- MIL-STD-785B(Reliability Program for Systems and Equipment, Development and Production)
- MIL-STD-1543B(Reliability Program Requirements for Space and Missile Systems)

(5) 신뢰성 · 보전성 계획(reliability and maintainability plan)

아이템이 어떤 계약이나 프로젝트에 관련된 규정된 신뢰성 · 보전성 요구조건들을 만족시킴을 보증하기 위해 필요한 특정한 방침, 자원 및 활동들을 표현한 문서

(6) 신뢰성 · 보전성 감사(reliability and maintainability audit)

신뢰성 · 보전성 활동 및 결과들이 계획에 따라 수행되었는지, 그리고 이 계획이 효과적으로 수행되고 신뢰성 및 보전성 목적을 달성하는 데 적합한 것인지 여부를 확인하기 위한 체계적이고 독립적인 조사

(7) 신뢰성 · 보전성 감시(reliability and maintainability surveillance)

신뢰성 · 보전성 요구조건들이 충족될 것임을 보증하기 위한 절차, 방법, 조건, 제품, 공정 및 서비스 상태의 지속적 관찰 및 기록의 분석으로 신뢰

성 · 보전성 감시는 계약 요구사항들이 충족됨을 보증하기 위하여 종종 소비자 또는 제3자에 의하여 수행된다.

(8) 보전(maintenance)

보전은 아이템이 요구 기능을 수행할 수 있는 상태로 유지하거나 회복시키기 위한 관리활동을 포함한 모든 기술적 · 행정적 활동의 조합으로 정의된다. 보전은 다음의 표와 같이 분류할 수 있다.

표 8.22 보전의 분류

기준	종류	정 의
결함발생 시점	개량보전 (사후보전)	결함 인식 후에 아이템이 요구 기능을 수행할 수 있는 상태가 되도록 하기 위해 수행되는 보전
	예방보전	아이템의 고장 확률 또는 기능 열화를 줄이기 위해 미리 정해진 간격 또는 규정된 기준에 따라 수행되는 보전
	지연보전	결함 인식 후 즉시 보전이 이루어지지 않고 규정된 보전 규칙에 따라 시기를 지연하여 수행되는 개량 보전
보전일정의 예측가능성	계획보전	정해된 일정에 따라 수행되는 예방 보전
	비계획보전	정해된 일정에 따르지 않고 아이템의 상태에 대한 징후를 인식한 후 수행되는 보전
보전실시 장소	현장보전	아이템이 사용되는 위치에서 수행되는 보전
	현장 외 보전	아이템이 사용되는 곳과 다른 위치에서 수행되는 보전

주) 표에 있는 보전 이외에도 보전원의 신체적 접촉 없이 보전이 이루어지는 원격보전, 자동보전, 그리고 보전 시 아이템의 기능이 중단되거나 저하되는 기능-영향보전 등도 있다.

예방보전은 다음과 같이 구분할 수 있다.

① 정기보전 : 일정한 시간 간격을 두고 실시하는 보전

② 경시보전 : 아이템이 예정된 누적동작시간에 도달했을 때 실시하는 보전

③ 상태감시보전 : 아이템의 동작상태 및 열화경향의 감시에 따른 보전으로 상태감시는 아이템의 사용 및 사용 중 동작상태 확인, 열화경향의 검출, 고장이나 결점의 위치확인, 고장에 이르는 경과의 기록 및 추적 등의 목적을 위해 어떤 시점에 있어서의 동작치 및 그 경향을 감시하는 것이다.

일반적으로 보전을 실시하는 순서와 내용은 다음과 같다.

순서	내용	정 의
①	결함인식	결함을 인식하는 사건
②	결함위치결정	적절한 아이템 분해 수준에서 결함이 있는 서브아이템 또는 서브아이템들을 확인하기 위한 활동
③	원인확인	결함의 근본원인 분석
④	결함시정	기능을 수행하도록 결함이 있는 아이템의 능력을 회복시키기 위하여 결함 위치결정 후에 취해지는 활동
⑤	기능점검	결함 시정 후에 아이템이 요구 기능을 수행할 수 있는 능력을 회복하였음을 확인하기 위하여 취해지는 활동

주) ①에서 ③까지를 결함진단이라고 한다.

(9) 기능안정화 설계

기기는 무엇인가의 원인으로 고장이 나고 기능이상을 초래한다. 그 원인은 일반적으로 부품의 고장이나 접속, 결합의 이상에 의해 발생한다. 그러나 역으로 기기를 구성하는 부품이 고장이나 열화를 일으키면 반드시 기기가 고장나거나 기능불량을 일으킨다고는 할 수 없다. 그렇게까지 되지 않도록 하는 것이 신뢰성설계의 역할이다. 부품이나 접속에 이상이 있어도 기기로써 필요한 기능을 안정적으로 확보할 수 있는 설계를 안정화 설계 또는 Robust 설계라고 한다.

1) 안전성 설계(Safety design)

부품에 이상이 일어날 때에 기능이상이 발생해도 인적, 물적 손해로 연결되는 안전사고에는 이어지지 않도록 하는 설계를 안전성 설계라고 한다. 예를 들면 내부부품이 short 되고 이상발열, 발화해도 외곽이 불연성이라면 기기는 화재가 일어나지 않는다. 이 안전성설계는 이중안전설계나 Fail safe 설계 사고방식으로 설계함과 동시에, 안전성에 관한 공적인 규격이나 자주기준에 입각한 설계를 철저히 하는 것이 필요하다. 특히 PL법 대응을 위해서 PLP로 안전성을 중요시한 설계가 최우선되어야만 한다.

2) 용장설계(Redundancy design)

일부 부품이나 부분에 이상이 있어도 병렬구조나 대기구조로 설계하여 기기전체로써는 기능불량을 일으키지 않도록 하는 설계를 용장설계라 하며 신뢰성향상이나 안전성강화를 위해 실시된다. 예를 들면, 전자수첩의 전지접속에서 전지교환 시 메모리 소실사고가 일어나지 않도록 back up 전지를 내장하고 있는 것 등이 여기에 속한다.

3) 파라미터(Parameter)설계(Robust 설계)

이 설계의 기본적인 사고방식은 제품의 목적인 기능에 착안, 우선 그 기능을 입력신호와 출력특성으로 표시한다. 즉, 입출력 관계가 부품편차나 경시열화, 환경변화(오차인자) 등이 있어도 편차가 나지 않는 듯한 설계조건(설계 파라미터, 제거인자)을 실험적으로 구해 설계하는 방식이다. 예를 들면, 사진기 급지 롤러의 기능안정화 설계에서 고무롤러의 장기사용에 의한 열화나 온도, 온도의 영향, 종이의 두께나 단단함의 편차 등을 포함해 확실히 매회 1매씩의 종이를 배출시키는 구조(롤러의 압력, 재질, 사이즈 등)를 정하는 것에 이용된다.

(10) 사용자(user) 사용설계

부품의 고장, 기계로써의 고장은 큰 폭으로 저하되어 가고 있지만, 기기를 점유하고 있는 사용자의 취급에 관계된 고장은 아니지만 사용자 입장에서 사용불능에 이르는 확률은 매년 늘어가고 있다. 그 원인의 한 가지는 기기의 취급방법이 복잡하게 되어 있기 때문이기도 하다. 사용설명서를 봐도 사용법을 모르겠다는 경우도 많다. 예를 들면, 종래에 지극히 간단한 도구나 전화 같은 경우에 전자화에 의해 기능이 늘고 사용 실수에 의한 고장, 불량도 많다. 이러한 것에 관하여 취급설명서 표시방법의 개선에 사용하기 쉬운 설계나 사용신뢰성에 대한 연구가 신뢰성향상의 테마이기도 하다.

(11) 수리, 보전(maintenance)설계

기기의 서비스성, 유지, 보존성의 시점에서 보전설계가 행해지지만, 신제품에 대해서 서비스의 방침, 서비스 방법, 서비스 기간, 무상기간, 부품공급기간 등, 기본적인 것을 설계초기에 정하는 것이 필요하다. 예를 들면, 기기의 수명과 수명이 짧은 소모품(램프)을 무리하게 기기 수명에 맞추는 것이 아니라, 정기적으로 사용자가 교환하도록 하는 시스템을 채택하는 것이 종합적으로 합리적인 것이다. 어느 쪽이든 수리나 보전방법에 대해서 설계과정에서부터 서비스부문이나 판매점의 계획참여를 얻어 충분히 의견을 수렴, 설계에 반영하는 시스템을 확립해 둘 필요가 있다.

- 林茂生, 벤처기업과 기술경영(Venture business & Management of technology), (2007)
- Cooper, Arnold C(1985), “The Role of Incubator Organization in the Founding of Growth-Oriented Firms”, Journal of Business Venture, 1, 75-86.
- Timmons, Jeffry A(1980), “A business plan is more than a financing device”.
- 林茂生, 정보시스템 신뢰성공학(Reliability engineering of an information system), (2007)
- Harvard Business Review(March-April), 28-34.
- Lumpkin & Dess(1996), Entrepreneurs, Processing of Founding and New-Firm Performance, in The State of the Art of Entrepreneurship, Sexton, D. L. and J. G. and Kasardaed, Boston: PWS-KENT Publishing Co., 1992, pp.301~340.
- 林茂生, 자동차부품 최적화설계기술(Optimized design technology for vehicle parts), (2023)
- Quinn & Cameron(1983), “Organizational Life Cycles and Criteria of Effectiveness: Some Preliminary Evidence”, Management Science, pp.33-52.
- Churchill & Lewis(1983), “The five stages of small business growth”, Harvard Business Review, March-June, pp.30-50.
- Robert(1990), “Entrepreneurs and Technology: Lessons Fron M.I.T and Beyond”, forthcoming book.
- 林茂生, 한국적 심혜가 글로벌을 지배한다(The korean deep wisdom governs the global), (2011)
- Daft(1995), “Organization theory and design. 5th ed St.”, Paul, MN:West.
- 林茂生, 정밀 Press 부품의 신뢰성 용장설계 기술(Redundancy Design Technology For Precision Press Parts Reliability), (2007)
- Buzzell, Gale &Sultan(1975), “Market Share-a Key to Profitability”, Harvard Business Review.
- Thompson(1967), “Organizations in action”, San Francisco: McGraw Hill.
- 林茂生, 자동차부품의 신뢰성 엔지니어링(Reliability engineering of automotive parts), (2011)

임 무 생(林茂生, Moo-Saeng Lim)

- 과학기술 진흥과 산업발전 유공자 석탑산업훈장 수상
- 수출진흥 발전과 수출시장 개척 유공자 대통령표창장 수상
- 공기방울제어 장치기술 과학기술처장관상 수상
- 가열 초음파가습기기술 과학기술처장관상 수상
- Low noise and less vibration vacuum cleaner. U.S.A. patent 5,293,664
- 한양대학교 신뢰성분석연구센터 연구 부교수
- 한양대학교 공과대학 기계공학과 공학사
- 서울대학교 공과대학 최고산업전략과정 수료
- 상공자원부 산학연 기술교류회 위원
- 산업자원부 기술개발 기획평가단 위원
- 대우전자주식회사 가전연구소장, 생활가전사업부장
- 테크라프주식회사 대표이사
- HYUrarc Failure analysis and reliability course completion
- Youngjin electric co.,ltd. Quality control director
- Daehannakagawa ind co.,ltd. Engineering consultants
- Korea institute of science and technology information, Senior research fellow

저서
- 벤처기업과 기술경영(Venture business & Management of technology)
- 요소설계 신뢰성공학(Reliability Engineering for Plastic Element Design)
- 정밀 Press 부품의 신뢰성 용장설계 기술(Reliability Redundancy Design Technology For Precision Press Parts)
- 정보 System 신뢰성공학(Reliability engineering of an information system) Engineering plastic
- 엔지니어링 플라스틱 신뢰성공학(Reliability Engineering for Engineering plastic)
- 자동차부품의 신뢰성엔지니어링(Reliability engineering of automotive parts)
- 한국적 심혜가 글로벌을 지배한다(The korean deep wisdom governs the global)
- Plastic 제품설계(Design of plastic parts)
- 사출가공과 금형(Injection moulding processing and injection mold)
- 한국적 슬기가 세계를 이긴다(The Korean wisdom wins the world)
- Press 부품설계(Design of press parts)
- 플라스틱 최적설계(Optimum design of plastics)
- 자동차부품 최적화설계기술(Optimized design technology for vehicle parts)

- 벤처비즈니스 & 기업혁신을 위한 기술경영(Management of Technology for Venture Business and Enterprise Innovation)

연구논문

- 유도전동기를 적용한 인버트 세탁기 개발, 대한전기학회, Vol.48B, No.10(1999. 07), pp.2556~2558.
- 충격에 의한 tv pcb의 동적거동 해석, 대한기계학회, Vol.5, No.19(1990. 06), pp.320~324.
- 공기방울이 세탁에 미치는 효과에 대하여, 대한기계학회, Vol.32, No.1(1992. 01), pp.57~65.
- 흡음방이 취부된 경우의 진공청소기의 소음분석 방법, 대한기계학회, Vol.33, No.1(1993. 01), pp.14~21.
- 세탁기용 강제현가시스템의 동특성 해석을 위한 전산시뮬레이션, 한국소음진동공학회, Vol.3, No.1(1993. 03), pp.65~75.
- 가전기기의 저소음 기술, 대한전자공학회, Vol.22, No.1(1995. 01), pp.124~130.
- 절연재료의 표면개질을 위한 코로나 발생기의 특성에 관한 연구, 한국전기전자재료공학회, Vol.8, No.4(1995. 07), pp.504~508.
- 가전기기의 저진동, 저소음 기술, 대한전기학회, Vol.44 No.44(1995. 10.), pp.137~141.
- 유도전동기의 동력전달 매체로 사용되는 벨트장력보상 알고리즘에 관한 연구 대한전기학회, Vol.48A, No.9 (1999. 09), pp.1125~1130.
- 회전체를 갖는 강제 현가시스템의 동특성 해석을 위한 전산시뮬레이션, 한국소음진동공학회, Vol.1 No.1(1992. 02. 13.), pp.63~69.
- Nonlinear behavior on an electrochemical system, JSME-KSME, (1992. 10), pp.2-205~2-208.
- 스핀업시 내부유체의 공명현상에 관한 연구, 대한기계학회, (1994. 09), pp.11~14.
- High efficiency valve design by robust design of experiments, the 1998 international compressor engineering conference at perdure, C-3: Valve mechanics and design, page: 23 High efficiency valve design by robust design of experiments, 1998. 09. 14.

벤처비즈니스 & 대기업의 MOT경영 혁신

2025년 9월 20일 초판인쇄
2025년 9월 25일 초판발행

지은이 임 무 생
발행인 나 영 찬

발행처 **기전연구사**

경기도 하남시 하남대로 947 하남테크노밸리U1센터
B동 1406-1호
전 화 : 02) 2235-0791/2238-7744/2234-9703
FAX : 02) 2252-4559
등 록 : 1974. 5. 13. 제5-12호

정가 25,000원

ISBN 978-89-336-1073-2
www.kijeonpb.co.kr